LAVAGEM DE DINHEIRO

Marcia Monassi Mougenot Bonfim
Edilson Mougenot Bonfim

LAVAGEM DE DINHEIRO

2ª edição

**MALHEIROS
EDITORES**

LAVAGEM DE DINHEIRO

© Marcia Monassi Mougenot Bonfim e Edilson Mougenot Bonfim

1ª edição, 03.2005.

ISBN 978-85-7420-873-2

Direitos reservados desta edição por
MALHEIROS EDITORES LTDA.
Rua Paes de Araújo, 29, conjunto 171
CEP 04531-940 — São Paulo — SP
Tel.: (11) 3078-7205 Fax: (11) 3168-5495
URL: www.malheiroseditores.com.br
e-mail: malheiroseditores@terra.com.br

Composição
PC Editorial Ltda.

Capa:
Criação: Vânia Lúcia Amato
Arte: PC Editorial Ltda.

Impresso no Brasil
Printed in Brazil
04.2008

*À NICOLE, minha filha amada, minha pequena,
a razão de muitos e muitos momentos felizes.*

*À minha família, especialmente
a RUTH, minha mãe, e a PAULO, meu irmão.*

*Ao meu querido EDILSON, co-autor de longas discussões
sobre o tema e da realização conjunta deste e de outros sonhos.*

*Aos meus AMIGOS, presentes em todas as horas e,
por isso, também responsáveis por este trabalho.*

*Ao MINISTÉRIO PÚBLICO DE SÃO PAULO,
minha Instituição, meu orgulho.*

MARCIA MONASSI MOUGENOT BONFIM

SUMÁRIO

Prefácio de FELIX FISCHER (Ministro do STJ) 11
Considerações Introdutórias 13

Capítulo I – ***OS CRIMES DE LAVAGEM OU OCULTAÇÃO DE BENS, DIREITOS E VALORES***

1. **Normativa Internacional** 17
   1.1   *Convenção de Viena de 1988* 18
   1.2   *Grupo de Ação Financeira Internacional (GAFI)* 19
   1.3   *Convenção de Estrasburgo de 1990* 21
   1.4   *Diretiva 308/1991 das Comunidades Européias* 22
   1.5   *A Convenção de Palermo de 2000* 23
   1.6   *Outros instrumentos* 25
2. **Tipificação no Direito Comparado** 25
3. **A lavagem de dinheiro no Brasil** 26
4. **Terminologia** 27
5. **Conceito** 28
6. **Bens jurídicos tutelados** 29
7. **Fases da lavagem de dinheiro** 34
   7.1   *Os modelos de fases mais conhecidos* 35
         7.1.1   O modelo do GAFI 36
   7.2   *Exemplos de algumas técnicas de lavagem de dinheiro* 37
8. **Objeto material** 41
9. **Análise das condutas típicas** 44
   9.1   *A conduta típica do artigo 1º* 44
   9.2   *A conduta típica do § 1º do artigo 1º* 48
   9.3   *A conduta típica do § 2º do artigo 1º* 50
10. **Algumas questões sobre o tipo subjetivo** 52
11. **O sujeito ativo** 55

12. Os crimes antecedentes na lavagem de dinheiro
12.1 Conceito e classificação 58
12.2 O crime antecedente praticado em outro país 59
12.3 O rol de crimes antecedentes 60
12.4 Crime praticado por organização criminosa 62
13. Causas de aumento de pena 63
13.1 Da habitualidade 64
13.2 Da lavagem praticada por organização criminosa 65
14. Delação premiada
14.1 Denominação e natureza jurídica 66
14.2 Requisitos da delação premiada na Lei n. 9.613/1998 ... 67
14.3 Conteúdo dos esclarecimentos 68
14.4 Elemento temporal 69
14.5 Prêmios 69
14.6 Valor probatório e forma 70

Capítulo II – **DAS DISPOSIÇÕES PROCESSUAIS ESPECIAIS**

1. Apuração da lavagem de dinheiro 72
1.1 Técnicas tradicionais e específicas 74
1.2 A ação controlada na Lei de Lavagem de Dinheiro 77
2. O rito processual 78
3. Autonomia do processo de lavagem de dinheiro 79
4. Competência 80
5. Requisitos da denúncia 81
6. A prova indiciária na lavagem de dinheiro 82
7. Hipótese restritiva de aplicação do artigo 366 do CPP 86
7.1 As diversas hipóteses de citação editalícia 87
7.2 A análise conjunta do artigo 2º, § 2º, da Lei
    n. 9.613/1998, e a releitura do artigo 366 do CPP 88
7.3 A específica hipótese do artigo 2º, § 2º, da Lei
    n. 9.613/1998 90
**8. Não concessão de liberdade provisória (com ou sem fiança).
A questão da constitucionalidade do dispositivo** 91
9. Medidas assecuratórias 94
9.1 O alcance do § 2º, do artigo 4º, da Lei n. 9.613/1998 95
9.2 A necessidade do comparecimento pessoal do acusado ... 99

Capítulo III – **OS EFEITOS DA CONDENAÇÃO**

1. O confisco de bens: visão comparatística 102
**2. O confisco amparado em prova indiciária: inversão do ônus
da prova?** 103
3. Os efeitos da condenação previstos na Lei n. 9.613/1998 ... 105

3.1	O confisco de bens, direitos e valores objeto do crime de lavagem de dinheiro	106
3.2	A interdição do exercício de cargo ou função pública e a perda de mandato eletivo	109
3.3	A interdição do exercício de cargo de diretor, de membro de conselho de administração ou de gerência das pessoas jurídicas referidas no artigo 9º	109

Capítulo IV – **BENS, DIREITOS OU VALORES ORIUNDOS DE CRIMES PRATICADOS NO ESTRANGEIRO**

1. **A apreensão e o seqüestro de bens, direitos ou valores procedentes de crimes de lavagem cometidos no estrangeiro** 112
2. **A divisão do produto do seqüestro ou apreensão** 113

Bibliografia 115

Anexos

1. **Exposição de Motivos da Lei n. 9.613/1998** 123
2. **Lei n. 9.613/1998** 142
3. **Convenção de Viena** 149
4. **Decreto n. 154/1991 (Ratificou Convenção de Palermo)** 176
5. **As 40 Recomendações do GAFI** 177
6. **Convenção de Estrasburgo** 203
7. **Diretiva n. 308/1991, das Comunidades Européias** 219
8. **Convenção de Palermo** 229
9. **Decreto n. 231/2003 (Ratificou Convenção de Palermo)** 259
10. **Convenção de Mérida** 260
11. **Decreto n. 5.687/2006 (Ratificou Convenção de Mérida)** 304

PREFÁCIO

O presente estudo versa sobre tópico por demais relevante e simultaneamente peculiar da repressão criminal. É, entre nós, tema recente ("Lavagem de dinheiro" *ex vi* Lei n. 9.613/98), que já mereceu diversas abordagens, com os mais variados posicionamentos doutrinários. Penso, pois, que seja até natural a dificuldade de se legislar acerca de determinados campos da criminalidade hodierna, mormente quando a atividade que se pretende combater – como aqui – se evidencia, de regra, sofisticada, nociva e perigosa para a sociedade. Despiciendo, e lamentável, também, destacar que a delinqüência ligada à chamada "lavagem de dinheiro" se vale, não poucas vezes, de um dos piores cancros da atualidade que é o da corrupção. Portanto, sobre os entraves e problemas de se legislar, observando-se – é claro – as garantias individuais, *v.g.*, o princípio da reserva legal, é inolvidável a observação de Sainz Cantero de que "... la velocidad de ritmo con que se producen las nuevas formas de criminalidad y, consiguientemente, el rápido envejecimiento de las leyes, mueve al legislador, cada vez en mayor medida, a recurrir a tipos abiertos, a elementos típicos normativos y a la utilización de cláusulas vagas y generales que ponen en manos del juez la concreción que el principio de legalidad exige lleve a cabo el poder legislativo y contengan las leyes penales".[1] Todavia, quero crer que, em verdade, a novel legislação incriminadora, ainda que passível, aqui ou ali, de observações críticas, afasta, em boa parte, uma indesejável lacuna de nosso ordenamento jurídico-penal.

A abordagem, neste livro, é bastante abrangente, feita por EDILSON MOUGENOT BONFIM e MARCIA M. MOUGENOT BONFIM, dois cultos inte-

---

1. José Sainz Cantero, *Lecciones de Derecho Penal*, Parte Geral, 3ª ed., p. 332, Barcelona, Bosch.

grantes do tradicional e combativo Ministério Público do Estado de São Paulo. A obra apresenta, inicialmente, um breve e, no caso, suficiente histórico. Posteriormente, alinha os itens pertinentes à matéria penal, desde a identificação dos bens jurídicos tutelados, passando pelos problemas próprios da tipificação para, em seguida, abordar questões pertinentes à técnica da fixação da resposta penal (majorante e minorantes específicas). Na parte da adequação típica, cumpre sublinhar, os autores ainda analisam diversos pontos polêmicos (*v.g.*, entre outros, o problema do evento antecedente na lavagem), existentes na nova incriminação. Na segunda parte (cap. II), é feito um exame detalhado das disposições processuais, alcançando, não só a problemática da apuração mas, também, as partes referentes ao rito, autonomia, competência, etc., até, e por fim, as medidas assecuratórias. Na terceira parte (cap. III), tem-se a apresentação dos efeitos da condenação (confisco, interdição do exercício do cargo, etc.), e, na quarta (cap. IV), análise da apreensão e seqüestro relacionados com crimes de lavagem cometidos no estrangeiro. Tudo isto, sob enfoque técnico e prático, o que indica a grande utilidade desta obra para todos os operadores e estudiosos do Direito.

Fevereiro de 2005

FELIX FISCHER
Ministro do Superior Tribunal de Justiça

CONSIDERAÇÕES INTRODUTÓRIAS

Justifica-se inicialmente o título "Lavagem de Dinheiro", por incorporado à cultura jurídico-nacional, expressão ademais de domínio público e empregada pela mídia – escolha que fizemos, sobretudo, pela impossibilidade de justa adequação da lei a outra terminologia, para fins de estudo. Afinal, para ater-se à denominação legal, teríamos, para justeza técnica, que nos referir a um improvável título: "lavagem ou ocultação de bens, direitos e valores", sem o qual, qualquer variante estaria incompleta ou errônea. Ademais, ontologicamente, para assim dizer, buscando a correta definição do que a "coisa" seja, não teríamos a rigor, uma "lavagem" – nem de capitais, que a lei expressamente não fala, nem de bens, direitos ou valores –, mas sim, mais propriamente, uma *reciclagem*. Porém, tratarmos de "reciclagem" de dinheiro (ou bens, direitos e valores), soaria como um neologismo, uma *novilíngua* afetada de italianismo (*riciclaggio*). Nem seria o caso, parece-nos, da filigrana lingüística – sem específica repercussão no mundo jurídico – adotada já em 1992, pelo Conselho Geral do Poder Judicial na Espanha, que, no seu *Informe sobre el Proyecto de Código Penal de 1992*, combateu a expressão "blanqueo de dinero", qualificando-a como "puro *argot*", pura gíria. Por isso, na impossibilidade de pacificação técnico-legal e de harmonização com o purismo filológico, e sem o menor desejo de fomentar a cosmética doutrinária, *much ado about nothing*, adotamos sem rodeios aquilo que já está no domínio do povo, a rigor, último destinatário da norma: "lavagem de dinheiro".

A abordagem conceitual e sistemática adotada pelos autores desta obra, privilegia os aspectos técnicos da Lei n. 9.613, de 3 de março de 1998, enfocados à luz do Direito Penal e Processual Penal, sem o desconhecimento da força irradiante das normas constitucionais por sobre todo o ordenamento jurídico inferior, quando adotado um modelo de processo penal balizado pelo Estado Democrático de Direito. Não é, contudo, obra crítica ou de criminologia, mas visando à sua decodificação exegética e dogmática, sem desconhecer o relevante papel que a doutrina crítica e criminológica desempenham em sua compreensão e exegese, revelando aquele "sétimo véu" indevassável à compreensão profana. É preciso, pois, certa iniciação nos mistérios azarosos da produção legislativa, e nos malabarísticos jogos do poder, para que se possa compreender a razão do demorado eco que se fez ouvir nos parlamentos das nações mais civilizadas, frente ao grito que já se expressava em números pelas sociedades vitimadas. A corrupção, o tráfico de entorpecentes, o crime organizado, enfim; qualquer que fosse a nuvem miasmática que encobrisse as operações ilegais de lavagem ou ocultação de bens, direitos ou valores, era fatalmente dispersada pela inexistência de tipicidade penal, enquanto a sociedade sofria os efeitos perversos de tais condutas.

Assim, se por um lado a obra é eminentemente técnica, por outro não se pode desconhecer, ainda que a pretexto de intróito, o grande abalo social que costumam provocar os delitos que a lei visa a combater e que ensejaram a sua criação, legitimando, agora, a sua aplicação. Por isso, a pressão intestina e internacional – esta no sentido de cobrar colaboração no combate a tal ilícito –, sístole e diástole do sensível coração político-legislativo, fizeram com que aquela então existente inércia do legislador nacional chegasse a um ponto de ruptura, levando-o a criminalizar uma conduta até então alinhada entre aquelas de *white collar crime*, cuja danosidade social era evidente, mas de impossível punição, uma vez que inexistia tipificação legal. Era crime, sociologicamente falando; não era crime, penalmente dizendo. A imprensa, reproduzindo o anseio social, ditava a terminologia penal que todos conheciam – "lavagem de dinheiro", e seu conseqüente jargão – para que o legislador viesse a adotá-la posteriormente. O *princípio da legalidade*, pois, implicava um ajuste da comoção social frente ao fenômeno – crime este prototípico produto de uma época – e a verberação do reclamo na alma legislativa. O produto do entrechoque da cobrança social e da resistência legislativa, naquela época existente, fez com que o legislador criasse o aparato legal tendente ao combate dessa, até então, privilegiada forma de delinqüência. Com efeito, o potencial criminógeno ou de danosidade social – capaz de desestruturar os mercados financeiros e desestabilizar a economia de um País – e o seu corolário político, são inegáveis. Visões pessimistas – naquilo que o pessimismo se identifica com o realismo –, chegam a vislumbrar no crime organizado – que se confunde e depende da "lavagem"

– até mesmo uma ameaça à democracia e à soberania dos Estados, pela força do montante que movimenta e pelo poder corruptor que enseja, imiscuindo-se nos negócios do Estado, comprando, vendendo e alugando funcionários que deveriam ser servidores públicos. Não citemos, por ser de todos conhecido, a força dos números, a soma dos ganhos da indústria da corrupção, o poder do tráfico de entorpecentes, dos geradores imensos que fabricam desigualdades sociais a crimes violentos, e que têm nas variadas formas de "lavagem", o desaguadouro da esperança criminal: a busca da aparência do lícito, pelo ilícito; a vestimenta social de cavalheiro, escondendo sob a elegância do fraque e a dissimulação do *gentleman*, aquilo que de mais feio existe, a torpeza criminosa que busca não revelar.

    O direito penal europeu vive um momento de grande transformação e os reflexos se fazem sentir no Brasil. Passada a fase da ideologia de ressocialização, como fim precípuo da pena, chega-se a um direito penal simbólico, imposto como produto de comunicação social – mais especificamente, chega-se a uma idéia do chamado funcionalismo-sistêmico, onde hoje figuras de proa, cujo prócer no direito teutônico é Günther Jakobs –, buscam desde Max Weber a Niklas Luhmann – passando por Talcott Parsons –, uma linhagem de sociólogos-*funcionalistas* ilustres, para melhor compreensão dos fins do direito. A pena, defende-se hoje, destina-se à reafirmação da norma atacada pelo infrator. É, pois, uma resposta ao infrator, comunicando-se à sociedade – pelo micro ou subsistema de comunicação que é o direito – que embora tenha havido uma ruptura da norma, a sociedade politicamente organizada reafirma a vigência dessa norma através do direito, respondendo com a pena ao infrator. Sustenta-se assim, com mais vigor, imediatamente como fim do direito penal uma idéia de prevenção geral positiva, e só mediatamente uma proteção ao bem jurídico violado ou violável e à ressocialização do infrator. Não deixa de fazer sentido, quando nos aprofundamos na doutrina, até porque buscar-se a ressocialização desse específico tipo de criminoso, conquanto tarefa de grande prumo humanístico, é também de reconhecida inocência. Teoria *naïve*, diriam os franceses, ingênua teoria. De regra, aqueles visados pela "Lei de Lavagem", têm grande poder: financeiro, econômico, político, intelectual – não raro, todos esses atributos. Difícil, portanto, imaginar-se a criação de uma lei que em sua parte penal, de antemão visasse à correção; a lei, diga-se, veio para reprimir, punindo – efeito retributivo da pena – aqueles que negassem a vigência da norma, visando igualmente a impedir, pelo efeito da prevenção geral positiva, a ocorrência de novos e similares delitos.

Todavia, no afã de andar à vanguarda de modernas – e até muitas vezes contestadas – tendências do direito, andou mal o legislador, a nosso sentir, em falar na Exposição de Motivos em "inversão do ônus da prova", ensejando uma análise que tomou caminho doutrinário equivocado, afastando parte da doutrina de outros temas de grande relevância. A linguagem acabou por criar uma equivocada realidade, como se verá alhures. Da mesma sorte, a polêmica despertada por seu artigo 2º, § 2º, em torno da aplicação ou não do artigo 366 do CPP, é outro convite a um melhor estudo da legisprudência, prudência no legislar, verdadeira arte – nem se diga de ciência – que deve anteceder a atividade julgadora, esta a que se reclama igualmente prudência, jurisprudência.

A obra procura por outro lado, estabelecer o papel do Parlamento frente ao Poder Constituinte: qual a força do Poder Legislativo para racionalizar, criando o direito em favor do homem e da sociedade, frente àquele poder limitador, anterior e inaugural da ordem jurídica, que se firmou em outro espaço político-temporal? Nesse sentido, procuramos devolver a força aos princípios jurídicos, mostrando a existência no Estado Democrático de Direito do *princípio de presunção de constitucionalidade das leis*, antepondo-o e antagonizando-o, por força da racionalidade e da ética democrática, àqueles que invariavelmente acoimam de inconstitucionalidade toda atividade legiferante.

Por fim, de se ressaltar outro aspecto da sistemática adotada: a adoção de imprescindível visão comparatística dos institutos legais, seja porque, no âmbito internacional, com a ajuda de Convenções, Tratados e outros instrumentos legais, difundiu-se a necessidade de adoção de medidas urgentes e mais eficazes contra essa prática, seja, ainda, porque reproduzimos – parcial ou totalmente – uma tendência, anseio ou um modelo de lei, que já vigora a mais tempo em outros Países. Portanto, a mais moderna e abalizada doutrina internacional foi trazida à colação, do mesmo modo que tributamos o crédito àqueles brasileiros que anteciparam tendências e estudos, analisando primacialmente a lei, tão logo a mesma houvera sido criada.

Quanto ao estilo da obra e sua linguagem, podemos resumir: a opção foi pela análise seca e direta da lei, sem divagações ou ornatos literários e lingüísticos; a linguagem, a mais simples, técnica e usual possíveis, buscando revelar o pensamento dos autores, e não ocultá-lo.

Capítulo I

OS CRIMES DE LAVAGEM OU OCULTAÇÃO DE BENS, DIREITOS E VALORES

1. Normativa Internacional: 1.1 Convenção de Viena de 1988; 1.2 Grupo de Ação Financeira Internacional (GAFI); 1.3 Convenção de Estrasburgo de 1990; 1.4 Diretiva 308/1991 das Comunidades Européias; 1.5 A Convenção de Palermo de 2000; 1.6 Outros instrumentos. 2. Tipificação no Direito Comparado. 3. A lavagem de dinheiro no Brasil. 4. Terminologia. 5. Conceito. 6. Bens jurídicos tutelados. 7. Fases da lavagem de dinheiro: 7.1 Os modelos de fases mais conhecidos: 7.1.1 O modelo do GAFI; 7.2 Exemplos de algumas técnicas de lavagem de dinheiro. 8. Objeto material. 9. Análise das condutas típicas: 9.1 A conduta típica do artigo 1º; 9.2 A conduta típica do § 1º do artigo 1º; 9.3 A conduta típica do § 2º do artigo 1º. 10. Algumas questões sobre o tipo subjetivo. 11. O sujeito ativo. 12. Os crimes antecedentes na lavagem de dinheiro: 12.1 Conceito e classificação; 12.2 O crime antecedente praticado em outro país; 12.3 O rol de crimes antecedentes; 12.4 Crime praticado por organização criminosa. 13. Causas de aumento de pena: 13.1 Da habitualidade; 13.2 Da lavagem praticada por organização criminosa. 14. Delação premiada: 14.1 Denominação e natureza jurídica; 14.2 Requisitos da delação premiada na Lei n. 9.613/1998; 14.3 Conteúdo dos esclarecimentos; 14.4 Elemento temporal; 14.5 Prêmios; 14.6 Valor probatório e forma.

1. Normativa Internacional

Diante da gravidade e do caráter transnacional da lavagem de dinheiro, somente uma legislação internacional sincronizada, somada a uma eficiente cooperação interestadual, poderiam ser eficazes nos âmbitos de prevenção e repressão dessa prática. Essa constatação ocasionou uma união internacional de esforços, resultando na celebração de Convenções e Tratados, bem como na elaboração de Diretivas, Resoluções e

Recomendações, todas elas com o objetivo de informar e prestar auxílio a diferentes países em alguns casos e, em outros, de obrigá-los a aprovar normas internas com potencial para fazer frente a este tipo de conduta.

Em matéria de lavagem de dinheiro, portanto, diversas legislações, incluindo a brasileira, foram influenciadas diretamente por essa normativa, sendo, por isso, de especial interesse e relevância o conhecimento e estudo dos pioneiros e mais importantes instrumentos.

1.1 Convenção de Viena de 1988

Dentre os inúmeros instrumentos que foram confeccionados nesse sentido, merece inicial destaque[1] a Convenção das Nações Unidas contra o tráfico ilícito de entorpecentes e substâncias psicotrópicas, conhecida por "Convenção de Viena", realizada em dezembro de 1988,[2] considerada um marco no combate à lavagem de dinheiro.

Além de exigir pela primeira vez que os Estados contratantes incriminassem a lavagem de dinheiro procedente do tráfico de drogas, estabelecendo para tanto a formulação detalhada de um tipo penal,[3] previu condutas agravadas,[4] como por exemplo a "participação no crime de um grupo delitivo organizado do qual o delinqüente faça parte". Estabeleceu, também, disposições sobre cooperação internacional para facilitar investigações judiciais e extradição, bem como inversão do ônus da prova com relação à origem ilícita dos bens.[5] Ainda, reafirmou o princípio segundo o qual o sigilo bancário não deve impedir as investigações penais no âmbito da cooperação internacional.[6]

A partir dessa normativa, aprovada em Assembléia Geral das Nações Unida, e que contou com a participação de mais de 100 países – o

---

1. A Recomendação n. R (80) 10 do Comitê de Ministros do Conselho da Europa, de 27.6.1980, relativa a medidas contra a transferência e o encobrimento de capitais de origem criminosa e a Declaração dos Princípios da Basiléia (Suíça) sobre prevenção da utilização do sistema bancário para a lavagem de fundos de origem criminosa, de 12.12.1988, que merecem ser mencionados pelos seus conteúdos transnacionais, ficaram circunscritas ao âmbito bancário e ao de outras instituições financeiras.

2. V. anexo.

3. Assim o artigo 3.1, "b", i e ii e "c", i (v. anexo, onde se encontra a íntegra da Convenção em espanhol, uma das línguas em que foi oficialmente redigida).

4. Artigo 3.5 (v. anexo).

5. Artigo 5.7 (v. anexo).

6. André Cuisset, *La experiencia francesa y la movilización internacional contra la lucha contra el lavado de dinero*, p. 72.

que confere um grande poder político a tal documento[7] – foram introduzidos, nos ordenamentos das Nações signatárias, tipos penais de lavagem, bem como foram modificadas algumas poucas normas já existentes. Os meios de investigação e regras sobre confisco, extradição e assistência judicial também foram influenciados por essa normativa.

Ainda que a doutrina tenha apontado alguns defeitos no texto final da Convenção[8] – crítica essa bastante normal frente ao conteúdo sempre polêmico da matéria –, os elogios superaram as críticas, especialmente por ter propagado a tipificação da lavagem de dinheiro, influenciando outros textos internacionais e diversas legislações que, em muitos casos, reproduziram fielmente a íntegra do texto.[9]

No Brasil, a Convenção de Viena foi ratificada através do Decreto n. 154, de 26.6.1991.[10]

1.2 Grupo de Ação Financeira Internacional (GAFI)

De grande relevância, também, as Recomendações do Grupo de Ação Financeira Internacional (GAFI),[11] organismo internacional criado em 1989 pelo grupo dos sete países mais industrializados (G-7),[12] para combater a lavagem de dinheiro. Assim é que em abril de 1990, e já com a adesão de outros Estados, foram publicadas 40 Recomendações[13] – que regulam conjuntamente questões penais, financeiras e de cooperação internacional –, sem caráter obrigatório, como a própria denominação indica, fato que, ao contrário do que se pode interpretar, não retira sua força e respeitabilidade, uma vez que se trata de instrumento modelo para ações internacionais.[14] Outras organizações e organismos internacionais, como o FMI, INTERPOL, EUROPOL, Comissão Européia e Conselho de Cooperação do Golfo, participam, como observadores, das reuniões plenárias do Grupo. Vale salientar que o Brasil é membro do GAFI desde junho de 2000.[15]

---

7. Isidoro Blanco Cordero, *El delito de blanqueo de capitales*, pp. 104-105.

8. Por exemplo: a indeterminação de algumas condutas cuja tipificação penal se ordena (in Miguel Abel Souto, *El blanqueo en la normativa internacional*, p. 14).

9. Miguel Abel Souto, ob. cit., pp. 116 e 273-274.

10. V., no anexo, o inteiro teor do Decreto.

11. Em inglês: *Financial Action Task Force* (FATF).

12. Alemanha, Canadá, Estados Unidos, França, Itália, Japão e Reino Unido.

13. V. anexo.

14. Miguel Abel Souto, ob. cit., p. 144.

15. Em maio de 1999, contudo, o Brasil foi acolhido como membro do "Grupo de Egmont". Este Grupo reúne informalmente as agências de inteligência financeira

As 40 Recomendações foram atualizadas pela primeira vez em 1996 e em junho de 2003 uma redação nova foi aprovada em Berlim. Depois de 11 de setembro de 2001, em um plenário extraordinário sobre o financiamento do terrorismo, realizado em Washington, o Grupo aprovou, em outubro de 2001, um conjunto de 8 Recomendações especiais com a finalidade de combater o financiamento dos atos terroristas e organizações terroristas. Agora, portanto, as recomendações do Grupo se aplicam também ao terrorismo.

Dentro dessas Recomendações, incumbe ressaltar aquela que amplia o rol de delitos prévios, retirando a exclusividade do narcotráfico, prevista na Convenção de Viena, e a que enfatiza uma efetiva cooperação administrativa internacional, sem prévia interferência judicial, imprescindível para um combate eficaz às condutas em estudo.[16]

O Grupo produz informes anuais sobre o tema, realiza intercâmbios visando a constatar problemas dos Estados nesta área, bem como revisa suas Recomendações e as novas técnicas de lavagem de dinheiro detectadas mundialmente, além de identificar os países que não a combatem;[17] ou seja, atua técnica (faz estatísticas, revisão das Recomendações etc.) e – por que não dizer? – politicamente, ao expor no cenário político e econômico internacional os países que se omitem no combate à lavagem de dinheiro. Incentiva, também, a criação de organismos similares no âmbito regional, como o GAFISUD (Grupo Regional da América do Sul).

de diversos países e tem como objetivo "promover um fórum visando incrementar o apoio aos programas nacionais de combate à lavagem de dinheiro dos países que o integram. Este apoio inclui a ampliação da cooperação entre as FIU e a sistematização do intercâmbio de experiências e de informações de inteligência financeira, melhorando a capacidade e a perícia dos funcionários das unidades, gerando uma melhor comunicação através da aplicação de tecnologia específica" (cf. site do COAF: *www.coaf.fazenda.gov.br*).

16. "Dentro deste fortalecimento da cooperação internacional há um aspecto básico, e que se refere à obrigação por parte de uma unidade de inteligência financeira (UIF) de fazer um intercâmbio, no âmbito administrativo, informação com outra unidade de inteligência financeira, quando suspeite da existência de uma operação de lavagem. Tal fato é de extrema importância, pois existem países que permitem o intercâmbio de informação, mas com um controle judicial, que embora perfeitamente compreensível, atrasa referido intercâmbio, com o resultado de que, quando se consegue a informação, o autor da lavagem fugiu e já não se pode encontrá-lo. Portanto, esse intercâmbio de informação a nível administrativo entre UIFs constitui elemento chave da cooperação internacional" (José Maria Roldán, "La cooperación en materia de lucha contra el blanqueo a nivel internacional: El GAFI (Grupo de Acción Financiera Internacional)", in Javier Alberto Zaragoza Aguado, *Prevención y represión del blanqueo de capitales*, p. 211.

17. Isidoro Blanco Cordero, ob. cit., p. 159.

O GAFI é considerado um dos organismos internacionais mais relevantes do mundo.

1.3 Convenção de Estrasburgo de 1990

A Convenção do Conselho da Europa relativa à lavagem, seguimento, embargo e confisco dos produtos do delito,[18] também conhecida por "Convenção de Estrasburgo", foi aprovada em setembro de 1990 e entrou em vigor somente em 1º de setembro de 1993, em razão de problemas com o número de ratificações.

Ademais de ordenar medidas eficazes de combate a crimes graves, a Convenção exigiu que os signatários criminalizassem a lavagem de dinheiro e estabelecessem medidas legais de embargo e confisco, com o objetivo de privar os delinqüentes do proveito econômico do crime. Outrossim, forneceu uma definição de produto, bens, instrumentos, confisco e delito principal e preencheu alguns vazios que impediam a assistência judicial recíproca no âmbito penal.

A título de novidade, ampliou o catálogo de delitos prévios (chamados inadequadamente de "delito principal") a outros crimes que geram proveito econômico, afastando a exclusividade do narcotráfico disposta na Convenção de Viena. Também, deixou a critério das Partes a punição ou não do autor do crime de lavagem de dinheiro, que também praticou o crime antecedente, além do que apresentou medidas de incriminação facultativa, como a tipificação penal de condutas culposas e outras.

O artigo 6.2, "c", por exemplo, que reza que "o conhecimento, a intenção ou o propósito exigidos como elementos do delito previsto no referido parágrafo poderão ser deduzidos de circunstâncias fáticas objetivas", estabelece, na opinião de Abel Souto, não a possibilidade de inversão do ônus da prova, já prevista na Convenção de Viena, mas a admissibilidade de prova indiciária[19] – questões de extrema importância e que serão tratadas adiante.

A relevância da Convenção se evidencia, quer pelas novidades que introduziu, como a ampliação do rol de crimes antecedentes à lavagem, quer pela imprescindível preocupação em impor, com o emprego de métodos eficazes e efetivos, a perda do produto do crime, sabidamente um dos mais importantes e eficazes instrumentos de combate a estes tipos de conduta.

18. V. anexo.
19. Ob. cit., pp. 175-176.

1.4 Diretiva 308/1991 das Comunidades Européias

Um outro instrumento que deve ser conhecido é a Diretiva 308/1991, que foi aprovada pelo Conselho das Comunidades Européias em 10 de junho de 1991[20] e estabeleceu medidas para prevenir e dificultar a utilização do sistema financeiro na lavagem de dinheiro.

A Diretiva tem caráter obrigatório[21] para os Países-membros e objetiva harmonizar as respectivas legislações no tocante à previsão de regras mínimas de prevenção à lavagem de dinheiro,[22] tutelando o sistema financeiro e assegurando o mercado único.[23]

Embora tenha tipificado novamente a lavagem de dinheiro e previsto medidas de cunho penal,[24] enfocou principalmente o aspecto preventivo através de imposição de deveres às entidades de crédito, às instituições financeiras[25] e aos profissionais ou categorias de empresas que exerçam atividades suscetíveis de serem utilizadas no processo de lavagem,[26] como, por exemplo, cassinos e agentes imobiliários. Em síntese, com o emprego de medidas administrativo-financeiras, pretendeu dificultar e prevenir a utilização dessas entidades na lavagem de dinheiro.

Dentre outras medidas relevantes impostas às instituições financeiras e demais implicados, destacam-se a obrigatoriedade de identificação de clientes, a de comunicação de operações suspeitas e a de não realização de ditas transações suspeitas.

O instrumento em análise conseguiu operar modificações nas diversas legislações dos países da Comunidade Européia, quer no aspecto preventivo – onde a harmonização é maior –, quer no repressivo,[27] evidentemente pela necessidade e eficiência de sua normativa. Aliás, embora obri-

---

20. V. anexo.
21. Ao contrário das medidas contidas na Declaração dos Princípios da Basiléia de 1988 e das Recomendações do Grupo de Ação Financeira Internacional (GAFI).
22. Carlos Aránguez Sánchez, *El delito de blanqueo de capitales*, p. 113.
23. Isidoro Blanco Cordero, ob. cit., p. 118.
24. Art. 1º (v. anexo). Relativamente ao âmbito penal, todavia, a Diretiva não tem força obrigatória.
25. Arts. 3 a 11 (v. anexo).
26. Art. 12 (v. anexo).
27. Segundo Miguel Abel Souto "a Diretiva padece de caótica estrutura, incompleto conteúdo e indeterminação, fruto de múltiplas transações". Pese a tudo isso, veio para preencher uma lacuna do Direito Comunitário e modificou rapidamente a legislação contra a lavagem de dinheiro em todos os países da União Européia, não somente no âmbito preventivo senão também a respeito da incriminação desse processo (ob. cit., p. 277).

gatória somente no âmbito da Comunidade Européia, as determinações dessa Diretiva foram parcialmente trasladadas ao direito brasileiro, mais concretamente ao Capítulo V, da nossa Lei de Lavagem de Dinheiro.

A Diretiva 97/2001, aprovada pelo Conselho das Comunidades Européias em 4 de dezembro de 2001, modificou o instrumento em estudo (Diretiva 308/1991).

O novo texto alterou o conceito de atividade delitiva da qual procedem os bens e valores e alargou o rol de atividades e profissionais obrigados ao cumprimento das medidas preventivas já citadas, passíveis de serem usados no processo de lavagem de dinheiro. Nesse sentido, foram incluídos auditores, agentes de propriedade imobiliária, notários e advogados,[28] quando intervenham em uma série de atividades, bem como pessoas que comercializem artigos de elevado valor, como pedras ou metais preciosos, ou objetos de arte e leiloeiros, quando o pagamento se realize em dinheiro e em quantia igual ou superior a C= 15.000.[29]

1.5 A Convenção de Palermo de 2000

Finalmente, a Convenção das Nações Unidas contra a Delinqüência Organizada Transnacional, conhecida por "Convenção de Palermo", foi

---

28. Comentando especificamente a questão dos advogados, Ramón Mullerat, após analisar as duas Diretivas, conclui que: "a) em princípio, os advogados (como as entidades, instituições e demais pessoas sujeitas à Diretiva) têm obrigação de colaborar com as autoridades, informando e facilitando informações de qualquer fato que possa ser indício de lavagem (art. 6.1); b) não obstante, os Estados-membros têm a discricionariedade de não impor tais obrigações e manter o princípio do segredo profissional (art. 6.3, § 2º); c) assim, se um Estado-membro decide que o princípio do segredo profissional não é aplicável, neste caso o advogado deve informar às autoridades sobre qualquer fato que possa ser indício de lavagem; enquanto que, se o Estado decide que o princípio do segredo profissional resulta aplicável, o advogado não tem obrigação de denunciar sua suspeita de lavagem, salvo se: I) o advogado estiver implicado em atividades de lavagem de dinheiro; II) a finalidade do assessoramento jurídico for a lavagem de dinheiro; ou III) quando o advogado souber que o cliente busca o assessoramento jurídico para a lavagem de dinheiro (Dispositivo 17). Assim, pois, apesar da clareza do Dispositivo 17 ('o assessoramento jurídico continua sujeito à obrigação do segredo profissional'), a realidade é que o texto da Diretiva impõe ao advogado a obrigação de informar, embora os Estados-membros têm o poder de não impor referida obrigação (respeitando o segredo), salvo no caso de implicação do advogado na lavagem ou de que a finalidade do assessoramento seja precisamente à lavagem" ("Las directivas europeas contra el blanqueo de capitales. Impacto sobre el secreto profesional del abogado", La Ley, n. 5.653, nov. 2002, pp. 1-5).

29. Os incs. X, XI e XII, do parágrafo único do art. 9º da Lei de Lavagem de Dinheiro (Lei n. 9.613) possuem conteúdo muito semelhante a este.

aprovada nessa cidade da Itália, em dezembro de 2000.[30] Na mesma data foram firmados os Protocolos para prevenir, reprimir e sancionar o tráfico de migrantes por via terrestre, marítima e aérea e o tráfico de pessoas, em especial mulheres e crianças.

Insistindo na criminalização das condutas de lavagem de dinheiro, a Convenção previu que as Partes ampliem o conceito de crime antecedente, de forma a abranger a mais ampla gama possível de infrações penais, especialmente aquelas consideradas graves.[31]

No tocante aos instrumentos que devem ser adotados para um combate eficaz contra o crime organizado, destacam-se a responsabilidade das pessoas jurídicas (penal, civil ou administrativa), a extradição, assistência judicial recíproca, a possibilidade de investigações conjuntas e técnicas especiais de investigação – como a ação controlada, infiltrações de agentes e vigilância eletrônica –, assim como a instituição de Unidades de Inteligência Financeira com a finalidade de reunir informações sobre as atividades de lavagem de capitais.

A recuperação de propriedades e o confisco de bens, outrossim, são medidas que também têm destaque nessa importante Convenção. Ademais de exigirem que os Estados adotem medidas necessárias para possibilitar o confisco, as Nações Unidas, neste ponto, uma vez mais, insistiram que as Partes estabeleçam que o delinquente, não o Ministério Público, demonstre a origem lícita do suposto produto do delito ou de outros bens sujeitos ao confisco (art. 12.7). Essa possibilidade, ressalta o texto, pode ser prevista na medida de sua compatibilidade com os princípios do direito interno e com a índole do processo judicial ou outras atuações conexas.

No artigo 2º, "a", suprindo omissões anteriores de outros instrumentos, conceituou "grupo criminoso organizado",[32] definição de extrema importância, cujo significado é da maior relevância dentre nós, uma vez que a mesma era inexistente no Brasil. Por tal razão, como veremos adiante, não mais persistem as alegações de que o artigo 1º, inc. VII, da Lei n. 9.613/1998, não pode ser aplicado por inexistência de definição de organização criminosa.

30. V. anexo.
31. V. definição no anexo, art. 2, "b".
32. "Grupo estruturado de três ou mais pessoas, que existe há algum tempo e que atua concertadamente, com o propósito de cometer uma ou mais infrações graves ou enunciadas na presente Convenção, com a intenção de obter, direta ou indiretamente, um benefício econômico ou outro benefício material."

A Convenção de Palermo foi ratificada através do Decreto n. 231, de 30.5.2003.[33]

1.6 Outros instrumentos

A legislação brasileira, por fim, foi influenciada pelos seguintes instrumentos:[34]

1) Regulamento modelo sobre Delitos de Lavagem relacionados com o Tráfico de Drogas e Delitos Conexos, elaborado pela Comissão Interamericana para o Controle do Abuso de Drogas (CICAD), aprovado na XXII Assembléia Geral da OEA, nas Bahamas entre 18 e 23 de maio de 1992, com a participação do Brasil;

2) Plano de Ação firmado pelo Brasil em Miami, após reunião da Cúpula das Américas no âmbito da OEA, em dezembro de 1994;

3) Declaração de Princípios sobre Lavagem de Dinheiro, firmada pelo Brasil em Buenos Aires, em dezembro de 1995, na Conferência Ministerial sobre a Lavagem de Dinheiro e Instrumentos do Crime.

2. Tipificação no Direito Comparado

A Itália foi o primeiro País a incorporar em sua legislação um dispositivo relacionado à lavagem de dinheiro.[35] O artigo 648, que foi introduzido no "Codice Rocco" em 1978, punia com pena de prisão e multa aqueles que realizassem "fatos ou atos destinados a substituir dinheiro ou valores procedentes dos delitos de roubo agravado, extorsão agravada ou seqüestro de pessoas com finalidade extorsiva por outra moeda ou outros valores, com o objetivo de lograr proveito próprio ou alheio, ou de ajudar os autores dos citados delitos a garantir o proveito do delito". Atualmente, o delito de *riciclaggio de denaro* está previsto no Código Penal, nos artigos 648-*bis* e 648-*ter*, juntamente com o crime de receptação do artigo 648, sob a rubrica "Impicgo de denaro, beni o utilità di provenienza illecita".

Na Espanha, os artigos 301 a 304 do Código Penal, regulam o *blanqueo de dinero*, estabelecendo tipos básicos dolosos, figuras agravadas, forma culposa (imprudência grave) e punição aos atos preparatórios. A Lei n. 19/1993 e o Real Decreto n. 925/1995, que a regula, completam

---

33. V., no anexo, o inteiro teor do Decreto.
34. Nesse sentido, v. Exposição de Motivos da Lei n. 9.613/98, no anexo.
35. Eduardo A. Fabián Caparrós, *El delito de blanqueo de capitales*, p. 185.

o sistema, fixando medidas de índole administrativa para a prevenção desse tipo de conduta.

Em Portugal, o crime de *branqueamento de capitais* encontra-se previsto no Decreto-lei n. 15/1993 (Lei da Droga) e no Decreto-lei n. 325/1995. Este Diploma, além de ampliar as hipóteses de lavagem para bens e produtos provenientes de outras atividades ilícitas (não só do tráfico), estabeleceu obrigações às entidades financeiras e a outros organismos, como, por exemplo, os cassinos. As Leis ns. 11/2004 e 27/2004 aperfeiçoaram o sistema de prevenção e repressão da lavagem de dinheiro detalhando os deveres das entidades financeiras e de alguns profissionais, *v.g.* os advogados que intervêm em determinadas operações.

No Direito Alemão, a lavagem de dinheiro (*Geldwäsche*) está prevista no § 261 StGB (Código Penal).

Nos Estados Unidos, os crimes estão previstos no "Laundering of monetary instruments" e no "Engaging in monetary transactions in property derived from specified unlawful activity".

Na França, o *blanchiment de l'argent* também está previsto no Código Penal, nos artigos 222-38, 225-6 e 324-1.

Já na Suíça, a matéria está regulada nos artigos 305-*bis* e 305-*ter* do Código Penal Suíço.

No Direito Argentino, o *encubrimiento y lavado de activos de origen delitivo* está previsto no capítulo XIII do Código Penal (arts. 277 e ss.).

3. *A lavagem de dinheiro no Brasil*

A Convenção de Viena das Nações Unidas de 19 de dezembro de 1988,[36] exigiu que os Estados contratantes punissem a lavagem de dinheiro procedente do tráfico de drogas e adotassem instrumentos eficazes de investigação para o combate ao crime organizado. Diversos países, portanto, conscientes da insuficiência de regras para prevenção e repressão dessas condutas, introduziram em seus ordenamentos novos tipos penais, normas processuais especiais e administrativas.

No Brasil, passados quase sete anos da ratificação da Convenção,[37] foi editada a Lei n. 9.613, de 3 de março de 1998, que além de tipificar os crimes de lavagem ou ocultação de bens, direitos e valores, estabeleceu medidas de prevenção da utilização do sistema financeiro para os ilícitos

---

36. V. Capítulo I, item 1.1.
37. A Convenção de Viena foi ratificada pelo Brasil através do Decreto n. 156, de junho de 1991.

previstos na lei, bem como criou o Conselho de Controle de Atividades Financeiras-COAF, órgão que tem por finalidade "disciplinar, aplicar penas administrativas, receber, examinar e identificar as ocorrências suspeitas de atividades ilícitas" (artigo 14, *caput*, da Lei n. 9.613/1998), fiscalizando, pois, as atividades financeiras que podem dar ensejo à lavagem de dinheiro.[38]

A disciplina adotada no Brasil, de inclusão em uma única legislação das normas penais (art. 1º), processuais (arts. 2º a 8º) e administrativas (arts. 9º a 17), facilita, sobremaneira, o conhecimento e a aplicação das regras relativas ao tema.

Enfim, indiscutível os benefícios que a aprovação da Lei de Lavagem de Dinheiro aportou, especialmente porque criminalizou a lavagem de dinheiro seguindo a normativa internacional e a legislação de outros países já experientes no combate a esta prática, interessados em auxiliar e receber cooperação em nível mundial.

No tocante aos tipos penais, optamos por uma mescla das legislações de segunda e de terceira gerações. Vale ressaltar que para a "legislação de primeira geração", os bens, direitos e valores só podem ser provenientes de crimes de narcotráfico. Para a de "segunda geração", o objeto material também pode proceder de outros crimes graves. No caso da legislação chamada de "terceira geração" os bens, direitos ou valores podem ser oriundos de qualquer crime. A Lei n. 9.613/1998, embora apresente um rol taxativo de crimes antecedentes, abre espaço para a inclusão de inúmeros outros delitos não arrolados nessa lista, quando praticados por organizações criminosas.[39]

4. Terminologia

A expressão *money laundering* foi usada judicialmente pela primeira vez nos Estados Unidos, em 1982, num caso em que se postulava a perda

---

38. "A estrutura do COAF é composta por uma Presidência, uma Secretaria Executiva e o Conselho, que chamamos de 'Plenário'. O legislador pôs no COAF um representante de todos os órgãos da administração pública detentores de uma parcela de informação ou ativos no combate à lavagem. O COAF compõe-se de: um representante do Banco Central, da CVM, da SUSEP, da Procuradoria-Geral da Fazenda, da Secretaria da Receita Federal, da Agencia Brasileira de Inteligência (ABIN, ex-Subsecretária de Inteligência da Presidência da República), do Departamento de Polícia Federal e um do Ministério das Relações Exteriores, exatamente por esse caráter transnacional do crime de lavagem" (Adrienne Senna, "Regulamentação da Lei n. 9.613/98 pelos órgãos competentes", *Seminário internacional sobre lavagem de dinheiro*, p. 26).

39. Nelson Jobim, "A Lei n. 9.613/98 e seus aspectos", *Seminário Internacional...*, cit., pp. 14-15.

de dinheiro procedente de tráfico de entorpecentes. O termo era empregado originalmente pelas organizações mafiosas que usavam lavanderias automáticas para investir dinheiro e encobrir sua origem ilícita.[40]

Além de outros aspectos contraditórios que envolvem o tema, também não existe um consenso a respeito da terminologia desta conduta. Enquanto alguns países empregam a locução "lavar" (*lavagem de dinheiro* no Brasil, *money laundering* nos Estados Unidos e Inglaterra, *Geldwäsche* na Alemanha, *lavado de dinero* na Argentina e México) e *Gelwäscherei* (na Suíça e na Áustria), outros preferem "branquear" (*blanqueo de dinero* na Espanha, *blanchiment de l'argent* na França, *branqueamento de capitais* em Portugal e *blanchissage de l'argent* em parte da Suíça). Na Itália o fenômeno é chamado de *riciclaggio del denaro*.

Para além do que foi tratado nas "considerações introdutórias"[41] desta obra, recordemos que as diversas nomenclaturas igualmente não restaram imunes às críticas: ausência de rigor técnico-jurídico, como por exemplo a desnecessária distinção entre "dinheiro negro" (que precisa ser branqueado) e "dinheiro sujo" (que necessita ser lavado)[42] etc.

No caso do Brasil, a expressão "lavagem de dinheiro", literal tradução do termo empregado nos Estados Unidos, encontra-se amplamente difundida e popularizada.[43]

5. Conceito

Entende-se por lavagem de dinheiro o processo composto por fases realizadas sucessivamente, que tem por finalidade introduzir na economia ou no sistema financeiro, bens, direitos ou valores procedentes dos crimes previstos no rol do artigo 1º, *caput*, da Lei n. 9.613/1998,[44] ocultando essa origem delitiva.

---

40. Isidoro Blanco Cordero, ob. cit., p. 86.

41. V. tópico inicial: "Considerações introdutórias".

42. "Dinheiro negro é aquele que se origina de atividades comerciais legais, mas que foge das obrigações fiscais; dinheiro sujo é aquele que procede de negócios delitivos, tais como o contrabando, tráfico de drogas, tráfico de armas, tráfico de crianças etc." (Isidoro Blanco Cordero, ob. cit., p. 87).

43. Quanto à nomenclatura, observa o legislador que "a expressão 'lavagem de dinheiro' já está consagrada no glossário das atividades financeiras e na linguagem popular, em conseqüência de seu emprego internacional (*money laudering*)" (cf. Exposição de Motivos da Lei n. 9.613/98, no anexo).

44. Para caracterizar o delito de lavagem de dinheiro não é suficiente que os bens tenham origem delitiva. É necessário que sejam procedentes dos delitos previstos no art. 1º da lei brasileira.

Independente da definição adotada, a doutrina aponta as seguintes características comuns no processo de lavagem de dinheiro:

1) a lavagem é um processo onde somente a partida é perfeitamente identificável, não o ponto final;[45]

2) a finalidade desse processo não é somente ocultar ou dissimular a origem delitiva dos bens, direitos e valores, mas igualmente conseguir que eles, já lavados, possam ser utilizados na economia legal.[46]

Cabe ressaltar, entretanto, que a Lei n. 9.613/1998 prescinde da conclusão do processo de lavagem. Assim, basta a simples ocultação da origem de valores oriundos de um delito antecedente, conduta que é perpetrada na fase inicial do processo, para a caracterização do crime de lavagem. Nesse sentido, a Lei n. 9.613/1998 "dispõe sobre os crimes de 'lavagem' ou de *ocultação* de bens, direitos e valores" (grifo nosso).

6. Bens jurídicos tutelados

Matéria de especial polêmica, a doutrina está longe de restar pacífica quanto ao bem jurídico tutelado nos delitos de lavagem de dinheiro. Aliás, é nesse particular que mais se põe em relevo a crise da teoria do bem jurídico e onde muito se evidencia a nova tendência funcionalista-sistêmica do direito penal apontada na Alemanha por Günther Jakobs. Com efeito, qual(is) o(s) bem(s) jurídico(s) tutelado(s) na "lavagem de dinheiro"? A pouca clareza na especificação do(s) bem(s) e a total discórdia doutrinária, como se verá, apenas revelam as frágeis bases em que se sustenta uma teoria do Direito Penal assentada sobre as bases de um bem jurídico. Esse tópico, ao contrário, parece falar a favor da teoria sustentada por Jakobs, ao definir como missão imediata do Direito Penal a confirmação da norma, ou seja, a reafirmação da mesma frente à infração cometida pelo agente, no sentido de privilegiar-se a prevenção geral[47] positiva pela exemplaridade advinda da reação do Estado frente a

---

45. Carlos Aráguez Sánchez explica que a dificuldade de confirmar o fim do processo de lavagem de dinheiro deve-se ao fato de que é sempre possível aperfeiçoá-lo, realizando novas operações capazes de distanciar ainda mais os bens ou valores de sua procedência ilícita (ob. cit., p. 33). No mesmo sentido, Eduardo A. Fabián Caparrós: "embora saibamos qual é o ponto de partida desse processo – o cometimento de um fato ilícito –, não é possível determinar onde se encontra seu fim, uma vez que sempre será possível realizar uma nova operação de ocultação que redunde em favor da separação dos bens em relação à sua remota procedência" (ob. cit., p. 412).

46. Isidoro Blanco Cordero, ob. cit., p. 33.

47. V. Edilson Mougenot Bonfim, *Direito penal da sociedade*, pp. 186 e ss.

um comportamento delitivo. Este seria, precipuamente, o fim do Direito Penal, e apenas mediatamente, se diria da proteção ao bem jurídico.

Mas, aceitando-se como ainda dominante a teoria do bem jurídico, pergunta-se por sua identificação nos crime em análise. A seguir, apenas o destaque das grandes e principais correntes, dá-nos uma idéia da problemática doutrinária e do inexistente consenso existente a respeito:

– Um primeiro seguimento sustenta que estas condutas afetam o *mesmo bem jurídico do delito antecedente*, apenas prolongando e aumentando a lesão anterior.[48] Assim, no caso de uma lavagem proveniente de tráfico ilícito de substâncias entorpecentes, o bem jurídico protegido seria a saúde pública e assim sucessivamente quanto aos demais delitos antecedentes.[49]

– Para a doutrina majoritária, contudo, o objeto da tutela jurídica nos crimes de lavagem de dinheiro é diverso daquele que é protegido no delito antecedente. Dentro desta linha, porém, permanecem as divergências entre aqueles que consideram que o bem jurídico protegido é a *Administração da Justiça*[50] e outro que o identifica como a *ordem sócio-*

48. Silvina Bacigalupo e Miguel Bajo Fernández afirmam que a "finalidade da norma de lavagem de dinheiro é a mesma da receptação: impedir o delito originário que se está ocultando, que lesiona, portanto, o bem jurídico deste delito. Se com a lavagem, oculta-se um delito fiscal, o objeto de proteção tanto de um quanto de outro delito será o erário público" (*Derecho Penal Económico*, p. 684). No mesmo sentido, Miguel Acosta Romero e Eduardo López Betancourt, *Delitos especiales*, p. 226.

49. Para Carlos Aránguez Sánchez "a identificação do bem jurídico do crime de lavagem com o mesmo protegido pelo delito prévio (Acosta Romero, López Betancourt) é uma concepção que se fundamentava na consideração, já superada, da lavagem como um instrumento a mais no combate ao crime anterior, normalmente o narcotráfico" (ob. cit., p. 383).

50. Nesse sentido, Paolo Bernasconi, *Le blanchissage d'argent en droit pénal suisse. Rapport explicatif avec proposition de revision législative (nouvel art. 305-bis CP)*, p. 9. Assim também, Pilar Gómez Pavón, "El encubrimiento, la receptación y el blanqueo de dinero", *Monográfico sobre el encubrimiento, la receptación y el blanqueo de capitales. Normativa comunitária*, pp. 189 e ss. Os adeptos dessa corrente destacam as semelhanças e a proximidade do delito de lavagem de dinheiro com o favorecimento real, também crime contra a Administração da Justiça, na medida em que se pretende ocultar um ilícito já cometido, evitando a punição do autor do delito. Como observa Blanco Cordero, a Administração da Justiça é lesada somente nas duas primeiras fases do processo de lavagem, onde se pretende ocultar e dissimular a origem dos bens, não na fase mais importante, que é a integração (ob. cit., pp. 199-200). Juana del Carpio Delgado salienta que "se criminaliza a lavagem de dinheiro não porque impeça a Administração da Justiça, já que para isso não seria necessário configurar um novo tipo penal (...) senão que se criminalizam condutas de lavagem na medida em que a imersão de bens de procedência delitiva no sistema pode lograr a desestabilização e a alteração do funcionamento formal do mercado

econômica,[51] expressão que aparece com diferentes denominações, cada qual reclamando a si o acerto da especificação técnica.[52]

– Finalmente, uma terceira corrente defende que são dois ou mais os bens jurídicos tutelados, uma vez que a lavagem de dinheiro é um *crime pluriofensivo*,[53] podendo até se aceitar um dos bens como prevalente e outro como subsidiário.

No caso do Brasil, um ingrediente a mais pode ser somado à dificuldade de se identificar o bem jurídico protegido nas hipóteses de lavagem de dinheiro: o legislador não incluiu esses delitos no Código Penal, ao contrário do que ocorreu na Espanha, Itália, Alemanha etc., e, em regra, a doutrina parte da topografia legislativa do crime para apontar o bem jurídico tutelado, ainda que seja para discordar da opção do legislador.

e da economia própria de um Estado social e democrático de Direito" (*El delito de blanqueo de bienes en el nuevo Código Penal*, p. 352).

51. No Brasil, afirma César Antonio da Silva que "o bem jurídico que a lei protege é a própria ordem econômico-financeira do país, embora não se deva desconhecer que a 'lavagem de dinheiro' afeta múltiplos interesses individuais, simultaneamente" (*Lavagem de dinheiro: uma nova perspectiva penal*, p. 39). William Terra de Oliveira, afirma que "a conduta de lavagem de dinheiro atinge interesses metapessoais ou transindividuais, e por esse motivo o *bem juridicamente protegido* não poderia ser outro senão a própria *ordem socioeconômica*" (*Lei de lavagem de capitais*, p. 323). Na Espanha, José Luís Díez Ripollés, "El blanqueo de capitales procedentes del tráfico de drogas. La recepción de la legislación internacional en el ordenamiento penal español", in *Monográfico sobre el encubrimiento, la receptación y el blanqueo de capitales. Normativa comunitária*, p. 182. Em Portugal, Jorge de Almeida Cabral, "O crime de branqueamento de capitais", in Juan Carlos Ferré Olivé (Org.), *Blanqueo de dinero y corrupción en el sistema bancario*, p. 79.

52. Conforme observa Carlos Aráguez Sánchez, utilizam-se com o sentido de ordem sócio-econômica os seguintes termos: "sistema financeiro em seu conjunto", "economias lícitas", "economia nacional em sua totalidade", "ordem pública econômica", "ordem econômica estabelecida" e "atual ordem social e econômica" (ob. cit., pp. 83-84). No Brasil, Marco Antonio de Barros entende que "os bens jurídicos que esta lei objetiva tutelar são os sistemas financeiro e econômico do País", pois se busca "garantir a mínima segurança das operações e transações de ordem econômico-financeira" (*Lavagem de dinheiro: implicações penais, processuais e administrativas. Análise sistemática da Lei n. 9.613, de 3.3.1998*, p. 5).

53. Nesse sentido: José Manuel Palma Herrera, *Los Delitos de Blanqueo de Capitales*, p. 297: (administração da Justiça e o tráfico lícito dos bens); Antonio Moreno Cánoves e Francisco Ruiz Marco, *Delitos socioeconómicos. Comentarios a los arts. 262, 270 a 310 del nuevo Código Penal*, p. 384: (administração da Justiça e ordem socioeconômica). Por fim, Rodolfo Tigre Maia, *Lavagem de dinheiro (lavagem de ativos provenientes de crime). Anotações às disposições criminais da Lei n. 9.613/98*, pp. 54-55: (administração da Justiça e os bens jurídicos dos crimes antecedentes).

Dentre os seguimentos trazidos, filiamo-nos àquele que entende os crimes de lavagem de dinheiro como *delitos pluriofensivos*, tutelando, a um só tempo, *os sistemas econômico e financeiro do País*[54] e a *Administração da Justiça*.

Feita breve análise quanto à compreensão do que seja a Administração da Justiça (v. nota retro), questiona-se: o que vem a ser o sistema ou ordem econômico-financeira como bem jurídico protegido? Como tais crimes podem afetar referido bem e de que forma o fazem?

Nesse sentido, necessária a compreensão do fenômeno da lavagem, enquanto particular condição de alteração do sistema econômico financeiro de um país. É que esses sistemas, que dependem de segurança e transparência, são significavelmente afetados pelo fluxo de recursos de origem delitiva, que colocam em risco princípios constitucionalmente assegurados, pondo em xeque a própria ordem econômica nacional.

O ponto central da construção de tal raciocínio é o conceito de livre concorrência de mercado. Os particulares que exercem atividade econômica no mercado baseiam-se na mútua confiança de que também o concorrente obedeça às regras ou leis de mercado. Autores como Forthauser[55] sustentam que a lavagem de dinheiro coloca em perigo a livre concorrência sobre a qual se baseia o sistema de livre comércio, e, dessa forma, põe em risco o próprio sistema econômico. Entende-se, assim, como aduziu a Diretiva da Comunidade Européia de 1991, que a utilização da lavagem de dinheiro, injetando valores na economia e realizando negócios ilegais, produz desconfiança nas formas de funcionar das instituições de crédito e financeiras. Com um crescente investimento de capitais ilegais na economia, ocorreria uma perda de confiança nas formas de funcionar da concorrência. Logo, com a atividade ilícita, incrementam-se os riscos de mercado, pois a livre concorrência e a lealdade estariam comprometidas, da mesma forma que a estabilidade e a solidez do mercado financeiro, ameaçando conseqüentemente a economia pública.

Bottke,[56] partindo da análise de uma economia social de mercado constitucionalmente assegurada, sustenta, com razão, que a condição essencial para o desenvolvimento de tal economia é a proteção da liberdade do tráfego econômico contra os produtos de origem ilícita; assim,

---

54. Vale ressaltar que a própria Convenção de Viena, instrumento responsável pela tipificação do delito no âmbito internacional, no seu preâmbulo, optou por um bem jurídico de caráter econômico.
55. Cf. Isidoro Blanco Cordero, ob. cit., p. 191.
56. Cf. José Manuel Palma Herrera, ob. cit., p. 251.

aquele que obtém e acumula produtos delitivos, acaba por alcançar uma posição vantajosa e injustificada na concorrência de mercado.

Palma Herrera,[57] a seu turno, aborda outro ponto essencial que se conecta às anteriores ilustrações: o poder econômico obtido com capitais de origem delitiva não é igual àquele oferecido pelos capitais de procedência lícita, pois enquanto a empresa que se financia com capitais de origem lícita tem como objetivo fundamental a obtenção de benefícios econômicos – subordinando toda a sua atividade para o atingimento desse fim –, a empresa que tem como exclusiva finalidade a lavagem de dinheiro subordina toda a sua atividade a esse específico fim, o que irá repercutir em seus planejamentos e na adoção de uma muito diferenciada política comercial, como por exemplo, a fixação de preços e salários à margem da oferta e da demanda, irreais, uma vez que não praticados no mercado. Obviamente, isto poderá condicionar o bom funcionamento das empresas concorrentes, cuja política comercial e planejamento financeiro estão exclusivamente ditados pela lei do mercado, da oferta e da procura, baseando-se na mútua confiança e na lealdade dos concorrentes. Efeitos dessa ordem serão a atividade monopolística e oligopolística da empresa constituída ou financiada pelo capital de origem criminosa, como demonstram diversos estudos referentes preferencialmente ao tráfico de drogas[58] e às atividades da máfia italiana.[59]

Aliás, tal busca de monopólio, com a supressão dos concorrentes, constitui-se em objetivo da criminalidade organizada, como bem ressalta Forthauser,[60] donde o inequívoco dano ao desenvolvimento econômico, que tem no capital "o motor da economia de mercado". É evidente que, geralmente, os custos dos recursos obtidos pela atividade delitiva são muito menores que aqueles derivados de uma atividade lícita, cujo exemplo podemos dar com Colombo:[61] demonstra esse autor o caso de uma empresa financeira que se constitui com o dinheiro arrecadado no comércio de heroína. É notório que em tal condição estará em posição bastante vantajosa em relação a uma empresa análoga que terá que encontrar no próprio mercado seus meios financeiros. O dinheiro que utiliza para sua atividade custa exclusivamente o que deve investir para a prática do crime (no caso do comércio de cocaína de custo muito

---

57. Ob. cit., pp. 271-272.
58. José Luis Díez Ripollés, ob. cit., pp. 143 e ss.
59. M. Centorrino, "Mafia ed economie locali: un approfondimento dei tradizionali modelli d'analisi", *La mafia, le mafie*, pp. 245 e ss.
60. Cf. Isidoro Blanco Cordero, ob. cit., p. 222.
61. Idem, ibidem, p. 222.

baixo) e para a lavagem de dinheiro do qual se deriva. Por outro lado, o empresário legal, pagará o dinheiro que utiliza ao preço de mercado. Dessa forma, aquele que constituiu empresa através de lavagem de dinheiro, chegará à "progressiva apropriação do mercado".[62] O efeito é perverso sobre a ordem econômica, porque possibilita o controle por parte das organizações criminosas de diversos setores da economia, principalmente pelo efeito reflexo e íntima comunicação que os mesmos mantêm entre si.

Não é difícil imaginar a situação, como neste outro exemplo:[63] se alguém, ajudado pelo capital de origem criminosa, baixa os preços normais da venda no setor de couro, o comprador legal do couro pode produzir sapatos mais baratos e exercer uma concorrência ilícita sobre outros produtores de sapatos. O mesmo sucederia no plano dos vendedores de sapatos. Não é difícil concluir, então, que a pretensão de monopólio no mercado, inerente à atividade das organizações criminosas é fator potencial gerador de corrupção, chegando-se a afirmar que as organizações criminosas empregam até 40% de seus ganhos na corrupção e suborno.[64]

A propósito, o FMI[65] resumiu o potencial impacto macroeconômico da lavagem de dinheiro, como podendo dar lugar a: *a*) variações na demanda monetária que aparentemente não guardam relação com os câmbios observados nas variáveis econômicas; *b*) volatilidade dos juros e do câmbio como causa das transferências transfronteiriças inesperadas de fundos; *c*) maior inestabilidade dos passivos e maiores riscos para a valoração dos ativos das entidades financeiras, o que origina um risco sistêmico para a estabilidade do setor financeiro e a evolução monetária em geral; *d*) efeitos adversos sobre a arrecadação tributária e a dotação de recursos públicos devido ao falseamento dos dados sobre a renda e a riqueza; *e*) efeito de contágio sobre as transações legais devido ao temor dos interessados a um possível envolvimento delitivo.

7. *Fases da lavagem de dinheiro*

Para desvincular-se de sua origem, o dinheiro sujo passa por um processo de limpeza, composto por diversas fases ou etapas.

---

62. Idem, ibidem, p. 222.
63. Forthauser, citado por Isidoro Blanco Cordero, ob. cit., p. 223.
64. Idem, ibidem, p. 223.
65. Idem, ibidem, p. 228.

7.1 Os modelos de fases mais conhecidos

Merece inicial destaque o modelo elaborado pelo primeiro autor a estudar o tema, o suíço Paolo Bernasconi; dividiu ele o processo de lavagem de dinheiro em duas fases, aproveitando a nomenclatura anglo-americana:

1) *laundering*: etapa que tem por finalidade fazer desaparecer qualquer indício que possa ligar os bens, direitos ou valores à sua origem delitiva;

2) *recycling*: fase que visa a reintegrar aqueles bens, direitos ou valores na economia legal, confundindo a parte lícita com a ilícita.[66]

O modelo de ciclos proposto por André Zünd[67] e sistematizado por Blanco Cordero, utiliza o ciclo natural da água para explicar o da lavagem de dinheiro. São diversas as fases catalogadas:

1) *precipitação*: produção de dinheiro em espécie e em notas de pequeno valor oriundo de atividades criminosas;

2) *infiltração*: tem por finalidade fazer a primeira depuração mediante a transformação em outros bens ou notas de valor maior;

3) *corrente de águas subterrâneas*: são constituídos consórcios de empresas e o dinheiro já lavado é introduzido dentro das organizações criminosas e convertido em outros bens;

4) *lagos subterrâneos*: o dinheiro é separado e repassado a uma seção especializada em lavagem, dentro da própria organização criminosa ou transferido a outra empresa que receberá um pagamento para realizar a transação internacional;

5) *nova acumulação em lagos*: os fundos, já no exterior, são novamente repassados a outros especialistas em lavagem;

6) *estações de bombeio*: os valores entram no sistema financeiro legal através de contas em bancos e compra de bens;

7) *estação de depuração*: ocorre uma nova depuração através de testas-de-ferro etc.;

8) *aplicação/aproveitamento* (transferência e investimento): ultrapassadas as barreiras dos bancos nacionais e internacionais os fundos se movimentam em investimentos legais de conta em conta até a total ocultação da origem ilícita;

---

66. Cf. Carlos Aránguez Sánchez, ob. cit., p. 38.
67. "Geldwäscherei: Motive-Formen-Abwehr", in *Der Schweizer Treühander*, 9/1990, pp. 403 e ss., *apud* Isidoro Blanco Cordero, ob. cit., pp. 58-59.

9) *evaporação*: com o desaparecimento do rastro que levaria à origem ilícita dos fundos, estes estão prontos para serem reintegrados no país de onde saiu ou em outros;

10) *nova precipitação*: depois de pagar os impostos devidos, o dinheiro lavado é usado para atividades legais (*v.g.* investimento no mercado financeiro), ou ilegais, finalizando o ciclo que volta a receber novos fundos.

O modelo de ciclos foi criticado por sua complexidade[68] e por ter aplicação restrita à lavagem de dinheiro praticada por organizações criminosas.[69]

7.1.1 O modelo do GAFI

Contando com aceitação bem mais ampla que os demais, até por sua simplicidade, o modelo apresentado pelo GAFI (Grupo de Ação Financeira Internacional) possui três fases:

1) *colocação/introdução* (*placement*): esta fase visa introduzir as grandes quantidades de dinheiro em espécie, oriundas de atividades ilícitas, no sistema financeiro. Esta é a fase mais arriscada para os lavadores, em razão da proximidade do dinheiro com sua origem ilícita;[70]

2) *ocultação/transformação* (*layering*): esta fase tem por finalidade dissimular a origem desses valores, de modo que a procedência deles não seja identificada. Depois das diversas operações que são comuns nesta fase, começam a surgir dificuldades para se apurar a origem desses valores;

3) *integração* (*integration* ou *recycling*): trata-se da etapa final do processo de lavagem de dinheiro. Aqui, os bens, direitos ou valores de origem delituosa, já com aparência lícita, em razão do sucesso nas fases anteriores, são introduzidos novamente nos sistemas econômico e financeiro, aparentando tratar-se de operações normais.[71]

---

68. Carlos Aránguez Sánchez, ob. cit., p. 37.

69. Blanco Cordero, ob. cit., p. 59.

70. Segundo os especialistas da polícia e da área de finanças, somente nesta etapa de colocação é possível detectar e descobrir eficazmente a lavagem de dinheiro (cf. Eduardo A. Fabián Caparrós, ob. cit., p. 111).

71. Isidoro Blanco Cordero, ob. cit., pp. 64-78. Para Janice Ascari, existe uma quarta fase deste processo de limpeza, que denomina *recycling* ou *reciclagem*, consistindo na "adoção de procedimentos permanentes para 'limpar' os rastros logo após a conversão dos ativos ilícitos em bens, a esta altura já 'lavados'" ("Algumas notas sobre a lavagem de ativos", *Revista Brasileira de Ciências Criminais*, n. 45, p. 216).

Concluída esta fase, a apuração do delito e a punição dos responsáveis tornam-se mais difíceis. Este processo, contudo, ao contrário do que se imagina, e debalde sua dificuldade na apuração, sempre deixa pistas que podem ser seguidas com êxito.

Vale ressaltar que com relação aos modelos propostos, não compartilhamos da opinião de Aránguez Sánchez quando afirma que constituem elucubrações teóricas, de difícil utilidade prática.[72] De fato, nem sempre a lavagem de dinheiro se concretiza com a presença de todas as fases citadas, a par de que em muitas ocasiões as diversas etapas se sobrepõem ou não podem ser separadas de forma lógica.[73]

Todas essas situações, porém, não retiram a utilidade e necessidade do estudo, sempre citado pela doutrina, pelos organismos internacionais e pelos demais órgãos responsáveis pela sua prevenção e combate, na medida em que emprestam uma coerência lógica à prática do crime, facilitando e identificando não só a idéia do mesmo, como a busca de provas para a sua configuração, uma vez que estabelece referenciais e modelos para a investigação.

7.2 Exemplos de algumas técnicas de lavagem de dinheiro

Dentro de cada uma das fases do processo de lavagem de dinheiro são utilizadas técnicas ou mecanismos diversos, sempre com a finalidade de ocultar a origem delitiva dos fundos e impedir que se conheça a identidade real dos operadores.[74]

Na primeira fase (*colocação*), uma das técnicas mais conhecidas e utilizadas internacionalmente é o *fracionamento* de grandes quantias em valores menores, que ao serem depositados em instituições financeiras não ficam sujeitos ao dever de informar, determinado por lei, e, portanto, livram-se de qualquer fiscalização.[75]

Podemos citar ainda a *troca de moeda* – compra de dólares em pequenas quantidades, especialmente em locais turísticos, e o contrabando de dinheiro em espécie. Também, a utilização de empresas de fachada, onde o dinheiro lícito mistura-se com o ilícito.

---

72. Ob. cit., p. 42.
73. Miguel Abel Souto ressalta que as diversas legislações que tentaram separar o processo de lavagem em fases lógicas e cronologicamente distintas o fizeram de forma inadequada (ob. cit., p. 96).
74. André Cuisset, ob. cit., p. 47.
75. Técnica denominada de *smurfing* ou *Schtoumpfage*.

Outra prática conhecida é o *cabodólar*, que é toda "transferência de valores à margem do sistema financeiro oficial, ou seja, por intermédio de *doleiros* e casas de câmbio que realizam a transferência de valores de um local ou país a outro, por intermédio de correspondentes, sem tributação, declaração ou autorização legal para a realização desse tipo de operação, que se presta, além da lavagem de dinheiro, também para a evasão de divisas e a sonegação fiscal".[76]

Na segunda fase (*ocultação*), em geral se realizam inúmeras *operações financeiras*, de um banco para outro ou para várias pessoas e países diferentes, responsáveis pela movimentação de milhões de dólares em transações internacionais,[77] além da simulação de negócios jurídicos etc., visando sempre a dificultar, ao máximo, a apuração da origem daqueles valores.

Um dos métodos mais avançados é a venda fictícia de ações na bolsa de valores (o vendedor e o comprador, previamente ajustados, fixam um preço artificial para as ações de compra).

É comum nesta fase, também, a transformação dessas quantias em bens móveis e imóveis. Quanto aos bens móveis, costuma-se adquirir bens que possam ser postos em circulação rápida em diferentes países, como ouro, jóias e pedras preciosas.[78]

---

76. José Paulo Baltazar Júnior, "Aspectos gerais sobre o crime de lavagem de dinheiro", *Lavagem de dinheiro. Comentários à lei pelos juízes das varas especializadas em homenagem ao Ministro Gilson Dipp* (Orgs. José Paulo Baltazar Júnior e Sérgio Fernandes Moro), p. 22.

77. Blanco Cordero observa que "ainda que os bancos dos Estados Unidos, da Comunidade Européia, do Canadá, Japão e outros países exijam a identificação de seus clientes, o elevado volume de transferências eletrônicas, seu caráter instantâneo, e a importância deste meio financeiro para o comércio internacional, são circunstâncias que determinam que seja uma área difícil de vigiar" (ob. cit., p. 71). Ademais, como observa Emilio Jesús Sánchez Ulled, o principal problema que apresentam as transferências bancárias é o relativo à identificação dos titulares das contas. Em muitos casos, a legislação do país de origem da transferência é mais branda quanto à fixação de requisitos para a identificação dos titulares das contas ("Blanqueo de capitales en el sector bancario y corrupción: aspectos prácticos", in J. C. Ferré Olivé (Org.), *Blanqueo de dinero ...*, cit., p. 322).

78. Este tipo de transação facilita o anonimato e dificulta a apuração, já que não produz movimento de dinheiro ou geração de documentos, podendo ser empregada para lavar altas somas de dinheiro (cf. Álvaro Pinilla Rodríguez, "Las tipologías de blanqueo en España: estudio de las tipologías más frecuentes en nuestro país", in J. A. Zaragoza Aguado (Org.), *Prevención y represión ...*, cit., p. 81). Também, são bens de difícil avaliação.

Por fim, na terceira e última fase (*integração*) destaca-se a constituição de empresas de fachada,[79] que podem realizar negócios imobiliários, emitir falsas faturas de importação e exportação[80] e simular créditos (os agentes emprestam a si mesmos o dinheiro lavado, fingindo uma operação aparentemente legítima)[81] etc. Toda organização criminosa, aliás, necessita de sociedades legais para se sustentar. Além de possibilitarem a ocultação das atividades ilegais do grupo, as sociedades de fachada revalorizam os lucros, dando credibilidade ao nível de riqueza obtida por uma pessoa ou por vários membros da organização.[82] Em geral, essas sociedades de fachada se localizam em jurisdições *off-shore*[83] ou em *paraísos fiscais*,[84] onde não são incomodadas.[85] Os bancos *off-shore* também são usados para reintegrar os valores de origem ilícita. Investem no setor bancário legal, setor esse que também utilizam para financiar empresas legais.[86]

Os negócios imobiliários constituem um dos mecanismos mais empregados nas três fases do processo de lavagem.[87] São exemplos de tais negócios a "aquisição a preço real ou simulado mediante contratos privados sem mencioná-los na escritura (ocultação); aquisição em nome de pessoa física interposta (familiar ou empregado como testa-de-ferro); aquisição a preço real ou simulado mediante sociedades de fachada, que

79. "(...) toda entidade jurídica, usada pelos agentes para esconder uma situação que não poderia prosperar com toda claridade" (André Cuisset, ob. cit., p. 55). Muitas dessas empresas mesclam atividades lícitas com ilícitas.

80. Essas empresas, lembra André Cuisset, podem atuar em todas as fases do processo de lavagem (idem, ibidem, p. 55).

81. Isidoro Blanco Cordero, ob. cit., p. 75.

82. Jean de Maillard, *Atlas de la criminalidad financiera: del narcotráfico al blanqueo de capitales*, p. 67.

83. A definição de zona *off-shore* é mais ampla do que a de *paraíso fiscal*, pois "tratam-se de jurisdições onde os não residentes têm a mesma possibilidade de constituir sociedades e de usar os serviços financeiros que o centro *off-shore* oferece quanto às atividades realizadas fora de referidos territórios, amparando, como regra geral, diversas vantagens derivadas de uma menor tributação e de uma mínima regulação normativa em diferentes campos" (Emilio Jesús Sánchez Ulled, "Blanqueo de capitales en el sector bancario y corrupción: aspectos prácticos", cit., p. 324).

84. Aqui, temos diminuição ou evasão fiscal.

85. André Cuisset, ob. cit., p. 55.

86. Jean de Maillard, *Atlas de la Criminalidad...*, cit., p. 53.

87. Os investimentos imobiliários constituem um dos mais importantes mecanismos para lavar dinheiro, convertendo-se, ademais, no meio mais empregado para integrar os valores no sistema legal (cf. José Manuel Palma Herrera, ob. cit., p. 205).

permitam assegurar o uso e o desfrute e/ou a propriedade das mesmas; criação de benfeitorias reais (investimentos ou melhorias no imóvel) ou fictícias que permitam sua venda por um preço sensivelmente superior ao da compra".[88]

Nesse sentido, conhecendo a importância de tal técnica, o Conselho de Controle de Atividades Financeiras (COAF),[89] através da Resolução n. 14, de 23.10.2006, estabeleceu diversos procedimentos que deverão ser cumpridos pelas pessoas jurídicas que exerçam *atividade de promoção imobiliária* (construtoras, imobiliárias, loteadoras etc.). Dentre eles, destacam-se a obrigação de manter cadastro atualizado dos clientes, a de registrar toda transação imobiliária com valor igual ou superior a R$ 100.000,00 (cem mil reais) e a de comunicar ao COAF as operações consideras suspeitas.

Assim, além de qualquer transação com indícios de lavagem de dinheiro (art. 7º), deverão ser informadas ao COAF: toda transação imobiliária cujo pagamento ou recebimento, igual ou superior a R$ 100.000,00 (cem mil reais), seja realizado por terceiros ou com recursos de origens diversas (cheques de várias praças e/ou de vários emitentes) ou de diversas naturezas; com pagamento em espécie; com aparente superfaturamento ou subfaturamento do valor do imóvel etc. (cf. art. 8º).

As técnicas usadas para lavar dinheiro modificam-se e se tornam cada vez mais complexas. Algumas delas foram compiladas por membros do Ministério Público, procuradores e juízes de diferentes países e merecem alusão:

a) *Empréstimo endossado*: 1) depositam-se os valores a serem lavados em um banco *off-shore*, no Caribe, por exemplo, transferindo-o depois para Luxemburgo; 2) a quantia se lava em uma conta bancária servindo de garantia a um contrato de empréstimo que o lavador vai firmar com um banco de Londres; 3) o dinheiro colocado à disposição do lavadeiro em Londres não tem nenhuma ligação aparente com o dinheiro depositado em Luxemburgo; 4) se o lavadeiro não paga o empréstimo, o banco de Londres usará a garantia e fará com que o banco de Luxemburgo lhe pague. Se o lavadeiro utiliza o empréstimo em um investimento

---

88. Estebán Ávila Solana, "Las tipologías del blanqueo en España (II): casos prácticos específicos del blanqueo", *Prevención y represión...*, cit., p. 101.

89. Órgão que tem "a finalidade de disciplinar, aplicar penas administrativas, receber, examinar e identificar as ocorrências suspeitas de atividades ilícitas" previstas na Lei de Lavagem de Dinheiro, sem prejuízo da competência de outros órgãos e entidades (cf. artigo 14, da Lei n. 9.613/1998).

rentável e o paga, a soma depositada em Luxemburgo poderá servir para garantir outro empréstimo.

b) *Ganhos falsos em jogos*: 1) um cliente compra fichas de jogo com dinheiro de origem delitiva; 2) os jogadores cúmplices jogam e perdem dinheiro sujo em uma mesa de jogo. Um deles recebe o dinheiro lavado pelo jogo; 3) essa pessoa, então, troca as fichas que ganhou por dinheiro.

No Brasil, aliás, essa técnica foi aprimorada com a conhecida "compra de bilhetes premiados". Sempre contando com o auxílio de funcionários da Caixa Econômica Federal, os agentes conseguiam que o valor do prêmio fosse registrado em seus nomes. Assim, o verdadeiro beneficiário recebia o valor do prêmio, mas nos arquivos do banco constava o nome do lavador que, dessa forma, podia explicar a origem de seu patrimônio.

Além desse método, vultosas quantias oriundas de crimes contra a Administração Pública e de outros delitos antecedentes, foram lavadas através das contas "CC5" (Transferência Internacional em Reais – TIR), no famoso "Caso Banestado – NY". Consta que valores em moeda nacional eram depositados em contas de não-residentes (CC5) mantidas em bancos locais e podiam ser sacados no exterior em dólares. Ocorre que políticos, servidores federais, doleiros etc., usaram tais contas para enviar ao exterior, em nome de "laranjas", valores de origem ilícita.

Todos os dias surgem novas técnicas de lavagem de dinheiro, diferenciando-se das já expostas, a par de que são muito mais complexas,[90] tornando-se inabarcável a listagem de todas as formas de referida prática delitiva. Aliás, nesse sentido, como lembrou o Min. Gilson Dipp, do STJ, as técnicas de lavagem de dinheiro mais eficazes são aquelas que ainda não são conhecidas.[91]

8. *Objeto material*

Por objeto material do delito, compreende-se o objeto corpóreo, pessoa ou coisa, sobre o qual recai a ação punível, e que, no tipo penal se encontra direta ou indiretamente apontado, não se confundindo, por óbvio, com o objeto jurídico ou bem jurídico tutelado.[92]

---

90. Jean de Maillard, *Atlas de la Criminalidad...*, cit., p. 88.
91. "Lava-jato de dinheiro", *Revista Época*, n. 335, 18.10.2004.
92. V. distinção em Edilson Mougenot Bonfim e Fernando Capez. *Direito Penal. Parte Geral*, no Capítulo referente à "Teoria do fato punível".

Desde a Convenção de Viena os diversos instrumentos internacionais que mais influenciaram as diferentes legislações nacionais, adotaram sempre uma definição ampla do objeto material do delito de lavagem de dinheiro. Depois dessa Convenção, que definiu bens como "os ativos de qualquer tipo, corpóreos ou incorpóreos, móveis ou imóveis, tangíveis ou intangíveis, e os documentos legais que comprovem a propriedade ou outros direitos sobre referidos ativos", a Diretiva n. 308/1991 (art. 1º) e a Convenção de Estrasburgo (art. 1º, "b"), também o fizeram no mesmo sentido (v. anexos).

O texto legal brasileiro, seguindo esta linha, também não deu margem a restrições do objeto material dos delitos de lavagem de dinheiro. Assim, embora o termo *bens* compreenda, além dos móveis e imóveis, corpóreos ou incorpóreos, tangíveis e intangíveis, também os *direitos* e os *valores*, nosso legislador preferiu tratar separadamente cada uma dessas categorias, indicando-as expressamente.

De outro lado, para que não pairem dúvidas, enfatiza que esses bens, direitos ou valores podem proceder *direta* (imediata) ou *indiretamente*[93] (mediatamente) dos crimes previstos nos incisos I a VIII. A amplitude do objeto material, portanto, incluiu não só o produto imediato do delito, mas também os acréscimos e as sucessivas mudanças e transformações que ele experimente posteriormente, vale dizer, outros ganhos derivados do mesmo.[94]

Com relação a este último aspecto (procedência indireta) e considerando os inúmeros problemas que foram surgindo,[95] como por exemplo

93. Isidoro Blanco Cordero observa que nas condutas de lavagem de dinheiro é comum a "substituição dos bens inicialmente obtidos ou sua transformação em outros". Este fato, pois, tem grande relevância na medida em que esses "bens substituídos" também serão abarcados pelo tipo (ob. cit., p. 283).

94. Javier Alberto Zaragoza Aguado, "El blanqueo de bienes de origen criminal", in *Derecho penal económico*, p. 385.

95. Como observa Carlos Aránguez Sánchez, ainda que se aceite que a lavagem de dinheiro comporte a substituição do objeto, "a doutrina é unânime em rechaçar uma derivação ilimitada dos bens originários, de modo que todos aqueles que entrem em relação com eles sejam considerados de procedência ilícita" (ob. cit., p. 207). No mesmo sentido, Isidoro Blanco Cordero sustenta que "não parece correto admitir uma derivação ilimitada dos bens originários de forma que todos os que tenham algum tipo de conexão com eles em sua origem devam ser considerados provenientes do delito antecedente. Se as transformações não têm, em princípio, porque causar uma interrupção da união entre o bem originário e o fato, essa união não deve ser tão extensamente perpetuada, abarcando as posteriores transformações de referidos bens" (ob. cit., p. 287).

a contaminação infinita do objeto material, a doutrina se divide quanto às soluções.

Alguns autores utilizam as diversas teorias da relação de causalidade para atribuir ou não a existência de um nexo causal entre os bens, direitos ou valores, transformados ou substituídos várias vezes, e os respectivos delitos do qual se originam.[96] Assim, no exemplo da doutrina, apenas para ficarmos no terreno da teoria da imputação objetiva,[97] "um bem não tem sua origem num fato delitivo quando esse fato não é juridicamente significativo para o bem",[98] introduzindo dessa forma o critério da "importância", com base no qual se pode resolver uma série de hipóteses.

Por isso, preferimos as soluções apresentadas na Espanha, por José Manuel Palma Herrera. Segundo esse autor, nas hipóteses de mescla, será objeto material da lavagem apenas a parte que procede de um dos delitos, não o bem, direito ou valor em sua totalidade.[99] No caso de transformação, ao revés, os bens, direitos e valores mantêm a origem delitiva, independentemente da perda ou não da identidade do bem. Por fim, nos casos de substituição, o bem de origem lícita, que toma o lugar daquele de origem criminosa, adquire o mesmo caráter delitivo, sem contar que esse bem (de origem delitiva, que foi substituído por um de procedência lícita) permanece contaminado, não havendo saneamento.[100] A contaminação atinge o bem substituído e o bem substituto.

Ademais das hipóteses citadas, o bem somente perde sua origem delitiva nos casos em que o delito prévio não é mais considerado crime por uma lei posterior (*abolitio criminis*).[101]

---

96. A propósito, v. José Manuel Palma Herrera, ob. cit., pp. 353-361. Também, Isidoro Blanco Cordero, ob. cit., pp. 311-313 e Juana del Carpio Delgado, ob. cit., p. 109, etc.

97. Sobre imputação objetiva, v. Edilson Mougenot Bonfim e Fernando Capez, ob. cit.

98. Cf. José Manuel Palma Herrera, ob. cit., p. 359.

99. Idem, ibidem, p. 363. O autor reconhece que esse entendimento pode gerar problemas quanto à apreensão e perda dos bens, direitos e valores. Todavia, segundo ele, somente dessa forma são respeitados os princípios de legalidade, segurança e o *in dubio pro reo* (idem, ibidem, p. 364). De acordo com a Convenção de Viena, resolve-se o problema do confisco aplicando-se o disposto no artigo 5.6.b: "Quando o produto houver sido misturado com bens adquiridos de fontes lícitas, sem prejuízo de qualquer outra medida de apreensão ou confisco preventivo aplicável, esses bens poderão ser confiscados até o valor estimativo do produto misturado".

100. Idem, ibidem, pp. 364-365.

101. Idem, ibidem, p. 367.

9. Análise das condutas típicas

Na normativa internacional se destacam as seguintes condutas de lavagem de dinheiro:

1) aquelas realizadas com a finalidade de ocultar a procedência delitiva dos bens, direitos e valores, sem necessidade de que esse fim seja alcançado;[102]

2) aquelas que consistem na própria ocultação ou dissimulação de bens, direitos ou valores de origem delitiva;

3) aquelas que consideram o destinatário, tipificando a aquisição, a posse ou a utilização por ele dos bens, direitos ou valores provenientes da lavagem de dinheiro.

A lei brasileira, como analisaremos, acompanhou essa normativa.

9.1 A conduta típica do artigo 1º

Segundo o artigo 1º, da Lei n. 9.613/1998, constitui crime de lavagem de dinheiro:

Art. 1º. Ocultar ou dissimular a natureza, origem, localização, disposição, movimentação ou propriedade de bens, direitos ou valores provenientes, direta ou indiretamente, de crime:

I – de tráfico ilícito de substâncias entorpecentes ou drogas afins;

II – de terrorismo (e seu financiamento);

III – de contrabando ou tráfico de armas, munições ou material destinado à sua produção;

IV – de extorsão mediante seqüestro;

V – contra a Administração Pública, inclusive a exigência, para si ou para outrem, direta ou indiretamente, de qualquer vantagem, como condição ou preço para a prática ou omissão de atos administrativos;

VI – contra o sistema financeiro nacional;

VII – praticado por organização criminosa;

VIII – praticado por particular contra a administração pública estrangeira (arts. 337-B, 337-C, 337-D do Decreto-lei n. 2.848, de 7 de dezembro de 1940 – Código Penal).

Pena: reclusão de três a dez anos e multa.

---

102. Vale lembrar, mais uma vez, que a Lei n. 9.613/1998 prescinde da conclusão do processo de lavagem, bastando a simples ocultação ou dissimulação da natureza, da origem etc., dos bens, direitos e valores oriundos dos delitos antecedentes, para a caraterização dos delitos nela previstos. Nesse sentido, a Lei n. 9.613/1998 "dispõe sobre os crimes de 'lavagem' ou *ocultação* de bens, direitos e valores".

O dispositivo tem clara inspiração no artigo 3.1, "b", II, da Convenção de Viena.[103]

TIPO OBJETIVO

As condutas alternativamente[104] previstas são *ocultar* (esconder, encobrir, silenciar, abafar, sonegar) e *dissimular* (disfarçar, camuflar, mascarar, ocultar com astúcia e fingir). Estão compreendidos, pois, comportamentos *comissivos* (encobrir, esconder) e *omissivos* (silenciar, não revelar), "especialmente quando o sujeito ativo tem a obrigação de revelar informações relativas a operações suspeitas de lavagem".[105]

A lei proíbe que se oculte ou dissimule a *natureza*[106] (qualidade, atributo), a *origem* (a procedência e também a fonte, operação, pessoa ou lugar concretos dos quais emanam esses bens, direitos ou valores),[107] a *localização* (a posição física, o lugar em que se encontram esses bens), a *disposição* (a colocação metódica, distribuição ordenada, arranjo), a *movimentação* (circulação, trânsito, mudança e, também, o deslocamento contábil da riqueza[108]) e a *propriedade* (titularidade, qualidade de dono) de bens, direitos ou valores provenientes, direta ou indiretamente, do rol de crimes previstos nos incisos do artigo 1º.[109]

103. Artigo 3.1: "Cada uma das Partes adotará as medidas que sejam necessárias para tipificar como delitos penais no seu direito interno, quando se cometam intencionalmente: (...) b) ii: A ocultação ou o encobrimento da natureza, da origem, da localização, do destino, do movimento ou da verdadeira propriedade de bens, ou de direitos relativos a tais bens, com conhecimento de que procedem de algum ou alguns dos delitos tipificados de conformidade com o inciso a) do presente parágrafo ou de um ato de participação em tal delito ou delitos".

104. Trata-se de tipo misto alternativo. Portanto, a realização de mais de uma conduta não dá ensejo ao concurso de crimes.

105. Julio Díaz-Maroto y Villarejo, *El blanqueo de capitales en el derecho español*, p. 21, e Diego J. Gómez Iniesta, *El delito de blanqueo de capitales en derecho español*, p. 50.

106. José Manuel Palma Herrera sustenta que ocultar a natureza dos bens, direitos ou valores, significa encobrir a origem delitiva dos mesmos dando-lhes aparência de que foram obtidos de forma legal. O termo "natureza" teria, portanto, o mesmo alcance da palavra "origem" (ob. cit., pp. 468-469).

107. Idem, ibidem, p. 472.

108. Carlos Aránguez Sánchez, ob. cit., p. 241.

109. Tratando de confrontar a lavagem de dinheiro com a receptação e o favorecimento, Juana del Carpio Delgado observa que "a ocultação ou encobrimento como modalidades de lavagem de bens são condutas que não constituem uma *ocultação ou encobrimento material desses bens*, próprio de quando estas modalidades configuram delitos contra a Administração da Justiça, mas, ao contrário, constituem uma ocultação ou encobrimento das *manifestações externas destes*, é dizer, da natu-

Não é necessário, como já observamos, que os bens, direitos ou valores que são ocultados procedam *diretamente* (imediatamente) dos delitos antecedentes (tráfico, seqüestro etc.). A lei abrange também os *indiretamente* derivados, como nos casos de mescla, transformação, substituição etc.

TIPO SUBJETIVO

Admite-se tanto o *dolo direto* (entendido este como a vontade livre e consciente de ocultar ou dissimular a natureza, origem, localização, disposição, movimentação ou propriedade de bens, direitos ou valores que sabe provenientes, direta ou indiretamente de um dos crimes antecedentes do artigo 1º) quanto o *dolo eventual*[110] (o agente não tem conhecimento certo e seguro de que os bens, direitos e valores sobre os quais atua procedem de um dos crimes antecedentes do rol do artigo 1º, mas mentalmente faz a representação dessa possibilidade e, aceitando-a, oculta ou dissimula a natureza, propriedade, origem etc. dos mesmos).[111] Nesse sentido, aliás, a Exposição de Motivos da Lei n. 9.613/1998.

Note-se que o referido tipo penal, ao contrário dos demais, não exige que o agente "saiba", "tenha conhecimento" da origem delitiva dos bens ou valores. Por outro lado, também não existe previsão de elemento subjetivo do injusto ("dolo específico", conforme a antiga classificação doutrinária).

---

reza, origem, localização, destino, movimento, propriedade ou direitos que tenham sobre os mesmos" (*El delito de blanqueo...*, cit., p. 358, grifos nossos).

110. Na Espanha, quanto ao tipo penal que se assemelha ao presente: Isidoro Blanco Cordero, ob. cit., p. 276; José Manuel Palma Herrera, ob. cit., pp. 586-587; Carlos Aránguez Sánchez, ob. cit., p. 276; e Javier Alberto Zaragoza Aguado, "Análisis sustantivo del delito (II): cuestiones de interés sobre el delito de blanqueo de bienes de origen criminal: la prueba indiciaria. La comisión culposa. Nuevas orientaciones en derecho comparado", in *Prevención y represión del blanqueo de capitales*, cit., p. 296. Em Portugal, Jorge Manuel Vaz Monteiro Dias Duarte, *Branqueamento de capitais. O regime do D.L. 15/93, de 22 de janeiro e a normativa internacional*, p. 150. No Brasil, William Terra de Oliveira *et al.*, entendem que "o dolo eventual somente pode ser admitido se o sujeito está de alguma forma investido em uma posição de garante em relação à evitabilidade do resultado ou se sua conduta é relevantemente causal no processo de lavagem de dinheiro". Rodolfo Tigre Maia também admite o dolo eventual, apontando, entretanto, dificuldades práticas para o seu reconhecimento (ob, cit., pp. 86-88). Admitindo somente o dolo direto, Marco Antonio de Barros, ob. cit., p. 46, e Antônio Sérgio Altieri de Moraes Pitombo, *Lavagem de dinheiro: a tipicidade do crime antecedente*, pp. 136-137.

111. José Manuel Palma Herrera, ob. cit., p. 564.

Outras questões referentes ao tipo subjetivo serão analisadas adiante.

CLASSIFICAÇÃO

Trata-se de *crime formal*, que se consuma quando o agente, mediante condutas ativas ou omissivas, oculta ou dissimula a natureza, origem, localização etc. dos bens, direitos ou valores provenientes dos crimes antecedentes, ainda que não consiga concretizar o resultado desejado de introduzi-los nos sistemas econômico ou financeiro.[112] Não se exige, ademais, uma ocultação perfeita, impossível de ser descoberta, geradora de um êxito total e definitivo.[113]

A ocultação de um bem ou de determinada quantia de origem ilícita, sem a finalidade de inseri-los nos sistemas econômico e financeiro, não configura lavagem de dinheiro, podendo caracterizar outro ilícito penal (*v.g.*, receptação ou favorecimento real).[114]

Trata-se de *crime permanente* nas suas duas modalidades. Juana del Carpio Delgado, nesse sentido, observa que "a lavagem de dinheiro somente se concretiza mediante um processo, através de uma série de operações que são necessárias para que os bens delitivos consigam a aparência de licitude, razão pela qual podemos afirmar que reúne as características de um delito permanente".[115] Assim, ainda que o agente consiga concluir uma operação, encobrindo a natureza, localização etc. de um bem ou valor, o fato é que nem a ocultação, nem a dissimulação, desaparecem com a concretização da mesma.[116]

112. No mesmo sentido, Marco Antonio de Barros, ob. cit., pp. 46-47, e Rodolfo Tigre Maia, ob. cit., p. 81. A Lei n. 9.613/1998, conforme ressaltamos alhures, incide mesmo que o processo de lavagem de dinheiro não tenha sido concluído. Nesse sentido, foram previstos no Capítulo I da lei, tanto os crimes de "lavagem" como os de ocultação de bens, direitos e valores.

113. A propósito, STF, RHC 80.816-6-SP, 1ª Turma, Rel. Min. Sepúlveda Pertence, j. em 10.4.2001: "Lavagem de dinheiro: L. 9.613/98: caracterização. O depósito de cheques de terceiro recebidos pelo agente, como produto de concussão, em contas correntes de pessoas jurídicas, às quais contava ele ter acesso, basta a caracterizar a figura de 'lavagem de capitais' mediante a ocultação da origem, da localização e da propriedade dos valores respectivos (L. 9.613, art. 1º, 'caput'): o tipo não reclama nem êxito definitivo da ocultação, visado pelo agente, nem o vulto e a complexidade dos exemplos de requintada 'engenharia financeira' transnacional, com os quais se ocupa a literatura".

114. Nesse sentido: Carlos Aránguez Sánchez, ob. cit., p. 36, e César Antonio da Silva, ob. cit., p. 80.

115. Ob. cit., p. 349.

116. Marco Antonio de Barros, ob. cit., p. 48.

Reza o artigo 1º, § 3º da lei que a tentativa é punida nos termos do artigo 14, parágrafo único, do Código Penal[117] e se configura quando o agente, por circunstâncias alheias à sua vontade, não consegue ocultar ou dissimular a natureza, a origem etc., dos valores provenientes de um delito antecedente. O exemplo colacionado pelo Desembargador Federal Abel Fernandes Gomes retrata bem a hipótese que, sem dúvida, é de difícil configuração. Assim, mesmo antes de completar a conduta ligada à primeira fase do crime – que é a de colocação –, o agente é surpreendido e preso em flagrante, v.g. quando logo após ter recebido o preço do resgate por um seqüestro, o autor é surpreendido pela polícia quando tenta depositar os valores na conta de uma pessoa fictícia em uma agência bancária.[118]

9.2 A conduta típica do § 1º do artigo 1º

Dispõe o § 1º, do artigo 1º:

§ 1º. Incorre na mesma pena quem, para ocultar ou dissimular a utilização de bens, direitos ou valores provenientes de qualquer dos crimes antecedentes referidos neste artigo:

I – os converte em ativos lícitos;

II – os adquire, recebe, troca, negocia, dá ou recebe em garantia, guarda, tem em depósito, movimenta ou transfere;

III – importa ou exporta bens com valores não correspondentes aos verdadeiros.

Este dispositivo também se inspira na Convenção de Viena.[119] De acordo com a doutrina, o delito em questão tipifica autêntica lavagem de dinheiro.[120]

---

117. Cf. § 3º, do art. 1º. Rodolfo Tigre Maia destaca o "caráter redundante deste parágrafo. Tratando-se de legislação penal especial evidentemente são aplicáveis subsidiariamente as normas gerais do Código Penal, dentre elas a que disciplina a tentativa" (ob. cit., p. 103).

118. "Lavagem de dinheiro: notas sobre a consumação, tentativa e concurso de crimes", *Lavagem de dinheiro. Comentários à lei...*, cit., p. 78.

119. O art. 3.1 da Convenção de Viena dispõe que: "Cada uma das Partes adotará as medidas que sejam necessárias para tipificar como delitos penais no seu direito interno, quando se cometam intencionalmente: (...); b) i: A conversão ou a transferência de bens com conhecimento de que os mesmos procedem de algum ou alguns dos delitos tipificados de conformidade com o inciso a) do presente parágrafo, ou de um ato de participação em tal delito ou delitos, com objetivo de ocultar ou encobrir a origem ilícita dos bens ou de ajudar a qualquer pessoa que participe no cometimento de tal delito ou delitos a se furtar das conseqüências jurídicas de suas ações".

120. Ángel Calderón Cerezo, "Análisis sustantivo del delito (I): Prevención y represión del blanqueo de capitales", in J. A. Zaragoza Aguado (Org.), *Prevenzión y represión ...*, cit., p. 272.

TIPO OBJETIVO

Incorre na mesma pena quem, *para ocultar* (com a finalidade de esconder, encobrir, silenciar, abafar, sonegar) ou *dissimular* (com o objetivo de disfarçar, camuflar, mascarar e fingir) a *utilização* (o uso, o emprego) de bens, direitos ou valores provenientes de qualquer dos crimes antecedentes referidos neste artigo:

1) os *converte* (transforma, transmuta uma coisa em outra) em ativos lícitos;

2) os *adquire* (compra ou obtém a título gratuito) *recebe* (aceita, toma, acolhe, também a título gratuito ou oneroso) *troca* (permuta, dá uma coisa por outra) *negocia* (comercia, trata, ajusta, celebra) *dá ou recebe em garantia* (dá ou recebe em fiança, aval, seguro, cobertura, proteção) *guarda* (cuida, vigia, vela, custodia, protege) *tem em depósito* (tem em estoque), *movimenta*[121] (circula, desloca) ou *transfere* (dá, cede, transmite);

3) *importa* (faz vir de outro País) ou *exporta* (manda para fora do País) bens com valores não correspondentes aos verdadeiros.[122]

TIPO SUBJETIVO

Somente o *dolo direto* (vontade livre e consciente de converter, adquirir, receber etc., bens, direitos ou valores que sabe de origem delitiva) e o *elemento subjetivo do tipo* relativo à especial finalidade de agir: "para ocultar ou dissimular a utilização dos bens, direitos ou valores provenientes de qualquer dos crimes antecedentes referidos neste artigo".[123]

Outras questões referentes ao tipo subjetivo serão analisadas adiante.

---

121. "Por "movimento" não se deve entender necessariamente "movimento físico", já que este é um conceito superado pelas novas tecnologias de circulação de riqueza, que permitem os movimentos de capitais sem necessidade de deslocamento físico dos mesmos" (José Manuel Palma Herrera, ob. cit., pp. 477-478)

122. Conforme observa Gerson Godinho Costa, este dispositivo "pode apresentar alguma dificuldade, porquanto apresenta similitude com uma das formas mais utilizadas para a prática de evasão de divisas, infração penal prevista no art. 22 da Lei 7.492/1986. Inequivocadamente a questão será resolvida no caso concreto pela constatação de qual seria a finalidade do agente" ("O tipo objetivo da lavagem de dinheiro", *Lavagem de dinheiro. Comentários à lei...*, cit., p. 51).

123. Como ressalta Palma Herrera, "se o sujeito atua para ocultar ou encobrir a origem ilícita dos bens, necessariamente deverá conhecer com total certeza a procedência delitiva desses bens" (ob. cit., p. 584). No mesmo sentido, Blanco Cordero: "Somente a execução dolosa íntegra dos elementos objetivos do delito produz sua consumação formal; concretamente, somente a realização mediante dolo direto, isto

CLASSIFICAÇÃO

Trata-se de *crime formal*,[124] sendo suficiente para seu aperfeiçoamento que o agente realize um dos comportamentos descritos no tipo (converter, adquirir, receber etc.), com o objetivo de ocultar ou dissimular a utilização dos bens ou valores procedentes dos crimes antecedentes.

Também é *crime permanente*.

Caracteriza-se o crime tentado quando o agente, por circunstâncias alheias à sua vontade, não consegue concretizar a aquisição, a transferência, a conversão[125] etc.

9.3 A conduta típica do § 2º do artigo 1º

Reza o § 2º do artigo 1º:

§ 2º. Incorre, ainda na mesma pena quem:

I – utiliza, na atividade econômica ou financeira, bens, direitos ou valores que sabe serem provenientes de qualquer dos crimes antecedentes neste artigo;

II – participa de grupo, associação ou escritório tendo conhecimento de que sua atividade principal ou secundária é dirigida à prática de crimes previstos nesta lei.

TIPO OBJETIVO

Sujeita-se às mesmas penas dos dispositivos anteriores quem *utiliza*, na atividade econômica ou financeira bens, direitos ou valores oriundos dos crimes antecedentes. Basta, pois, a mera utilização, sem a necessidade de que o agente pretenda ocultar ou dissimular a origem delitiva dos bens, direitos ou valores. É o que se lê na Exposição de Motivos da Lei n. 9.613/1998:

é, a atuação do autor com a vontade de ocultar ou encobrir a origem ilícita dos bens (...)" (ob. cit., p. 475).
124. Nesse sentido, STJ, RHC 11.462, Rel. Min. Vicente Leal, 6ª Turma, j. 17.10.2000: o delito do inciso I, do § 1º, do artigo 1º (conversão), consuma-se "com a realização das operações tendentes a tornar limpo o dinheiro". A competência, portanto, é do lugar onde se localiza a agência bancária em que foram depositados os valores tidos como de origem ilícita.
125. No exemplo de tentativa de Blanco Cordero, o agente procura uma sucursal bancária e pretende trocar uma determinada quantia procedente do tráfico de drogas por cheques de viagem, quando é preso antes do recebimento dos cheques. Embora o autor tenha realizado atos executivos dirigidos à conversão, não conseguiu finalizar o ato (ob. cit., p. 465).

"41. O projeto também criminaliza a utilização, 'na atividade econômica ou financeira, de bens, direitos ou valores que sabe serem provenientes de qualquer dos crimes antecedentes...' (art. 1º, § 2º, I). Neste caso, a mera utilização, sem ter por objetivo a ocultação ou a dissimulação da origem dos bens, direitos ou valores, uma vez que o agente saiba de tal origem, caracteriza a prática do ilícito."[126]

Também, quem *participa* (contribui de qualquer modo ou faz parte) de grupo, associação ou escritório, tendo conhecimento de que sua atividade principal ou secundária é dirigida à prática de crimes previstos nesta lei.

Aqui, igualmente, para que o delito se configure, não é necessário que o sujeito ativo pratique qualquer crime de lavagem. É suficiente que faça parte de grupo, associação ou escritório, tendo conhecimento de que o mesmo se dedica à lavagem de dinheiro.[127]

Rodolfo Tigre Maia, seguindo a Exposição de Motivos da Lei de Lavagem de Dinheiro,[128] entende que se trata de um tipo especial de concorrência, "que permitirá a imputação típica mesmo que o sujeito ativo não esteja praticando os atos característicos da lavagem ou de ocultação descritos pelo 'caput' do artigo 1º e do respectivo § 1º".[129] Fausto de Sanctis, por sua vez, ressalta que o dispositivo é totalmente desnecessário porque a participação já é punida pelo artigo 29 do Código Penal,[130] enquanto Marco Antônio de Barros observa que o juiz deverá aplicar o Código Penal, apenando com menor rigor as hipóteses de participação de menor importância.[131]

126. Tal conduta, de acordo com a Exposição de Motivos da Lei (n. 41), foi importada do direito francês.

127. Contrariamente, Gerson Godinho Costa entende que "não basta a consciência de que atua em organização com esse objetivo; é imprescindível que pratique qualquer ato ínsito à conduta de *ocultar* ou *dissimular*" ("O tipo objetivo da lavagem de dinheiro", *Lavagem de dinheiro. Comentários à lei...*, cit., p. 52).

128. Cf. o n. 44 da Exposição de Motivos, "trata-se, no caso, de uma forma especial de concorrência que permitirá a imputação típica mesmo que o sujeito não esteja praticando os atos característicos da lavagem ou de ocultação descritos pelo *caput* do art. 1º e do respectivo § 1º. Nos termos do presente *disegno di legge*, responde com as mesmas penas reservadas para a conduta de lavar dinheiro (*to launder money*) ou de ocultação de bens, direitos e valores, quem participa consciente e dolosamente do grupo, associação ou escritório de pessoas que de dedicam a essas condutas puníveis".

129. Ob. cit., p. 101.

130. "Antecedentes do delito de lavagem de valores e os crimes contra o sistema financeiro nacional", *Lavagem de dinheiro. Comentários à lei...*, cit., p. 64.

131. *Lavagem de capitais e obrigações civis correlatas*, p. 195.

Divergências à parte, o tipo penal em análise, previsto em diversas legislações internacionais, foi considerado importante instrumento de combate ao crime organizado.[132]

TIPO SUBJETIVO

Somente o *dolo direto* (vontade livre e consciente de utilizar na atividade econômica ou financeira, bens, direitos ou valores que sabe procedentes dos crimes antecedentes e, também, vontade livre e consciente de participar de grupo, associação ou escritório, tendo conhecimento de que sua atividade principal ou secundária é dirigida à prática de crimes previstos nesta lei). O dolo eventual não é suficiente.[133]

CLASSIFICAÇÃO

Nos dois incisos temos *crimes de mera conduta*, bastando para a consumação que o sujeito ativo utilize na atividade econômica ou financeira, bens, direitos ou valores que sabe provenientes de qualquer dos crimes antecedentes ou participe de grupo, associação ou escritório, tendo conhecimento das atividades de lavagem que desenvolvem.

São delitos *permanentes*.[134]

10. Algumas questões sobre o tipo subjetivo

Uma das questões mais polêmicas relacionadas ao tipo subjetivo dos crimes de lavagem de dinheiro é a que se refere ao *grau de conhecimento* que o sujeito ativo da lavagem de dinheiro deve ter do delito

---

132. V. Resoluções aprovadas pelo XVI Congresso Internacional de Direito Penal (Seção II, Res. 4). Cf. José Luís de la Cuesta Arzamendi, "El Derecho Penal ante la criminalidad organizada: nuevos retos y límites", in Faustino Gutiérrez-Alviz Conradi e Marta Valcárce López (Orgs.), *La cooperación internacional frente a la criminalidad organizada*, p. 112.

133. Nelson Jobim entende que basta o dolo eventual, nas hipóteses em que o agente tinha condições, mas não quis saber ou fingiu desconhecer (ob. cit., p. 16). Todavia, para a caracterização do crime, é preciso que o agente saiba, conheça, tenha ciência, certeza de que está utilizando bens, direitos ou valores provenientes de crime ou participe de uma sociedade, tendo conhecimento, sabendo, tendo certeza, de que sua atividade é dirigida à prática dos crimes antecedentes. Nesse sentido, William Terra de Oliveira *et al.*, ob. cit., p. 336: "Dada a especial consciência da ilicitude, taxativamente prevista no tipo através da expressão 'de que sabe provenientes de qualquer dos crimes antecedentes referidos neste artigo', o tipo é de dolo direto".

134. Assim também, Marco Antonio de Barros, ob. cit., p. 48, e César Antonio da Silva, ob. cit., p. 81.

prévio (elemento normativo do tipo). Aliás, qual a extensão e o que significa exatamente, em termos dogmáticos, tal conhecimento? Deve de fato o agente "saber" que os bens, direitos ou valores sobre os quais opera procedem de um delito – ou de um dos delitos – e deve esse conhecimento se estender a cada uma das infrações previstas no rol do artigo 1º da Lei n. 9.613/1998?

O problema deve ser detidamente analisado.

Na Espanha, não existe um catálogo de crimes antecedentes como no Brasil – os crimes antecedentes da lavagem de dinheiro são quaisquer delitos[135] –, e ainda assim a questão é controvertida. Uma parte da doutrina e da jurisprudência entende que o conhecimento do crime anterior não deve abarcar uma concreta subsunção jurídica do mesmo, sendo suficiente uma compreensão genérica da natureza delitiva do fato do qual derivam os bens, direitos e valores. Basta um conhecimento que reconheça o fato como sendo punível, que se medirá de acordo com a esfera de um leigo, ou seja, a famosa asserção de Mezger da "esfera valorativa do profano".[136] Dessa forma, embora se exija do agente um conhecimento de que os bens ou valores procedem de um crime, não se lhe exige um conhecimento técnico compatível com aquele que seria próprio de um jurista, de um técnico do direito. Vale dizer, deve distinguir entre um crime e uma contravenção, por exemplo, sem a necessidade de uma precisa tipificação. Nesse sentido, sabendo que os bens ou valores são originários de prática de um delito, não necessita saber seu *nomen iuris*. Assim, concebe como um leigo a idéia de um crime anterior, mas não a subsume ao tipo penal como faria com precisão um operador do direito.

Em sentido oposto, outro setor sustenta que o agente deve conhecer concretamente o delito anteriormente cometido. Embora não se exija um conhecimento exato e pormenorizado do crime antecedente (autoria,

---

135. CP, art. 301.1: "Aquele que adquira, converta ou transmita bens, sabendo que estes têm sua *origem em um delito*, ou realize qualquer outro ato para ocultar ou encobrir sua origem ilícita, ou ajudar pessoa que participou na infração ou infrações a evitar as conseqüências legais de seus atos, será castigado com pena de prisão (...)" (grifos nossos).

136. Nesse sentido: Andrés Martínez Arrieta, "Blanqueo de capitales", in Carlos Granados Pérez (Org.), *La criminalidad organizada. Aspectos sustantivos, procesales y orgánicos*, p. 388. Assim também, Eduardo A. Fabián Caparrós, ob. cit., p. 395. Miguel Bajo e Silvina Bacigalupo, nessa mesma linha, entendem que seria excessivo exigir um conhecimento cabal e preciso da origem do delito prévio. Assim como não se exige um conhecimento da figura delitiva concreta, tampouco é necessário que se conheçam detalhes da ação prévia. "Também atua com dolo quem pode calcular a origem ilícita do objeto como uma das possibilidades de sua procedência" (ob. cit., p. 690).

lugar, vítima etc.), o agente deve saber que os bens, direitos ou valores sobre os quais atua são oriundos de um determinado crime antecedente. Trata-se de um conhecimento específico do crime anterior, não genérico.

De se perguntar: vale a primeira e majoritária posição para o Brasil, no sentido de que basta um conhecimento genérico, mesmo sabendo que a legislação brasileira criou um catálogo de crimes antecedentes, de forma diversa à da Espanha?

Obviamente nesse caso a resposta há de ser negativa; isso porque, lamentavelmente, o legislador condicionou a lavagem de dinheiro a determinados delitos, dificultando sobremaneira a repressão a tais tipos de delito. Nesse sentido deve o agente especificamente conhecer qual o crime anteriormente praticado que ensejou os bens ou valores objetos da lavagem (hipótese do dolo direto, ressalvando-se a explicação já feita quanto ao dolo eventual),[137] e não apenas conhecer a prática de qualquer "crime", como permite a hipótese espanhola.

Nesse sentido, a lição de Jorge Alexandre Fernández Godinho, em Portugal: "O agente deverá saber que os bens resultam de uma certa espécie de crime constante do 'catálogo'. Este conhecimento parece bastar-se com uma mera informação – *v.g.*, se alguém comunica ao agente que os bens provêm da prática de um crime de corrupção –, desacompanhada de qualquer conhecimento do substrato fático do crime precedente. Não seria político-criminalmente adequado exigir um conhecimento detalhado e pormenorizado do crime de onde derivam os bens – caso contrário só poucas condutas seriam puníveis. *Não bastará porém o conhecimento de uma genérica proveniência ilícita, porque a lavagem de capitais no direitos português vigente não tem âmbito geral*" (grifos nossos).[138]

Como adiante veremos, a demonstração desse conhecimento poderá ser feita através de prova direta e/ou, especialmente, da indireta.

Diversamente, Sérgio Fernando Moro salienta que: "como a lei brasileira não exige explicitamente tal conhecimento específico, e como há a tendência de divisão de tarefas entre o agente do crime antecedente e o agente de lavagem, a melhor interpretação do artigo 1º da Lei n. 9.613/1998 é aquela no mesmo sentido do citado dispositivo da legislação norte-americana, ou seja, o dolo, pelo menos direto, deve abranger o conhecimento de que os bens, direitos ou valores envolvidos são provenientes de atividades criminosas, mas não necessariamente o conhe-

---

137. Cf. item 9.1.

138. *Do crime de "branqueamento" de capitais: introdução e tipicidade*, p. 208. No Brasil, v. Antonio Sérgio Altieri de Moraes Pitombo, ob. cit., p. 141.

cimento específico de qual atividade criminosa ou de seus elementos e circunstâncias".[139]

Tal conhecimento (da procedência delitiva dos bens, direitos ou valores) pelo sujeito ativo deve ser anterior ou simultâneo à realização da conduta. Por isso, o dolo subseqüente poderá dar ensejo à responsabilidade administrativa[140] prevista nos artigos 12 e 13 da Lei n. 9.613/1998.

Nenhum dos crimes de lavagem de dinheiro admite forma culposa.[141]

11. O sujeito ativo

Os delitos de lavagem de dinheiro são classificados como *crimes comuns*, pois podem ser praticados por qualquer pessoa, já que a lei não exige que o sujeito ativo preencha determinadas condições ou qualidades.

Contudo, discute-se na doutrina e na jurisprudência se o autor, coautor ou partícipe do crime antecedente (um traficante de entorpecentes, por exemplo), também pode ser responsabilizado pelo crime de lavagem do dinheiro ou dos bens que auferiu com o primeiro delito.

Diferentes fundamentos são utilizados por aqueles que não concordam que os responsáveis pelo delito prévio sejam também castigados como sujeitos do crime posterior de lavagem. São eles:

1) o segundo delito (lavagem) constitui fato posterior não punível[142] para o sujeito ativo do crime antecedente;

2) inexigibilidade de conduta diversa: não se poderia exigir outra conduta de quem delinqüiu (praticou o crime antecedente), senão a de ocultar ou encobrir o produto deste delito etc.[143]

---

139. "Sobre o elemento subjetivo no crime de lavagem", *Lavagem de dinheiro. Comentários à lei...*, cit., p. 96.

140. A. Calderón e J. A. Choclán, *Derecho Penal*, t. II, *Parte Especial*, p. 338.

141. O atual CP da Espanha prevê a lavagem de dinheiro culposa (art. 301.3) realizada por imprudência grave. O CP Alemão, também, penaliza a lavagem de dinheiro imprudente (v. § 261 § 5 StGB), assim como o da Bélgica e o da Itália. Conforme já ressaltamos, o artigo 6.3, "a", da Convenção de Estrasburgo facultou às partes a tipificação em seus ordenamentos da lavagem de dinheiro culposa, em casos onde o sujeito ativo deveria ter presumido que os bens eram produto de um delito.

142. Para Santiago Mir Puig, os atos posteriores impunes "são fatos que por si só realizariam um tipo de delito, mas que ficam consumidos por outro delito ao qual seguem. A razão é que tais atos constituem a forma de assegurar ou realizar um benefício obtido ou perseguido por um fato anterior e não lesionam nenhum bem jurídico distinto ao vulnerado por esse fato nem aumentam o dano produzido pelo mesmo" (*Derecho Penal. Parte General*, p. 642).

143. Sobre todos os critérios, bem como o entendimento jurisprudencial e doutrinário, v. Blanco Cordero, ob. cit., pp. 479-516.

Esses dois critérios, apresentados para afastar os autores dos crimes antecedentes do pólo passivo das ações penais de lavagem de dinheiro, bem se aplicam aos crimes de receptação e favorecimento, não ao delito de lavagem de dinheiro.[144]

De se observar que o fato posterior não punível é conseqüência da aplicação do *princípio de consunção*. Este princípio, contudo, exige identidade de bens jurídicos. Na lavagem de dinheiro, os bens jurídicos tutelados – a Administração da Justiça e os sistemas econômico e financeiro do País – são diversos daqueles que são protegidos pelos vários crimes antecedentes (o patrimônio, a saúde pública, a Administração Pública etc.). Não se pode falar, pois, em fato posterior impune, por ausência de pelo menos um dos requisitos do mesmo.

Da mesma forma, quanto à inexigibilidade de conduta diversa. É palmar que não é exigível que o autor do crime antecedente se entregue às autoridades ou deixe de se proteger ou salvar os bens que ilicitamente ameaçhou. Situação distinta, e que afasta a possibilidade de aplicação da citada causa supralegal é que, a pretexto de não ser punido pelo crime anterior ou com o fim de tornar seguro o seu produto, pratique ele novas infrações penais, lesionando outros bens jurídicos,[145] como é o caso da lavagem de dinheiro.[146]

144. Como lembra Emilio Jesús Sánchez Ulled: "a lavagem de dinheiro constitui uma realidade que vai além do 'auto-encubrimiento' impune. Procede, então, perguntar-se qual é a nota definidora da lavagem de dinheiro que permita dotar de conteúdo próprio a definição típica e o bem jurídico protegido. Entendo que a caracterização da 'lavagem de dinheiro' consiste em um *plus* que se acrescenta à origem criminal dos haveres e ao seu mero desfrute ou ocultação. Esse *plus* que se acrescenta, apresenta, no meu entendimento, uma dupla vertente: 1) por uma parte, uma complexidade essencial na ação, que, creio, deve vir caracterizada pela utilização de instrumentos jurídicos ou financeiros para ocultar ou converter os bens procedentes do crime; 2) por outra parte, uma finalidade específica referida à atividade que se produz sobre os mesmos, que é reciclar tais lucros e reintroduzi-los no mercado lícito para assim negociar de algum modo bens ou serviços nos canais econômicos regulares – se obtenha ou não um benefício econômico de referidas operações" ("Blanqueo de capitales en el sector bancario y corrupción", in *Blanqueo de dinero...*, cit., p. 338).

145. Idem, ibidem, pp. 239-240.

146. Palma Herrera contesta a aplicação da citada teoria nos casos de lavagem de dinheiro: "No tocante ao exercício legítimo de um direito, a própria existência desse direito de autofavorecimento já é questionável quando se realizam condutas que integram o conteúdo de injusto de outro tipo penal. O mesmo Rodríguez Mourullo manifesta que o direito, conhecedor da natureza humana, renuncia a impor ao autor de um delito a obrigação de delatar-se, mas que isso não quer dizer que possibilite, através de qualquer conduta, inclusive aquelas que a lei ameaça com pena,

Essas teorias, pois, ainda que aceitas nos crimes inicialmente citados, não podem ser empregadas na lavagem de dinheiro.

Por conseguinte, o sujeito ativo do crime de lavagem de dinheiro pode ser qualquer pessoa, inclusive o autor, co-autor ou partícipe do crime antecedente.[147] Este, aliás, o entendimento que baliza a doutrina brasileira.[148] No mesmo sentido, decisão do Superior Tribunal de Justiça, nos autos do RHC 19.902, da 5ª Turma, Rel. Ministro Gilson Dipp.[149]

Vale lembrar, ademais, que ao revés do que ocorre em países como a Itália, Alemanha, Áustria e Suécia, a Lei n. 9.613/1998 não proíbe que o responsável pelo crime antecedente seja também sujeito ativo do crime de lavagem de dinheiro.[150] Nosso legislador, acolhendo uma tendência internacional, preferiu não excluir os autores dos crimes antecedentes do rol de possíveis sujeitos ativos do crime de lavagem.

A doutrina, porém, elenca algumas hipóteses em que o autor do crime antecedente não pode ser também autor do delito de lavagem. É o caso, por exemplo, daquele que "adquire" ou "recebe" bens, direitos ou valores oriundos dos crimes antecedentes. Tais condutas somente poderão ser realizadas por terceiros.[151]

---

e o autorize a invocar uma causa de isenção de responsabilidade. Assim, se o autor, para se auto-encobrir, executa uma nova figura delitiva, deverá responder pelo novo crime, enquanto a lei não estabeleça uma causa específica de isenção de responsabilidade" (ob. cit., pp. 379-380).

147. Aliás, como ressalta José Manuel Palma Herrera, freqüentemente é o próprio sujeito ativo do crime antecedente quem pratica condutas de lavagem de dinheiro ou intervém, de algum modo, nas respectivas operações (ob. cit., p. 371).

148. William Terra de Oliveira *et al.*, ob. cit., p. 324. No mesmo sentido, André Luís Callegari, *Imputação objetiva, lavagem de dinheiro e outros temas de Direito Penal*, pp. 71-75, e Rodolfo Tigre Maia, ob. cit., p. 92.

149. Assim, HC impetrado para anular o Acórdão do Tribunal Regional Federal da 4ª Região foi denegado, mantendo-se a condenação do impetrante pela prática dos crimes tipificados nos arts. 312, § 1º, c/c art. 327, § 1º, e 297, inc. V, todos do Código Penal; art. 22, parágrafo único, da Lei n. 7.492/1986; art. 1º, incs. V e VI, § 1º, incs. I e II, e § 4º, da Lei n. 9.613/1998 (Lei de Lavagem de Dinheiro) e finalmente, pelo delito previsto no art. 2º, inc. I, da Lei n. 8.137/1990, tudo na forma do art. 69 do CP (concurso material).

150. A Convenção de Estrasburgo, no art. 6.2, "b", prevê que as partes poderão, querendo, estabelecer que a lavagem de dinheiro não poderá ser praticada pelo autor do crime antecedente. O Brasil, todavia, não fez esta previsão, assim como Portugal, Espanha e Suíça. Já o Reino Unido e a Bélgica expressamente afirmam que o autor do crime precedente pode também ser punido pela lavagem de dinheiro.

151. Gerson Godinho Costa, "O tipo objetivo da lavagem de dinheiro", *Lavagem de dinheiro. Comentários à lei...*, cit., p. 51.

12. Os crimes antecedentes na lavagem de dinheiro

12.1 Conceito e classificação

A lavagem de dinheiro exige que os bens, direitos ou valores a serem introduzidos na economia ou no sistema financeiro sejam oriundos de um delito, denominado *crime antecedente* pela legislação brasileira (v. art. 2º, § 1º, da Lei n. 9.613/1998). Trata-se de elemento normativo do tipo.[152]

Nesse sentido, portanto, a lavagem depende de um crime principal, primário ou anterior[153] – chamado antecedente –, sem o qual não se configura. Por isso, o delito de lavagem de dinheiro é considerado crime acessório, secundário ou derivado.

Essa acessoriedade do crime de lavagem, que a conecta ao delito antecedente, todavia, é relativa e limitada, uma vez que basta que o fato anterior seja típico e antijurídico, não se exigindo que o mesmo seja culpável. Por conseguinte, empregam-se as mesmas conclusões que defluem do *princípio da acessoriedade limitada*, desenvolvido para se determinar a responsabilidade em matéria de participação: para se verificar a responsabilidade do partícipe é necessário que o autor tenha cometido um fato típico e antijurídico. Esta, a lógica inferência que se depreende do artigo 2º, § 1º, da Lei n. 9.613/1998, que dispõe que "serão punidos os fatos previstos nesta lei, ainda que desconhecido ou isento de pena o autor daquele crime".

Insiste-se, sem embargo, que se houver exclusão da tipicidade ou se estiverem presentes quaisquer das causas de exclusão da ilicitude do crime antecedente,[154] não será possível sancionar as condutas de lavagem de dinheiro.

Situação diversa ocorre com as causas de exclusão da culpabilidade (legais e supralegais), pois ainda que estejam presentes não contaminam

---

152. Segundo a doutrina, o significado de elemento normativo do tipo, "ao contrário dos descritos, não se extrai da mera observação, sendo imprescindível um juízo de valoração jurídica, social, cultural, histórica, política, religiosa, bem como de qualquer outro campo do conhecimento humano. Classificam-se em jurídicos, quando exigem juízo de valoração jurídico, e em extrajurídicos ou morais, quando pressupõem um exame social, cultural, histórico, religioso, político etc. Aparecem sob a forma de expressões como 'sem justa causa', 'indevidamente' (...)" (Edilson Mougenot Bonfim e Fernando Capez, ob. cit., pp. 387-388).

153. A terminologia do crime antecedente é variante na doutrina e na normativa internacional.

154. Tanto as legais (CP, arts. 23 a 25) quanto as supralegais (*v.g.*, consentimento do ofendido).

o delito, restando intato o elemento constitutivo do tipo da lavagem de dinheiro.[155] O mesmo acontece com as causas extintivas da punibilidade[156] (com exceção da anistia e da *abolitio criminis*),[157] as escusas absolutórias e as imunidades pessoais.[158]

Com relação ao grau de execução, nada obsta que o crime antecedente seja cometido em sua forma tentada, desde que tenha produzido bens, direitos ou valores aptos a serem lavados.[159]

12.2 O crime antecedente praticado em outro país

Devido ao seu caráter transnacional, muitas vezes a lavagem de dinheiro se realiza no território brasileiro, enquanto o crime antecedente é praticado no exterior. Aliás, o artigo 2º, inc. II, da Lei n. 9.613/1998, estabelece que o processo e julgamento dos crimes de lavagem independem do processo e julgamento dos crimes antecedentes, ainda que praticados em outro país.

Além da dificuldade referente à obtenção de prova do delito prévio cometido no exterior,[160] outros obstáculos se apresentam, prevalecendo na doutrina os entendimentos seguintes, com os quais também comungamos:

1) O fato antecedente deve estar tipificado tanto no local de sua realização (no estrangeiro, por exemplo), quanto no país em que se consumou a lavagem (*v.g.*, Brasil), ainda que tenha diferente *nomen iuris*, classificação ou pena. Aplica-se o *princípio da dupla incriminação*,[161]

---

155. Aliás, no mesmo sentido, o § 4º do art. 180, do CP, que dispõe que "a receptação é punível, ainda que desconhecido ou isento de pena o autor do crime de que proveio a coisa".

156. Vale lembrar que o art. 108 do CP dispõe que "a extinção da punibilidade de crime que é pressuposto, elemento constitutivo ou circunstância agravante de outro não se estende a este".

157. Isto porque essas duas causas de extinção da punibilidade "afetam a própria tipicidade penal do fato anterior" (Antônio Sérgio Altieri de Moraes Pitombo, ob. cit., pp. 122-123).

158. Isidoro Blanco Cordero, ob. cit., p. 264.

159. Cf. José Manuel Palma Herrera, ob. cit., p. 339; Blanco Cordero, ob. cit., p. 269; e Carlos Aránguez Sánchez, ob. cit., p. 197.

160. A propósito do tema, a Convenção de Viena estabelece que os países signatários devem prestar auxílio, uns aos outros, nas investigações, processos e atuações judiciais (v. anexo, art. 7). Assim também a Convenção de Estrasburgo (idem, arts. 7 e ss.).

161. "O Princípio da Dupla Incriminação não exige uma identidade ou 'nomen formal', mas requer tão somente que os elementos definitórios da infração penal se encontrem presentes na legislação dos Estados requerente e requerido (...)" (Jesús

previsto no artigo 7º, § 2º, "b", do Código Penal, e também no artigo 6.2, "c", da Convenção de Palermo.[162] É imperativo, portanto, que o fato prévio esteja tipificado também no país onde ocorreu, sob pena de se punir um crime de lavagem cujos bens ou valores procedem de uma conduta lícita ou não delitiva (*v.g.*, uma infração administrativa).

2) Se o crime antecedente for praticado em um país em que a legislação também estabeleça um rol de delitos prévios (como no caso do Brasil), não é necessário que coincidam os mesmos delitos antecedentes nos respectivos catálogos. Dito de outro modo: se a lavagem de dinheiro foi praticada no Brasil, mas o crime antecedente consumou-se em Portugal – os dois países estabelecem um rol de delitos prévios – é suficiente que tal fato (delito prévio) esteja tipificado na legislação portuguesa, pouco importando esteja ele igualmente tipificado no rol brasileiro.

12.3 O rol de crimes antecedentes

Quanto ao crime antecedente, três são os sistemas conhecidos no Direito Comparado:[163]

1) *sistema de numerus clausus*: são enumerados diversos crimes que servem de base para a lavagem;

2) *sistema de classes*: considera uma categoria de delitos, *v.g.*, os crimes graves;

3) *sistema misto*: mescla um rol taxativo de delitos com um grupo genérico (como por exemplo, todos aqueles praticados por organizações criminosas).

Nosso legislador optou por um sistema misto: além dos delitos elencados na lista taxativa do artigo 1º, também pode ser crime antecedente qualquer outra infração penal praticada por organização criminosa, fato que amplia o rol inicial. Além dessas hipóteses, ainda que valores oriundos de outros crimes tenham sido reciclados (crimes de roubo, so-

---

Santos Alonso, "Cooperación jurídica internacional", in F. G.-A. Conradi e M. V. Lópes (Orgs.), *La cooperación* ..., cit., p. 45).

162. "Para efeitos da alínea b), as infrações principais incluirão as infrações cometidas tanto dentro como fora da jurisdição do Estado Parte interessado. No entanto, as infrações cometidas fora da jurisdição de um Estado-Parte só constituirão infração principal quando o ato correspondente constitua infração penal à luz do direito interno do Estado em que tenha sido praticado e constitua infração penal à luz do direito interno do Estado-Parte que aplique o presente artigo se o crime aí tivesse sido cometido".

163. Carlos Aránguez Sánchez, ob. cit., pp. 185-186.

negação fiscal, por exemplo), não há falar-se em crime de lavagem de dinheiro.

Ao lado do tráfico ilícito de entorpecentes ou drogas afins, crime antecedente responsável por grande parte dos recursos destinados à lavagem de dinheiro,[164] constam no rol das infrações prévias os delitos de terrorismo e seu financiamento;[165] de contrabando ou tráfico de armas, munições ou material destinado à sua produção; de extorsão mediante seqüestro; os crimes contra a Administração Pública, inclusive a exigência, para si ou para outrem, direta ou indiretamente, de qualquer vantagem, como condição ou preço para a prática ou omissão de atos administrativos; os delitos contra o sistema financeiro nacional; os praticados por organização criminosa e aqueles cometidos por particular contra a Administração Pública estrangeira (CP, arts. 337-B, 337-C e 337-D[166]).

O rol de delitos antecedentes é muito criticado, principalmente por não ter previsto infrações prévias que usualmente dão ensejo à lavagem de dinheiro, como a receptação, a sonegação fiscal e a contravenção por jogo-do-bicho.[167] As duas primeiras infrações, todavia, poderão ser enquadradas na Lei n. 9.613/1998, quando praticadas por organizações criminosas. Assim, observa Rodolfo Tigre Maia,[168] para além da vontade do legislador, alguns delitos que não foram incluídos no rol do artigo 1º, podem dar ensejo ao crime de lavagem de dinheiro, desde que cometidos por organizações criminosas.

O estabelecimento de um rol taxativo de delitos prévios, também criticado, dificulta a repressão da lavagem de dinheiro, sem contar que a cada surgimento de um novo delito que enseja a lavagem de dinheiro, o legislador será compelido à uma nova previsão tipificadora, tendente a sanar a lacuna existente. Em face disso e frente à constatação dos rápidos câmbios que operam no preciso terreno da lavagem de dinheiro, a lei

---

164. De acordo com Robert B. Charles, secretário-assistente do Escritório Internacional de Narcóticos e autoridade máxima no assunto nos Estados Unidos, no Brasil, a lavagem de dinheiro está primordialmente relacionada a drogas, corrupção e contrabando (*Folha de S. Paulo*, 2.3.2004).

165. Redação dada pela Lei n. 10.701, de 9.7.2003.

166. Incluídos pela Lei n. 10.467, de 11.6.2002.

167. Marco Antonio de Barros, ob. cit., pp. 8-35, e César Antonio da Silva, ob. cit., p. 62. Os crimes de receptação e sonegação fiscal, todavia, poderão ser objeto desta lei, desde que praticados por organizações criminosas (v. inciso VII, do art. 1º). O jogo-do-bicho, entretanto, não tem o mesmo tratamento, por se tratar de contravenção penal. A lei, vale lembrar, fala em "crime praticado por organização criminosa".

168. Ob. cit., p. 79.

sempre andará à retaguarda dos fatos,[169] ensejando irreparáveis danos sociais.[170]

No final de 2003, a ENCLA (Estratégia Nacional de Combate à Lavagem de Dinheiro) elaborou um anteprojeto contendo alterações para a Lei n. 9.613/1998, dentre elas a exclusão do rol de crimes anteriores do artigo 1º, *caput*, prevendo, corretamente, que qualquer "infração penal" pode ser antecedente do crime de lavagem de dinheiro.

12.4 Crime praticado por organização criminosa

Parte da doutrina, criticando a opção do legislador, entende que este dispositivo não pode ser aplicado, uma vez que não existe definição legal de "organização criminosa".[171] Contudo, entendemos em sentido oposto, pois tratando-se de um tipo aberto, o mesmo pode ser definido pela doutrina ou pela jurisprudência. Assim, não é necessário que o elemento normativo esteja definido em lei, podendo ser obtido através de juízo de valor.[172]

A definição de organização criminosa – tarefa nada simples em face de sua constante evolução e transformação, manifestando-se de forma heterogênea e afetando uma infinidade de setores sociais e econômicos[173] – pode, portanto, ser elaborada pela doutrina ou pela jurisprudência. Na Espanha, por exemplo, até a entrada em vigor da Lei n. 05/1999, a definição de organização criminosa estava a cargo da doutrina e, também, da jurisprudência. Aliás, como assinala Zaragoza Aguado, não é

169. V. Edilson Mougenot Bonfim, *Direito penal da sociedade*, cit., pp. 188 e ss.

170. Para uma aproximação da perspectiva criminológica dos crimes de "colarinho branco" e um ideal posicionamento da legislação nacional sobre o assunto, v. Edilson Mougenot Bonfim, *Direito penal da sociedade*, cit., pp. 164-209.

171. Nesse sentido, Marco Antonio de Barros, ob. cit., pp. 28-32, e César Antonio da Silva, ob. cit., pp. 68-70. Em sentido contrário, Rodolfo Tigre Maia: "Em que pese a respeitáveis entendimentos contrários, entendemos que a Lei federal n. 9.034/95 efetivamente conceituou organização criminosa. Não se criou qualquer requisito adicional dependente de integração hermenêutica pelos operadores do Direito para determinar-se a presença de uma organização criminosa: bastará – tão-somente – a presença dos requisitos tradicionalmente exigíveis para o crime descrito do art. 288 do Código Penal, desde que associados à efetiva prática de pelo menos um crime" (ob. cit., p. 78).

172. Nesse sentido: "A pena do crime de lavagem de dinheiro é aumentada se o mesmo é cometido por intermédio de organização criminosa (Lei 9.613/1998, § 4º do art. 1º). Não há uma definição legal do que seja organização criminosa, inexiste conceito. Diversos são os requisitos do crime organizado. Reunidos, pelo menos três deles, segundo a doutrina, tem-se configurado o crime organizado" (TRF, 1ª Reg., 3ª Turma, Ap. n. 2003.36.00.008505-4-MT, Rel. Tourinho Neto, j. 25.7.2006).

173. Joaquín Delgado Martín, *Criminalidad Organizada*, p. 35.

habitual que os ordenamentos jurídicos, mesmo os mais avançados, contenham tal definição.[174]

Por outro lado, ainda que se adote o posicionamento daqueles que exigem um conceito legal do elemento normativo, hoje o problema se vê superado, uma vez que a Convenção das Nações Unidas contra o Crime Organizado Transnacional (Convenção de Palermo), definiu *organização criminosa*. Destarte, reza o artigo 2º: "Para efeitos da presente Convenção, entende-se por: 'Grupo criminoso organizado': grupo estruturado de três ou mais pessoas, que existe há algum tempo e que atua concertadamente, com o propósito de cometer uma ou mais infrações graves ou enunciadas na presente Convenção, com a intenção de obter, direta ou indiretamente, um benefício econômico ou outro benefício material".

Referida Convenção, como já observamos, foi ratificada pelo Brasil através do Decreto n. 231, de 30.5.2003[175] e, por ter força de lei, oferece a definição legal de organização criminosa antes reclamada.

Nesse sentido, manifestou-se o Ministro Gilson Dipp, em palestra proferida no "Programa Nacional de Capacitação e Treinamento para o Combate à Lavagem de Dinheiro", evento promovido na sede do Ministério Público do Estado de São Paulo, em maio de 2007. Na mesma linha decidiu o Tribunal de Justiça de São Paulo, acolhendo apelo do Ministério Público, em julho de 2007.[176]

13. Causas de aumento de pena

Reza o § 4º, do artigo 1º:

§ 4º. A pena será aumentada de um a dois terços, nos casos previstos nos incisos I a VI do "caput" deste artigo, se o crime for cometido de forma habitual ou por intermédio de organização criminosa.[177]

---

174. Javier Alberto Zaragoza Aguado, "Tratamiento penal e procesal de las organizaciones criminales en el derecho español. Especial referencia al tráfico ilegal de drogas", in José Ramón Soriano Soriano (Org.), *Delitos contra la salud pública y contrabando*, p. 71.

175. V. anexo.

176. "Por v.u., rejeitadas as preliminares, negaram provimento aos recursos defensórios e deram provimento ao apelo ministerial para condenar W.S., L.N.S. e M.A.M., como incursos também no *art. 1º, inciso VII*, c/c §1º, inc. I, da Lei 9.613/1998 (...)" (9ª Câm. do 5º Grupo da Seção Criminal, Apel. Crim. n. 00888248.3/9, Guarulhos, Rel. Roberto Midolla) grifos nossos.

177. A propósito, o art. 3.5 da Convenção de Viena dispõe que: "As partes farão o necessário para que seus Tribunais e demais autoridades jurisdicionais competentes possam levar em conta as circunstâncias de fato, que dão particular gravidade

O dispositivo, prevendo uma causa de aumento, impõe agravamento de pena quando a lavagem de dinheiro, derivada dos delitos prévios dos incs. I a VI, do artigo 1º, *caput*, da Lei n. 9.613/1998,[178] for cometida de forma habitual ou por meio de uma organização criminosa.

De acordo com a lei, pois, referida causa de aumento não incide quanto aos demais crimes de lavagem de dinheiro, previstos no artigo 1º, §§ 1º e 2º, nem quando os ativos forem derivados do delito prévio do inc. VIII, do artigo 1º, *caput*. Nesses casos, contudo, e desde que presentes os requisitos legais, aplicam-se as regras do crime continuado.[179]

13.1 Da habitualidade

A primeira hipótese que permite a aplicação da majorante é a de que a lavagem de dinheiro seja praticada de forma habitual, costumeira, reiterada, freqüente. Nesse sentido a decisão no RHC 19.902-RS, da 5ª Turma do Superior Tribunal de Justiça, Rel. Min. Gilson Dipp, que transcrevemos: "Por fim, quanto do descabimento da majorante da "habitualidade" aplicada ao delito de lavagem de dinheiro, insubsistentes os argumentos. O § 4º do artigo 1º da Lei n. 9.613/1998 dispõe: 'A pena será aumentada de 1 (um) a 2/3 (dois terços), nos casos previstos nos incisos I a VI do *caput* deste artigo, se o crime for cometido de forma habitual ou por intermédio de organização criminosa'. *In casu*, o paciente foi condenado pela prática dos delitos previstos no artigo 1º, incisos V e VI, e § 1º, incisos I e II, da r. Lei, sendo que o MM. Juiz singular majorou a reprimenda em 1/3 em razão da habitualidade da prática delituosa, que foi demonstrada nas seguintes considerações: '(...) A conduta de lavagem de dinheiro, mesmo não constituindo crime anteriormente à vigência da Lei 9.613/1998 era praticada *costumeiramente* pelo réu, fato este que foi sobejamente demonstrado nos autos (...)' (fls. 66). A esse respeito, ressaltou o acórdão impugnado: '(...) Do exame dos documentos juntados aos autos, não apenas a compra do imóvel ocorreu na vigência da lei de lavagem de capitais, mas também a aquisição dos

---

à comissão dos delitos tipificados de conformidade com o § 1 do presente artigo, tais como: a) a participação no delito de um grupo delitivo organizado do qual o delinqüente faça parte. b) a participação do delinqüente em outras atividades delitivas internacionais organizadas". No mesmo sentido, a Convenção de Palermo (v. anexo).

178. O crime antecedente praticado por particular contra a Administração Pública estrangeira (inc. VIII, do art. 1º, incluído pela Lei n. 10.467, de 11.6.2002), portanto, não comporta o aumento de pena previsto no presente dispositivo.

179. Marco Antônio de Barros, *Lavagem de capitais e obrigações civis correlatas*, p. 200.

veículos já referidos anteriormente. Ou seja, o agente *reiteradamente e de forma habitual* vinha se dedicando à prática deste delito, razão pela qual correta a incidência da causa de aumento de pena.' Evidenciado, portanto, que o réu investia na prática delituosa de forma *reiterada e freqüente*, não há falar-se em constrangimento ilegal decorrente do aumento da reprimenda em razão da majorante de habitualidade. Diante do exposto, denego a ordem" (grifos nossos).

A doutrina e a jurisprudência da Espanha também se manifestaram sobre o tema, ressaltando que a habitualidade exige "a repetição de atos da mesma espécie como hábito e costume".

Outrossim, não se trata de um "conceito juridicamente definido como é, por exemplo, a reincidência, mas sim de uma questão de fato", compreendendo, pela atitude insistente do agente, "uma espécie de costume incorporado em seu atuar, uma tendência ou predisposição a determinadas infrações tão logo se ofereça uma ocasião ou oportunidade propícia", configurando-se como "elemento anti-social", justificativo de sua punibilidade.[180]

13.2 *Da lavagem praticada por organização criminosa*

Incide o aumento de pena, também, quando os crimes de lavagem de dinheiro forem cometidos por intermédio de organização criminosa.[181] Por outro lado, se uma organização criminosa pratica somente o crime antecedente, o aumento, não o de lavagem, obviamente, não incidirá.

No caso da hipótese majorante, parece-nos uma feliz coincidência do conceito de "justo" com o "direito", conceitos esses nem sempre idênticos. Além de constituir um dos pilares essenciais da criminalidade organizada,[182] a lavagem de dinheiro encontra seu meio usual e seu nível máximo de desenvolvimento no âmbito dessa criminalidade,[183] e coibi-

---

180. José Moyna Ménguez *et al, Código Penal. Comentarios, jurisprudencia, legislación complementaria, tabla de concordancias, texto del Código Penal de 1973 ...*, pp. 746-747.

181. V. retro, comentários sobre o crime antecedente praticado por organização criminosa.

182. Carlos Jiménez Villarejo, "Los delitos económicos. Los límites de la cooperación internacional", in *La cooperación internacional frente a criminalidad organizada*, cit., p. 135.

183. Fabián Caparrós, ob. cit., p. 68. Ainda, continua o autor, "as atividades de lavagem de dinheiro se encontram vinculadas com extraordinária frequência ao universo da criminalidade organizada, âmbito em que, sem dúvida, alcançaram a notoriedade social que hoje ostentam" (ob. cit., p. 318).

la eficazmente é reprimir uma idéia de criminalidade organizada como um todo.

Ademais, nas palavras do Professor e Promotor de Justiça Fábio Ramazzini Bechara, integrante do GAERCO de Guarulhos, "os crimes praticados por associações criminosas geram grau de perturbação acentuado e diferenciado da criminalidade comum. Essa percepção faz com que se exija não somente uma punição mais rigorosa aos criminosos, mas principalmente a adoção de tratamento processual especial e particularizado".[184]

14. Delação premiada

14.1 Denominação e natureza jurídica

Entendemos que a expressão "delação premiada"[185] falece de rigor técnico, no sentido de não delimitar especificamente o instituto previsto na Lei de Lavagem de Dinheiro, pois em termos legais nem sempre é necessário que o agente incrimine (delate) outras pessoas para ter direito aos prêmios, sendo suficiente que preste esclarecimentos que conduzam à localização dos bens, direitos ou valores objeto do crime. Portanto, a expressão "delação premiada" somente se ajusta a uma das formas do dispositivo legal (v. art. 1º, § 5º, da Lei n. 9.613/1998).

Contudo, ainda que tecnicamente claudicante, referida expressão encontra-se incorporada em nossa doutrina e jurisprudência e, a rigor, não vislumbramos maiores prejuízos na sua aplicação.

Verdadeiramente relevante, o fato de o dispositivo prever uma *causa especial de diminuição de pena*, somente aplicável aos crimes previstos na Lei n. 9.613/1998, desde que presentes alguns requisitos.

Aliás, no REsp 418.341, do Superior Tribunal de Justiça, 5ª Turma, relatoria da lavra do Min. Félix Fischer, de 26.5.2003, decidiu-se que: "(...) a minorante da denominada delação premiada, por ser circunstância, e não elementar, é incomunicável e incabível a aplicação automática, por extensão, no caso de concurso de pessoas".

---

184. "Crime organizado e interceptação telefônica", *Jus navegandi*, n. 187.

185. Consiste a delação "na afirmativa feita pelo acusado, ao ser interrogado em juízo ou na polícia, e pela qual, além de confessar a autoria de um fato criminoso, igualmente atribui a um terceiro a participação como seu comparsa", cf. Adalberto José Q. T. de Camargo Aranha, *Da prova no processo penal*, 2ª ed., 1987, p. 93, referido por Julio Fabbrini Mirabete, *Processo Penal*, p. 289. Na Espanha, o beneficiário dessa causa de diminuição de pena é chamado de "arrependido" ou "colaborador da justiça" (v. Manuel Quintanar Diez, *La justicia penal y los denominados "arrepentidos"*). Do mesmo modo, a Lei n. 9.807, de 13.7.1999, fala em réu colaborador.

14.2 Requisitos da delação premiada na Lei n. 9.613/1998

Reza o § 5º, do artigo 1º da Lei:

§ 5º. A pena será reduzida de um a dois terços e começará a ser cumprida em regime aberto, podendo o juiz deixar de aplicá-la ou substituí-la por pena restritiva de direitos, se o autor, co-autor ou partícipe colaborar espontaneamente com as autoridades, prestando esclarecimentos que conduzam à apuração das infrações penais e de sua autoria ou à localização dos bens, direitos ou valores objeto do crime.[186]

Para a concessão de benefícios, pois, exige a Lei de Lavagem de Dinheiro a presença cumulativa[187] de alguns requisitos, os quais se ausentes, não permitirão a aplicação do citado dispositivo. São, assim, requisitos de presença obrigatória:

1) *espontaneidade:* a declaração do sujeito ativo do crime (autor, co-autor ou partícipe),[188] deve ser *espontânea*,[189] que é aquela que parte

---

186. Pelo anteprojeto de alteração da Lei n. 9.613/1998 elaborado pela ENCLA (Estratégia Nacional de Combate à Lavagem de Dinheiro), o dispositivo ficaria assim redigido: "A pena *poderá ser* reduzida de um a dois terços e *poderá ser cumprida* em regime aberto ou *semi-aberto*, podendo o juiz deixar de aplicá-la ou substituí-la por pena restritiva de direitos, se o autor, co-autor ou partícipe colaborar espontaneamente com as autoridades, prestando esclarecimentos que conduzam à apuração das infrações penais e de sua autoria ou à localização dos bens, direitos ou valores objeto do crime" (grifos nossos).

187. Em conseqüência, faltando um dos requisitos, o dispositivo não poderá ser aplicado.

188. Rodolfo Tigre Maia entende que a restrição do benefício a pessoas envolvidas na prática do próprio ilícito (autor, co-autor ou partícipe) constitui uma das razões do insucesso dessa causa especial de diminuição de pena, uma vez que deveria tratar-se de "cláusula genérica capaz de beneficiar réus em qualquer processo criminal que colaborassem na elucidação de qualquer outro ilícito" (ob. cit., p. 105). Em sentido contrário, Manuel Quintanar Diez ressalta que a jurisprudência da Alemanha aplica o benefício em estudo também para os arrependidos que forneçam dados sobre crimes dos quais não participaram, concedendo, pois, referido privilégio penal a indivíduos que, em rigor, são simples *delatores* (ob. cit., pp. 220-221).

189. Comentando o art. 7º do projeto de Lei sobre as Organizações Criminosas, Eduardo Araújo da Silva, com razão, destaca que a "voluntariedade da iniciativa do colaborador é um dos pontos mais sensíveis do instituto no plano prático, ante a real possibilidade de constrangimentos para que haja uma colaboração eficaz" (*Crime organizado. Procedimento probatório*, p. 81). Carlos Granados Pérez, por sua vez, entende que "não se exige um elemento subjetivo ou atitude altruísta do arrependido; é suficiente que ele realize uma aportação objetiva, séria e eficaz, nos termos legalmente estabelecidos, para facilitar a persecução de tão graves manifestações de criminalidade" ("Instrumentos procesales en la lucha contra el crimen organizado:

do próprio impulso do agente e que tem origem em sentimento ou tendência natural, sincera, sem constrangimentos;

2) as informações do agente devem ser prestadas a uma *autoridade* (polícia, Ministério Público, juízes etc.);

3) *relevância das declarações do colaborador*: os esclarecimentos devem resultar: a) na *apuração* das *infrações penais* e de sua *autoria*, **ou** na *localização* dos bens, direitos ou valores objeto do crime de lavagem.

Ausentes um desses requisitos,[190] como já ressaltado, o benefício não poderá ser concedido, ficando a diminuição da pena subordinada à configuração de outras atenuantes, como por exemplo a confissão.

14.3 Conteúdo dos esclarecimentos

Para ter direito aos prêmios da Lei n. 9.613/1998, o agente pode prestar:

a) *esclarecimentos relativos às infrações penais e sua autoria*: o primeiro deles deve conduzir a autoridade ao esclarecimento dos delitos que está apurando (lavagem de dinheiro, crimes antecedentes etc.) e de sua autoria. Não é suficiente, pois, que o agente forneça somente informações que conduzam à apuração dos crimes; são necessários também, esclarecimentos que propiciem a descoberta da autoria deles. Temos, portanto, uma exigência cumulativa de esclarecimentos;

b) *esclarecimentos relativos à localização do objeto material do crime* (bens, direitos ou valores). Na presente hipótese, basta que o autor, co-autor ou partícipe forneça informações que possibilitem a localização do objeto material do delito em apuração. Não é necessário, neste caso, que indique outros eventuais responsáveis pelo delito.

agente encuberto, entrega vigilada, el arrepentido, protección de testigos. Posición de la jurisprudencia", in *La criminalidad organizada. Aspectos sustantivos, procesales y orgánicos*, cit., p. 95).

190. Eduardo Araújo da Silva, ao tratar da colaboração processual, entende que podem ser considerados, por analogia, outros dois requisitos previstos no artigo 13 da Lei n. 9.807/1999 (Lei de Proteção de Testemunhas): a efetividade da colaboração, que "consiste no dever de o investigado colaborar de forma permanente com as autoridades, colocando-se integralmente a sua disposição para a elucidação dos fatos investigados. Isso implica na necessidade de comparecer perante a autoridade policial ou judicial, todas as vezes que for solicitada a sua presença, ou ainda acompanhar atos de diligencia, quando necessário" e que a "personalidade do colaborador, natureza, circunstâncias, gravidade e repercussão social do fato criminoso sejam compatíveis com o instituto" (ob. cit., pp. 83-84).

14.4 Elemento temporal

Os esclarecimentos do agente às autoridades poderão ser feitos durante o inquérito policial ou no decorrer do processo até a sentença, pois é nesta ocasião que o magistrado concederá ao agente o prêmio previsto em lei (diminuição, substituição da pena, ou perdão judicial). As declarações do colaborador, vale ressaltar, devem ser submetidas ao contraditório e valoradas na sentença com as demais provas.

14.5 Prêmios

O autor, co-autor ou partícipe que colaborar espontaneamente com as autoridades, prestando esclarecimentos que conduzam à apuração das infrações penais e de sua autoria ou à localização total ou parcial dos bens, direitos ou valores objeto do crime, poderá ser beneficiado alternativamente com:

a) *redução da pena* de um a dois terços e *regime inicial aberto*;

b) *substituição da pena* privativa de liberdade por restritiva de direitos;

c) *perdão judicial*.

Presentes os requisitos já analisados, o juiz reduzirá a pena de um a dois terços e fixará regime inicial aberto.[191] Poderá, contudo, e aqui não se trata mais de uma imposição, deixar de aplicar a reprimenda (perdão judicial) ou substituí-la por pena restritiva de direitos, ainda que ausentes os requisitos do artigo 44 do Código Penal.

Para a escolha de um ou outro benefício, além das circunstâncias judiciais do artigo 59, *caput*, do Código Penal, podem ser analisadas a *abrangência* (prestação de esclarecimentos que conduzam não só à apuração das infrações penais e de sua autoria, mas também que propiciem a localização do objeto material do crime) e a *relevância* da colaboração.[192] A Lei n. 9.807/1999,[193] Lei de Proteção à Testemunha, no capítu-

---

191. Na Itália, a título de exemplo, o colaborador pode também ser premiado com a manutenção de seu patrimônio, ainda que ilícito (cf. Walter Fanganiello Maierovitch, "Crime organizado transnacional", *Seminário internacional sobre a lavagem de dinheiro*, ob. cit., p. 110).

192. O anterior Código Penal espanhol (art. 57-bis, "b") previa a possibilidade de perdão total da pena, nas hipóteses de colaboração de "especial trascendencia" (relevante, crucial, decisiva, fundamental).

193. Lei que estabelece normas para a organização e a manutenção de programas especiais de proteção a vítimas e a testemunhas ameaçadas institui o Progra-

lo que trata da proteção aos réus colaboradores, prevê que a concessão do perdão judicial levará em conta a personalidade do beneficiário e a natureza, circunstâncias, gravidade e repercussão social do fato criminoso.[194] Referido diploma legal, aliás, não tendo incidência restrita a determinados tipos de crimes, aplica-se também aos delitos de lavagem de dinheiro nas hipóteses em que beneficiar o colaborador.

14.6 Valor probatório e forma

Antes mesmo da previsão da delação premiada em nosso ordenamento jurídico como causa de diminuição de pena, a doutrina e jurisprudência eram harmônicas em atribuir relevante valor probatório às declarações do investigado ou acusado que, assumindo sua responsabilidade na infração penal, igualmente imputava a prática delitiva a terceiros ("chamamento do co-réu"). Num segundo momento, e desde que amparada em outros elementos, ainda que circunstanciais, a delação podia fundamentar uma condenação.[195]

Esse entendimento não se alterou. Assim é que no HC 17.276, confirmou-se que a delação deve estar fundamentada em outros elementos para dar ensejo a um decreto condenatório.[196] Na mesma linha, o HC 11.240. Aqui, fazendo-se referência a entendimento estabelecido pelo Supremo Tribunal Federal, decidiu-se que a delação do acusado é insuficiente para sustentar condenação quando, sendo única, não resulta minimamente corroborada, situação que se altera totalmente quando consentânea com outras provas coligidas.[197]

ma Federal de Assistência a vítimas e a testemunhas ameaçadas e dispõe sobre a proteção de acusados ou condenados que tenham voluntariamente prestado efetiva colaboração à investigação policial e ao processo criminal.

194. Cf. parágrafo único do art. 13.
195. Cf. Julio Fabbrini Mirabete, ob. cit., p. 289.
196. STJ, 6ª Turma, Rel. Min. Hamilton Carvalhido, j. em 4.2.2002. Ementa: "*Habeas Corpus*. Penal. Tráfico Ilícito de Entorpecentes. Condenação que estaria fundamentada exclusivamente na delação do co-réu. Inocorrência. (...) Fundamentado em outros elementos que não a simples delação de co-réu, não há falar em mácula do decreto condenatório, mormente quando o impetrante abandona a necessária demonstração da existência do concurso de agentes, deixando de produzir prova documental e testemunhal de evidente cabimento e possibilidade. Ordem não conhecida".
197. STJ, 6ª Turma, Rel. Min. Hamilton Carvalhido, j. 25.2.2002. Ementa: "(...) Não exclui a lei processual vigente o valor das declarações ou depoimento de inimputável (Código de Processo Penal, art. 208), do qual também não é desprovida a delação do co-réu, como peremptoriamente estabelecido pelo Supremo Tribunal Federal, no julgamento do HC n. 75.226-8, em que foi relator o Ministro Marco

Na Espanha, enfatizando que as declarações do colaborador têm natureza de depoimento testemunhal,[198] a jurisprudência concede-lhe credibilidade e valor probatório, desde que não se extraia dele motivos de vingança, ódio, obediência a um terceiro, suborno policial, ânimo exculpador ou outros móveis espúrios. Nesse sentido, as Sentenças n. 89, de 24.5.1990, e n. 51, de 23.2.1995, do Tribunal Constitucional, e as Sentenças n. 4.249, de 21.5.1992, e n. 7.215, de 29.10.1990, ambas do Tribunal Supremo.

Já a Sentença do Tribunal Supremo de 4.2.2002 entendeu que a negativa do co-réu de responder as perguntas do defensor de outro acusado contra o qual fez imputações incriminatórias, não constitui vulneração dos direitos a tutela efetiva e a um processo com todas as garantias, quando as questões não respondidas estejam corroboradas por outros meios de prova e a negativa em responder do mesmo obedeça às finalidades de autodefesa.[199]

A delação premiada deve ser formalizada em autos apartados, com homologação do juiz,[200] devendo ser anexada aos autos do processo principal com o interrogatório do co-réu colaborador.[201]

Aurélio: '(...) Prova – Delação – Validade. Mostra-se fundamentado o provimento judicial quando há referência a depoimentos que respaldam delação do co-réu. Se de um lado a delação, de forma isolada, não respalda condenação, de outro serve ao convencimento quando consentânea com as demais provas coligidas (in *DJU* 19.9.1997)'".

198. No mesmo sentido, o entendimento das "Mesas de Processo Penal" da Faculdade de Direito da USP, coordenadas pela Professora Ada Pellegrini Grinover: "o interrogatório de co-réu, incriminando outro, tem, com relação a este, natureza de depoimento testemunhal, devendo, por isso, se admitirem reperguntas" (Súmula 65), *apud* Julio Fabbrini Mirabete, ob. cit., p. 289. Na Espanha, Francisco Alonso Pérez entende que essas declarações incriminatórias têm natureza de "testemunho impróprio", já que não se identificam nem com a confissão, nem com o depoimento testemunhal propriamente dito (*Medios de investigación en el proceso penal. Legislación, comentarios, jurisprudencia, formularios*, p. 216).

199. Francisco Alonso Pérez, ob. cit., p. 220.

200. Ministro Gilson Dipp, do STJ, em palestra proferida no "Programa Nacional de Capacitação e Treinamento para o Combate à Lavagem de Dinheiro", evento promovido na sede do Ministério Público do Estado de São Paulo, em 25.5.2007.

201. "Esse acordo entre acusação e defesa, homologado pelo juiz, dá mais segurança e garantia ao réu, que não ficará apenas com uma expectativa de direito, que, sem o acordo, poderia ou não ser reconhecida na sentença. No caso do acordo, homologado pelo juiz, este dificilmente deixará de cumpri-lo se o réu e o MP efetivamente cumprirem sua parte no pacto" ("A delação premiada", Cássio M. M. Granzinoli, *Lavagem de dinheiro. Comentários à lei...*, cit., p. 157).

Capítulo II
DAS DISPOSIÇÕES PROCESSUAIS ESPECIAIS

1. Apuração da lavagem de dinheiro: 1.1 Técnicas tradicionais e específicas; 1.2 A ação controlada na Lei de Lavagem de Dinheiro. 2. O rito processual. 3. Autonomia do processo de lavagem de dinheiro. 4. Competência. 5. Requisitos da denúncia. 6. A prova indiciária na lavagem de dinheiro. 7. Hipótese restritiva de aplicação do artigo 366 do CPP: 7.1 As diversas hipóteses de citação editalícia; 7.2 A análise conjunta do artigo 2º, § 2º, da Lei n. 9.613/1998, e a releitura do artigo 366 do CPP; 7.3 A específica hipótese do artigo 2º, § 2º, da Lei n. 9.613/1998. 8. Não concessão de liberdade provisória (com ou sem fiança). A questão da constitucionalidade do dispositivo. 9. Medidas assecuratórias: 9.1 O alcance do § 2º, do artigo 4º, da Lei n. 9.613/1998; 9.2 A necessidade do comparecimento pessoal do acusado.

1. Apuração da lavagem de dinheiro

Partamos da constatação exposta pelo procurador espanhol Miguel Campos Navas, que afirma que a maioria das sentenças que existem em matéria de lavagem de dinheiro trata de investigações que surgiram de uma prévia apuração do tráfico de drogas, pois as comunicações impostas por lei às instituições financeiras e demais pessoas jurídicas "raramente têm utilidade como via para que a *notitia criminis* chegue ao órgão encarregado da persecução".[1]

Isto denota a complexidade na investigação dos delitos de lavagem de dinheiro, que debalde a intenção legislativa em tentar novos meios para a apuração dos crimes em análise – como é o caso da obrigato-

---

1. "La experiencia práctica de la Fiscalía antidroga en las investigaciones de blanqueo de capitales", in *Prevención y Represión del blanqueo...*, cit., pp. 381-382.

riedade das comunicações impostas por lei às instituições financeiras e demais obrigados –, delitos esses que, em verdade, no mais das vezes, são descobertos como conseqüência acidental da investigação de outras infrações e no sentido cronológico (delito prévio para o de lavagem), para a qual não concorreu nenhuma nova previsão legislativa, retratando simplesmente a antiga técnica investigatória policial e, quando não, a mais pura coincidência no esclarecimento dos mesmos.

Na atualidade, felizmente, com o importante trabalho desenvolvido pelo COAF, além do combate realizado pela Polícia Federal e Ministérios Públicos, as investigações desses delitos têm sido iniciadas, com muita freqüência, no sentido inverso, partindo, pois, do crime de lavagem para o delito antecedente.

A propósito do enfoque investigatório, aproveitemos a experiência de um dos membros de uma das Promotorias Especializadas da Espanha (*Fiscalía Especial para la Represión de los Delitos Económicos relacionados con la Corrupción*),[2] que esclarece que, em geral, a investigação desses crimes se divide em três fases que correspondem àquelas do processo de lavagem de dinheiro: *colocação*, *ocultação* e *integração*. Em cada uma dessas fases, os investigadores costumam atentar para os seguintes e principais aspectos:

1) apurações em torno das pessoas implicadas e as tramas societárias utilizadas (principais investigados e seus familiares, testas-de-ferro, pessoas de confiança, mandatários ou administradores de sociedades, sócios, acionistas etc.);

2) investigações sobre os bens, capitais, instrumentos ou direitos suscetíveis de serem utilizados nas técnicas de lavagem, tais como: imóveis rústicos ou urbanos; bens e direitos afetos a atividades empresariais; valores mobiliários (ações, participações, dívida pública, fundos de investimentos, obrigações, investimentos em futuro etc.); depósitos em contas correntes ou de poupança; direitos reais: como o arrendamento; concessões administrativas; cartões de crédito; operações exteriores; avais, empréstimos, créditos etc.

A investigação da Lei n. 9.613/1998 pode partir do crime antecedente para o crime de lavagem (sentido direto ou cronológico) ou, ao revés, do crime de lavagem para o delito prévio, como faz o COAF.

2. Luis M. López Sanz-Aranguez, "La intervención y actuación de la Fiscalía Especial para la represión de los delitos económicos relacionados con la corrupción en el delito de blanqueo de capitales", in *Prevención y Represión del blanqueo...*, cit., pp. 410-411.

1.1 Técnicas tradicionais e específicas

Ao lado dos meios tradicionais de apuração, imprescindível a utilização de instrumentos modernos e especiais de investigação,[3] como veremos a seguir, e como já havia estabelecido a Convenção de Viena em 1988.

Aliás, tratando do tema e com larga experiência na área, José Reinaldo Guimarães Carneiro destaca que "os mecanismos legais instituídos pelo Código Penal de 1940 e pelo Código Penal de 1941, postos à disposição da polícia judiciária, Ministério Público e Poder Judiciário para prevenção, repressão e punição dos criminosos, certamente se encontram absolutamente defasados, especialmente se considerarmos o crescimento do denominado 'crime organizado', cujos meios e recursos tecnológicos para atuação sequer existiam quando da publicação dos referidos diplomas legais".[4]

Diante de tais empecilhos, com certo êxito, foram aprimoradas as técnicas já existentes e criadas outras mais modernas. Estas, aliás, conquanto previstas na Lei desde 1998, como a ação controlada e a infiltração de agentes, ainda são subutilizadas.

E, sem a pretensão de avançar no estudo de tais temas, passemos à análise de algumas técnicas, começando pela mais usada nas investigações de crimes de lavagem de dinheiro.

Com efeito, a *quebra dos sigilos fiscal, bancário e financeiro* constitui, sem dúvida, um dos meios mais utilizados nesses casos.[5]

---

3. Ressalta André Cuisset que a apuração dos crimes de lavagem pode ser facilitada pelo emprego de "meios específicos" de investigação, já que particularmente ajustados ao combate daqueles delitos (ob. cit., 164). Assim também, Manuel Monteiro Guedes Valente: "Os meios de obtenção de prova tradicionais são, ressalvados os seus méritos na obtenção da notícia dos crimes e no início da investigação, de eficácia efêmera e de uma eficiência estéril na investigação e prevenção de uma criminalidade sofisticada e de extremo preciosismo. Esta criminalidade, hoje, não é um mero desenrolar de fatos inesperados e inconsistentes, pois a sua estrutura está organizada segundo as regras empresariais: os detentores do dinheiro 'sujo', o grupo de apoio (financeiro, jurídico, logístico) e os executores" ("O agente infiltrado na investigação e prevenção dos crimes de corrupção e de branqueamento de capitais", in *Blanqueo de dinero y corrupción en el sistema bancario*, ob. cit., p. 410). A propósito do assunto, v. art. 20 da Convenção de Palermo, no anexo.

4. *O Ministério Público e suas investigações independentes*, p. 112. O Autor é Promotor de Justiça do GAECO – Grupo de Atuação Especial de Repressão ao Crime Organizado.

5. O § 4º do art. 1º da Lei Complementar n. 105/2001 dispõe que "a quebra do sigilo poderá ser decretada, quando necessário para apuração de ocorrência de qualquer ilícito, em qualquer fase do inquérito ou processo judicial e especialmente

As instituições financeiras,[6] que quase sempre são usadas para dar aparência de licitude aos produtos e benefícios de origem delitiva, documentam as diversas operações que efetuam, simplificando o trabalho de investigação.[7] Essas instituições, pois, ainda que não utilizadas no processo de lavagem, constituem ponto essencial para se detectar as diversas operações executadas.[8]

As declarações de renda ou outras informações prestadas ao Fisco, do mesmo modo, podem revelar enriquecimento ilícito, além de fornecer elementos que, analisados em conjunto com outros, podem indicar os mecanismos do processo de lavagem e seus responsáveis.

Assim também os registros que constam nos cartórios de imóveis (CRI). Nesse sentido, a Resolução n. 14, de 23.10.2006 do COAF determina que as pessoas jurídicas que exerçam "atividade de promoção imobiliária ou compra e venda de imóveis" comuniquem ao Conselho quaisquer transações imobiliárias cujo pagamento ou recebimento, igual ou superior a R$ 100.000,00, seja realizado por terceiros ou com recursos de diversas origens ou em espécie. Também, com aparente superfaturamento ou subfaturamento do valor do imóvel etc.

Por sua vez, as *escutas telefônicas*,[9] a *delação premiada* (colaboração dos autores, co-autores e partícipes) e a *interceptação ambiental*[10]

---

nos seguintes crimes: (...) VIII – lavagem de dinheiro ou ocultação de bens, direitos e valores".

6. De acordo com o § 1º, art. 1º, da Lei Complementar supra referida, são instituições financeiras: I – os bancos de qualquer espécie; II – distribuidoras de valores mobiliários; III – corretoras de câmbio e de valores mobiliários; IV – sociedades de crédito, financiamento e investimentos; V – sociedades de crédito imobiliário; VI – administradoras de cartões de crédito; VII – sociedades de arrendamento mercantil; VIII – administradoras de mercado de balcão organizado; IX – cooperativas de crédito; X – associações de poupança e empréstimo; XI – bolsas de valores e de mercadorias e futuros; XII – entidades de liquidação e compensação; XIII – outras sociedades que, em razão da natureza de suas operações, assim venham a ser consideradas pelo Conselho Monetário Nacional.

7. Javier Alberto Zaragoza Aguado, "El banqueo de bienes de origen criminal", in *Derecho penal económico*, ob. cit., p. 406.

8. Juan Antonio Aliaga Méndez, "Aspectos institucionales del blanqueo en España: Fuentes de información", in *Prevención y Represión...*, cit., p. 39.

9. V. Lei n. 9.296/1996.

10. Cf. art. 2º, inc. IV, da Lei n. 9.034/1995: "Em qualquer fase da persecução criminal são permitidos, sem prejuízo dos já previstos em lei, os seguintes procedimentos de investigação e formação de provas: (...) IV – a captação e a interceptação ambiental de sinais eletromagnéticos, óticos ou acústicos, e o seu registro e análise, mediante circunstanciada autorização judicial".

permitem identificar os protagonistas da rede de lavagem e eventuais colaboradores, os métodos por ela empregados e, principalmente, os bens, direitos e valores lavados.

Os mesmos objetivos podem ser alcançados com a *infiltração de agentes de polícia ou de inteligência*,[11] providência de indiscutível efetividade nas investigações dos crimes de lavagem. A título de modelo, na operação denominada "Green Ice", em 1992, quarenta e cinco agentes de países diversos foram infiltrados em organizações criminosas, constituindo uma falsa corretora em San Diego, resultando na prisão de mais de cem pessoas e apreensão de cento e cinqüenta milhões de dólares.[12]

A Lei n. 9.034/1995 autoriza a infiltração "por agentes de polícia ou de inteligência, em tarefas de investigação, constituída pelos órgãos especializados pertinentes, mediante circunstanciada autorização judicial".[13] O procedimento depende de autorização judicial e deve tramitar em sigilo absoluto. Aliás, como bem ressalta Sérgio Fernando Moro, o emprego dessas técnicas pressupõe sempre o sigilo das diligências, sob pena de ineficácia. Contudo, observa o Juiz,[14] tais diligências sigilosas (interceptação telefônica, infiltração de agentes etc.) deverão ser realizadas em autos apartados, uma vez que, segundo entendimento recente do Supremo Tribunal Federal,[15] não existe sigilo da investigação, seja ela da polícia ou do Ministério Público etc.[16]

11. Podemos definir o infiltrado como aquele policial ou agente de inteligência, que, em tarefas de investigação, e depois de autorização judicial, ocultando sua real identidade e seus propósitos, se introduz em uma organização criminosa, com a finalidade de descobrir delitos já cometidos ou iniciados, bem como identificar seus autores e partícipes.

12. Walter Fanganiello Maierovitch, "Crime organizado transnacional", *Seminário Internacional...*, ob. cit., p. 111.

13. V. art. 2º, inciso V, da Lei n. 9.034/1995.

14. "O processo penal no crime de lavagem", *Lavagem de dinheiro...*, cit., pp. 125-126.

15. HC 82.354-PR, 1ª Turma, *DJU* 24.9.2004.

16. Em sentido contrário, STF, Min. Celso de Melo, MS 23.452-RJ, j. 12.5.2000: "Não há, no sistema constitucional brasileiro, direitos ou garantias que se revistam de caráter absoluto, mesmo porque razões de relevante interesse público ou exigências derivadas do princípio de convivência das liberdades legitimam, ainda que excepcionalmente, a adoção, por parte dos órgãos estatais, de medidas restritivas das prerrogativas individuais ou coletivas, desde que respeitados os termos estabelecidos pela própria Constituição. O estatuto constitucional das liberdades públicas, ao delinear o regime jurídico a que estão sujeitas – e considerando o substrato ético que as informa – permite que sobre elas incidam limitações de ordem jurídica, destinadas, de um lado, a proteger a integridade do interesse social e, de outro, a assegurar a coexistência

Além de permitir a infiltração de agentes em investigações envolvendo a delinqüência organizada, a lei espanhola, seguindo o modelo alemão, fixa os requisitos e limites da mesma,[17] assim como as causas de exclusão de responsabilidade do infiltrado,[18] previsões que dão segurança e facilitam a aplicação do instituto.

No Brasil, tais limites podem ser extraídos do princípio da proporcionalidade,[19] pois "ao se infiltrar na organização, o agente policial ou de inteligência certamente estará exposto a situações em que, se não cometer determinado ato criminoso, será prontamente identificado pelos demais membros da quadrilha". E, prossegue o Autor, "frente à prática de um crime pelo infiltrado, restará ao Poder Judiciário verificar proporcionalidade da ação, a fim de concluir pela existência ou não de culpabilidade ou antijuridicidade".[20]

Existe, ademais, existe previsão legal de que a identidade fictícia do infiltrado-testemunha pode ser mantida durante o processo, bastando nova autorização judicial.

Entretanto, infiltração de agentes e a interceptação ambiental, em conformidade com a Lei n. 9.034/1995 (art. 2º, incs. IV e V), somente poderão ser empregadas quando a lavagem de dinheiro decorrer de ações praticadas por quadrilha ou bando ou organizações ou associações criminosas de qualquer tipo.

1.2 A ação controlada na Lei de Lavagem de Dinheiro

Dispõe o art. 4º, § 4º da Lei n. 9.613/1998 que: "§ 4º. A ordem de prisão de pessoas ou da apreensão ou seqüestro de bens, direitos ou valores, poderá ser suspensa pelo juiz, ouvido o Ministério Público, quando a sua execução imediata possa comprometer as investigações".

---

harmoniosa das liberdades, pois nenhum direito ou garantia pode ser exercido em detrimento da ordem pública ou com desrespeito aos direitos e garantias de terceiros".

17. Cf. art. 282-bis da Ley de Enjuiciamiento Criminal. A Lei portuguesa n. 101/2001, no seu art. 3º, também estabelece os requisitos e pressupostos da infiltração de agentes (funcionários de investigação criminal da polícia judiciária ou particular).

18. Art. 282-bis, 5. "O agente encoberto estará isento de responsabilidade criminal por aquelas atuações que sejam conseqüência necessária do desenvolvimento da investigação, sempre que guardem a devida proporcionalidade com a finalidade da mesma e não constituam delito provocado".

19. Sobre o princípio da proporcionalidade, v. Edilson Mougenot Bonfim, *Curso de Processo Penal*, pp. 60 e ss.; do mesmo autor, *Código de Processo Penal Anotado*.

20. Guimarães Carneiro, ob. cit., pp. 119-120.

Destarte, ao lado dos instrumentos já analisados, a ação controlada constitui relevante técnica de investigação dos crimes de lavagem de dinheiro.

O artigo 2º, inc. II, da Lei n. 9.034/1995, estabelece um conceito legal de ação controlada, consistindo "em retardar a interdição policial do que se supõe ação praticada por organizações criminosas ou a ela vinculada, desde que mantida sob observação e acompanhamento para que a medida legal se concretize no momento mais eficaz do ponto de vista da formação de provas e fornecimento de informações".[21] Esta Lei também se aplica à lavagem de dinheiro, desde que decorrente de ações praticadas por quadrilha ou bando ou organizações ou associações criminosas de qualquer tipo.

E o § 4º do artigo 4º da Lei n. 9.613/1998, prevendo uma modalidade de ação controlada, contempla a possibilidade de que a ordem de prisão de pessoas ou de apreensão ou seqüestro de bens, direitos ou valores, seja suspensa pelo juiz, ouvido o Ministério Público, quando a sua execução imediata possa comprometer as investigações. Trata-se de uma estratégia aplicável a todas as investigações de lavagem de dinheiro – e não só àquelas decorrentes de ações praticadas por quadrilha ou bando ou organizações ou associações criminosas –, que permite ao juiz suspender a execução de uma ordem legalmente proferida (prisão de pessoas, apreensão ou seqüestro de bens ou valores), e que deveria ser imediatamente cumprida, postergando-a para oportunidade mais propícia.

A detenção de um "operário" ou "avião" de uma organização criminosa, por exemplo, pode causar mais prejuízos do que benefícios à investigação. Melhor retardar a diligência e agir em momento mais oportuno, depois de identificar os demais envolvidos ou após apurar a origem delitiva de outros bens ou valores.

Considerando que a medida supõe um atraso na intervenção do Estado, na apreensão ou no seqüestro dos bens, direitos ou valores ou na detenção de pessoas envolvidas no crime, existe um risco de perda da mesma. Portanto, para autorizar ou não a ação controlada, o juiz deve considerar esse perigo, além da necessidade da medida para os fins da investigação, da importância do crime e das possibilidades de vigilância,[22] aplicando dessa forma, um critério de proporcionalidade.

2. O rito processual

Art. 2º. O processo e julgamento dos crimes previstos nesta Lei:

---

21. V. também art. 33, inc. II, da Lei n. 10.409/2002.
22. Joaquín Delgado Martín, *Criminalidad Organizada*, pp. 154-155.

I – obedecem às disposições relativas ao procedimento comum dos crimes punidos com reclusão, da competência do juiz singular; (...)

Assim, os crimes de lavagem de dinheiro, que são apenados com reclusão, obedecem às regras relativas ao procedimento comum dos arts. 394 e seguintes do Código de Processo Penal, inexistindo rito especial.

Com acerto, observa novamente Rodolfo Tigre Maia que se trata de outro dispositivo perfeitamente dispensável na Lei de Lavagem de Dinheiro.[23]

3. Autonomia do processo de lavagem de dinheiro

Estabelece o artigo 2º, inc. II, que o processo e o julgamento dos crimes de lavagem independem daqueles relativos aos delitos antecedentes, ainda que praticados em outro país.

Por sua vez, o § 1º do mesmo artigo (parte final), dispõe que os crimes de lavagem de dinheiro serão puníveis ainda que desconhecido ou isento de pena o autor do crime antecedente.[24]

Os dois dispositivos consagram a autonomia dos crimes e dos respectivos processos de lavagem de dinheiro em relação aos delitos antecedentes e seus correspondentes processos. Destarte, de acordo com o art. 2º, §1º, basta que se prove a existência de um dos delitos prévios, do qual procedem os bens, direitos ou valores (fato típico e antijurídico, sendo prescindível que seja culpável), que podem ter sido cometidos no Brasil ou no estrangeiro, sem que seja necessário processo, julgamento ou apuração de autoria.

Outrossim, pese a regra do art. 2º, inc. II, se ambas as ações (crime antecedente e lavagem) tramitam no Brasil, a reunião de processos pode ser determinada,[25] sempre que as circunstâncias do caso concreto

---

23. "Na medida em que a pena cominada aos crimes de 'lavagem' é de reclusão e diante da vocação universalista do Código de Processo Penal, à míngua de outra disciplina processual, seus dispositivos seriam de qualquer modo aplicáveis aos delitos previstos nesta legislação especial" (ob. cit., pp. 109-110).

24. Com idêntica previsão, o § 4º do art. 180 do CP: "A receptação é punível, ainda que desconhecido ou isento de pena o autor do crime de que proveio a coisa". A propósito, na Ap. Crim. 6.281, do TRF da 4ª Região, 7ª Turma, Rel. Juiz Fabio Rosa, j. 25.9.2001, decidiu-se que "o crime de receptação (art. 180 do CP) é autônomo, e consuma-se ainda que desconhecido o autor do delito anterior, bastando que o agente tenha conhecimento da origem ilícita do produto adquirido. Não é necessária a existência de processo penal para a apuração do crime antecedente".

25. No Anteprojeto da ENCLA, que altera a Lei de Lavagem de Dinheiro, este inciso II, ficaria assim redigido: "independem do processo e julgamento das

afastem a ocorrência de prejuízos para a *persecutio in judicio*. Enfim, as regras de fixação de competência pela conexão ou continência do CPP, não foram derrogadas pela Lei n. 9.613/1998, podendo ser aplicadas aos processos de lavagem de dinheiro,[26] desde que inexistam óbices e prejuízos.

Nessa linha, vale transcrever as conclusões do Juiz Sérgio Fernando Moro: "no processo do crime de lavagem não há necessidade de produção de prova, com todos os seus elementos, do crime antecedente, mas apenas prova suficiente, mesmo circunstancial ou indiciária, desde que convincente, do crime antecedente, bem como a conexão instrumental entre crime antecedente e de lavagem não implica, necessariamente, em unidade de processo e julgamento".[27]

4. Competência

Compete à Justiça estadual o processo e julgamento dos crimes de lavagem de dinheiro, com exceção das hipóteses previstas no inc. III, do artigo 2º da Lei n. 9.613/1998, que ficam a cargo da Justiça federal:

São elas:

a) quando os crimes de lavagem forem cometidos contra o sistema financeiro e a ordem econômico-financeira, ou em detrimento de bens, serviços ou interesses da União, ou de suas entidades autárquicas ou empresas públicas;[28] ou

b) quando o delito prévio (tráfico de drogas, crimes praticados por organização criminosa etc.) for de competência da Justiça Federal.[29]

Ademais dessas hipóteses legais, também compete à Justiça Federal o julgamento dos crimes de lavagem de dinheiro, quando houver conexão deles com crimes federais. Nesse sentido, a Súmula 122 do Superior Tribunal de Justiça, *in verbis:* "Compete à Justiça Federal o processo e julgamento unificado dos crimes conexos de competência federal e estadual, não se aplicando a regra do artigo 78, II, 'a', do CPP". A Justiça Federal, pois, é considerada especial em relação à Justiça Comum

---

infrações penais antecedentes, ainda que praticados em outro país, cabendo ao juiz competente para os crimes previstos nesta Lei a decisão sobre a unidade de processo e julgamento".

26. Marco Antonio de Barros, ob. cit., p. 75.

27. "O processo penal no crime de lavagem", *Lavagem de dinheiro,* cit., p. 121.

28. V. Leis ns. 7.492/1986, 8.137/1990 e 8.176/1991.

29. V. CF, arts. 108 e 109, e CPP, art. 76, III.

Estadual, cabendo-lhe o julgamento de crimes conexos de competência da Justiça dos Estados".[30]

A propósito do tema, aliás, manifestou-se o Tribunal Regional Federal da 1ª Região:

"Processo Penal. Penal. Competência da Justiça Federal. Crimes conexos de competência da Justiça Federal e da Estadual. Prevalência da Justiça Federal. (...)

"1. Havendo conexão entre crimes da competência da Justiça Federal e da Estadual, a prevalência para o processo e julgamento é da Justiça Federal, que tem sede constitucional, não da Estadual, que é de natureza residual, não se aplicando o disposto no art. 78, II, 'a', do CPP."[31]

5. *Requisitos da denúncia*

Dispõe o § 1º do artigo 2º, da Lei n. 9.613/1998: "§ 1º. A denúncia será instruída com indícios suficientes da existência do crime antecedente (...)".

Além de estar instruída com os elementos probatórios referentes à lavagem de dinheiro,[32] a peça inaugural, nos delitos da Lei n. 9.613/1998, deverá vir acompanhada de indícios da existência do crime antecedente.[33] Esses indícios referem-se aos de materialidade dos delitos prévios, pois, como vimos no tópico referente à autonomia do processo de lavagem de dinheiro, o autor da lavagem será punido independentemente da apuração dos crimes antecedentes ou ainda que isentos de pena os seus autores.

---

30. V. Edilson Mougenot Bonfim, *Código de Processo Penal anotado*, pp. 202-203: "Nos casos de conexão de delitos de competência da Justiça Federal e da Justiça Estadual, ainda quando delegatória de competência federal, prevalece, de forma absoluta, a competência da Justiça Federal, porque constitucionalmente estabelecida (STJ, RHC 823, Rel. Hamilton Carvalhido, 8.8.2000)".

31. TRF, 1ª Reg., 3ª Turma, Ap. 2003.36.00.008505-4-MT, Rel. Tourinho Neto, j. 25.7.2006.

32. Cf. art. 41 do CPP: "A denúncia ou queixa conterá a exposição do fato criminoso, com todas as suas circunstâncias, a qualificação do acusado ou esclarecimento pelos quais se possa identificá-lo, a classificação do crime e, quando necessário, o rol das testemunhas".

33. Nesse sentido: "A teor do art. 2º, II, da Lei n. 9.613/98, não se exige, *para a aptidão da denúncia* que imputa ao réu o delito de lavagem de dinheiro, prova concreta da ocorrência de uma das infrações penais exaustivamente previstas nos incisos I a VIII do art. 1º do referido diploma legal, bastando a existência de elementos indiciários de que o capital branqueado provenha de alguma de tais condutas ilícitas" (HC 04.00.031568-2, TRF 4ª Reg., 8ª Turma, Rel. Paulo Afonso Brum Vaz, j. 18.10.2006).

Antes da sentença final, todavia, não podem existir dúvidas quanto à existência de um dos delitos prévios do artigo 1º da Lei, configurando-se a mesma em questão prejudicial do próprio mérito da ação penal de lavagem. Enfim, não deve haver qualquer dúvida sobre a existência de um fato típico e antijurídico antecedente, prescindindo-se da culpabilidade.

Em razão da complexidade do processo de lavagem, recomenda-se que a denúncia explique didaticamente como ocorreram os crimes antecedentes e os mecanismos empregados pelos agentes para a lavagem do dinheiro.[34]

O concurso de pessoas nos chamados "crimes societários" constituiu outro ponto de conflito. As denúncias genéricas têm sido rejeitadas por inépcia,[35] desde que inviabilizem o exercício da defesa.[36]

6. A prova indiciária na lavagem de dinheiro

Nas investigações e nos processos de lavagem de dinheiro apresentam-se, quanto à prova, especialmente duas dificuldades pontuais:

34. Cf. Cabral Saraiva, "Elaboração da peça acusatória no crime de lavagem de dinheiro", *Programa nacional de capacitação e treinamento para o combate à lavagem de dinheiro,* São Paulo, 1º.6.2007. Nesse sentido: "Denúncia. Crime de lavagem de dinheiro. Artigo 1º, § 1º, I combinado com o § 4º da Lei 9.613/98. Inépcia. Admissibilidade. Vaga narrativa do fato típico. Não individualização das condutas inerentes à transformação do patrimônio ilícito em lícito. Ordem concedida" (HC 278.695-3-São Paulo, 1ª Câm. Crim., Rel. Andrade Cavalcanti, j. 22.3.1999). Em sentido contrário: "Ainda sobre os fatos narrados na exordial acusatória, cumpre gizar que a jurisprudência é majoritária em admitir que nos crimes societários a persecução criminal pode ser iniciada mediante genérica narração dos fatos, sendo lícito postergar o detalhamento da participação dos supostos agentes para o curso da instrução penal. Isso porque a necessidade do estabelecimento do vínculo de cada sócio ou agente ao ato ilícito que lhe é imputado somente se faz obrigatória nas circunstâncias em que, de plano, as responsabilidades de cada um dos sócios ou gerentes são diferenciadas em razão do próprio contrato social relativo ao registro da pessoa jurídica envolvida (STF, HC 8.557-MA, Rel. Gilmar Mendes, 24.5.2005)" (TRF, 4ª Reg., 04.00.031515-RS, Rel. Tadaaqui Hirose, j. 27.9.2006, *DJU* 3.10.2006).

35. A propósito, confira-se o v. acórdão: "A denúncia, nos crimes de autoria coletiva, conforme entendimento pretoriano, não precisa individualizar a conduta de cada agente. Mas também não é suficiente que simplesmente decline os nomes de todos os sócios, quando, como *in casu*, um deles sequer foi indiciado pela autoridade administrativa encarregada de toda a apuração" (STJ, RHC 8.389, 6ª Turma, Rel. Min. Fernando Gonçalves, j. 20.5.1999). Recentes decisões, contudo, entendem inepta a denúncia que não contém a descrição individualizada da conduta de cada um dos agentes por crime societário: STF, *RT* 608/420, 718/475 e 738/541.

36. STF, *RT* 828/542 e STJ, HC 26.653-RJ, *DJU* 17.11.2003 e HC 15.531, *DJU* 4.6.2001.

1) determinar a procedência delitiva dos bens, direitos e valores; e *2)* demonstrar que o sujeito ativo tinha conhecimento dessa origem.[37]

Justificando a incidência de referidos pontos, explica Zaragoza Aguado que "a lavagem é uma atividade criminal complexa, que se vale de um inesgotável catálogo de técnicas ou procedimentos em contínua transformação e aperfeiçoamento, onde a vinculação com o delito prévio não pode se submeter à estrita aplicação das regras da acessoriedade, que possam condicionar sua natureza de figura autônoma".[38]

Em ambas as hipóteses – para determinar a procedência delitiva dos bens, direitos e valores e demonstrar que o sujeito ativo tinha conhecimento dessa origem –, portanto, possui notável relevância a *prova indiciária*,[39] pois raramente sobre elas haverá prova direta.[40] Em outras palavras, da demonstração dos elementos e circunstâncias objetivas do crime, pode-se concluir pela presença do elemento subjetivo.[41]

Nesse sentido, tanto a procedência delitiva quanto o seu conhecimento, têm sido demonstrados através dos seguintes indícios: a) o aumento injustificado do patrimônio; b) a manipulação de elevada quantidade de dinheiro, assim como a utilização imediata dos recursos recebidos; c) a dinâmica das transmissões ou operações de quantias em espécie; d) transferências patrimoniais anômalas; e) existência de operações alheias às práticas comerciais ordinárias; f) a inexistência de negócios lícitos;

---

37. Blanco Cordero, ob. cit., p. 394; André Cuisset, ob. cit., p. 153; Aránguez Sánchez, ob. cit., p. 265; e Gómez Iniesta, ob. cit., 54.

38. Ob. cit., p. 406.

39. A prova indiciária, indireta ou circunstancial "(...) é aquela que se dirige a convencer ao órgão judicial da verdade ou certeza de uns fatos que não são integrantes da figura delitiva submetida a juízo (v. STC 107/1989, de 8 de junho), mas dos quais se pode deduzir, conforme às regras da lógica e da experiência, a realidade do delito ou a participação do acusado no mesmo. A prova por indício se resolve em uma presunção judicial. Como destaca Serra Domínguez, não existem outras diferenças entre presunção e indício, senão a que resulta de integrar momentos distintos de um mesmo juízo. Enquanto o indício é o elemento inicial de que parte a presunção (o fato base da presunção ou afirmação base), esta é a atividade intelectual do julgador que, partindo do indício, afirma um fato distinto, mas relacionado com o primeiro, causal ou logicamente" (Andrés de la Oliva Santos *et al.*, *Derecho Procesal Penal*, pp. 475-476).

40. Sobre o tema, v. os seguintes instrumentos internacionais: Convenção de Viena, art. 3.3; Recomendações do GAFI, art. 1.5; Diretiva n. 308/1991, art. 1º, Convênio de Estrasburgo, art. 6.2, e Convenção de Palermo, art. 6.2, "f".

41. Sérgio Fernando Moro, "Sobre o elemento subjetivo no crime de lavagem", *Lavagem de dinheiro...*, cit., p. 104.

g) vinculação ou conexão com atividades delitivas, ou com pessoas ou grupos relacionados com as mesmas.

Outros elementos indiciários também são freqüentemente apontados, como: a utilização imediata dos recursos recebidos, bem como "a utilização de sociedades fictícias ou de fachada, especialmente quando localizadas em paraísos fiscais; o recurso a testas-de-ferro sem disponibilidade econômica real sobre os bens; o uso de identidades falsas; a existência de anotações irregulares em livros contábeis; o fracionamento de valores em depósitos bancários para dissimular sua quantia; a utilização de falsos documentos nos quais se constatam importações inexistentes; a simulação de negócios ou operações comerciais que não respondem à realidade; o recebimento de elevadas comissões pelos intermediários etc.".[42]

Através da Carta-Circular n. 2.826/2001, o Banco Central, elencou diversas operações que contêm indícios de lavagem de dinheiro, tais como: "saques a descoberto, com cobertura no mesmo dia; movimentação de recursos em praças localizadas em fronteiras; depósitos de grandes quantias mediante a utilização de meios eletrônicos ou outros que evitem contato direto com o pessoal do banco; recebimento de recursos com imediata compra de cheques de viagem, ordens de pagamento ou outros instrumentos para a realização de pagamentos a terceiros", etc.

Na Espanha, onde o crime de lavagem de dinheiro procedente do tráfico de drogas foi criminalizado em 1988,[43] a utilização da prova indireta para a demonstração de que o agente tinha conhecimento da origem ilícita dos bens, direitos e valores sobre os quais atuou encontra-se consolidada.

Assim é que na sentença prolatada no procedimento abreviado n. 123/1992, decidiu-se que: "o conhecimento da origem ilícita do dinheiro em relação aos demais condenados, que sem dúvida era objeto fundamental de prova, deduz-se das circunstâncias objetivas que ocorreram na execução dos fatos: recebimento de elevadas quantias de dinheiro em espécie, entrega dessas quantias em diferentes lugares da Espanha, traslado clandestino do dinheiro ao Principado de Andorra, depósito em contas bancárias abertas exclusivamente para tal fim, saídas imediatas

---

42. Blanco Cordero, ob. cit., p. 396; Javier Alberto Zaragoza Aguado, "El blanqueo de bienes de origen criminal", in *Derecho penal económico*, ob. cit., pp. 407-416, e A. Calderón e J. A. Choclán, ob. cit., p. 338.

43. A Lei Orgânica n. 1, de 24.3.98, introduziu nos delitos de receptação um novo preceito, o artigo 546-bis, "f", tipificando a lavagem dos benefícios econômicos derivada dos do tráfico de drogas (Gómez Iniesta, ob. cit., p. 24).

do dinheiro mediante transferências e cheques bancários a favor de pessoas físicas e jurídicas diversas, cobrança de elevadas comissões por suas intervenções nas diferentes operações que realizaram como intermediários etc.".[44]

No mesmo sentido, a Sentença do Tribunal Supremo da Espanha: "em relação ao delito de lavagem de dinheiro do artigo 301 do Código Penal, *o usual será contar somente com provas indiciárias*, em todo caso aptas para provocar o decaimento da presunção de inocência, fato que por notório exime da oportuna citação jurisprudencial, embora necessário um plus de motivação para o maior grau de subjetivismo que supõe a prova indireta ou por indícios em relação à prova direta, e neste sentido devemos recordar que, as *três notas vertebrais do delito* que se comenta, referem-se a: a) aumento inusual do capital da pessoa a quem se imputa o delito; b) inexistência de negócios lícitos que pudessem dar uma explicação razoável de referido aumento; e c) encontrar-se relacionado ou próximo ao conjunto de atividades em que se desenvolve o tráfico de drogas, nos casos em que referida lavagem se encontre relacionada com aquele tráfico ilícito (Sentença do Tribunal Supremo n. 2.207)" (grifamos).[45]

---

44. Sala Penal da Audiência Nacional, Seção 1ª, Juiz Díaz Delgado, Madri, 24.9.1997.

45. STS n. 2.545, de 3.1.2001, Juiz Andrés Ibáñez. Assim também a STS n. 198, de 4.2.2002, Juiz Diego Ramos Gancedo: "(...) '1º) a acusada empreendeu no início do ano de 1995 a construção de um restaurante de luxo que custou, no mínimo, 51.000.000 de pesetas (declaração da acusada, faturas que foram juntadas nos autos e depoimentos de diversas pessoas que participaram da construção do restaurante); 2º) a acusada não tinha dinheiro para financiar tão importante obra. Não comprova que depois da compra da fazenda e estrutura de concreto exerceu alguma atividade lícita que pudesse justificar gastos tão elevados de dinheiro, nem tampouco atividade anterior que justificasse ter economizado dinheiro suficiente, já que o dinheiro que dispunha em razão de acordos matrimoniais, transmissão e venda de imóveis, os havia investido na compra da fazenda e da estrutura, portanto, os tinha gasto; 3º) a acusada, nem quando declarou ante o Juiz de Instrução, nem, tampouco, no plenário, deu uma explicação razoável da origem do dinheiro com o qual pagou a construção do restaurante. Narrou que um amigo de seu marido lhe emprestou o dinheiro, e que nem sequer sabia quem era, como se chamava e qual a quantia emprestada; 4º) o pagamento aos vários empregados que auxiliaram na construção, 51.000.000 de pesetas, foi feito com dinheiro de seu marido L. L. (prova testemunhal de diferentes empregados que trabalharam na obra); 5º) não constam operações comerciais ou negócios por parte de L. L. que pudessem justificar a origem lícita de tão elevada quantidade de dinheiro, vida laboral e declarações ao Fisco; 6º) a acusada, nem quando declarou ante o Juiz de instrução nem, muito menos em plenário, deu qualquer explicação razoável da origem do dinheiro com o qual pagou a construção do restaurante, nem tampouco de como, ou através de que meio lícito podia seu marido ter adquirido ou dispor dos milhões com os quais financiou a construção do restaurante; e 7º) o

Nossos tribunais comungam do mesmo entendimento quanto à comprovação do elemento subjetivo do crime de receptação: "A prova indiciária, verificada pela análise das circunstâncias que rodeiam o fato, é suficiente para a comprovação do dolo direto exigido pelo tipo penal da receptação".[46]

Para que tal prova indiciária tenha validade, contudo, é necessário que exista uma *pluralidade de indícios*, que estes estejam *plenamente comprovados*,[47] que a *dedução* seja *coerente* e *racional* e que a sentença expresse o *desenvolvimento lógico* que conduza o juiz à referida conclusão.[48]

7. Hipótese restritiva de aplicação do artigo 366 do CPP

Dispõe o § 2º, do artigo 2º:

§ 2º. No processo por crime previsto nesta Lei, não se aplica o disposto no art. 366 do Código de Processo Penal.[49]

Parcela doutrinária entende que este dispositivo é inconstitucional, argumentando que o mesmo violaria a garantia do contraditório e da ampla defesa (art. 5º, inc. LX, da CF), uma vez que, conforme estabelece

---

marido da acusada, L. L. foi condenado em duas ocasiões por tráfico de drogas, e tanto a acusada como seu marido têm relação familiar com pessoas que se movem no mundo ilegal do tráfico de drogas, e que foram condenadas por referido delito.' Estes dados fáticos são mais que suficientes para garantir o raciocínio do juízo de dedução da concorrência do elemento subjetivo do delito que ficou devidamente comprovado pela prova indiciária praticada em primeiro grau, e não resulta demais recordar que – além da doutrina do Tribunal Constitucional e desta mesma Sala do Tribunal Supremo sobre a validez da prova indiciária para enervar a presunção de inocência – é a própria Convenção das Nações Unidas contra o Tráfico Ilícito de Entorpecentes e Substancias Psicotrópicas, de 20 de dezembro de 1988 (publicada no BOE de 10 de novembro de 1990), que expressamente afirma em seu art. 3, apartado 3, a legalidade da prova indireta ou circunstancial para obter o juízo de certeza acerca do conhecimento, intenção ou finalidade requerido como elemento anímico dos delitos que estão descritos no parágrafo primeiro de referido artigo, dentre os quais se encontra a lavagem de dinheiro – parágrafo primeiro, alínea 'b')".

46. TACrim-SP, Ap. 1.297.311-7, 11ª Câm., Rel. Pires de Araújo, j. 24.6.2002. Assim também: Ap. 1.288.121-1, 7ª Câm., Rel. Luiz Ambra, j. 6.12.2001.

47. STS n. 198, de 4.2.2002, Juiz Diego Ramos Gancedo.

48. Blanco Cordero, citando decisões do Tribunal Constitucional da Espanha, ob. cit., p. 396.

49. CPP, art. 366, *caput*: "Se o acusado, citado por edital, não comparecer, nem constituir advogado, ficarão suspensos o processo e o curso do prazo prescricional, podendo o juiz determinar a produção antecipada das provas consideradas urgentes e, se for o caso, decretar prisão preventiva, nos termos do disposto no art. 312".

o artigo 8º da Convenção Americana sobre Direitos Humanos (Pacto de São José da Costa Rica) – que possuiria *status* constitucional por força do artigo 5º, §§ 2º e 3º, da CF e do Decreto n. 678/1992 –, o acusado tem direito a ser ouvido, com as devidas garantias e dentro de um prazo razoável, por um juiz ou tribunal competente, independente e imparcial.[50]

O entendimento parece-nos, contudo, merecer uma mais detida reflexão no sentido de identificar situações diversas, que ensejariam distintas soluções, conforme adiante se verá.

7.1 As diversas hipóteses de citação editalícia

Por englobar situações fáticas distintas, a citação por edital enseja tratamentos diferenciados. De acordo com o Código de Processo Penal, a citação será feita por edital quando o réu não for encontrado (art. 361), quando se ocultar para não ser citado (art. 362), quando estiver em lugar inacessível, em virtude de epidemia, de guerra ou por outro motivo de força maior (art. 363, I) e, por fim, quando incerta a pessoa que tiver de ser citada (art. 362, II).

A nosso ver, a eiva de inconstitucionalidade do artigo 2º, § 2º, da Lei n. 9.613/1998, estaria presente com o fundamento retro analisado (Pacto de São José), no tocante àquelas hipóteses dos acusados que não são encontrados para citação pessoal, por estarem em lugar incerto e não sabido, ou no estrangeiro; também, com relação àqueles que se encontram em lugar "inacessível, em virtude de epidemia, de guerra, ou por outro motivo de força maior" e, ainda, por fim, "quando incerta a pessoa que tiver que ser citada". Contudo, naquelas situações onde os réus deliberadamente se ocultam para não serem citados pessoalmente (hipótese que também legitima a citação por edital – art. 362 do CPP), entendemos que não há que se falar em inconstitucionalidade total da norma.

A garantia estabelecida pelo Pacto de São José da Costa Rica destina-se a assegurar o direito ao contraditório e à ampla defesa, concedendo-se oportunidade de oitiva ao acusado, sem que isto se configure no estabelecimento de um inexistente "direito à má-fé processual", atentatório aos elementares princípios gerais do direito, que informam todo o ordenamento positivo das nações civilizadas. O direito é um todo, não podendo existir "direito contra direito", como *contraditio in re ipsa*. Ou seja, garante-se um direito legítimo, e não o contrário.

---

50. Luiz Flavio Gomes, ob. cit., pp. 357-358; César Antonio da Silva, ob. cit., pp. 138-140; e Marco Antonio de Barros, ob. cit., pp. 84-89.

Assim, a análise do dispositivo em questão levaria a uma declaração de "inconstitucionalidade parcial da norma sem redução de texto", vale dizer: o dispositivo permanece válido, tal como exposto, no sentido de ser aplicado aos acusados que agem com má-fé processual, furtando-se à citação pessoal. Nos demais casos, seria inaplicável por manifesta inconstitucionalidade, promovendo-se a *declaração parcial de nulidade sem redução de texto*.

Referida "inconstitucionalidade parcial sem redução de texto", na lição de Gilmar Mendes, é aquela que "refere-se, normalmente, a casos não mencionados no texto, que, por estar formulado de forma ampla ou geral, contém, em verdade, um complexo de normas".[51] Conforme entendemos, portanto, a aplicação do artigo 2º, § 2º, da Lei n. 9.613/1998, seria parcial, fulminando de inconstitucionalidade as hipóteses em que não estivesse comprovada a má-fé processual, restringindo, destarte as hipóteses de incidência do ato normativo.

7.2 A análise conjunta do artigo 2º, § 2º, da Lei n. 9.613/1998, e a releitura do artigo 366 do CPP

Conseqüência do exposto no tópico anterior é um convite a uma mais criteriosa análise do artigo 366 do CPP, uma vez que sendo "genericamente" redigido, deu ensejo a uma ampla interpretação, no sentido de que se aplicaria indistintamente não só aos acusados de boa-fé, mas também àqueles que de má-fé se furtassem à citação pessoal. No caso, parece-nos que uma interpretação mais escorreita do citado dispositivo é aquela restritiva, no sentido de harmonizá-lo com o direito processual constitucional e com o jogo de valores em questão. Com efeito, tal interpretação vem informada pelo quanto se depreende dos valores advindos dos princípios gerais de direito – que não estão à serviço da má-fé –, e que se irradiam por todo o ordenamento jurídico, desde a Constituição Federal, ensejando parâmetros a uma legítima interpretação do direito positivo.

O artigo 366 do CPP, por conseguinte, não dispôs literalmente da hipótese restritiva, por não necessitar fazê-lo, uma vez inconcebível que tivesse sido criado para privilegiar a má-fé processual, no sentido de proteger aquele que fosse citado por edital por propositalmente ter se ocultado à citação pessoal.

Poder-se-ia argumentar, em sentido contrário, que o princípio da boa-fé não existe no processo penal, como sustenta boa parte da dou-

---

51. *Jurisdição Constitucional*, pp. 196-197.

trina. A evolução doutrinária, porém, aponta em sentido diverso, como demonstram a moderna "Escola espanhola"[52] e as recentes decisões do Supremo Tribunal desse país (STS n. 36.736, de 23.10.2001; STS n. 3.562, de 21.3.2001 etc.), inspiradas em boa tradição ítalo-germânica. Poderia, de igual sorte, aduzir-se que, ainda que existente em sede de processo penal, o mesmo somente se aplicaria à acusação,[53] garantindo-se ao acusado o pleno gozo do seu direito à liberdade e à defesa, o que implicaria na impossibilidade de exigir-lhe a mesma boa-fé necessária à acusação.[54] Nenhuma novidade quanto à essa ponderação.[55] Entretanto, a mesma diz respeito somente ao que se refere à questão material ou ao mérito da própria ação penal, com relação à qual não se exige do acusado a referida boa-fé, podendo, em conseqüência, exercitar o seu direito à defesa e, inclusive, como se sustenta, até mesmo mentir. Assim, não está obrigado, por expressa garantia constitucional, a confessar sua culpabilidade, e isto não lhe pode acarretar qualquer punição, como, aliás, está assente na doutrina e na jurisprudência nacionais. Coisa diversa se dá no plano formal ou processual, com respeito ao modo de sua intervenção em Juízo,[56] cuja boa-fé processual lhe é totalmente exigível,[57] idéia magistralmente resumida em obra premiada recentemente na Espanha, por Juan Picó I Junoy, para quem "ainda que o acusado tenha constitucionalmente reconhecida a possibilidade de mentir, isso não significa que se legitime sua conduta maliciosa dentro do processo, pelo que o princípio da boa-fé processual também lhe é exigível em tudo aquilo que não se refira ao fundo da questão investigada no processo penal".[58]

Agregue-se a isto, que, historicamente, a evolução legislativa e a teoria do direito processual – e a interpretação que dele se deve fazer hodiernamente – aponta no sentido de se conjugar o binômio garantia e efetividade processual, harmonizando-se a busca de uma justa resposta processual ao conceito de segurança jurídica, vale dizer, ao tempo em

52. V. José Maria Rifa Soler e J. F. Valls Gombáu, *Derecho procesal penal*, p. 43, e Juan Picó I Junoy, *El principio de la buena fe procesal*, p. 177.

53. G. Bellavista, "Il litigante temerario nel processo penale", in *Studi sul processo penale*, vol. 1, p. 33.

54. M. Gómez del Castillo, *El comportamiento procesal del imputado (silencio y falsedad)*, p. 35.

55. Por todos, Vicenzo Manzini, *Tratado de derecho procesal penal*, vol. 2, pp. 422 e 752.

56. Juan Picó I Junoy, ob. cit., p. 183.

57. Por todos, Juan Picó I Junoy, ob. e loc. cits.

58. Prêmio nacional "San Raimundo de Peñafort", conferido pela Real Academia Española de Jurisprudencia y Legislación no ano de 2003.

que confere garantias aos cidadãos – próprias de um Estado Democrático de Direito – busca a efetividade do processo, alvitrando a resposta estatal adequada. Assim, para um *fair play*, um processo justo, é de mister a compreensão de seu moderno conceito, entendendo-se por tal, o papel e a dimensão dos valores – ainda que subjetivos – na dialética processual. O processo, nessa ótica, não é somente tutela de garantias pessoais do cidadão frente ao poder punitivo do Estado, como também tutela de direitos individuais e sociais, esta última entendida como o poder-dever do Estado de dar uma efetiva prestação jurisdicional em nome da sociedade politicamente organizada.

Foi, aliás, por esse motivo que, atentando para essa moderna tendência, o legislador nacional ressaltou na Exposição de Motivos da Lei n. 9.613/1998 que o dispositivo do artigo 2º, § 2º, visa a coibir "um prêmio para os delinqüentes astutos e afortunados e um obstáculo à descoberta de uma grande variedade de ilícitos que se desenvolvem em parceria com a lavagem ou a ocultação", oferecendo expressamente, pois, importantes elementos hermenêuticos à interpretação do artigo 366 do CPP, visando ao impedimento da concessão de verdadeiro benefício àqueles que se ocultam à citação pessoal.

Em conclusão, duas são as hipóteses que se extraem da leitura do artigo 366 do CPP: uma, em que se aplicaria a suspensão do processo e do curso do prazo prescricional (casos em que o réu não é encontrado etc.), e outra, diversa, cuja aplicação lhe estaria vedada, frente ao princípio da boa-fé processual (caso em que se oculta à citação).

7.3 A específica hipótese do artigo 2º, § 2º, da Lei n. 9.613/1998

Assim, o artigo 2º, § 2º, da Lei n. 9.613/1998, consoante o exposto e o que se deflui da leitura da Exposição de Motivos de referida Lei, permite concluir que o legislador quis atingir somente aqueles que se ocultam à citação pessoal, dando ensejo à citação editalícia (art. 362 do CPP), recomendando-se um tratamento diferenciado previsto pela própria lei.

Por outro lado, em face do princípio da proporcionalidade em que são sopesados direitos, garantias, princípios ou valores em colisão, se nos parece adequado, necessário e proporcional (proporcionalidade em sentido estrito), que o processo prossiga sem a presença do réu que se esconde para não ser informado do mesmo.[59] Embora a medida possa

---

59. Aliás, semelhante tratamento recebe o acusado que, citado ou intimado pessoalmente, deixa de comparecer sem motivo justificado (art. 367 do CPP).

matizar as garantias do contraditório e ampla defesa, não as inviabiliza. Aquele que se oculta e é citado por edital, deverá, nesse caso, receber tratamento processual idêntico ao daquele que foi citado pessoalmente e igualmente não comparece porque assim não o deseja. Dito de outra forma: não há nenhuma razão legal para privilegiar-se o réu astuto, não podendo à evidência buscar-se tal interpretação por atentatória a comezinhos princípios do direito.

Nas demais hipóteses de citação por edital (o réu não é encontrado; quando é inacessível o lugar onde se encontra etc.), ou seja, naqueles casos em que o acusado não se furta ao procedimento citatório, de se aplicar o artigo 366 do CPP, suspendendo-se o processo e o curso do prazo prescricional. Nesses casos, o prosseguimento do processo à revelia do acusado, poderia de fato desequilibrar os interesses em conflito, traduzindo-se em medida excessiva e desproporcional.

Duas situações, como visto, evidentemente diversas: em uma, fala a favor do texto legal, o princípio da proporcionalidade; na outra, não há que se falar na aplicação deste princípio, por manifesta inadequação do mesmo.

Nesse sentido, aliás, o Projeto de Lei 4.207/2001, que, dentre outras modificações do Código de Processo Penal, pretende alterar a redação do art. 366. De acordo com a modificação proposta, o dispositivo ficaria assim redigido: "o processo terá completada sua formação quando realizada a citação pessoal, ou com hora certa, do acusado". Dessa forma, ocultando-se o réu, será citado por hora certa, não por edital como ocorre atualmente, não se aplicando, portanto, as regras de suspensão do processo e do prazo prescricional.

8. *Não concessão de liberdade provisória (com ou sem fiança). A questão da constitucionalidade do dispositivo*

O artigo 3º da Lei n. 9.613/1998 dispõe que:

Art. 3º. Os crimes disciplinados nesta Lei são insuscetíveis de fiança e liberdade provisória e, em caso de sentença condenatória, o juiz decidirá fundamentadamente se o réu poderá apelar em liberdade.

Pese a falta de rigor técnico na redação da primeira parte,[60] o artigo proíbe a concessão de liberdade provisória, com ou sem fiança, aos crimes de lavagem de dinheiro.

---

60. Marco Antonio de Barros observa que sendo a fiança uma espécie de liberdade provisória, o legislador poderia ter utilizado a redação de outro diploma legal,

Parte da doutrina, igualmente, sustenta tratar-se de dispositivo de "duvidosa constitucionalidade".[61] ao aludir que somente "as práticas de racismo; tortura; tráfico ilícito de entorpecentes e drogas afins; o terrorismo e os definidos como crimes hediondos, a ação de grupos armados, civis ou militares", que estão previstos nos incisos XLII, XLIII e XLIV, do artigo 5º da Constituição Federal, é que são inafiançáveis. Contudo, defendemos posição diversa, como adiante se verá.

Da leitura atenta da norma constitucional, depreende-se que a fundamentação invocada no sentido de eivar de inconstitucionalidade o texto da Lei de Lavagem de Dinheiro, ali não se encontra presente.

Com efeito, a Constituição Federal, ao apontar aqueles crimes como inafiançáveis, apenas limitou a ação do legislador, no sentido de impedir futura afiançabilidade desses delitos, não querendo com isso afirmar que outros crimes não pudessem igualmente ser considerados inafiançáveis. Se o constituinte quisesse restringir a inafiançabilidade somente aos delitos citados no artigo 5º, teria recorrido a uma fórmula restritiva como "somente são inafiançáveis os crimes (...)". Contudo, não o fez, remanescendo ao legislador infraconstitucional a possibilidade de prever outras hipóteses que não comportem o benefício, exercitando o princípio da conformação legislativa.

De se esclarecer, ainda, e sob o enfoque do direito constitucional, a aplicação do *princípio de interpretação conforme a Constituição*. Por tal princípio se entende que os elementos interpretativos no trabalho de hermenêutica legal devem fazer-se de forma harmônica e combinada, especialmente utilizando-se da interpretação sistemática e da interpretação teleológica, entendendo-se a primeira como a compreensão de que a Constituição é um todo e que cada preceito recebe seu valor em face da função desse conjunto, enquanto a segunda é compreendida como aquela

que estabelece que "não será concedida liberdade provisória, com ou sem fiança (...)" (ob. cit., p. 89).

61. "Os incs. XLII, XLIII e XLIV do art. 5º da Constituição Federal, ao preverem como crimes inafiançáveis as *práticas de racismo; tortura; tráfico ilícito de entorpecentes e drogas afins; o terrorismo e os definidos como crimes hediondos; a ação de grupos armados, civis ou militares*, deixa transparecer 'que apenas determinados crimes específicos – e somente esses – serão considerados inafiançáveis'. Assim, todos os demais crimes são afiançáveis, o que leva à conclusão de que ao legislador ordinário é vedada a imposição de outros crimes insuscetíveis de fiança. Por isso, não se pode negar que é de duvidosa constitucionalidade o art. 3º da Lei n. 9.613/98 (...)" (César Antonio da Silva, *Lavagem de Dinheiro*, ob. cit., p. 145. No mesmo sentido, Marco Antonio de Barros, ob. cit., pp. 89-92 e Luiz Flávio Gomes *et al.*, ob. cit., pp. 358-359).

que atende à finalidade da norma. Este critério hermenêutico está intimamente vinculado ao *princípio de conservação da norma*, com o qual se busca compatibilizar a primazia da Constituição e a salvaguarda da vontade do legislador, até onde seja possível.[62] E é neste sentido, que se dá o respeito ao Poder Legislativo quando, em cada momento histórico, busca atualizar a vontade soberana do povo e a preservação do *princípio de segurança jurídica*, que se veria afetado pela anulação quase sistemática de uma norma legal sob pretenso vício de inconstitucionalidade. Dá-se aqui, e uma vez mais, a chamada *presunção de constitucionalidade das leis*, que não é a simples afirmação formal da constitucionalidade de uma lei até prova em contrário, mas implicando materialmente algo mais: a) uma confiança no legislador, acerca de sua observação e correta interpretação dos princípios constitucionais; b) a impossibilidade de declarar inconstitucional uma norma legal, salvo no caso de que não exista "dúvida razoável" de sua contradição com a Constituição; c) a presunção, sempre que seja "razoavelmente possível", de que entre as várias interpretações plausíveis de uma lei, o legislador tenha querido inclinar-se pela que possibilita a manutenção da norma dentro dos limites constitucionais.[63]

Repise-se que dentre as mais recentes e expressivas democracias ressurgidas no mundo ocidental, foi a Espanha e o Tribunal Constitucional – órgão naquele país destinado primacialmente à salvaguarda dos dircitos e garantias individuais – quem por vez primeira emprestou força à idéia de um "processo penal constitucional", vale dizer, uma interpretação das normas processuais em absoluta harmonia com a Constituição. E assim, reiteradamente, vem adotando, conforme o exposto, o *princípio de presunção da constitucionalidade das normas*, seguindo o pensamento originário exposto por García de Enterria, um dos doutrinadores que teve a primazia de sustentá-la em seu País.

Nenhuma novidade, aliás. No terreno brasileiro, e apenas para ficarmos com o elemento histórico e os exemplos daí advindos, de se lembrar que, da mesma forma, antes da Lei de Lavagem de Dinheiro, idêntica vedação (concessão de liberdade provisória) foi prevista no artigo 7º da Lei n. 9.034/1995. Este diploma, que dispõe sobre a utilização de meios operacionais para a prevenção e repressão de ações praticadas por organizações criminosas, também veda a concessão de liberdade provisória,

---

62. Nesse sentido, Francisco Fernández Segado, *El sistema constitucional español*, pp. 79-80.
63. Cfr. Eduardo García de Enterría, em *La Constitución como norma y el Tribunal Constitucional*, citado também por Francisco Fernández Segado, ob. cit., p. 80.

com ou sem fiança, aos agentes que tenham tido intensa e efetiva participação na organização criminosa, embora tais ações não se encontrem igualmente previstas como inafiançáveis na Constituição Federal.

Por fim, restaria a argumentação daqueles que sustentam também a inconstitucionalidade do dispositivo por outro fundamento: o de ofensa ao princípio da presunção de inocência. A isso também responde contrariamente o princípio retro analisado e, *mutatis mutandis*, exemplarmente, harmonizam-se com ele os entendimentos do Superior Tribunal de Justiça (Súmula n. 9) e do Supremo Tribunal Federal quanto aos crimes hediondos.[64]

9. Medidas assecuratórias

Considerando possível que a demora na apuração, processo e julgamento dos crimes de lavagem de dinheiro inviabilize o ressarcimento do lesado, prejudique os interesses da União (*periculum in mora*)[65] ou impeça a preservação do material probatório imprescindível ao deslinde da causa, poderá o juiz, de ofício, a requerimento do Ministério Público ou representação da autoridade policial, decretar a *apreensão* ou o *seqüestro* de bens, direitos ou valores encontrados em poder do indiciado ou que estiverem em seu nome, ainda que já tenham sido transferidos a terceiros, desde que existam "indícios suficientes" de que tais bens sejam provenientes, direta ou indiretamente, dos crimes de lavagem de dinheiro.

Nesse sentido, a regra do art. 4º, *caput*, da Lei de Lavagem: "Art. 4º. O juiz, de ofício, a requerimento do Ministério Público, ou representação da autoridade policial, ouvido o Ministério Público em vinte e quatro horas, havendo indícios suficientes, poderá decretar, no curso do inquérito ou da ação penal, a apreensão ou seqüestro de bens, direitos ou valores do acusado, ou existentes em seu nome, objeto dos crimes previstos nesta Lei, procedendo-se na forma dos arts. 125 a 144 do Decreto-lei n. 3.689, de 3 de outubro de 1941 – Código de Processo Penal".

Serão *apreendidos* os objetos e instrumentos relacionados no artigo 240 do CPP (v. art. 6º, inciso II, do CPP) e *seqüestrados* os bens que sejam produto imediato ou resultado dos crimes antecedentes.

Essas medidas, que têm *natureza cautelar*, poderão ser decretadas no curso do inquérito policial ou da ação penal.

---

64. V., a propósito, STF, HC 80.866-RJ, 2ª Turma, Rel. Min. Nelson Jobim, j. 22.5.2001, e HC 82.316-PR, 1ª Turma, Rel. Min. Sydney Sanches, j. 11.2.2003.

65. O art. 7º, inc. I, da Lei n. 9.613/1998 dispõe que serão perdidos em favor da União, os bens, direitos ou valores objeto do crime de lavagem, ressalvado o direito do lesado ou de terceiro de boa-fé. Outros efeitos da condenação: arts. 7º, inc. II, da mesma lei, e arts. 91 e 92, do CP.

No caso da medida de seqüestro, o procedimento a ser adotado é o dos arts. 125 e seguintes do Código de Processo Penal. Contudo, para o seu deferimento, bastam *indícios suficientes*[66] da procedência ilícita dos bens, direitos ou valores do investigado ou acusado, ou daqueles que constam em seu nome ("fumus boni iuris"). Outrossim, a teor do § 1º do artigo 4º, se a medida de seqüestro for decretada no curso do inquérito policial, a ação penal deverá ser proposta no prazo de 120 dias, sob pena de levantamento das mesmas.[67] Esse prazo será contado da data em que forem concluídas as diligências.

No caso de apreensão, porém, aplica-se o disposto no art. 118 do CPP. Destarte, não haverá levantamento da medida e os bens apreendidos só serão devolvidos quando não interessarem mais ao processo.

Conforme já analisamos, a ordem de seqüestro ou apreensão de bens, direitos e valores determinadas nas investigações de lavagem de dinheiro, poderá ser suspensa, após a oitiva do Ministério Público, quando a sua execução comprometer as investigações (ação controlada).

Se necessário, os bens e valores apreendidos ou seqüestrados, ficarão sob a administração de pessoa qualificada – uma espécie de síndico – nomeada pelo juiz, após a oitiva do Ministério Público: "Art. 5º. Quando as circunstâncias o aconselharem, o juiz, ouvido o Ministério Público, nomeará pessoa qualificada para a administração dos bens, direitos ou valores apreendidos ou seqüestrados, mediante termo de compromisso".

O artigo 6º estabelece os direitos e deveres do administrador e determina que o Ministério Público seja informado dos atos relativos à administração:

"Art. 6º. O administrador dos bens:

"I – fará jus a uma remuneração, fixada pelo juiz, que será satisfeita com o produto dos bens objeto da administração;

"II – prestará, por determinação judicial, informações periódicas da situação dos bens sob sua administração, bem como explicações e detalhamentos sobre investimentos e reinvestimentos realizados."

9.1 *O alcance do § 2º, do artigo 4º, da Lei n. 9.613/1998*

Dispõe o § 2º, do artigo 4º que:

---

66. O art. 126 do CPP fala em "indícios veementes" da proveniência ilícita dos bens.
67. Este prazo é o dobro do que foi previsto no CPP (v. art. 131, I).

§ 2º. O juiz determinará a liberação dos bens, direitos e valores apreendidos ou seqüestrados quando comprovada a licitude de sua origem.

O dispositivo, sem dúvida, é um dos mais polêmicos da Lei n. 9.613/1998, especialmente quanto ao seu alcance:

1) teria acolhido a *inversão do ônus da prova* com relação à origem ilícita dos bens, direitos ou valores sujeitos ao confisco, como dispõe o artigo 5º, n. 7 da Convenção de Viena?[68]

2) Ou, do contrário, estaríamos diante de uma hipótese de *antecipação* do *levantamento do seqüestro* ou *restituição de coisa apreendida* – antes, portanto, do trânsito em julgado da sentença –, após a comprovação de que os bens seqüestrados ou apreendidos têm origem lícita?[69]

Parcela da doutrina nacional afirma que o dispositivo não autoriza o confisco dos bens, direitos ou valores apreendidos ou seqüestrados com base na inversão do ônus da prova, optando pela segunda hipótese, ainda que utilizando outros termos.[70]

O legislador, por sua vez, na Exposição de Motivos, e em um primeiro momento, afirma ter acolhido a inversão do ônus da prova: "*66. Na orientação do projeto, tais medidas cautelares se justificam para muito além das hipóteses rotineiras já previstas pelo sistema processual em vigor. Sendo assim, além de ampliar o prazo para o início da ação penal, o projeto inverte o ônus da prova relativamente à licitude de bens, di-*

---

68. Art. 5 n. 7: "Cada uma das Partes considerará a possibilidade de inverter o ônus da prova com relação à origem ilícita do suposto produto ou outros bens sujeitos a confisco, na medida em que isso seja compatível com os princípios de seu direito interno e com a natureza de seus procedimentos judiciais e de outros procedimentos" (v. anexo).

69. De acordo com o art. 130, inc. I, e parágrafo único do CPP, ainda que o acusado demonstre que os bens não foram adquiridos com os proventos da infração, o juiz somente poderá julgar os embargos – e portanto levantar a medida assecuratória –, depois do trânsito em julgado da sentença condenatória, não havendo liberação antecipada. O art. 119 do CPP, por sua vez, permite a restituição da coisa apreendida, antes da decisão final, desde que a mesma não interesse ao processo, não seja confiscável e não tenha sido apreendida em poder de terceiro, inexistindo dúvida quanto ao direito do reclamante.

70. Nesse sentido: Marco Antonio de Barros, ob. cit., pp. 100-103: Luiz Flavio Gomes *et al.*, ob. cit., pp. 365-366 e César Antonio da Silva, ob. cit., pp. 141-143. Em sentido contrário, Marcelo Batlouni Mendroni, ob. cit., pp. 103-107 e Rodolfo Tigre Maia, ob. cit., p. 131: "O § 2º, alterado na sua redação definitiva, inverte o ônus probatório no pertinente à comprovação da origem ilícita dos bens, direitos ou valores sujeitos às medidas cautelares e a eventual confisco. A possibilidade dessa inversão no que tange aos produtos de tráfico de drogas inseridos em processos de reciclagem já era assumida pelo Brasil desde sua adesão à Convenção de Viena (1988)".

reitos ou valores que tenham sido objeto da busca e apreensão ou do seqüestro (art. 4º). Essa inversão encontra-se prevista na Convenção de Viena (art. 5º, n. 7) e foi objeto de previsão no direito argentino (art. 25, Lei 23.737/89)" (grifamos).

Entretanto, ao explicar o alcance do dispositivo, observa que essa inversão se restringe às medidas assecuratórias (seqüestro ou apreensão), não à perda dos bens, direitos ou valores seqüestrados (confisco): "*67. (...) essa inversão do ônus da prova circunscreve-se à apreensão ou ao seqüestro dos bens, direitos ou valores. Não se estende ela ao perdimento dos mesmos, que somente se dará com a condenação* (art. 7º, I). Na medida em que fosse exigida, para só a apreensão ou o seqüestro, a prova da origem ilícita dos bens, direitos ou valores, estariam inviabilizadas as providências, em face da virtual impossibilidade, nessa fase, de tal prova" (grifamos).

Assim, conquanto o legislador afirme, de início, que o dispositivo estabelece uma inversão do ônus da prova com relação à origem dos bens, direitos ou valores que foram objeto de apreensão e seqüestro, inclusive citando a Convenção de Viena, corrige seu anterior posicionamento, para esclarecer, em momento seguinte, que referida inversão vale somente para viabilizar as medidas assecuratórias, não se estendendo à perda dos bens (art. 7º, I, da Lei), já que não se poderia exigir, "para só a apreensão ou seqüestro, a prova da origem ilícita dos bens, direitos ou valores".

Destarte, a aparente contradição entre os dois parágrafos da Exposição de Motivos, somente pode ser resolvida mediante uma criteriosa análise. Senão vejamos:

No primeiro dos parágrafos, como vimos, o legislador afirma que "o projeto inverte o ônus da prova relativamente à licitude de bens, direitos ou valores que tenham sido objeto da busca e apreensão ou do seqüestro". Neste caso, corresponderia ao investigado ou ao acusado, estabelecer a origem lícita de seus bens. Nesse sentido, a Convenção de Viena (art. 5º, n. 7), segundo comentário oficial.[71]

Todavia, não foi este o modelo adotado pelo legislador brasileiro, conforme se depreende da leitura do parágrafo seguinte da Exposição. Neste, dispôs-se de forma diversa, ao estabelecer que essa "inversão" vale somente para viabilizar as medidas assecuratórias, já que não se poderia exigir, para decretá-las, prova da origem ilícita dos bens, direitos ou valores, não valendo, porém, para o confisco.

71. *Comentarios a la Convención de las Naciones Unidas contra el tráfico ilícito de estupefacientes y sustancias psicotrópicas, 1988*. Nova York, Publicación de las Naciones Unidas, 1999, p. 113.

A confusão advém, ao que parece, da incorreta compreensão que o legislador brasileiro teve da Convenção de Viena: lá se adotou a chamada "inversão do ônus da prova com relação à origem ilícita dos bens, direitos ou valores" *para efeito de confisco*, enquanto aqui, a mesma foi refutada, acolhendo-se somente a precitada inversão para o fim da decretação das medidas assecuratórias. Nas palavras do legislador, "essa inversão do ônus da prova circunscreve-se à apreensão ou ao seqüestro dos bens, direitos ou valores. Não se estende ela ao perdimento dos mesmos, que somente se dará com a condenação (art. 7º, I)".

Logo, se o legislador houvesse se abstraído de invocar a Convenção de Viena – referência que impôs o truncamento do texto – nenhuma dúvida nesse particular poderia sujeitar o intérprete, até porque, o texto legal em análise (§ 2º do art. 4º), encontra-se topograficamente situado no artigo referente às medidas assecuratórias, e não naquele que trata do confisco de bens (art. 7º), que pertence, inclusive, a outro Capítulo da Lei n. 9.613/1998 (Capítulo III).

Por outro lado, em que pese o manifesto voluntarismo do legislador em proclamar a adoção de medidas avançadas para o combate da lavagem de dinheiro, expressamente aludindo que "tais medidas cautelares se justificam *para muito além das hipóteses rotineiras já previstas pelo sistema processual em vigor* (...) *o projeto inverte o ônus da prova"*, não vislumbramos, nesse aspecto, o decantado avanço. Com efeito, o Código de Processo Penal – que já previa tais medidas assecuratórias – também cobrava indícios, embora veementes, de ilicitude dos bens para a decretação dessas medidas (v. art. 126 do CPP), não se compreendendo, portanto, onde estaria o avanço.

Poder-se-ia argumentar, então, tratar-se de inversão do ônus da prova para o efeito da decretação do seqüestro ou apreensão dos bens, direitos ou valores. Ao que parece, contudo, não se trata, na hipótese, de nenhuma inversão do ônus probatório, porque, vale repetir, condicionou-se a decretação dessas medidas assecuratórias à existência de "indícios suficientes" (v. art. 4º, *caput*, da Lei n. 9.613/1998), que devem ser provados pelo Estado.

Destarte, sendo necessários "indícios suficientes" da ilicitude dos bens, direitos ou valores (*fumus boni iuris*) para o decreto das medidas assecuratórias, o legislador simplesmente acolheu o modelo processual penal tradicional já existente.[72] Entretanto, ao contrário do Código de

---

72. Segundo o art. 126 do CPP, porém, deve-se provar a existência de "indícios veementes" da proveniência ilícita dos bens.

Processo Penal, que não admite o levantamento antecipado do seqüestro (art. 130, parágrafo único), a Lei n. 8.613/1998 inovou ao permitir a liberação antecipada – antes da sentença –, desde que o investigado, acusado ou terceiro demonstre a origem lícita dos bens seqüestrados.

Nesse sentido, as seguintes decisões:

"Processo Civil. Embargos de terceiro. Desbloqueio de conta corrente. Nulidade da sentença. Inexistente. Necessidade de prova da origem lícita da quantia bloqueada. Ocorrente. (...)

"2. Para que seja determinada a liberação de quantia depositada em conta bancária, bloqueada em procedimento sigiloso que investiga a possível prática de lavagem de dinheiro, faz-se necessário que o embargante comprove prima facie a origem lícita dos recursos bloqueados."[73]

Ainda:

"Penal e Processual Penal. Restituição de coisas apreendidas. Ausência de prova, por ora, da origem lícita. Interesse ao processo. Manutenção da decisão que indeferiu a restituição. Art. 118 do CPP.

"1. Apesar de o requerente haver juntado a declaração de imposto de renda do ano de 2000, ano-base 1999, que arrola os bens como as jóias de família, no valor de R$ 25.000,00 (vinte e cinco mil reais), e ter anexado alguns certificados de autenticidade das jóias, torna-se recomendável a manutenção da medida cautelar, pois há dúvidas quanto ao cometimento de ilícitos, como evasão de divisas, operação desautorizada de instituição financeira, sonegação fiscal, lavagem de dinheiro e formação de quadrilha.

"2. Como não há, no momento, comprovação da licitude do dinheiro apreendido e das contas bloqueadas, a medida deverá prevalecer também neste ponto.

"3. Apelação improvida."[74]

Portanto, a Lei n. 9.613/1998 possibilita o fazimento de contraprova quanto à origem dos bens seqüestrados, liberando-os antecipadamente.

9.2 A necessidade do comparecimento pessoal do acusado

A teor do § 3º, do artigo 4º, "Nenhum pedido de restituição será conhecido sem o comparecimento pessoal do acusado, podendo o juiz

---

73. TRF1, ACR 2005.34.00.024027-9, 4ª Turma, Rel. Sabo Mendes, j. 13.3.2006.
74. TRF1, ACR 2005.39.00.002874-3-PA, 4ª Turma, Rel. Bello Filho, j. 2.7.2007.

determinar a prática de atos necessários à conservação de bens, direitos ou valores, nos casos do artigo 366 do Código de Processo Penal".

O dispositivo, em sua primeira parte, subordina o exame do pedido de restituição ao comparecimento pessoal do acusado[75] ou do investigado. Ausente essa condição, o requerimento não será sequer conhecido pelo órgão judicial competente. A determinação afasta a possibilidade de que terceiros, ainda que devidamente autorizados, consigam liberar os bens apreendidos ou seqüestrados do acusado ou que estejam em seu nome, sem o comparecimento pessoal do mesmo.

Quanto à parte final desse parágrafo – que estabelece que nos casos do artigo 366 do CPP, o juiz determinará a prática de atos necessários à conservação dos bens, direitos ou valores apreendidos ou seqüestrados –, parcela da doutrina entende que conflita com o § 2º do artigo 2º da Lei, que veda a aplicação daquele dispositivo (art. 366 do CPP) nos processos de lavagem de dinheiro. Sustenta-se, então, que a regra § 2º do artigo 2º, por violar a garantia do contraditório e ampla defesa, deve ser ignorada, aplicando-se o disposto no artigo 366 do CPP aos processos por crimes da Lei n. 9.613/1998.[76]

A aplicação do § 2º do artigo 2º já foi objeto de análise, restando, neste tópico, a questão da contradição deste dispositivo com o § 3º do artigo 4º.

De fato, se inicialmente o legislador proíbe de forma clara a aplicação do artigo 366 do CPP aos processos de lavagem de dinheiro (§ 2º do art. 2º), posteriormente parece permiti-la (§ 3º do art. 4º), gerando, uma vez mais, problemas de interpretação.

Todavia, em que pese tal dificuldade, também não se pode compactuar com o entendimento de parcela da doutrina que, aludindo a uma aparente contradição entre os citados artigos, procura invalidar o primeiro deles.

Inicialmente, quanto à clareza dos dispositivos em questão, é evidente que o primeiro deles é o mais cristalino, induvidoso, pois o legislador foi textual ao estabelecer a inaplicabilidade do artigo 366 do CPP

---

75. Segundo a Exposição de Motivos da Lei n. 9.613/1998, exige-se a presença do acusado para que seu pedido tenha andamento, não importando "a forma de pretensão, se exercida por meio de simples requerimento nos autos do inquérito ou da ação penal, ou mediante o ajuizamento de mandado de segurança, ação cautelar ou de outra natureza".

76. Marco Antonio de Barros, ob. cit., p. 88, Luiz Flavio Gomes *et al.*, ob. cit., pp. 357-358, e César Antonio da Silva, ob. cit., p. 140.

nos processos por crimes de lavagem de dinheiro. Tal posição, aliás, vem outra vez reforçada na Exposição de Motivos da Lei n. 9.613/1998. Logo, sistemática, lógica, histórica ou gramaticalmente, de qualquer ponto de que se parta para desenvolver a atividade hermenêutica, claro está, tanto a vontade da lei, quanto a do legislador: não se aceita a aplicação do artigo 366 do CPP nos processos por crimes de lavagem, a não ser nas hipóteses antes analisadas.

Problema de outra sorte é o que se refere ao disposto no § 3º, do artigo 4º. É clara a sua redação? Certamente que não, *prima facie*, posto que já em contradição frontal com o estabelecido no dispositivo retro analisado. Assim, em raciocínio ligeiro, poderia se questionar: como pretendeu o legislador proibir a aplicação do artigo 366 do CPP no § 2º do artigo 2º se, em seguida, no § 3º do artigo 4º, faz expressa alusão a ele? A se aceitar a existência desta aparente contradição, estar-se-ia fazendo uma interpretação meramente literal do § 3º do artigo 4º.

É evidente, nesse sentido, que a redação do § 3º do artigo 4º não prima pela melhor correção técnica. Contudo, pode-se afirmar – e é isto que nos parece – que o legislador, atendendo ao que já propusera na Exposição de Motivos e ao que diz o § 2º do artigo 2º, não quis permitir a aplicação do 366 do CPP nos processos por crimes de lavagem de dinheiro, mas sim estabelecer que o juiz poderá determinar a prática de atos necessários à conservação dos bens, direitos ou valores apreendidos ou seqüestrados, quando o réu citado por edital não se apresentar. Isto porque se o acusado não comparecer pessoalmente, reza a primeira parte do dispositivo, os bens e valores apreendidos ou seqüestrados não poderão ser restituídos.

Assim, ainda que deficitária a redação do § 3º do artigo 4º, a mesma, hermeneuticamente, não conduz à invalidação da aplicação do artigo anterior, cuja clareza não é posta em questão.

A interpretação, portanto, faz-se partindo do primeiro dispositivo que nega a aplicação do artigo 366 do CPP nos processos por crimes de lavagem de dinheiro, para o segundo (§ 3º do art. 4º), não de forma contrária.

Entretanto, quanto à indiscriminada aplicação do artigo 2º, § 2º, da Lei n. 9.613/1998, aproveite-se aqui a fundamentação desenvolvida anteriormente.

Capítulo III
OS EFEITOS DA CONDENAÇÃO

1. O confisco de bens: visão comparatística. 2. O confisco amparado em prova indiciária: inversão do ônus da prova? 3. Os efeitos da condenação previstos na Lei n. 9.613/1998: 3.1 O confisco de bens, direitos e valores objeto do crime de lavagem de dinheiro; 3.2 A interdição do exercício de cargo ou função pública e a perda de mandato eletivo; 3.3 A interdição do exercício de cargo de diretor, de membro de conselho de administração ou de gerência das pessoas jurídicas referidas no artigo 9º.

1. O confisco de bens: visão comparatística

Depois da Convenção de Viena, diversos países introduziram em seus ordenamentos modificações no regime de confisco de bens.

Na Itália, por exemplo, o artigo 12-*sexies* da Lei n. 356/1992, introduzido pelo Decreto n. 339, de 20.6.1994, prevê que, em caso de condenação, presumem-se constituir vantagem da atividade criminosa os bens de valor desproporcional aos próprios rendimentos declarados.

No Reino Unido, o *Drug Trafficking Offenses Act*, de 1986, substituído pelo *Drug Trafficking Act*, de 1994, e pelo *Proceeds of Crime Act*, de 2002, também contém uma presunção de origem ilícita do patrimônio adquirido nos últimos seis anos, em caso de condenação por tráfico de drogas. Considera-se que em tal período os bens adquiridos constituem vantagens do tráfico, cabendo ao acusado demonstrar o contrário.

Em Portugal, a Lei n. 05/2002, que instituiu um regime especial de perda de bens em favor do Estado, estabelece a presunção de origem ilícita de certos bens. O artigo 7º, n. 1, dispõe que "em caso de condenação pela prática de crime referido no artigo 1º, e para efeitos de perda de bens a favor do Estado, presume-se constituir vantagem da atividade criminosa, a diferença entre o valor do patrimônio do argüido e aquele que seja congruente com o seu rendimento lícito". As infrações penais do artigo 1º são: "tráfico de estupefacientes, terrorismo e organização terrorista, tráfico de armas, corrupção passiva e peculato, branqueamento de capitais, associação criminosa, contrabando, tráfico e viciação de veículos furtados, lenocínio e tráfico de menores, contrafação de moeda e de títulos equiparados à moeda".

Para decretar o *Erweiterter Verfall*, uma das modalidades de confisco do Código Penal alemão (§ 73d *StGb*), o legislador exige somente que o objeto tenha sido obtido por ou para a comissão de uma infração penal, não sendo necessário que provenha do fato em julgamento, bastando sua procedência ilícita.[1]

Alguns países, diversamente, optaram por tipificar o enriquecimento ilícito. O Código Penal francês estabelece que "aquele que não possa justificar rendas conforme com o seu nível de vida, ao mesmo tempo em que mantém relações estáveis com uma ou várias pessoas dedicadas a uma das atividades previstas na presente seção, ou com várias pessoas dedicadas ao consumo de entorpecentes, fica sujeito a uma pena de cinco anos de prisão e 500.000 F de multa" (cf. art. 222-39-1).

No mesmo sentido, a *Ley de Sustancias Estupefacientes y Psicotrópicas de la República de Ecuador* e o Código Penal da Colômbia.

2. O confisco amparado em prova indiciária: inversão do ônus da prova?

Tratando-se de confisco, como vimos no item referente às medidas assecuratórias, a expressão "inversão do ônus da prova", costuma, não só no Brasil, mas em muitos outros países, a nosso sentir, ser equivocadamente empregada, equívoco este que já incorre o legislador ao mencioná-la na Exposição de Motivos, cuja pseudonovidade ensejou ampla gama de especulações a respeito.

Com efeito, o que seria tecnicamente "inversão do ônus da prova"? À evidência, o vocábulo "inversão" sugere uma troca de posição na dialética processual, ficando o acusado, conseqüentemente, com o ônus de provar o que incumbiria à parte acusadora. Assim, ocorria inversão do ônus da prova se diante da imputação de um delito pelo Ministério Público, tivesse o acusado que comprovar a sua inocência.

1. Teresa Aguado Correa, ob. cit., p. 149.

Nossa Lei de Lavagem de Dinheiro não adotou essa inversão (troca de posição na dialética processual), nem para a decretação das medidas assecuratórias, nem para o confisco. Quanto às primeiras, como vimos, elas somente serão determinadas diante da existência de indícios suficientes de ilicitude, que devem ser demonstrados pelo Estado, conforme o sistema tradicional.

Nesse sentido, o artigo 4º, da Lei n. 9.613/1998: "O juiz, de ofício, a requerimento do Ministério Público, ou representação da autoridade policial, ouvido o Ministério Público em vinte e quatro horas, *havendo indícios suficientes*, poderá decretar, no curso do inquérito ou da ação penal, a apreensão ou o seqüestro de bens, direitos ou valores do acusado, ou existentes em seu nome, objeto dos crimes previstos nesta Lei, procedendo-se na forma dos arts. 125 a 144 do Decreto-lei n. 3.689, de 3 de outubro de 1941 – Código de Processo Penal" (grifos nossos).

Também não o fez quanto ao confisco de bens, direitos e valores. O confisco, como efeito da condenação, somente pode ser decretado quando exista prova para tanto, prova esta que também incumbe à parte acusadora, não ao acusado.

Em síntese, cabe à acusação comprovar a ilicitude dos bens, direitos ou valores sujeitos a confisco através de "prova direta", ou por meio de certos indícios[2] que indiretamente demonstram aquela ilicitude[3] (*prova indireta ou circunstancial*).

E esta prova indireta não pode ser confundida com inversão do ônus da prova.

Com um exemplo, melhor podemos vislumbrar a hipótese: nos processos de lavagem de dinheiro, demonstradas algumas circunstâncias objetivas, *v.g.*, vinculação do acusado com atividades de tráfico de drogas, aumento do patrimônio durante o período de tempo dessa vinculação e inexistência de negócios lícitos que possam justificar esse aumento, é possível deduzir que os bens que passaram a compor o patrimônio

---

2. Reza o art. 239 do CPP: "Considera-se indício a circunstância conhecida e provada, que, tendo relação com o fato, autorize, por indução, concluir-se a existência de outra ou outras circunstâncias". Vale lembrar que indício não se confunde com presunção. "A presunção não constitui meio de prova, e é em sentido técnico o nome da operação lógico-dedutiva que liga um fato provado (um indício) a outro probando, ou seja, é o nome jurídico para a descrição justamente desse liame entre ambos" (Edilson Mougenot Bonfim, *Código de Processo Penal Anotado*, p. 397).

3. Nesse sentido: Javier Alberto Zaragoza Aguado, "Análisis sustantivo del delito (II). Cuestiones de interés sobre el delito de blanqueo de bienes de origen criminal: la prueba indiciaria, la comisión culposa. Nuevas orientaciones en derecho comparado", in *Prevención y represión del blanqueo de capitales*, ob. cit., p. 319.

do acusado procedem direta ou indiretamente do tráfico de drogas[4] e, portanto, devem ser confiscados, a não ser que ele consiga afastar todas essas circunstâncias (conjunto indiciário) – configuradoras da chamada prova indireta ou circunstancial –, apresentando em seu favor provas convincentes da legitimidade da aquisição e propriedade dos mesmos.[5]

Não se trata, pois, a nosso ver, em sentido técnico, de *inversão do ônus da prova*. O legislador ao aludir a tal expressão na Exposição de Motivos, conforme mencionado, não é que tenha "dito mais do que gostaria de dizer", mas sim, disse o que provavelmente – por má compreensão da hipótese em análise – não correspondia às melhores lições processuais a respeito. Da dicção mal empregada, desencadeou toda uma pletora doutrinária, a rigor, despicienda ao que materialmente dispusera.

A análise das circunstâncias citadas e de outras (*v.g.* vínculo com as atividades de tráfico, inexistência de rendimentos lícitos etc.), poderá estabelecer, portanto, de forma lógica, a vinculação entre o patrimônio e a lavagem de dinheiro, não se tratando – repise-se uma vez mais –, de inversão do ônus da prova, mas, sim, de determinação de perda de bens, direitos ou valores com fundamento em prova indireta a ser produzida pela parte acusadora.[6] Dito de outro modo: aplicou-se à parte autora o ônus da produção probatória, tal como existente na teoria geral do processo penal, não se concebendo, dessa forma, a aludida novidade reclamada pelo diploma, nem tampouco, suprimindo ou minorando as clássicas garantias do processo. Não vimos, pois, nesse caso, qualquer exceção ao modelo processual que historicamente adotamos.

3. *Os efeitos da condenação previstos na Lei n. 9.613/1998*

Estabelece o artigo 7º da Lei n. 9.613/1998:

4. Cf. José Antonio Choclán Montalvo, *El patrimonio criminal*, p. 34.

5. Javier Alberto Zaragoza Aguado, "Análisis sustantivo del delito (II). Cuestiones de interés sobre el delito de …", in *Prevención y represión del blanqueo de capitales*, cit., pp. 320-321.

6. Sobre o tema "prova indireta", os seguintes julgados: TACrim-SP, Ap 180.881, Rel. Juiz Gonçalves Sobrinho, 4ª Câm., j. 27.4.1978: "Assim, autorizam condenação os indícios, quando veementes, convergentes e concatenados, não neutralizados por contra-indícios ou por álibi comprovado". Ainda: STF, HC 75.809-SP, Rel. Min. Sepúlveda Pertence, j. 17.3.1998: "I. Sentença condenatória: justa causa conforme fundamentação idônea, baseada não apenas na confissão depois retratada do paciente, mas também na prova indiciária colhida em juízo, julgada bastante para elidir a verossimilhança de sua versão dos fatos: juízo de mérito a cuja revisão não se presta o *habeas corpus*".

Art. 7º. São efeitos da condenação, além dos previstos no Código Penal:

I – a perda, em favor da União, dos bens, direitos e valores objeto do crime previsto nesta Lei, ressalvado o direito do lesado ou terceiro de boa-fé;

II – a interdição do exercício de cargo ou função pública de qualquer natureza e de diretor, de membro de conselho de administração ou de gerência das pessoas jurídicas referidas no art. 9º, pelo dobro do tempo da pena privativa de liberdade aplicada.

Além destes, aplicam-se aos casos de lavagem de dinheiro os efeitos da condenação previstos na legislação penal. E, segundo o Código Penal, são efeitos da condenação:

Art. 91. (...)

I – tornar certa a obrigação de indenizar o dano causado pelo crime;

II – a perda em favor da União, ressalvado o direito do lesado ou de terceiro de boa-fé:

a) dos instrumentos do crime, desde que consistam em coisas cujo fabrico, alienação, uso, porte ou detenção constitua fato ilícito;

b) do produto do crime ou de qualquer bem ou valor que constitua proveito auferido pelo agente com a prática do fato criminoso.

Art. 92. São também efeitos da condenação:

I – a perda do cargo, função pública ou mandato eletivo:

a) quando aplicada pena privativa de liberdade por tempo igual ou superior a um ano, nos crimes praticados com abuso de poder ou violação de dever para com a Administração Pública;

b) quando for aplicada pena privativa de liberdade por tempo superior a quatro anos nos demais casos;

(...)

3.1 O confisco de bens, direitos e valores objeto do crime de lavagem de dinheiro

Embora a lei opte pelo termo "perda" de bens, direitos e valores, a palavra é inadequada, pois os bens que são confiscados não se "perdem", em qualquer dos significados deste verbo. O vocábulo "confisco", ao revés, a par de estar incorporado na esfera jurídica e ser facilmente entendido por leigos, possui equivalência direta em várias línguas: *con-*

fisca (italiano), *confiscation* (inglês e francês) e *comiso* (espanhol), o que facilita o entendimento do termo fora do Brasil.[7]

Diante da importância do confisco de bens e valores no combate ao crime organizado e à lavagem de dinheiro, conforme ressaltou a normativa internacional (Convenção de Viena, Convenção de Estrasburgo, Convenção de Palermo etc.), a medida constitui um dos assuntos em pauta, objeto de intenso debate e alterações legislativas. Nesse sentido, observa Choclán Montalvo, magistrado espanhol, que é recente a preocupação da política criminal com os instrumentos e produto do crime. Hodiernamente, no contexto de combate à criminalidade organizada e à lavagem de dinheiro, esta política criminal tomou novos rumos, orientando-se para a investigação, seqüestro e confisco do patrimônio criminal. Tal fato, aliás, constitui fundamental objetivo na política legislativa da União Européia e no âmbito internacional. Nesse diapasão, como vimos, situam-se as tendências de inversão do ônus da prova, tipificação de ilícitos específicos, como o enriquecimento ilícito e, ainda, uma menor exigência probatória, que favoreça o confisco em caso de aumento injustificado do patrimônio criminal.

A Lei n. 9.613/1998, todavia, não introduziu qualquer novidade nesse âmbito, tratando o confisco de bens, direitos e valores objeto dos crimes de lavagem de dinheiro como *efeito da condenação*.[8]

Nos casos de lavagem de dinheiro, de acordo com os artigos 91, do CP, e 7º, inc. I, da Lei n. 9.613/1998, poderão ser confiscados:

a) *Os instrumentos do crime, desde que consistam em coisas cujo fabrico, alienação, uso, porte ou detenção constitua fato ilícito*: v.g., máquina de cunhar moeda falsa, documentos falsos etc.

Nesse aspecto, a Lei n. 9.613/1998 também não inovou, mantendo as regras do Código Penal, desperdiçando, a nosso sentir, importante normativa que, eficazmente, já previa a perda em favor da União de qualquer meio de transporte, maquinismo ou instrumento para a prática do crime, *ainda que seu porte, alienação ou fabrico não constituíssem, em si mesmos, fato ilícito* (art. 34, *caput*, da Lei n. 6.368/1976). Nesse sentido, aliás, a atual Lei de Drogas (Lei n. 11.343/2006 (arts. 60 a 64).

---

7. Jorge A. F. Godinho, "Brandos costumes? O confisco penal com base na inversão do ônus da prova...", ob. cit., p. 1.356.

8. O legislador constitucional, vale lembrar, tratou o confisco como pena (v. art. 5º, incs. XLV e XLVI), não como efeito da condenação. Todavia, não se deve confundir o confisco do art. 91 do CP com a pena alternativa do art. 43, II, do CP. Aqui, a perda de bens e valores recai sobre o patrimônio lícito do acusado.

b) *objetos do crime*: *v.g.*, valores em moeda nacional ou estrangeira, ações, etc.;

c) *bens, direitos ou valores auferidos com as vantagens do crime*: *v.g.*, cotas de empresas, imóveis etc.

Tratando-se de *efeito genérico da condenação* (automático), não é necessário que o confisco seja expressamente declarado na sentença condenatória. A decisão judicial que o decreta, todavia, deve ser fundamentada.[9] Outrossim, o confisco deve ser submetido ao contraditório, no curso da ação penal.[10]

Não serão confiscados os bens, direitos ou valores do *lesado* ou do *terceiro*. Quanto a este, contudo, exige-se atuação de boa-fé – desconhecendo a vinculação dos bens com o delito –, e aquisição legal dos mesmos. Presume-se a boa-fé do terceiro, cabendo ao Ministério Público demonstrar o contrário. Para esse fim, de especial interesse a diferença entre titularidade formal e real desses bens, direitos ou valores, uma vez que, freqüentemente, embora os mesmos figurem em nome de terceiro, permanecem sobre o domínio do acusado.[11]

Este terceiro, ademais, não poderá ser civilmente responsável pelo delito.

Por fim, não se deve confundir o confisco do art. 91 do CP (efeito da condenação) com a pena alternativa do art. 43, II, do CP (perda de bens e valores). Aqui, temos um confisco que recai sobre o *patrimônio lícito* do acusado, imposto como pena substitutiva, desde que presentes os requisitos do art. 44 do CP. Vale salientar que a pena mínima prevista para o crime de lavagem de dinheiro, que é de três anos de reclusão, permite a aplicação da pena alternativa de confisco do art. 43, II, do CP. Assim, inexistindo prova da origem ilícita dos bens, direitos e valores para fins de confisco como efeito da condenação (arts. 7º, I, da Lei n. 9.613/1998 e 91, II, do CP), o juiz poderá, demonstrados os requisitos do Código Penal, determinar a perda de quaisquer bens e valores pertencentes ao condenado até o montante do prejuízo causado ou do provento obtido pelo agente, em conseqüência da prática do crime (art. 45, § 3º, do CP).

---

9. Nesse sentido: TJSP, Ap. Crim. 308.671.3-8-00, 2ª Câm. Crim., Rel. Silva Pinto, j. em 4.9.2000, e TJMT, *RT* 702/369.

10. Palma Herrera observa que embora o confisco não seja pena, não significa que não deva submeter-se aos princípios que regem o processo penal e que garantem os direitos do acusado. O caráter aflitivo da medida, portanto, justifica que se dê ao titular dos bens objeto de confisco, a oportunidade de defender a ausência de conexão entre esses bens e o delito (ob. cit., p. 765).

11. Palma Herrera, ob. cit., pp. 769-771.

3.2 A interdição do exercício de cargo ou função pública e a perda de mandato eletivo

A primeira parte do inc. II do artigo 7º da Lei n. 9.613/1998 prevê, também como efeito da condenação, a *interdição do exercício* do cargo ou função pública de qualquer natureza, pelo dobro do tempo da pena privativa de liberdade aplicada. O agente, portanto, ficará proibido de exercer cargo ou função pública pelo dobro do tempo da pena privativa de liberdade fixada na sentença.

O artigo 92 do CP, como vimos, estabelece, não a *interdição temporária do exercício* do cargo ou função pública, mas a perda do mesmo. Por ser mais benéfica e prever a "interdição", não a perda, aplica-se a Lei n. 9.613/1998.

No caso de *mandato eletivo*, entretanto, prevalecem os efeitos da condenação do artigo 92 do CP (perda do mandato), uma vez que não foi incluído no inciso II, do artigo 7º da Lei n. 9.613/1998.[12]

Trata-se de *efeito específico* da condenação, devendo ser motivadamente declarado na sentença condenatória.

3.3 A interdição do exercício de cargo de diretor, de membro de conselho de administração ou de gerência das pessoas jurídicas referidas no artigo 9º

A segunda parte do inc. II do artigo 7º da Lei n. 9.613/1998, por fim, prevê como efeito da condenação, a *interdição do exercício* de cargo de diretor, de membro de conselho de administração ou de gerência das pessoas jurídicas referidas no artigo 9º, pelo dobro do tempo da pena privativa de liberdade aplicada.

As pessoas jurídicas previstas no artigo 9º da Lei n. 9.613/1998 são aquelas que, em caráter permanente ou eventual, tenham como atividade principal ou acessória, cumulativamente ou não: a) a captação, intermediação e aplicação de recursos financeiros de terceiros, em moeda nacio-

---

12. "No caso de perda de mandato eletivo, a nova Constituição Federal, em seu art. 15, III, dispôs que a condenação criminal transitada em julgado suspende os direitos políticos, enquanto durarem seus efeitos. Da mesma forma, o art. 55, VI, da Carta Magna determina a perda do mandato do deputado ou senador que sofrer condenação definitiva. Trata-se de dispositivo mais abrangente, uma vez que não limita a espécie de crime a um mínimo de sanção aplicada. Tais dispositivos são normas constitucionais de eficácia plena, sendo desnecessária lei complementadora para sua aplicação" (Edilson Mougenot Bonfim e Fernando Capez, *Direito Penal*, cit., p. 769).

nal ou estrangeira; b) a compra e venda de moeda estrangeira ou ouro como ativo financeiro ou instrumento cambial; c) a custódia, emissão, distribuição, liquidação, negociação, intermediação ou administração de títulos ou valores mobiliários. Pelo parágrafo único do mesmo artigo 9º, incluem-se entre essas pessoas jurídicas, da mesma forma: a) as bolsas de valores e bolsas de mercadorias ou futuros; b) as seguradoras, as corretoras de seguros e as entidades de previdência complementar ou de capitalização; c) as administradoras de cartões de credenciamento ou cartões de crédito, bem como as administradoras de consórcios para aquisição de bens ou serviços; d) as administradoras ou empresas que se utilizem de cartão ou qualquer outro meio eletrônico, magnético ou equivalente, que permita a transferência de fundos; e) as empresas de arrendamento mercantil (*leasing*) e as de fomento comercial (*fatoring*); f) as sociedades que efetuem distribuição de dinheiro ou quaisquer bens móveis, imóveis, mercadorias, serviços, ou, ainda, concedam descontos na sua aquisição, mediante sorteio ou método assemelhado; g) as filiais ou representações de entes estrangeiros que exerçam no Brasil qualquer das atividades listadas naquele artigo, ainda que de forma eventual; h) as demais entidades cujo funcionamento dependa de autorização de órgão regulador dos mercados financeiro, de câmbio, de capitais e de seguros; i) as pessoas físicas ou jurídicas, nacionais ou estrangeiras, que operem no Brasil como agentes, dirigentes, procuradoras, comissionárias ou por qualquer forma representem interesses de ente estrangeiro que exerça qualquer das atividades aqui referidas; j) as pessoas jurídicas que exerçam atividades de promoção imobiliária ou compra e venda de imóveis; k) as pessoas físicas ou jurídicas que comercializem jóias, pedras e metais preciosos, objetos de arte e antigüidades; l) as pessoas físicas ou jurídicas que comercializem bens de luxo ou de alto valor ou exerçam atividades que envolvam grande volume de recursos em espécie.

Dessa forma, aquele que no exercício do cargo de gerente ou como membro de conselho de administração ou de gerência dessas pessoas jurídicas, cometer crimes de lavagem de dinheiro ficará sujeito a este efeito da condenação.

Trata-se de *efeito específico*, devendo ser motivadamente declarado na sentença condenatória.

Como fundamento desse efeito da condenação concorrem razões retributivas e preventivas: de um lado, uma maior reprovação das condutas de lavagem de dinheiro praticadas por essas pessoas, especialmente diante das dificuldades de detectá-las. De outro, a necessidade de evitar que aquele que cometeu atos de lavagem, possa voltar ao exercício do mesmo cargo, em seguida à condenação. Precisamente por essas razões, não é suficiente que a conduta de lavagem seja praticada por uma dessas pessoas, sendo necessário, ademais, que seja cometida no exercício do cargo de gerente ou como membro de conselho de administração ou de gerência das citadas pessoas jurídicas.[13]

---

13. Palma Herrera, ob. cit., pp. 754-755.

Capítulo IV
BENS, DIREITOS OU VALORES ORIUNDOS DE CRIMES PRATICADOS NO ESTRANGEIRO

1. A apreensão e o seqüestro de bens, direitos ou valores procedentes de crimes de lavagem cometidos no estrangeiro. 2. A divisão do produto do seqüestro ou apreensão.

1. A apreensão e o seqüestro de bens, direitos ou valores procedentes de crimes de lavagem cometidos no estrangeiro

O artigo 8º da Lei n. 9.613/1998 estabelece que:

Art. 8º. O juiz determinará, na hipótese de existência de tratado ou convenção internacional e por solicitação de autoridade estrangeira competente, a apreensão ou o seqüestro de bens, direitos ou valores oriundos de crimes descritos no art. 1º, praticados no estrangeiro.

§ 1º. Aplica-se o disposto neste artigo, independentemente de tratado ou convenção internacional, quando o governo do país da autoridade solicitante prometer reciprocidade ao Brasil.

Além das hipóteses já analisadas, a apreensão ou o seqüestro de bens, direitos ou valores também poderá ser determinada quando o crime de lavagem de dinheiro for cometido em outro país. Para tanto, são necessários os seguintes requisitos: 1) que o crime de lavagem ou ocultação de bens, direitos ou valores tenha sido cometido no estrangeiro; 2) que haja prévia solicitação de uma autoridade estrangeira; 3) que essa autoridade seja competente; 4) que exista tratado ou convenção internacional entre o Brasil e o país requerente ou, pelo menos, promessa de reciprocidade ao Brasil (§ 1º).

Através do Decreto n. 5.834/2006 foi criado o Departamento de Recuperação de Ativos e Cooperação Jurídica Internacional (DRCI), que é o órgão central para cooperação internacional civil e penal.

2. A divisão do produto do seqüestro ou apreensão

De acordo com o § 2º do artigo 8º, inexistindo tratado ou convenção entre o Brasil e o país estrangeiro requerente – fato que, como visto, não impede a determinação das medidas –, *(...) os bens, direitos ou valores apreendidos ou seqüestrados por solicitação da autoridade estrangeira competente ou os recursos provenientes da sua alienação serão repartidos entre o Estado requerente e o Brasil, na proporção de metade, ressalvado o direito do lesado ou terceiro de boa-fé.*

O legislador brasileiro optou, dessa forma, pela hipótese prevista no artigo 5º, "b", II, da Convenção de Viena.

De acordo com a Convenção das Nações Unidas contra a Corrupção (Convenção de Mérida) realizada em 2003 e promulgada pelo Brasil através do Decreto n. 5.687/2006, tratando-se de dinheiro público deve ser devolvido *in totum* ao requerente.

BIBLIOGRAFIA

ACOSTA ROMERO, Miguel, et al. *Delitos especiales*. México, Porrúa, 1994.
AGUADO CORREA, Teresa. *El comiso*. Madrid, Edersa, 2001.
ALIAGA MÉNDEZ, Juan Antonio. "Aspectos institucionales del blanqueo en España: fuentes de información". In ZARAGOZA AGUADO, Javier Alberto (Org.). *Prevención y represión del blanqueo de capitales*. Madrid, Consejo General del Poder Judicial, 2000.
ALMEIDA CABRAL, Jorge de. "O crime de branqueamento de capitais". In FERRÉ OLIVÉ, Juan Carlos (Org.). *Blanqueo de dinero y corrupción en el sistema bancario*. Salamanca, Ediciones Universidad de Salamanca, 2002.
ALONSO PÉREZ, Francisco. *Medios de investigación en el proceso penal. Legislación, comentarios, jurisprudencia, formularios*. Madrid, Dykinson, 2003.
ARÁNGUEZ SÁNCHEZ, Carlos. *El delito de blanqueo de capitales*. Madrid, Marcial Pons, 2000.
ASCARI, Janice Agostinho Barreto. "Algumas notas sobre a lavagem de ativos". In *Revista Brasileira de Ciências Criminais*, n. 45. São Paulo, a. 11, 2003.
ÁVILA SOLANA, Esteban. "Las tipologías del blanqueo en España (II): casos prácticos específicos del blanqueo". In ZARAGOZA AGUADO, Javier Alberto (Org.). *Prevención y represión del blanqueo de capitales*. Madrid, Consejo General del Poder Judicial, 2000.

BACIGALUPO, Silvina, et al. *Derecho penal económico*. Madrid, Editorial Centro de Estudios Ramón Areces S.A., 2001.
BAJO FERNÁNDEZ, Miguel, et al. *Derecho penal económico*. Madrid, Editorial Centro de Estudios Ramón Areces S.A., 2001.
BALTAZAR JÚNIOR, José Paulo. "Aspectos gerais sobre o crime de lavagem de dinheiro". In BALTAZAR JÚNIOR, José Paulo e MORO, Sérgio Fernando (Orgs.). *Lavagem de dinheiro. Comentários à lei pelos juízes das varas especializadas em homenagem ao Ministro Gilson Dipp*. Porto Alegre, Livraria do Advogado, 2007.

BARROS, Marco Antonio de. *Lavagem de Dinheiro: implicações penais, processuais e administrativas. Análise sistemática da Lei n. 9.613, de 3.3.1998.* São Paulo, Oliveira Mendes, 1998.

_____. *Lavagem de capitais e obrigações civis correlatas.* São Paulo, Ed. RT, 2004.

BECHARA, Fábio Ramazzini. "Crime organizado e interceptação telefônica". In *Jus navegandi*, n. 187. Teresina, a. 8, 2004.

BERNASCONI, Paolo. *Le blanchissage d'argent en droit pénal suisse. Rapport explicatif avec proposition de revision législative (nouvel art. 305-bis CP).* Lugano, 1986.

BELLAVISTA, G. "Il litigante temerario nel processo penale". In *Studi sul processo penale*, vol. 1. Milão, Giuffrè, 1952.

BLANCO CORDERO, Isidoro. *El delito de blanqueo de capitales.* Navarra, Aranzadi, 2ª ed. 2002.

_____. "Algumas notas sobre a lavagem de ativos". In *Revista Brasileira de Ciências Criminais,* n. 45. São Paulo, a. 11, 2003.

CALDERÓN CEREZO, Ángel. "Análisis sustantivo del delito (I): Prevención y represión del blanqueo de capitales". In ZARAGOZA AGUADO, Javier Alberto (Org.). *Prevención y represión del blanqueo de capitales.* Madrid, Consejo General del Poder Judicial, 2000.

CALDERÓN, A., *et al. Derecho penal,* t. II, *Parte Especial.* Madrid, Bosch, 2ª ed., 2001.

CALLEGARI, André Luís. *Imputação objetiva, lavagem de dinheiro e outros temas de Direito Penal.* Porto Alegre, Livraria do Advogado, 2001.

CAMPOS NAVAS, Miguel. "La experiencia práctica de la Fiscalía antidroga en las investigaciones de blanqueo de capitales". In ZARAGOZA AGUADO, Javier Alberto (Org.). *Prevención y represión del blanqueo de capitales.* Madrid, Consejo General del Poder Judicial, 2000.

CAPEZ, Fernando, *et al. Direito Penal. Parte Geral.* São Paulo, Saraiva, 2004.

CARNEIRO, José Reinaldo Guimarães. *O Ministério Público e suas investigações independentes.* São Paulo, Malheiros Editores, 2007.

CENTORRINO, M. "Mafia ed economie locali: un approfondimento dei tradizionali modelli d'analisi". In FIANDACA, G., e CONSTANTINO, S. (Orgs.). *La mafia, le mafie.* Roma-Bari-Laterza, 1994.

CERVINI, Raúl. *Lei de lavagem de capitais.* São Paulo, Ed. RT, 1998.

CHOCLÁN, J. A., *et al. Derecho penal.* t. II, Parte Especial. 2ª ed. Madrid, Bosch, 2001.

CHOCLÁN MONTALVO, José Antonio. *El patrimonio criminal.* Madrid, Dykinson, 2001.

COSTA, Gerson Godinho. "O tipo objetivo da lavagem de dinheiro". In BALTAZAR JÚNIOR, José Paulo e MORO, Sérgio Fernando (Orgs.). *Lavagem de dinheiro. Comentários à lei pelos juízes das varas especializadas em homenagem ao Ministro Gilson Dipp.* Porto Alegre, Livraria do Advogado, 2007.

CUESTA ARZAMENDI, José Luís de la. "El Derecho Penal ante la criminalidad organizada: nuevos retos y límites". In GUTIÉRREZ-ALVIZ CONRADI, Faustino, e VALCÁRCE LÓPEZ, Marta (Orgs.). *La cooperación internacional frente a la criminalidad organizada*. Sevilla, Universidad de Sevilla, 2001.

CUISSET, André. "La experiencia francesa y la movilización internacional contra la lucha contra el lavado de dinero". México, Procuraduría General de la República, 1998.

DE LA OLIVA SANTOS, Andrés, *et al*. *Derecho Procesal Penal*. 5ª ed. Madrid, Editorial Centro de Estudios Ramón Areces, 2002.

DEL CARPIO DELGADO, Juana. *El delito de blanqueo de bienes en el nuevo Código Penal*. Valencia, Tirant lo Blanch, 1997.

DELGADO MARTÍN, Joaquín. *Criminalidad Organizada*. Barcelona, J. M. Bosch Editor, 2001.

DÍAZ-MAROTO Y VILLAREJO, Julio. *El blanqueo de capitales en el derecho español*. Cuadernos Luís Jiménez de Asúa, Madrid, Dykinson, 1999.

DÍEZ RIPOLLÉS, José Luís. "El blanqueo de capitales procedentes del tráfico de drogas. La recepción de la legislación internacional en el ordenamiento penal español". In *Monográfico sobre el encubrimiento, la receptación y el blanqueo de capitales. Normativa comunitaria*. Cuadernos de Derecho Judicial. Madrid, Consejo General del Poder Judicial, 1994.

FABIÁN CAPARRÓS, Eduardo A. *El delito de blanqueo de Capitales*. Madrid, Colex, 1998.

FERNÁNDEZ GODINHO, Jorge Alexandre. *Do crime de "branqueamento" de capitais: introdução e tipicidade*. Coimbra, Almedina, 2001.

FERNÁNDEZ SEGADO, Francisco. *El sistema constitucional español*. Madrid, Dykinson, 2ª ed., 1997.

GODINHO, Jorge. "Brandos Costumes? O confisco penal com base na inversão do ônus da prova (Lei n. 5/2002, de 11 de janeiro, artigos 1º e 7º a 12º)". In COSTA ANDRADE, Manuel da, FARIA COSTA, José de, MIRANDA RODRIGUES, Anabela, e ANTUNES, Maria João (Orgs.). *Liber Discipulorum para Jorge de Figueiredo Dias*. Coimbra, Coimbra Editora, 2003.

GOMES, Abel Fernandes. "Lavagem de dinheiro: notas sobre a consumação, tentativa e concurso de crimes". In BALTAZAR JÚNIOR, José Paulo e MORO, Sérgio Fernando (Orgs.). *Lavagem de dinheiro. Comentários à lei pelos juízes das varas especializadas em homenagem ao Ministro Gilson Dipp*. Porto Alegre, Livraria do Advogado, 2007.

GÓMEZ DEL CASTILLO, M. *El comportamiento procesal del imputado (silencio y falsedad)*. Barcelona, Bosch, 1979.

GOMES, Luiz Flávio, *et al*. *Lei de Lavagem de Capitais*. São Paulo, Ed. RT, 1998.

GÓMEZ INIESTA, Diego J. *El delito de blanqueo de capitales en derecho español*. Barcelona, Cedecs Editorial, 1996.

GÓMEZ PAVÓN, Pilar. "El encubrimiento, la receptación y el blanqueo de dinero. Normativa comunitaria". In *Monográfico sobre el encubrimiento, la receptación y el blanqueo de capitales. Normativa comunitaria*. Cuadernos de Derecho Judicial. Madrid, Consejo General del Poder Judicial, 1994.

GRANADOS PÉREZ, Carlos. "Instrumentos procesales en la lucha contra el crimen organizado: agente encubierto, entrega vigilada, el arrepentido, protección de testigos. Posición de la jurisprudencia". In GRANADOS PÉREZ, Carlos (Org.). *La criminalidad organizada. Aspectos sustantivos, procesales y orgánicos*. Madrid, Consejo General del Poder Judicial, 2001.

GRANZINOLI, Cássio M. M. "A delação premiada". In BALTAZAR JÚNIOR, José Paulo e MORO, Sérgio Fernando (Orgs.). *Lavagem de dinheiro. Comentários à lei pelos juízes das varas especializadas em homenagem ao Ministro Gilson Dipp*. Porto Alegre, Livraria do Advogado, 2007.

GUEDES VALENTE, Manuel Monteiro. "O agente infiltrado na investigação e prevenção dos crimes de corrupção e de branqueamento de capitais". In FERRÉ OLIVÉ, Juan Carlos (Org.). *Blanqueo de dinero y corrupción en el sistema bancario*. Salamanca, Ediciones Universidad de Salamanca, 2002.

JIMÉNEZ VILLAREJO, Carlos. "Los delitos económicos. Los límites de la cooperación internacional". In GUTIÉRREZ-ALVIZ CONRADI, Faustino, e VALCARCE LÓPEZ, Marta (Orgs.). *La cooperación internacional frente a la criminalidad organizada*. Sevilla, Universidad de Sevilla, 2001.

JOBIM, Nelson. "A Lei n. 9.613/98 e seus aspectos". In *Seminário Internacional sobre Lavagem de Dinheiro*. Série de Cadernos da Justiça Federal, n. 17. Brasília, Conselho da Justiça Federal, 2000.

LÓPEZ BARJA DE QUIROGA, Jacobo. "Posición de la Unión Europea sobre el crimen organizado". In GRANADOS PÉREZ, Carlos (Org.). *La criminalidad organizada. Aspectos sustantivos, procesales y orgánicos*. Madrid, Consejo General del Poder Judicial, 2001.

LÓPEZ BETANCOURT, Eduardo, *et al*. *Delitos especiales*. México, Porrúa, 1994.

LÓPEZ SANZ-ARANGUEZ, Luís M. "La intervención y atuación de la Fiscalía especial para la represión de los delitos económicos relacionados con la corrupción en el delito de blanqueo de capitales". In ZARAGOZA AGUADO, Javier Alberto (Org.). *Prevención y represión del blanqueo de capitales*. Madrid, Consejo General del Poder Judicial, 2000.

MAIA, Rodolfo Tigre. *Lavagem de dinheiro (lavagem de ativos provenientes de crime). Anotações às disposições da Lei n. 9.613/98*. 1ª ed., 2ª tir., São Paulo, Malheiros Editores, 2004.

MAILLARD, Jean de, *et alii*. *Atlas de la criminalidad financiera: del narcotráfico al blanqueo de capitales*. Tradução de Nicolás Campos Plaza e Mercedes Pachón Reyna. Madrid, Ediciones Akal S.A., 2002.

MAIEROVITCH, Walter Fanganiello. "Crime organizado transnacional". In *Seminário internacional sobre lavagem de dinheiro*. Série de Cadernos da Justiça Federal, n. 17. Brasília, Conselho da Justiça Federal, 2000.
MANZINI, Vicenzo. *Tratado de derecho procesal penal*. vol. 2. Tradução de S. Sentís Melendo e M. Ayerra. Buenos Aires, Ejea, 1951.
MARTÍNEZ ARRIETA, Andrés. "Blanqueo de capitales". In GRANADOS PÉREZ, Carlos (Org.). *La criminalidad organizada. Aspectos sustantivos, procesales y orgánicos*. Madrid, Consejo General del Poder Judicial, 2001.
MENDRONI, Marcelo Batlouni. *Crime organizado. Aspectos gerais e mecanismos legais*. São Paulo, Juarez de Oliveira, 2002.
MIRABETE, Julio Fabbrini. *Processo Penal*. 8ª ed. São Paulo, Atlas, 1998.
MIR PUIG, Santiago. *Derecho Penal. Parte General*. 6ª ed. Barcelona, Editorial Reppertor, 2002.
MORAES PITOMBO, Antônio Sérgio Altieri de. *Lavagem de dinheiro: a tipicidade do crime antecedente*. São Paulo, Ed. RT, 2003.
MORENO CÁNOVES, Antonio, el al. *Delitos socioeconómicos. Comentarios a los arts. 262, 270 a 310 del nuevo Código Penal*. Castellón, Ed. Edijus, 1996.
MORO, Sérgio Fernando. "Sobre o elemento subjetivo no crime de lavagem". In BALTAZAR JÚNIOR, José Paulo e MORO, Sérgio Fernando (Orgs.). *Lavagem de dinheiro. Comentários à lei pelos juízes das varas especializadas em homenagem ao Ministro Gilson Dipp*. Porto Alegre, Livraria do Advogado, 2007.
MOUGENOT BONFIM, Edilson et al. *Código de Processo Penal Anotado*. São Paulo, Saraiva, 2007.
_____. *Curso de Processo Penal*. 2ª ed. São Paulo, Saraiva, 2007.
_____. *Direito Penal. Parte Geral*. São Paulo, Saraiva, 2004.
_____. *Direito penal da sociedade*. 2ª ed. São Paulo, Juarez de Oliveira, 1998.
MOYNA MÉNGUEZ, José, et al. *Código Penal. Comentarios, jurisprudencia, legislación complementaria, tabla de concordancias, texto del Código Penal de 1973, índice alfabético*. 6ª ed. Madrid, Editorial Colex, 2001.
MULLERAT, Ramón. "Las directivas europeas contra el blanqueo de capitales. Impacto sobre el secreto profesional del abogado". *La Ley* (n. 5.653, nov./2002), Madrid, La Ley.

OLIVEIRA, William Terra de, *et al. Lei de lavagem de capitais*. São Paulo, Ed. RT, 1998.

PALMA HERRERA, José Manuel. *Los Delitos de Blanqueo de Capitales*. Madrid, Edersa, 1999.
PICÓ I JUNOY, Juan. *El principio de la buena fe procesal*. Barcelona, Bosch, 2003.

PINILLA RODRÍGUEZ, Álvaro. "Las tipologías de blanqueo en España: estudio de las tipologías más frecuentes en nuestro país". In ZARAGOZA AGUADO, Javier Alberto (Org.). *Prevención y represión del blanqueo de capitales*. Madrid, Consejo General del Poder Judicial, 2000.

QUINTANAR DIEZ, Manuel. *La justicia penal y los denominados "arrepentidos"*. Madrid, Edersa, 1996.

RIFA SOLER, José Maria, et al. *Derecho procesal penal*. Madrid, Iurgium, 2000.

RONDÁN, José Maria. "La cooperación en materia de lucha contra el blanqueo a nivel internacional: el GAFI (Grupo de Acción Financiera Internacional)". In ZARAGOZA AGUADO, Javier Alberto (Org.). *Prevención y represión del blanqueo de capitales*. Madrid, Consejo General del Poder Judicial, 2000.

RUIZ MARCO, Francisco, et al. *Delitos socioeconómicos. Comentarios a los arts. 262, 270 a 310 del nuevo Código Penal*. Castellón, Ed. Edijus, 1996.

SÁNCHEZ ULLED, Emilio Jesús. "Blanqueo de capitales en el sector bancario y corrupción: aspectos práticos". In FERRÉ OLIVÉ, Juan Carlos (Org.). *Blanqueo de dinero y corrupción en el sistema bancario*. Salamanca, Ediciones Universidad de Salamanca, 2002.

SANCTIS, Fausto Martin de. "Antecedentes do delito de lavagem de valores e os crimes contra o sistema financeiro nacional". In BALTAZAR JÚNIOR, José Paulo e MORO, Sérgio Fernando (Orgs.). *Lavagem de dinheiro. Comentários à lei pelos juízes das varas especializadas em homenagem ao Ministro Gilson Dipp*. Porto Alegre, Livraria do Advogado, 2007.

SANTOS ALONSO, Jesús. "Cooperación jurídica internacional". In GUTIÉRREZ-ALVIZ CONRADI, Faustino, e VALCÁRCE LÓPEZ, Marta (Orgs.). *La cooperación internacional frente a la criminalidad organizada*. Sevilla, Universidad de Sevilla, 2001.

SARAIVA, Wellington Cabral. "Elaboração da peça acusatória no crime de lavagem de dinheiro". In *Programa nacional de capacitação e treinamento para o combate à lavagem de dinheiro*. São Paulo, 1º.6.2007.

SENNA, Adrienne. "Regulamentação da Lei n. 9.613/98 pelos órgãos competentes". In *Seminário internacional sobre lavagem de dinheiro*. Série de Cadernos da Justiça Federal, n. 17. Brasília, Conselho da Justiça Federal, 2000.

SILVA, César Antonio da. *Lavagem de dinheiro: uma nova perspectiva penal*. Porto Alegre, Livraria do Advogado, 2001.

SILVA, Eduardo Araújo da. *Crime organizado. Procedimento probatório*. São Paulo, Atlas, 2003.

SOUTO, Miguel Abel. *El blanqueo en la normativa internacional*. Santiago de Compostela, Universidad, Servicio de Publicación e Intercambio Científico, 2002.

VALLS GOMBÁU, J. F., *et al*. *Derecho procesal penal*. Madrid, Iurgium, 2000.

VAZ MONTEIRO DIAS DUARTE, Jorge Manuel. *Branqueamento de capitais. O regime do D. L. 15/93, de 22 de janeiro e a normativa internacional*. Porto, Publicações Universidade Católica, 2002.

ZARAGOZA AGUADO, Javier Alberto. "El blanqueo de bienes de origen criminal". In *Derecho penal económico*. Manuales de formación continuada 14. Madrid, Consejo General del Poder Judicial, 2001.

_____. "Análisis sustantivo del delito (II): cuestiones de interés sobre el delito de blanqueo de bienes de origen criminal: la prueba indiciaria. La comisión culposa. Nuevas orientaciones en derecho comparado". In ZARAGOZA AGUADO, Javier Alberto (Org.). *Prevención y represión del blanqueo de capitales*. Madrid, Consejo General del Poder Judicial, 2000.

_____. "Tratamiento penal e procesal de las organizaciones criminales en el derecho español. Especial referencia al tráfico ilegal de drogas". In SORIANO SORIANO, José Ramón (Org.). *Delitos contra la salud pública y contrabando*. Madrid, Consejo General del Poder Judicial, 2000.

ANEXOS

1. Exposição de Motivos da Lei n. 9.613/1998. 2. Lei n. 9.613/1998. 3. Convenção de Viena. 4. Decreto n. 154/1991. 5. As 40 Recomendações do GAFI. 6. Convenção de Estrasburgo. 7. Diretiva n. 308/1991, das Comunidades Européias. 8. Convenção de Palermo. 9. Decreto n. 231/2003. 10. Convenção de Mérida. 11. Decreto n. 5.687/2006.

1. *EXPOSIÇÃO DE MOTIVOS DA LEI N. 9.613/1998*

EM n. 692 / MJ
Brasília, 18 de dezembro de 1996
Excelentíssimo Senhor Presidente da República.

Submetemos à apreciação de Vossa Excelência o anexo projeto de lei que criminaliza a lavagem de dinheiro e a ocultação de bens, direitos ou valores que sejam oriundos de determinados crimes de especial gravidade. Trata-se de mais uma contribuição legislativa que se oferece ao País, visando ao combate sistemático de algumas modalidades mais freqüentes da criminalidade organizada em nível transnacional.

2. O Brasil ratificou, pelo Decreto n. 154, de 26 de junho de 1991, a "Convenção contra o Tráfico Ilícito de Entorpecentes e de Substâncias Psicotrópicas", que havia sido aprovada em Viena em 20 de dezembro de 1988.

3. A aludida Convenção dispõe:

"Art. 3º. Cada uma das partes adotará as medidas necessárias para caracterizar como delitos penais em seu direito interno, quando cometidos internacionalmente:

i) a conversão ou a transferência de bens...;

ii) a ocultação ou o encobrimento...;".

4. Desta forma, em 1988, o Brasil assumiu, nos termos da Convenção, compromisso de direito internacional, ratificado em 1991, de tipificar penalmente o ilícito praticado com bens, direitos ou valores oriundos do narcotráfico.

5. Posteriormente, com a participação do Brasil, a XXII Assembléia-Geral da OEA, em Bahamas, entre 18 e 23 de maio de 1992, aprovou o "Regulamento Modelo sobre Delitos de Lavagem Relacionados com o Tráfico Ilícito de Drogas e Delitos Conexos", elaborado pela Comissão Interamericana para o Controle do Abuso de Drogas – CICAD.

6. Em dezembro de 1994, Vossa Excelência, convidado pelo então Presidente Itamar Franco, participou da "Cúpula das Américas", reunião essa integrada pelos Chefes de Estado e de Governo dos Países Americanos, no âmbito da OEA, realizada em Miami. Foi firmado, então, um Plano de Ação prevendo que:
"Os Governos: Ratificarão a Convenção das Nações Unidas sobre o Tráfico Ilícito de Entorpecentes e Substancias Psicotrópicas de 1988 e sancionarão como ilícito penal a lavagem dos rendimentos gerados por todos os crimes graves."

7. Finalmente, em 2 de dezembro de 1995, em Conferência Ministerial sobre a Lavagem de Dinheiro e Instrumento do Crime, realizada em Buenos Aires, o Brasil firmou Declaração de Princípios relativa ao tema, inclusive quanto à tipificação do delito e sobre regras processuais especiais.

8. Portanto, o presente projeto se constitui na execução nacional de compromissos internacionais assumidos pelo Brasil, a começar pela Convenção de Viena de 1988.

9. A primeira opção imposta ao legislador brasileiro no trato desta matéria diz respeito à denominação legal, *nomen iuris*, do tipo de ilícito em causa. Alguns países optaram por uma designação que leva em conta o resultado da ação.

10. Caracterizando-se a conduta pela transformação do dinheiro sujo em dinheiro limpo, pareceu-lhes adequado o uso de vocábulo que denotasse limpeza. A França e a Bélgica adotam a designação *blanchiment d'argent* e na mesma linha seguem a Espanha (*blanqueo de dinero*) e Portugal (branqueamento de dinheiro).

11. Outro critério preferido é o da natureza da ação praticada, partindo-se do verbo referido no tipo. Os países de língua inglesa empregam a expressão *money laundering*; a Alemanha designa o fato típico de *geldwache*; a Argentina se refere a *lavado de dinero*; a Suíça indica o fato típico de *blanchissage d'argent* e a Itália se vale do termo *riciclagio*, que também identifica o verbo constante do tipo e não propriamente o resultado do comportamento.

12. O Projeto ora submetido à consideração de Vossa Excelência consagra as designações lavagem de dinheiro e ocultação, as quais também são preferidas pela Alemanha (*verschleierung*).

13. A expressão "lavagem de dinheiro" já está consagrada no glossário das atividades financeiras e na linguagem popular, em conseqüência de seu emprego internacional (*money laundering*). Por outro lado, conforme o Ministro da Justiça teve oportunidade de sustentar em reunião com seus colegas de língua portuguesa em Maputo (Moçambique), a denominação "branqueamento", além de não estar inserida no contexto da linguagem formal ou coloquial em nosso

País, sugere a inferência racista do vocábulo, motivando estéreis e inoportunas discussões.

14. A outra – mas não a última – opção diz respeito à amplitude da tutela penal para abarcar como crimes antecedentes não somente aqueles ligados ao narcotráfico, dos quais a lavagem de dinheiro constitui um dos vasos comunicantes.

15. As primeiras legislações a esse respeito, elaboradas na esteira da Convenção de Viena, circunscreviam o ilícito penal da "lavagem de dinheiro" a bens, direitos e valores à conexão com o tráfico ilícito de substâncias entorpecentes ou drogas afins. Gravitavam, assim, na órbita da "receptação" as condutas relativas a bens, direitos e valores originários de todos os demais ilícitos que não foram as espécies típicas ligadas ao narcotráfico. Essa orientação era compreensível, visto que os traficantes eram os navegadores pioneiros nessas marés da delinqüência transnacional e os frutos de suas conquistas não poderiam ser considerados como objeto da receptação convencional.

16. Adveio, então, uma legislação de segunda geração para ampliar as hipóteses dos ilícitos antecedentes e conexos, de que são exemplos as vigentes na Alemanha, na Espanha e em Portugal.

17. Outros sistemas, como o da Bélgica, França, Itália, México, Suíça e Estados Unidos da América do Norte, optaram por conectar a "lavagem de dinheiro" a todo e qualquer ilícito precedente. A doutrina internacional considera a legislação desses países como de terceira geração.

18. A orientação do projeto perfila o penúltimo desses movimentos.

19. É certo que a "lavagem de dinheiro" constitui um conjunto de operações comerciais ou financeiras que procuram a incorporação na economia de cada país, de modo transitório ou permanente, dos recursos, bens e serviços que geralmente "se originan e están conexos con transacciones de macro o micro tráfico ilícito de drogas", como o reconhece a literatura internacional em geral e especialmente da América Latina (cf. Raul Peña Cabrera, *Tratado de Derecho Penal – Trafico de drogas y lavado de dinero*, Ediciones Jurídicas, Lima, Peru, IV/54).

20. Ainda em 29 de março do corrente ano, o Presidente da República Oriental do Uruguai remeteu à Assembléia Geral o projeto de lei pelo qual se modificam, ampliam e atualizam disposições do Decreto-lei n. 14.294, de 31 de outubro de 1974, que regula, naquele país, a comercialização e o uso de estupefacientes e estabelece medidas contra o comércio ilícito de drogas. Um dos pontos nucleares desse projeto é a tipificação dos chamados "delitos de lavabo y delitos conexos o relacionados com el tema".

21. Embora o narcotráfico seja a fonte principal das operações de lavagem de dinheiro, não é a sua única vertente. Existem outros ilícitos, também de especial gravidade, que funcionam como círculos viciosos relativamente à lavagem de dinheiro e à ocultação de bens, direitos e valores. São eles o terrorismo, o contrabando e o tráfico de armas, munições ou material destinado à sua produção, a extorsão mediante seqüestro, os crimes praticados por organização crimi-

nosa, contra a administração pública e contra o sistema financeiro nacional. Algumas dessas categorias típicas, pela sua própria natureza, pelas circunstâncias de sua execução e por caracterizarem formas evoluídas de uma delinqüência internacional ou por manifestarem-se no panorama das graves ofensas ao direito penal doméstico, compõem a vasta gama da criminalidade dos respeitáveis. Em relação a esses tipos de autores, a lavagem de dinheiro constitui não apenas a etapa de reprodução dos circuitos de ilicitudes como também, e principalmente, um meio para conservar o status social de muitos de seus agentes.

22. Assim, o projeto reserva o novo tipo penal a condutas relativas a bens, direitos ou valores oriundos, direta ou indiretamente, de crimes graves e com características transnacionais.

23. O projeto, desta forma, mantém sob a égide do art. 180 do Código Penal, que define o crime de receptação, as condutas que tenham por objeto a aquisição, o recebimento ou a ocultação, em proveito próprio ou alheio, de "coisa que sabe ser produto de crime, ou influir para que terceiro, de boa-fé, a adquira, receba ou oculte". Fica, portanto, sob o comando desse dispositivo a grande variedade de ilícitos parasitários de crimes contra o patrimônio.

24. Sem esse critério de interpretação, o projeto estaria massificando a criminalização para abranger uma infinidade de crimes como antecedentes do tipo de lavagem ou de ocultação. Assim, o autor do furto de pequeno valor estaria realizando um dos tipos previstos no projeto se ocultasse o valor ou o convertesse em outro bem, como a compra de um relógio, por exemplo.

25. Adotada a designação para cunhar as novas espécies delituosas, torna-se indispensável a elaboração de tipos de ilícito – fundamentais e derivados – que atendam o princípio da legalidade dos delitos e das penas, inserido na Constituição (art. 5º, XXXIX) e no Código Penal (art. 1º).

26. Com o objetivo de reduzir ao máximo as hipóteses dos tipos penais abertos, o sistema positivo deve completar-se com o chamado princípio da taxatividade. A doutrina esclarece que, enquanto o princípio da reserva legal se vincula às fontes do Direito Penal, o princípio da taxatividade deve presidir a formulação técnica da lei penal. Indica o dever imposto ao legislador de proceder, quando elabora a norma, de maneira precisa na determinação dos tipos legais, a fim de se saber, taxativamente, o que é penalmente ilícito e o que é penalmente admitido. (Cf. Fernando Mantovani, *Diritto penale – Parte generale*, ed. Cedam, Pádua, 1979, p. 93 e s.).

27. A expressão, no entanto, é utilizada como *nomen iuris* da infração, nominando o capítulo I do projeto que contém a norma incriminadora básica e os tipos equiparados.

28. O primeiro artigo do presente *disegno di legge* define com a necessária clareza, indispensável à segurança jurídica, a conduta mista (omissiva ou comissiva) de lavagem de dinheiro ou de ocultação de bens, direitos e valores, originários de crimes que são objeto de repressão por meio de cooperação internacional e de atividades internas do País.

29. A redação dada ao caput do art. 1º responde à experiência e técnica vitoriosas em direito comparado, encontrando-se tal tipificação na Alemanha (§ 261 do Código Penal), na Bélgica (§ 4º do art. 505 do Código Penal, introduzido por Lei de 17 de julho de 1990), na França (art. 222-38 e 324-1 do Código Penal, redigidos pela Lei n. 96-392 de 13 maio de 1996), no México (art. 400 bis do Código Penal, alterado em 13 de maio de 1996), em Portugal (alínea b do item 1 do art. 2º do Decreto-Lei n o 325, de 2 de dezembro de 1995) e na Suíça (art. 305 bis do Código Penal, introduzido por Lei de 23 de março de 1990), dentre outros. Além do mais, o texto responde às recomendações internacionais (alínea ii da letra "b" do art. 3º da Convenção de Viena; e o n. 3 do art. 2º do Regulamento Modelo da CICAD).

30. Quanto ao rol de crimes antecedentes, o narcotráfico (Lei n. 6.368, de 21 de outubro de 1976), os crimes praticados por organização criminosa, independentemente do bem jurídico ofendido (Lei n. 9.034, de 3 de maio de 1995), o terrorismo (art. 20 da Lei n. 7.170, de 14 de dezembro de 1983) e o contrabando ou tráfico de armas, munições ou material destinado à sua produção (art. 334 do Código Penal e art. 12 da Lei n. 7.170, de 1983), compõem as categorias de infrações perseguidas pelos mais diversos países. Trata-se de implementar o clássico princípio da justiça penal universal, mediante tratados e convenções, como estratégia de uma Política Criminal transnacional.

31. Também a defesa do Estado, sob a perspectiva interna, justifica a criminalização da lavagem de dinheiro como entidade típica autônoma.

32. Realmente, além da improbidade administrativa, como gênero de uma vasta gama de ilicitudes praticadas pelo servidor, a ocultação ou a dissimulação do proveito auferido com o delito contra a Administração Pública (Cód. Penal, arts. 312 e segs.; Lei n. 8.666, de 21 de junho de 1993) devem ser reprovadas como espécie de uma delinqüência astuciosa, ainda que o infrator seja estranho aos quadros administrativos. Assim, o tráfico de influência, a corrupção ativa, o contrabando e o descaminho, por exemplo, podem e devem ser reconhecidos como crimes antecedentes, para a caracterização do *money laundering*.

33. Inclui-se nessas considerações a defesa de uma economia saudável, pelo que os referidos delitos integram, como antecedentes do novo tipo penal, os crimes contra o Sistema Financeiro Nacional (Lei n. 7.492, de 16 de junho de 1986).

34. Observe-se que a lavagem de dinheiro tem como característica a introdução, na economia, de bens, direitos ou valores oriundos de atividade ilícita e que representaram, no momento de seu resultado, um aumento do patrimônio do agente. Por isso que o projeto não inclui, nos crimes antecedentes, aqueles delitos que não representam agregação, ao patrimônio do agente, de novos bens, direitos ou valores, como é o caso da sonegação fiscal. Nesta, o núcleo do tipo constitui-se na conduta de deixar de satisfazer obrigação fiscal. Não há, em decorrência de sua prática, aumento de patrimônio com a agregação de valores novos. Há, isto sim, manutenção de patrimônio existente em decorrência do não pagamento de obrigação fiscal. Seria desarrazoado se o projeto viesse a incluir no novo tipo

penal – lavagem de dinheiro – a compra, por quem não cumpriu obrigação fiscal, de títulos no mercado financeiro. É evidente que essa transação se constitui na utilização de recursos próprios que não têm origem em um ilícito.

35. O projeto imputa ao novo tipo pena de reclusão de três a dez anos e multa.

36. Quanto à pena mínima (três anos), é importante ter em consideração que, segundo a doutrina penal, em interpretação dos arts. 59 e 61 do Código Penal, o juiz, na aplicação da pena, parte do mínimo legal para aumentá-la em função das circunstâncias judiciais e das causas especiais de aumento. Além de a pena mínima guardar correlação com a prevista nos arts. 12 e 13 da Lei n. 6.368, de 21 de outubro de 1976, que dispõe sobre a repressão ao tráfico ilícito de substâncias entorpecentes.

37. No mais, adotou o projeto, quanto ao mínimo e ao máximo, a solução utilizada na Argentina e em Portugal.

38. Como condutas que devam ter o mesmo tratamento penal, o projeto equipara ao tipo definido no caput do art. 1º a conversão, a aquisição, a receptação, a troca, a negociação, a dação ou a receptação em garantia, a guarda, o depósito, a movimentação e a transferência de bens, direitos ou valores oriundos dos crimes antecedentes elencados, com o objetivo de ocultar ou dissimular a sua utilização (art. 1º, § 1º, I e II).

39. Todas essas condutas encontram-se previstas na legislação comparada como equiparadas à lavagem de dinheiro. Assim na Alemanha (§ 261, 2 do Código Penal), na Argentina (Lei n. 23.757/1989), na Bélgica (art. 505, n. 1 a 4 do Código Penal, com as modificações da Lei de 7 de abril de 1995), em Portugal (art. 2º, alíneas a e c, do Decreto-Lei n. 325, de 2 de dezembro de 1995), na França (art. 222-38, do Código Penal, introduzido pela Lei n. 96.392, de 13 de maio de 1996), na Itália (art. 648 bis do Código Penal, introduzido pela Lei n. 328, de 9 de agosto de 1993), no México (art. 400 bis Código Penal, com as alterações de treze de maio de 1996) e na Suíça (arts. 305 bis e 305 ter do Código Penal, introduzido pela Lei Federal de 23 de março de 1990).

40. Equipara o projeto, ainda, ao crime de lavagem de dinheiro a importação ou exportação de bens com valores inexatos (art. 1º, § 1º, III). Nesta hipótese, como nas anteriores, exige o projeto que a conduta descrita tenha como objetivo a ocultação ou a dissimulação da utilização de bens, direitos ou valores oriundos dos referidos crimes antecedentes. Exige o projeto, nesses casos, o dolo direto, admitindo o dolo eventual somente para a hipótese do *caput* do artigo.

41. O projeto também criminaliza a utilização, "na atividade econômica ou financeira, de bens, direitos ou valores que sabe serem provenientes de qualquer dos crimes antecedentes..." (art. 1º, § 2º, I).

Neste caso, a mera utilização, sem ter por objetivo a ocultação ou a dissimulação da origem dos bens, direitos ou valores, uma vez que o agente saiba de tal origem, caracteriza a prática do ilícito. Tal hipótese o projeto buscou no direito francês (art. 324-1, 2ª alínea, introduzida pela Lei n. 96-392, de 1996).

42. Considerado como um ilícito que envolve pessoas físicas e jurídicas de múltiplas camadas, a punição da lavagem de dinheiro deve alcançar modalidades especiais de colaboração delituosa.

43. Assim sendo, a responsabilidade penal de quem participa de grupo, associação ou de escritório que sabe organizado para fim de ocultação ou dissimulação de bens, direitos ou valores é uma conseqüência natural da regra de incidência do art. 29 do Código Penal e do princípio da culpabilidade, que se extrai da dignidade da pessoa humana (CF art. 1º, III) e da vedação da responsabilidade objetiva (CP, arts. 18 e 19).

44. Trata-se, no caso, de uma forma especial de concorrência que permitirá a imputação típica mesmo que o sujeito ativo não esteja praticando os atos característicos da lavagem ou de ocultação descritos pelo *caput* do art. 1º e do respectivo § 1º. Nos termos do presente *disegno di legge*, responde com as mesmas penas reservadas para a conduta de lavar dinheiro (*to launder money*) ou de ocultação de bens, direitos e valores, quem participa consciente e dolosamente do grupo, associação ou escritório de pessoas que se dedicam a essas condutas puníveis.

45. A inclusão dessa forma especial de concorrência encontra precedentes no direito comparado e nas recomendações internacionais (Bélgica, art. 3º da Lei de janeiro de 1993 e art. 42, 3º do Cód. Penal, introduzido pela Lei de abril de 1995; Espanha, art. 1º, 2, da Lei de 19 de dezembro de 1993; França, art. 222-38 do Cod. Penal; Portugal, art. 2º, 1, "a", do Decreto-Lei n. 325, de 2 de dezembro de 1995; o art. 3º, 1, c, iv, da Convenção de Viena; e art. 2º, 4, do Regulamento Modelo da CICAD).

46. O projeto, por esta forma, abrange toda a gama de condutas com bens, direitos ou valores oriundos dos crimes antecedentes enunciados.

47. Em primeiro lugar, inclui todas e quaisquer ações, sejam elas quais forem, que obtenham, como resultado, a ocultação ou a dissimulação da "natureza, origem, localização, disposição, movimentação ou propriedade de bens, direitos ou valores oriundos, direta ou indiretamente,..." dos crimes elencados (*caput* do art. 1º).

48. Em segundo lugar, inclui outras ações que tenham por objetivo a ocultação ou a dissimulação embora não tenham obtido esse resultado. Assim, "incorre na mesma pena quem, para ocultar ou dissimular a utilização de bens, direitos ou valores provenientes de qualquer dos crimes antecedentes referidos neste artigo: (I) os converte em ativos lícitos; (II) os adquire, recebe, troca, negocia, dá ou recebe em garantia, guarda, tem em depósito, movimenta ou transfere; (III) importa ou exporta bens com valores inexatos".

49. Em terceiro lugar, estão abrangidas pelo projeto duas outras condutas relevantes:

a) a utilização, na atividade econômica ou financeira, de bens, direitos ou valores que sabe serem provenientes dos crimes antecedentes previstos no projeto;

b) a participação em "grupo, associação ou escritório tendo conhecimento de que sua atividade principal ou secundária é dirigida" para o fim de lavar bens, direitos ou valores provenientes dos referidos crimes antecedentes.

50. Portanto, o núcleo das condutas elencadas consiste (a) no fato de ocultar ou dissimular, utilizar ou participar e (b) no objetivo de ocultar ou dissimular.

51. Na esteira de coibir a prática desse ilícito e considerando a necessidade de combater o crime organizado, o Projeto determina o aumento "de um a dois terços, se o crime é cometido de forma habitual ou por intermédio de organização criminosa" (art. 1º, § 4º).

52. Estimulando a prática da colaboração espontânea por parte dos agentes do delito, o projeto reduz sensivelmente a pena e, conforme o caso concreto, admite o perdão judicial ou a substituição por pena restritiva de direito, quando o co-autor ou partícipe prestar esclarecimentos aptos à apuração das infrações penais e de sua autoria ou à localização dos bens, direitos ou valores a eles diretamente relacionados (art. 1º, § 5º).

53. Essa orientação de Política Criminal, consubstanciada no direito premial, já é consagrada em nosso sistema positivo (art. 25, § 2º, da Lei n. 7.492, de 16 de junho de 1986, que define os crimes contra o sistema financeiro nacional; parágrafo único do art. 8º da Lei n. 8.072, de 25 de julho de 1990, que dispõe sobre os crimes hediondos; parágrafo único do art. 16 da Lei n. 8.137, de 27 de dezembro de 1990, que define os crimes contra a ordem tributária, econômica e contra as relações de consumo; e o art. 6º da Lei n. 9.034, de 3 de maio de 1995, que dispõe sobre meios operacionais relativos às ações praticadas por organizações criminosas).

54. A chamada do co-réu ou a indicação do local onde esteja o produto da lavagem ou da ocultação, independentemente de configurarem atitudes de arrependimento do autor, co-autor ou partícipe, constituem brechas na organização criminosa que devem ser enfrentadas não somente pelos órgãos estatais como também por forças sociais externas. A infidelidade criminal constitui a violação de um dos deveres elementares da organização criminosa. A quebra da *afectio societatis* – o rompimento da *omertà* – é um dos fatos positivos para o combate mais vigoroso contra certos tipos de infratores. Um sistema legal moderno não pode ignorar esse fenômeno, mas, ao reverso, deve extrair dele os dividendos favoráveis à comunidade de pessoas honestas.

55. Por outro lado, o dispositivo, na hipótese de redução da pena, determina expressamente que o seu cumprimento deverá iniciar-se pelo regime aberto (art. 1º, § 5º). Evita-se, assim, o regime fechado para o colaborador, pois importaria em sua convivência, na galeria das prisões, com aqueles a quem tenha denunciado.

56. Providência indispensável para a eficácia da lei proposta é a regra estabelecida pelo inciso II do art. 2º, declarando a autonomia do processo e do julgamento entre o crime antecedente ou básico e o crime de lavagem de dinheiro, que, de resto, atende às recomendações internacionais (art. 2º, 6, do Regulamento Modelo da CICAD).

57. Com efeito, a separação de processos é justificável não somente à luz do disposto no art. 80 do Código de Processo Penal, quando alude a "outro motivo relevante" que o juiz repute conveniente para a separação. A proposta ora em exame vai mais longe. Determina a obrigatoriedade da separação e assenta em dois aspectos essenciais: o primeiro, de caráter instrumental, visto que o procedimento relativo ao ilícito antecedente poderá estar – as mais das vezes – submetido a jurisdição penal de outro país; e o segundo, de natureza material, diz respeito às exigências de segurança e justiça que são frustradas pelas práticas domésticas ou transnacionais de determinados crimes cuja gravidade e reiteração constitui desafios ao estado contemporâneo.

58. A propósito da separação, o recente Código de Processo Penal português a admite, entre outras hipóteses, quando a conexão "puder representar um grave risco para a pretensão punitiva do Estado" (art. 30, 1, b).

59. Fiel aos princípios processuais garantidos pela Constituição e a legislação ordinária, o projeto não poderia induzir a situações que implicassem a absoluta autonomia entre o crime básico e a lavagem ou ocultação de seu produto.

60. Trata-se de uma relação de causa e efeito que deve ser equacionada por meio de fórmula processual que, viabilizando a eficácia da incriminação do ilícito posterior, exija razoável base de materialidade do ilícito anterior. Segue-se daí a necessidade de a denúncia pelo delito de ocultação ou dissimulação de bens, direitos ou valores ser instruída com "indícios suficientes da existência do crime antecedente" (§ 1º, do art. 2º). Tais indícios podem restringir-se à materialidade de qualquer dos fatos puníveis referidos pelo *caput* do art. 1º, sem a necessidade de se apontar, mesmo que indiciariamente, a autoria. Tal ressalva se torna óbvia diante dos progressos técnicos e humanos da criminalidade violenta ou astuciosa, máxime quanto à atomização da autoria em face da descentralização das condutas executivas.

61. Observe-se, no entanto, que a suficiência dos indícios relativos ao crime antecedente está a autorizar tão-somente a denúncia, devendo ser outro o comportamento em relação a eventual juízo condenatório.

62. As modalidades de lavagem de dinheiro ou ocultação descritas no projeto serão punidas, ainda que desconhecido ou isento de pena o autor do crime básico (art. 2º, § 1º). A regra está em harmonia com o sistema do Código Penal, especificamente quanto à punibilidade da receptação, mesmo quando ignorada a autoria ou isento de sanção penal o responsável pelo crime de que proveio a coisa (art. 180, § 2º). Tanto a receptação como a lavagem e a ocultação caracterizam modalidades autônomas de aproveitamento de um delito anterior, cuja reação penal deve ser, por isso mesmo, independente do resultado do outro processo.

63. O projeto veda expressamente a suspensão do processo em caso do não comparecimento do réu citado por edital, como prevê o art. 366 do Código de Processo Penal com a redação dada pela Lei n. 9.271, de 17 de abril de 1996 (art. 2º, § 2º). Trata-se de medida de Política Criminal diante da incompatibilidade material existente entre os objetivos desse novo diploma e a macrocriminalidade

representada pela lavagem de dinheiro ou ocultação de bens, direitos e valores oriundos de crimes de especial gravidade. A suspensão do processo constituiria um prêmio para os delinqüentes astutos e afortunados e um obstáculo à descoberta de uma grande variedade de ilícitos que se desenvolvem em parceria com a lavagem ou a ocultação.

64. A execução provisória e imediata da sentença de condenação (art. 3º), com a indispensável motivação que justifique essa forma de prisão cautelar, atende às peculiaridades de ilicitude e de seu especial tipo de autor. Como é curial, a jurisprudência tem se orientado no sentido de que a prisão provisória, em suas várias modalidades (flagrante, temporária, preventiva, pronúncia ou sentença condenatória), não atenta contra o princípio constitucional da presunção de inocência, conforme a Súmula n. 9 do Superior Tribunal de Justiça. Assim sendo, a condição imposta ao condenado de se recolher à prisão para poder apelar, quando for imposta pena privativa de liberdade em regime fechado ou semi-aberto, é um corolário lógico de tal orientação. E tal exigência não é dispensada mesmo em se tratando de réu primário e de bons antecedentes. Foi essa a orientação do legislador quanto aos crimes contra o sistema financeiro nacional (Lei n. 7.492, de 1986) e contra os praticados por organização criminosa (Lei n. 9.034, de 1995), que, no caso, são delitos antecedentes ao ora tratado. No caso, a regra especial revoga a regra geral prevista no art. 594 do Código de Processo Penal.

65. A busca e apreensão e o seqüestro de bens do indiciado ou denunciado pela infração penal constituem um dos eficientes meios de prevenção e repressão penal, além de garantirem os interesses da União e da vítima da infração quanto ao ressarcimento civil do dano.

66. Na orientação do projeto, tais medidas cautelares se justificam para muito além das hipóteses rotineiras já previstas pelo sistema processual em vigor. Sendo assim, além de ampliar o prazo para o início da ação penal, o projeto inverte o ônus da prova relativamente à licitude de bens, direitos ou valores que tenham sido objeto da busca e apreensão ou do seqüestro (art. 4º). Essa inversão encontra-se prevista na Convenção de Viena (art. 5º, n. 7) e foi objeto de previsão no direito argentino (art. 25, Lei n. 23.737/89).

67. Observe-se que essa inversão do ônus da prova circunscreve-se, à apreensão ou ao seqüestro dos bens, direitos ou valores. Não se estende ela ao perdimento dos mesmos, que somente se dará com a condenação (art. 7º, I). Na medida em que fosse exigida, para só a apreensão ou o seqüestro, a prova da origem ilícita dos bens, direitos ou valores, estariam inviabilizadas as providências, em face da virtual impossibilidade, nessa fase, de tal prova.

68. Relevante modificação é introduzida na sistemática do procedimento de restituição das coisas apreendidas ou seqüestradas e que é regulado pelos arts. 118 a 124 do Código de Processo Penal. O projeto exige a presença pessoal do acusado para ter andamento o seu pedido de restituição (art. 4º, § 3º). Não importa a forma da pretensão, se exercida por meio de simples requerimento nos autos do inquérito ou da ação penal, ou mediante o ajuizamento de mandado de

EXPOSIÇÃO DE MOTIVOS DA LEI N. 9.613/1998 133

segurança, ação cautelar ou de outra natureza. Trata-se de condição indispensável para o conhecimento do pedido.

69. A convivência funcional entre os investigadores do fato punível e as autoridades (policial ou judicial) que dirigem o procedimento constitui exigência inafastável para a correta apuração da verdade material e a satisfação de outros princípios e interesses do processo penal.

70. Comungando de tal orientação e na linha traçada pela Lei n. 9.034, de 1995 (art. 2º, II), o projeto admite expressamente e até recomenda uma providência de bom senso, conhecida como ação controlada: quando o cumprimento imediato da ordem de prisão de pessoas ou da apreensão ou seqüestro de bens puder comprometer as investigações, o juiz poderá suspender tais medidas (art. 4º, § 4º). Os requisitos para tal iniciativa são expressamente fixados de modo a não oferecer risco para a administração da justiça penal e para os demais interesses sociais.

71. No arsenal das medidas antidelituais, a perda de bens, direitos e valores com repercussão econômica e a proibição para determinadas atividades relacionadas com o fato delituoso aparecem como um dos efeitos sociais da condenação e um poderoso agente de prevenção de novos ilícitos (Código Penal, art. 90, II). Adotando esta orientação, o projeto estabelece a perda patrimonial em favor da União, dos bens, direitos e valores oriundos das atividades criminosas referidas no art. 1º e no seu § 1º (art. 7º, I).

72. Também como efeito da condenação é prevista a interdição do exercício de cargo ou função pública de qualquer natureza, bem como a de diretor, membro de conselho de administração ou gerência de pessoa jurídica condenado por qualquer dos ilícitos previstos no projeto e pelo dobro do tempo da pena privativa de liberdade aplicada (art. 7º, II). Em obséquio ao princípio constitucional da presunção de inocência, a interdição somente poderá ser imposta após o trânsito em julgado da sentença condenatória.

73. Fixadas as bases do regime penal e processual penal do combate aos crimes de lavagem de dinheiro, o projeto, na sua segunda parte, volta-se para a definição do regime administrativo de combate a esses crimes.

74. Nesse sentido, estabelece o projeto, em suas linhas gerais, medidas de caráter preventivo, com o objetivo de inibir e dificultar a utilização de setores da atividade econômica como via para a prática de operações de lavagem de dinheiro.

75. Destarte, cuida o projeto, a partir do art. 9º, do regime administrativo de combate à lavagem de dinheiro.

76. Com vistas à instituição de medidas que facilitarão os procedimentos investigatórios, são definidos pelo projeto os sujeitos e suas respectivas obrigações, as sanções pelo não cumprimento dessas obrigações, as atribuições dos órgãos governamentais fiscalizadores e a estrutura e competência do Conselho de Combate a Atividades Financeiras Ilícitas – COAF, órgão com a específica função de investigar as suspeitas da prática de operações de lavagem de dinheiro.

77. Como se sabe, entre a prática da atividade ilícita e o usufruto dos recursos dela originados, há a necessidade de que seja realizada uma série de operações financeiras e comerciais com o fito de dar a esses recursos uma aparência de valores obtidos licitamente. Portanto, o móvel principal de todo o procedimento de lavagem de dinheiro será encobrir, de qualquer forma, a origem ilícita desses recursos e apagar os vestígios que permitam às autoridades públicas descobrir essa origem.

78. Para alcançar esse objetivo, no entanto, é inevitável o trânsito desses recursos pelos setores regulares da atividade econômica, seja na fase de encobrimento, seja na fase de aproveitamento, quando eles são transformados em ativos das mais variadas espécies, para que possam ser usufruídos pelos autores das práticas delituosas.

79. Como as organizações criminosas, especialmente aquelas dedicadas ao tráfico ilegal de entorpecentes e de armas, recebem normalmente pequenas e médias somas em dinheiro, pela realização de inúmeras e sucessivas atividades ilícitas, a lavagem desses valores requer, periodicamente, a prática de um sem-número de operações financeiras e comerciais. Ademais, a própria manutenção dessa estrutura criminosa requer igualmente a realização de um outro número de operações daquela espécie.

80. Nessas situações, os recursos que são girados diariamente por essas atividades delituosas estão à margem da lei e servem exatamente para realimentar a máquina criminosa.

81. Logo, o projeto, tendo presente o fato de que a lavagem de dinheiro é o complemento de toda prática delituosa e de que essa operação só é possível com o trânsito desses recursos pelos setores regulares da economia, estrutura um regime administrativo de combate a essa operação ilícita, cujos pilares de sustentação podem ser resumidos em dois:

a) fixação de procedimentos que dificultem o encobrimento da origem dos recursos e facilitem o trabalho de investigação;

b) criação de um órgão especializado para investigar a prática de operações de lavagem.

82. A idéia de compartilhamento de responsabilidade entre o Estado e os setores da atividade econômica utilizados para a lavagem de dinheiro encontra um fundamento teórico e outro prático.

83. O fundamento teórico para essa divisão de tarefas parte do princípio de que a responsabilidade pelo combate dos crimes de lavagem não deve ficar restrita tão-só aos órgãos do Estado, mas também deve envolver toda a sociedade, tendo em vista o potencial desestabilizador dos crimes que se utilizam com maior vigor dos processos de lavagem. Assim, como certos setores da economia são utilizados como via para a prática do crime de lavagem de dinheiro, o que acaba por contaminar as atividades lícitas desenvolvidas por esses setores, e, por conseguinte, afetando a credibilidade e a estabilidade desses setores, nada mais lógico do que fazer com que assumam ônus e responsabilidades no combate de

EXPOSIÇÃO DE MOTIVOS DA LEI N. 9.613/1998   135

uma atividade delituosa que os atinge diretamente. De resto, tal participação fortalecerá a imagem desses setores perante a comunidade em que desenvolvam as suas atividades.

84. De fato, uma comunidade organizada sobre o primado do Direito não se coaduna com qualquer prática delituosa, estando implícito o dever imputado a todos de participar e de colaborar no combate a práticas por ela repudiadas e que, se não combatidas, acabarão por implodir o tecido social, pela corrosão dos alicerces da vida em coletividade.

85. Essa idéia de co-participação no combate às atividades ilícitas está, inclusive, consagrada no art. 144 da Constituição Federal, que deixa claro que a segurança pública é um dever do Estado, mas também é um direito e uma responsabilidade de todos. No mesmo sentido e de forma mais especifica, já no que concerne ao Sistema Financeiro Nacional, o art. 192 do texto constitucional estabelece que ele deverá ser "estruturado de forma (...) a servir aos interesses da coletividade".

86. Ao lado disso, há razões de ordem prática que justificam esse compartilhamento, na medida em que esses setores, pela proximidade com os seus clientes, dispõem de maiores condições para diferenciar operações lícitas de operações ilícitas.

87. Ressalte-se, ainda, que o simples estabelecimento de um regime administrativo de combate aos crimes de lavagem, com a participação direta dos setores que normalmente são utilizados nesse processo, constitui um importante fator de inibição da utilização desses setores na lavagem de dinheiro.

88. Nessa altura, cabe pôr em relevo o importante papel que o Sistema Financeiro Nacional terá no combate à lavagem de dinheiro.

89. Como o curso da moeda, modernamente, é realizado quase que exclusivamente pelos sistemas financeiros de cada país, as operações de lavagem, num ou noutro momento, passarão pelos referidos sistemas. Considerando os modernos avanços das telecomunicações, o processo de integração, de globalização das economias e de interligação dos sistemas financeiros mundiais, verifica-se que as transferências financeiras, não só dentro do território nacional, como especialmente entre países, estão extremamente facilitadas. A modernização do sistema, ao permitir transferências financeiras internacionais instantâneas, notadamente aquelas direcionadas para paraísos fiscais e bancários, acaba dificultando a persecução, o descobrimento e a apreensão dos capitais procedentes de atividades delituosas e, conseqüentemente, aumenta a eficácia da lavagem de dinheiro. Por tudo isso, está evidente o importante papel – involuntário, registre-se – que o sistema financeiro desempenha e desempenhará – se não se envolver no combate a essas atividades delituosas – na consolidação de uma indústria de lavagem de dinheiro no País, o que certamente repercutirá negativamente perante toda a sociedade brasileira e internacional.

90. Bem verdade que, apesar da proeminência do sistema financeiro no processo de lavagem, outros setores da economia também são utilizados. Para o

combate à lavagem de dinheiro, portanto, é necessário que o regime administrativo atinja também setores outros da economia que, no curso de suas operações regulares, movimentam consideráveis somas de dinheiro. Só assim a eficácia do combate à lavagem será otimizada.

91. Por isso que o artigo 9º, ao definir as pessoas jurídicas sujeitas ao regime administrativo, procura abarcar não só as instituições financeiras (bancos, financeiras, distribuidoras de títulos mobiliários, sociedades creditícias etc.), como também todas aquelas instituições que, por terem como atividade principal ou acessória, o giro de médias e grandes quantidades de dinheiro, podem ser utilizadas como canais para a lavagem de dinheiro, em virtude do que o projeto abrange também as entidades seguradoras, de capitalização, distribuidoras de prêmios, administradoras de cartões de crédito e de credenciamento, etc.

92. Abrange, ainda, o projeto as pessoas jurídicas que operem no ramo imobiliário, assim como aquelas que, também físicas, comercializem jóias, pedras e metais preciosos, objetos de arte e antigüidades (art. 9º, X e XI). Quanto a estas, a autoridade competente disciplinará aquelas que estão sujeitas às regras da lei, evitando-se, assim, uma banalização da fiscalização (art. 14, § 1º).

93. Fixados os sujeitos, nos arts. 10 e 11 o projeto cuida de estabelecer as suas obrigações.

94. No art. 10, são definidos os procedimentos que os sujeitos obrigados deverão adotar para que não sejam utilizados para fins de lavagem de dinheiro, especificamente no que se refere à identificação plena de todos os seus clientes, à manutenção de um cadastro de clientes atualizado (inciso I) e o registro de todas as operações que superarem determinado limite fixado pelas autoridades administrativas competentes (inciso II).

95. Com essas medidas, dificulta-se o encobrimento da origem ilícita, na medida em que elas propiciarão registros fidedignos que serão fundamentais às investigações e ao rastreamento do percurso dos recursos objeto de lavagem.

96. Tais medidas encontram-se por toda a legislação comparada, o que demonstra a absoluta necessidade de sua inclusão no direito brasileiro. Veja-se, por exemplo, a Bélgica (art. 4º da Lei de 11 janeiro de 1993), a Espanha (art. 3º, n. 1 da Lei n. 19/93, regulamentado pelo art. 3º do Real Decreto 925/95); Portugal (art. 3º, n. 1 do Decreto-Lei n. 313, de 15 setembro de 1993), CICAD (art. 10 do Regulamento Modelo) e a Comunidade Européia (item 12 das "Quarante Recommendations").

97. Como medida assecuratória da eficácia dos procedimentos investigatórios, o § 2º do artigo 10 determina que os cadastros e os registros acima aludidos sejam conservados por um prazo mínimo de cinco anos, podendo ser ampliado pelas autoridades competentes, contado a partir do encerramento da conta ou da conclusão da transação, pois nem sempre as operações serão realizadas por clientes permanentes dos sujeitos obrigados.

98. No inciso III do artigo 10, o projeto estabelece o dever dos sujeitos obrigados de atenderem as requisições de informações do COAF, órgão criado pelo

art. 14 do projeto. Nisso, o projeto toma o cuidado de submeter essas requisições ao crivo do Judiciário, o que evitará injustificadas e indevidas intromissões estatais na intimidade dos clientes. De resto, o projeto não se adentra na questão do sigilo bancário, que é objeto de tratamento em legislação complementar.

99. Já o art. 11, inciso I, estabelece que os sujeitos obrigados "dispensarão especial atenção às operações que, nos termos de instruções emanadas das autoridades competentes, possam constituir-se em sérios indícios dos crimes previstos" no projeto ou com eles relacionar-se.

100. O § 1º do mesmo art. 11 determina às autoridades competentes, nas instruções mencionadas pelo inciso I, a elaboração de uma "relação de operações que, por suas características, no que se refere às partes envolvidas, valores, forma de realização, instrumentos utilizados, ou pela falta de fundamento econômico ou legal, possam configurar" a prática dos delitos previstos no projeto.

101. Estabelece, ainda, o projeto que "as pessoas referidas no art. 9º (II) deverão comunicar, no prazo de vinte e quatro horas, às autoridades competentes (b) a proposta ou a realização" de tais transações.

102. Tais regras fomos buscar na experiência internacional, onde há previsões dessa natureza, necessárias para a prevenção e repressão dos delitos previstos no projeto. Veja-se a Bélgica (art. 8º da Lei de 11 janeiro de 1993), a Espanha (art. 3º, n. 2, da Lei 19/93), Portugal (art. 8º, n. 1, do Decreto-Lei n. 313/1993), Suíça (art. 305-ter, 2, do Cód. Penal, redação da Lei de 18 de março de 1994), a Comunidade Européia (itens 15 e 28 das "Quarante Recommendations") e a CICAD (art. 13 do Regulamento Modelo).

103. Algumas legislações, como a portuguesa de 1993 (Decreto-Lei 313), optaram por determinar o dever de abstenção (art. 11) na execução de "quaisquer operações que fundamente suspeitem estar relacionadas com a prática do crime".

104. No entanto, entendemos que a solução mais adequada aos princípios que informam o projeto se constitui no dever de comunicação. Uma operação, embora constante do elenco elaborado pelas autoridades competentes, pode ser absolutamente legítima e não se constituir na prática dos ilícitos previstos no Projeto. Cabe às autoridades proceder à necessária investigação e devendo lei instituir o dever de não realização da mesma porque meramente suspeita.

105. Como a falta de dados mais precisos no momento da realização das operações poderia deixar de fora um grande número de operações, prevê, ainda o projeto (art. 11, II) o dever de comunicação, "no prazo de vinte e quatro horas, às autoridades competentes, de (a) todas as transações" objeto do registro previsto no inciso II do art. 10, "que ultrapassem limite fixado, para esse fim, pela mesma autoridade".

106. A partir desse critério objetivo, fecha-se o cerco em relação àquelas operações que eventualmente não tenham sido comunicadas e permite-se, inclusive, que se possam identificar oscilações de movimentação financeira significativas num dado momento em certa região. Nisso, o projeto toma o cuidado de

determinar que múltiplas operações realizadas por uma pessoa física ou jurídica, seus entes ligados, em um mês calendário, com uma mesma pessoa, conglomerado ou grupo, e que ultrapassem o limite fixado pela autoridade competente, sejam consideradas de forma aglutinada (art. 10, § 3º).

107. Isso se justifica, porquanto um dos expedientes utilizados no processo de lavagem é justamente a realização, de foram pulverizada, de inúmeras operações envolvendo pequenas quantias (ver CICAD, Regulamento Modelo, art. 12, n. 4).

108. Se o sujeito estiver submetido à fiscalização de algum órgão, a comunicação deverá ser dirigida a esse órgão. Em caso contrário, ao COAF (artigo 11, § 3º).

109. Esclareça-se que o projeto, ao se referir a "autoridades competentes", está remetendo a matéria às legislações específicas que dispõem sobre a regulamentação e fiscalização das pessoas mencionadas no art. 9º.

110. Assim, para as pessoas que operam no sistema financeiro a "autoridade competente" é o Banco Central do Brasil (Lei n. 4.595, de 31 de dezembro de 1964, art. 8º, VIII e IX), para as que operam com valores mobiliários, como as bolsas, é a Comissão de Valores Mobiliários – CVM (Lei n. 6.385, de 7 de dezembro de 1976, arts. 8º, III e V, art. 9º e 11; Decreto-lei n. 2.298, de 21 de novembro de 1986), e, para as entidades que operam no sistema de seguro e capitalização, a Superintendência de Seguros Privados – SUSEP (Decreto-lei n. 73, de 21 de novembro de 1966, art. 36; Lei n. 6.435, de 15 de julho de 1977, art. 9º).

111. Obviamente, todas essas comunicações seriam ineficazes para fins de investigação, se delas os clientes tomassem conhecimento. Sendo assim, a parte final do inciso II do art. 11 deixa claro que os sujeitos obrigados deverão "abster-se de dar ciência aos clientes de tal comunicação", garantindo a confidencialidade das investigações delas decorrentes (Comunidade Européia, n. 17 das "Quarante Recommendations").

112. O § 2º do artigo 11, como forma de viabilizar as comunicações pelos sujeitos obrigados, estabelece que as comunicações das operações suspeitas, quando realizadas de boa-fé, não darão margem à responsabilização civil ou administrativa do sujeito obrigado, de seus controladores, dos seus administradores e dos seus empregados.

113. Esse dispositivo, como se vê, afasta impedimentos de ordem legal ou contratual relativos à manutenção do sigilo dessas operações.

114. A exigência de boa-fé consubstancia a preocupação de que não sejam realizadas comunicações infundadas, que submetam os clientes a um procedimento investigatório desnecessário.

115. Tal fórmula, porque necessária, encontra-se na legislação comparada (Bélgica, art. 20, Lei de 11 de janeiro de 1993, e Espanha, art. 4º da Lei 19/93), como também nas recomendações internacionais (CICAD, art. 134 do Regula-

mento Modelo, e Comunidade Européia, item 16, das "Quarante Recommendations").

116. No Capítulo VIII, o Projeto cuida de definir o regime sancionador para o não cumprimento, pelos sujeitos obrigados, das obrigações previstas nos arts. 10 e 11.

117. A responsabilidade administrativa constitui um capítulo indispensável para o sucesso da lei ora projetada. Com efeito, desde muito tempo os estudos e trabalhos destinados ao combate da criminalidade dos respeitáveis, em áreas como dos ilícitos de contrabando e contra a administração pública, por exemplo, vêm propondo a maior interação entre o Direito Penal e o Direito Administrativo Penal, considerado este ramo sob a perspectiva da punição das infrações administrativas como medidas de Política Criminal para a prevenção de delitos.

118. Assim, no art. 12, adotando-se um critério de progressividade e proporcionalidade, prevê o projeto as sanções de advertência, multa pecuniária, inabilitação temporária e cassação da autorização para operação ou funcionamento.

119. A advertência, nos termos do art. 12, § 1º, será aplicada nos casos de irregularidades em relação às instruções expedidas pelas autoridades competentes para o cumprimento do disposto no art. 10, incisos I e II, que versam sobre o cadastro e a identificação dos clientes (inciso I) e o registro das operações (inciso II).

120. No caso de aplicação de multa, o projeto faculta às autoridades competentes a aplicação da multa fixa de até R$ 200.000,00 (duzentos mil reais) ou variável, de um por cento até o dobro do valor da operação, ou até duzentos por cento do lucro obtido ou que presumivelmente seria obtido pela realização da operação.

121. Essa sanção será aplicada aos sujeitos obrigados, quando estes, por negligência ou dolo, deixarem de sanar, no prazo que lhes for fixado, as irregularidades objeto de advertência (art. 12, § 2º, "a"); não realizarem a identificação ou o registro previstos nos incisos I e II do art. 10; não atenderem, dentro do prazo fixado, as requisições do COAF ou deixarem de fazer as comunicações das operações suspeitas às autoridades competentes (art. 12, § 2º, "d").

122. O rigor dos valores da multa procura inibir a participação dos sujeitos obrigados em operações de lavagem de dinheiro, sendo contrabalanceado pela exigência de que haja pelo menos negligência dos sujeitos obrigados para que essa sanção seja aplicada.

123. A inabilitação temporária será aplicada para infrações graves quanto ao cumprimento das obrigações impostas aos sujeitos obrigados e no caso de reincidência específica em infrações punidas com multa (art. 12, § 3º). Já a cassação de autorização reserva-se para os casos de reincidência específica em infrações punidas com a inabilitação temporária.

124. Todas as sanções constantes do projeto, nos termos dos arts. 12, *caput*, e 14, § 1º, serão aplicadas pelos órgãos e entidades governamentais fiscalizadores e pelo COAF, quando se tratar de sujeitos não submetidos a nenhuma

autoridade, devendo o procedimento para aplicação dessas sanções ser regulado por decreto, onde serão assegurados o contraditório e a ampla defesa (art. 13).

125. Esse regime sancionador é já conhecido pelo direito brasileiro, sendo similar ao contido na Lei n. 4.595 de 1964, que regulamenta o sistema financeiro (art. 44).

126. No capítulo IX, o projeto cuida de estruturar o Conselho de Controle de Atividades Financeiras – COAF. Criado no âmbito do Ministério da Fazenda (art. 14). Esse Conselho terá a incumbência de, além de aplicar penas administrativas, disciplinar, receber, examinar, identificar e investigar as ocorrências suspeitas da prática de lavagem de dinheiro, sem prejuízo da competência dos demais órgãos e entidades governamentais envolvidas nesse combate.

127. Como visto acima, o regime administrativo terá como ponto crucial a realização, pelos sujeitos obrigados, de registro e de comunicações de operações que excedam determinado valor, além de comunicações eventuais e periódicas de operações suspeitas de consubstanciarem a prática de lavagem de dinheiro. Isso, indubitavelmente, implicará um número elevadíssimo de informações sobre operações financeiras e comerciais, realizadas nos mais diversos pontos do País e no exterior. Para que essas informações desencontradas e isoladas sejam transformadas em evidências da prática do crime de lavagem de dinheiro, há a necessidade de que lhes seja dado um tratamento adequado, seja pelo cruzamento dessas informações, seja pelo trabalho de natureza estatística. Para tanto, será imprescindível uma estrutura administrativa especializada, familiarizada com os instrumentos do mercado financeiro e comercial do País e internacional, para que, de posse dessas informações possa extrair evidências e provas da prática dos crimes de lavagem de dinheiro, sem falar que, muitas vezes, a celeridade das investigações será uma peça fundamental para o desbaratamento de uma empresa criminosa.

128. Obviamente, para o bom desempenho de suas funções investigativas, o COAF terá que contar com, além das informações que lhe são fornecidas, outras que sejam necessárias para a comprovação ou não da prática de lavagem de dinheiro. Nesse sentido, o projeto estabelece, conforme já mencionado e nos termos do art. 10, III, que o COAF poderá requisitar informações dos sujeitos obrigados, desde que autorizado pelo Poder Judiciário.

129. Se, ao fim e ao cabo de suas investigações, o COAF concluir pela existência de crimes previstos no projeto ou de fundados indícios de sua prática, ou de qualquer outro ilícito, deverá ele comunicar às autoridades competentes para a instauração dos procedimentos cabíveis (art. 15).

130. Nos termos do § 2º do art. 14, o COAF, além de seu caráter de órgão investigativo, terá um caráter de coordenador das atividades governamentais de combate à lavagem de dinheiro, devendo para tanto propor mecanismos de cooperação e de troca de informações que viabilizem ações rápidas e eficientes no combate dessa atividade delituosa.

131. Fica claro, portanto, que ao COAF caberá analisar operações financeiras e comerciais dos mais diversos tipos e estruturas, sendo que o evidenciamento de uma operação de lavagem de dinheiro na maior parte das vezes exigirá o exame de complexas estruturas negociais, requerendo conhecimentos teóricos e práticos não só sobre procedimentos de investigação, como também sobre operações financeiras e comerciais, Nada mais lógico, pois, que o corpo funcional desse órgão seja composto por servidores de reputação ilibada e reconhecida competência, de órgãos e entidades governamentais que sejam responsáveis pela fiscalização dessas operações e que, de uma forma ou de outra, estejam ligados aos setores envolvidos no combate à prática de lavagem de dinheiro. Disto, resultará o caráter multidisciplinar desse órgão e que, certamente, será um fator de celeridade na condução de suas funções.

132. Esse Conselho segue a linha dos similares encontradiços no direito comparado. Assim na Argentina, com a "Comisión Mixta de Control de las operatorias relacionadas con el lavado de dinero del narcotráfico"; na Espanha, com a "Comisión de Prevención del Blanqueo de Capitales e Infracciones Monetarias"; na França, com o "Traitement du Renseignement et Action Contre les Circuits Financiers Clandestins – Tracfin"; e, nos Estados Unidos da América, com o "Financial Crimes Enforcement Network – FinCEN".

133. O *disegno di legge* contém regras necessariamente minuciosas acerca de situações e interesses que gravitam no universo dos delitos antecedentes e das múltiplas atividades relativas à indústria e ao comércio da lavagem de dinheiro.

134. Os bens, direitos ou valores oriundos de crimes praticados no estrangeiro (art. 8º); as pessoas jurídicas com especiais deveres de controle na prevenção e repressão dos ilícitos (art. 9º); a identificação dos clientes e manutenção de registros (art. 10) e a comunicação de operações financeiras (art. 11) constituem capítulos de um repertório de objetos em torno dos quais devem movimentar-se os operadores do Direito e do Processo Penal e também do Direito Administrativo Penal.

135. A elaboração deste texto iniciou-se com um anteprojeto produzido por grupo técnico sob a coordenação da Casa Civil. Após isso, o trabalho passou para a égide do Ministério da Justiça, tendo sido elaborado por professores e técnicos sob a direção do respectivo Ministro.

136. Antes de chegar ao presente estágio, tivemos oportunidade de discutir a matéria com órgãos e especialistas estrangeiros (Suíça, Inglaterra e Estados Unidos da América).

137. Divulgamos o texto então produzido, na forma de Anteprojeto no Diário Oficial da União de 5 de julho de 1996. Utilizamo-nos, também, de divulgação via *home page* do Ministério da Justiça junto à Internet, tudo para receber críticas e sugestões visando ao seu aprimoramento.

138. Foram realizadas, paralelamente, reuniões para discussão do tema, com a presença do Ministro da Justiça e de representante da Procuradoria-Geral

da Fazenda Nacional. Foram ouvidos, em São Paulo, em cinco reuniões autônomas, a Federação das Indústrias de São Paulo – FIESP, a Federação Brasileira de Bancos – FEBRABAN, as Bolsas de Valores e Mercantil de Futuros, a Associação Brasileira de Bancos Internacionais – ABBI, e a Associação Brasileira de Bancos Comerciais e Múltiplos. Em Natal houve reunião com os Presidentes das Federações da Agricultura, Comércio e Indústria dos Estados do Rio Grande do Norte, Pernambuco, Paraíba e Ceará. Em Belo Horizonte, a reunião foi organizada pela Federação de Indústria de Minas Gerais – FIEMG, onde compareceram magistrados e advogados. Foi realizada reunião no Rio de Janeiro com a respectiva Federação de Indústria. O anteprojeto foi exposto e discutido em reunião da Comissão de Constituição e Justiça e Redação da Câmara dos Deputados.

139. Todas as contribuições foram analisadas pelo Ministro da Justiça, pelos representantes da Procuradoria-Geral da Fazenda Nacional e Banco Central do Brasil e muitas delas estão incorporadas na redação ora apresentada.

Este é o projeto, Senhor Presidente, que submetemos à alta consideração de Vossa Excelência, na convição de que, uma vez convertido em lei, seja mais um eficiente instrumento na luta contra as modalidades mais audaciosas do crime organizado e de suas ilícitas conexões.

Respeitosamente,

NELSON A. JOBIM, Ministro de Estado da Justiça; PEDRO MALAN, Ministro de Estado da Fazenda; LUIZ FELIPE LAMPREIA, Ministro de Estado das Relações Exteriores; ALBERTO MENDES CARDOSO, Ministro Chefe da Casa Militar da Presidência da República

2. LEI N. 9.613, DE 3 DE MARÇO DE 1998

Dispõe sobre os crimes de "lavagem" ou ocultação de bens, direitos e valores; a prevenção da utilização do sistema financeiro para os ilícitos previstos nesta Lei; cria o Conselho de Controle de Atividades Financeiras – COAF, e dá outras providencias.

CAPÍTULO I – **DOS CRIMES DE "LAVAGEM" OU OCULTAÇÃO DE BENS, DIREITOS E VALORES**

Art. 1º. Ocultar ou dissimular a natureza, origem, localização, disposição, movimentação ou propriedade de bens, direitos ou valores provenientes, direta ou indiretamente, de crime:

I – de tráfico ilícito de substâncias entorpecentes ou drogas afins;

II – de terrorismo e seu financiamento; (*Redação dada pela Lei n. 10.701, de 9.7.2003*)

III – de contrabando ou tráfico de armas, munições ou material destinado à sua produção;

IV – de extorsão mediante seqüestro;

V – contra a Administração Pública, inclusive a exigência, para si ou para outrem, direta ou indiretamente, de qualquer vantagem, como condição ou preço para a prática ou omissão de atos administrativos;

VI – contra o sistema financeiro nacional;

VII – praticado por organização criminosa;

VIII – praticado por particular contra a administração pública estrangeira (arts. 337-B, 337-C e 337-D do Decreto-lei n. 2.848, de 7.12.1940). (*Inciso incluído pela Lei n. 10.467, de 11.6.2002*)

Pena: reclusão de três a dez anos e multa.

§ 1º. Incorre na mesma pena quem, para ocultar ou dissimular a utilização de bens, direitos ou valores provenientes de qualquer dos crimes antecedentes referidos neste artigo:

I – os converte em ativos lícitos;

II – os adquire, recebe, troca, negocia, dá ou recebe em garantia, guarda, tem em depósito, movimenta ou transfere;

III – importa ou exporta bens com valores não correspondentes aos verdadeiros.

§ 2º. Incorre, ainda, na mesma pena quem:

I – utiliza, na atividade econômica ou financeira, bens, direitos ou valores que sabe serem provenientes de qualquer dos crimes antecedentes referidos neste artigo;

II – participa de grupo, associação ou escritório tendo conhecimento de que sua atividade principal ou secundária é dirigida à prática de crimes previstos nesta Lei.

§ 3º. A tentativa é punida nos termos do parágrafo único do art. 14 do Código Penal.

§ 4º. A pena será aumentada de um a dois terços, nos casos previstos nos incisos I a VI do *caput* deste artigo, se o crime for cometido de forma habitual ou por intermédio de organização criminosa.

§ 5º. A pena será reduzida de um a dois terços e começará a ser cumprida em regime aberto, podendo o juiz deixar de aplicá-la ou substituí-la por pena restritiva de direitos, se o autor, co-autor ou partícipe colaborar espontaneamente com as autoridades, prestando esclarecimentos que conduzam à apuração das infrações penais e de sua autoria ou à localização dos bens, direitos ou valores objeto do crime.

Capítulo II – **DISPOSIÇÕES PROCESSUAIS ESPECIAIS**

Art. 2º. O processo e julgamento dos crimes previstos nesta Lei:

I – obedecem às disposições relativas ao procedimento comum dos crimes punidos com reclusão, da competência do juiz singular;

II – independem do processo e julgamento dos crimes antecedentes referidos no artigo anterior, ainda que praticados em outro país;

III – são da competência da Justiça Federal:

a) quando praticados contra o sistema financeiro e a ordem econômico-financeira, ou em detrimento de bens, serviços ou interesses da União, ou de suas entidades autárquicas ou empresas públicas;

b) quando o crime antecedente for de competência da Justiça Federal.

§ 1º. A denúncia será instruída com indícios suficientes da existência do crime antecedente, sendo puníveis os fatos previstos nesta Lei, ainda que desconhecido ou isento de pena o autor daquele crime.

§ 2º. No processo por crime previsto nesta Lei, não se aplica o disposto no art. 366 do Código de Processo Penal.

Art. 3º. Os crimes disciplinados nesta Lei são insuscetíveis de fiança e liberdade provisória e, em caso de sentença condenatória, o juiz decidirá fundamentadamente se o réu poderá apelar em liberdade.

Art. 4º. O juiz, de ofício, a requerimento do Ministério Público, ou representação da autoridade policial, ouvido o Ministério Público em vinte e quatro horas, havendo indícios suficientes, poderá decretar, no curso do inquérito ou da ação penal, a apreensão ou o seqüestro de bens, direitos ou valores do acusado, ou existentes em seu nome, objeto dos crimes previstos nesta Lei, procedendo-se na forma dos arts. 125 a 144 do Decreto-lei n. 3.689, de 3 de outubro de 1941 – Código de Processo Penal.

§ 1º. As medidas assecuratórias previstas neste artigo serão levantadas se a ação penal não for iniciada no prazo de cento e vinte dias, contados da data em que ficar concluída a diligência.

§ 2º. O juiz determinará a liberação dos bens, direitos e valores apreendidos ou seqüestrados quando comprovada a licitude de sua origem.

§ 3º. Nenhum pedido de restituição será conhecido sem o comparecimento pessoal do acusado, podendo o juiz determinar a prática de atos necessários à conservação de bens, direitos ou valores, nos casos do art. 366 do Código de Processo Penal.

§ 4º. A ordem de prisão de pessoas ou da apreensão ou seqüestro de bens, direitos ou valores, poderá ser suspensa pelo juiz, ouvido o Ministério Público, quando a sua execução imediata possa comprometer as investigações.

Art. 5º. Quando as circunstâncias o aconselharem, o juiz, ouvido o Ministério Público, nomeará pessoa qualificada para a administração dos bens, direitos ou valores apreendidos ou seqüestrados, mediante termo de compromisso.

Art. 6º. O administrador dos bens:

I – fará jus a uma remuneração, fixada pelo juiz, que será satisfeita com o produto dos bens objeto da administração;

II – prestará, por determinação judicial, informações periódicas da situação dos bens sob sua administração, bem como explicações e detalhamentos sobre investimentos e reinvestimentos realizados.

Parágrafo único. Os atos relativos à administração dos bens apreendidos ou seqüestrados serão levados ao conhecimento do Ministério Público, que requererá o que entender cabível.

Capítulo III – DOS EFEITOS DA CONDENAÇÃO

Art. 7º. São efeitos da condenação, além dos previstos no Código Penal:

I – a perda, em favor da União, dos bens, direitos e valores objeto de crime previsto nesta Lei, ressalvado o direito do lesado ou de terceiro de boa-fé;

II – a interdição do exercício de cargo ou função pública de qualquer natureza e de diretor, de membro de conselho de administração ou de gerência das pessoas jurídicas referidas no art. 9º, pelo dobro do tempo da pena privativa de liberdade aplicada.

Capítulo IV – DOS BENS, DIREITOS OU VALORES ORIUNDOS DE CRIMES PRATICADOS NO ESTRANGEIRO

Art. 8º. O juiz determinará, na hipótese de existência de tratado ou convenção internacional e por solicitação de autoridade estrangeira competente, a apreensão ou o seqüestro de bens, direitos ou valores oriundos de crimes descritos no art. 1º, praticados no estrangeiro.

§ 1º. Aplica-se o disposto neste artigo, independentemente de tratado ou convenção internacional, quando o governo do país da autoridade solicitante prometer reciprocidade ao Brasil.

§ 2º. Na falta de tratado ou convenção, os bens, direitos ou valores apreendidos ou seqüestrados por solicitação de autoridade estrangeira competente ou os recursos provenientes da sua alienação serão repartidos entre o Estado requerente e o Brasil, na proporção de metade, ressalvado o direito do lesado ou de terceiro de boa-fé.

Capítulo V – DAS PESSOAS SUJEITAS À LEI

Art. 9º. Sujeitam-se às obrigações referidas nos arts. 10 e 11 as pessoas jurídicas que tenham, em caráter permanente ou eventual, como atividade principal ou acessória, cumulativamente ou não:

I – a captação, intermediaçao e aplicação de recursos financeiros de terceiros, em moeda nacional ou estrangeira;

II – a compra e venda de moeda estrangeira ou ouro como ativo financeiro ou instrumento cambial;

III – a custódia, emissão, distribuição, liquidação, negociação, intermediação ou administração de títulos ou valores mobiliários.

Parágrafo único. Sujeitam-se às mesmas obrigações:

I – as bolsas de valores e bolsas de mercadorias ou futuros;

II – as seguradoras, as corretoras de seguros e as entidades de previdência complementar ou de capitalização;

III – as administradoras de cartões de credenciamento ou cartões de crédito, bem como as administradoras de consórcios para aquisição de bens ou serviços;

IV – as administradoras ou empresas que se utilizem de cartão ou qualquer outro meio eletrônico, magnético ou equivalente, que permita a transferência de fundos;

V – as empresas de arrendamento mercantil (*leasing*) e as de fomento comercial (*factoring*);

VI – as sociedades que efetuem distribuição de dinheiro ou quaisquer bens móveis, imóveis, mercadorias, serviços, ou, ainda, concedam descontos na sua aquisição, mediante sorteio ou método assemelhado;

VII – as filiais ou representações de entes estrangeiros que exerçam no Brasil qualquer das atividades listadas neste artigo, ainda que de forma eventual;

VIII – as demais entidades cujo funcionamento dependa de autorização de órgão regulador dos mercados financeiro, de câmbio, de capitais e de seguros;

IX – as pessoas físicas ou jurídicas, nacionais ou estrangeiras, que operem no Brasil como agentes, dirigentes, procuradoras, comissionárias ou por qualquer forma representem interesses de ente estrangeiro que exerça qualquer das atividades referidas neste artigo;

X – as pessoas jurídicas que exerçam atividades de promoção imobiliária ou compra e venda de imóveis;

XI – as pessoas físicas ou jurídicas que comercializem jóias, pedras e metais preciosos, objetos de arte e antiguidades.

XII – as pessoas físicas ou jurídicas que comercializem bens de luxo ou de alto valor ou exerçam atividades que envolvam grande volume de recursos em espécie. (*Incluído pela Lei n. 10.701, de 9.7.2003*)

Capítulo VI – **DA IDENTIFICAÇÃO DOS CLIENTES E MANUTENÇÃO DE REGISTROS**

Art. 10. As pessoas referidas no art. 9º:

I – identificarão seus clientes e manterão cadastro atualizado, nos termos de instruções emanadas das autoridades competentes;

II – manterão registro de toda transação em moeda nacional ou estrangeira, títulos e valores mobiliários, títulos de crédito, metais, ou qualquer ativo passível de ser convertido em dinheiro, que ultrapassar limite fixado pela autoridade competente e nos termos de instruções por esta expedidas;

III – deverão atender, no prazo fixado pelo órgão judicial competente, as requisições formuladas pelo Conselho criado pelo art. 14, que se processarão em segredo de justiça.

§ 1º. Na hipótese de o cliente constituir-se em pessoa jurídica, a identificação referida no inciso I deste artigo deverá abranger as pessoas físicas autorizadas a representá-la, bem como seus proprietários.

§ 2º. Os cadastros e registros referidos nos incisos I e II deste artigo deverão ser conservados durante o período mínimo de cinco anos a partir do encerramento da conta ou da conclusão da transação, prazo este que poderá ser ampliado pela autoridade competente.

§ 3º. O registro referido no inciso II deste artigo será efetuado também quando a pessoa física ou jurídica, seus entes ligados, houver realizado, em um mesmo mês-calendário, operações com uma mesma pessoa, conglomerado ou grupo que, em seu conjunto, ultrapassem o limite fixado pela autoridade competente.

Art. 10A. O Banco Central manterá registro centralizado formando o cadastro geral de correntistas e clientes de instituições financeiras, bem como de seus procuradores. (*Incluído pela Lei n. 10.701, de 9.7.2003*)

Capítulo VII – **DA COMUNICAÇÃO DE OPERAÇÕES FINANCEIRAS**

Art. 11. As pessoas referidas no art. 9º:

I – dispensarão especial atenção às operações que, nos termos de instruções emanadas das autoridades competentes, possam constituir-se em sérios indícios dos crimes previstos nesta Lei, ou com eles relacionar-se;

II – deverão comunicar, abstendo-se de dar aos clientes ciência de tal ato, no prazo de vinte e quatro horas, às autoridades competentes:

a) todas as transações constantes do inciso II do art. 10 que ultrapassarem limite fixado, para esse fim, pela mesma autoridade e na forma e condições por ela estabelecidas, devendo ser juntada a identificação a que se refere o inciso I do mesmo artigo; (*Redação dada pela Lei n. 10.701, de 9.7.2003*)

b) a proposta ou a realização de transação prevista no inciso I deste artigo.

§ 1º. As autoridades competentes, nas instruções referidas no inciso I deste artigo, elaborarão relação de operações que, por suas características, no que se refere às partes envolvidas, valores, forma de realização, instrumentos utilizados, ou pela falta de fundamento econômico ou legal, possam configurar a hipótese nele prevista.

§ 2º. As comunicações de boa-fé, feitas na forma prevista neste artigo, não acarretarão responsabilidade civil ou administrativa.

§ 3º. As pessoas para as quais não exista órgão próprio fiscalizador ou regulador farão as comunicações mencionadas neste artigo ao Conselho de Controle das Atividades Financeiras – COAF e na forma por ele estabelecida.

Capítulo VIII – **DA RESPONSABILIDADE ADMINISTRATIVA**

Art. 12. Às pessoas referidas no art. 9º, bem como aos administradores das pessoas jurídicas, que deixem de cumprir as obrigações previstas nos arts. 10 e 11 serão aplicadas, cumulativamente ou não, pelas autoridades competentes, as seguintes sanções:

I – advertência;

II – multa pecuniária variável, de um por cento até o dobro do valor da operação, ou até duzentos por cento do lucro obtido ou que presumivelmente seria obtido pela realização da operação, ou, ainda, multa de até R$ 200.000,00 (duzentos mil reais);

III – inabilitação temporária, pelo prazo de até dez anos, para o exercício do cargo de administrador das pessoas jurídicas referidas no art. 9º;

IV – cassação da autorização para operação ou funcionamento.

§ 1º. A pena de advertência será aplicada por irregularidade no cumprimento das instruções referidas nos incisos I e II do art. 10.

§ 2º. A multa será aplicada sempre que as pessoas referidas no art. 9º, por negligência ou dolo:

I – deixarem de sanar as irregularidades objeto de advertência, no prazo assinalado pela autoridade competente;

II – não realizarem a identificação ou o registro previstos nos incisos I e II do art. 10;

III – deixarem de atender, no prazo, a requisição formulada nos termos do inciso III do art. 10;

IV – descumprirem a vedação ou deixarem de fazer a comunicação a que se refere o art. 11.

§ 3º. A inabilitação temporária será aplicada quando forem verificadas infrações graves quanto ao cumprimento das obrigações constantes desta Lei ou quando ocorrer reincidência específica, devidamente caracterizada em transgressões anteriormente punidas com multa.

§ 4º. A cassação da autorização será aplicada nos casos de reincidência específica de infrações anteriormente punidas com a pena prevista no inciso III do *caput* deste artigo.

Art. 13. O procedimento para a aplicação das sanções previstas neste Capítulo será regulado por decreto, assegurados o contraditório e a ampla defesa.

Capítulo IX – DO CONSELHO DE CONTROLE DE ATIVIDADES FINANCEIRAS

Art. 14. É criado, no âmbito do Ministério da Fazenda, o Conselho de Controle de Atividades Financeiras – COAF, com a finalidade de disciplinar, aplicar penas administrativas, receber, examinar e identificar as ocorrências suspeitas de atividades ilícitas previstas nesta Lei, sem prejuízo da competência de outros órgãos e entidades.

§ 1º. As instruções referidas no art. 10 destinadas às pessoas mencionadas no art. 9º, para as quais não exista órgão próprio fiscalizador ou regulador, serão expedidas pelo COAF, competindo-lhe, para esses casos, a definição das pessoas abrangidas e a aplicação das sanções enumeradas no art. 12.

§ 2º. O COAF deverá, ainda, coordenar e propor mecanismos de cooperação e de troca de informações que viabilizem ações rápidas e eficientes no combate à ocultação ou dissimulação de bens, direitos e valores.

§ 3º. O COAF poderá requerer aos órgãos da Administração Pública as informações cadastrais bancárias e financeiras de pessoas envolvidas em atividades suspeitas. (*Incluído pela Lei n. 10.701, de 9.7.2003*)

Art. 15. O COAF comunicará às autoridades competentes para a instauração dos procedimentos cabíveis, quando concluir pela existência de crimes previstos nesta Lei, de fundados indícios de sua prática, ou de qualquer outro ilícito.

Art. 16. O COAF será composto por servidores públicos de reputação ilibada e reconhecida competência, designados em ato do Ministro de Estado da Fazenda, dentre os integrantes do quadro de pessoal efetivo do Banco Central do Brasil, da Comissão de Valores Mobiliários, da Superintendência de Seguros Privados, da Procuradoria-Geral da Fazenda Nacional, da Secretaria da Receita Federal, de órgão de inteligência do Poder Executivo, do Departamento de Polícia Federal, do Ministério das Relações Exteriores e da Controladoria-Geral da União, atendendo, nesses quatro últimos casos, à indicação dos respectivos Ministros de Estado. (*Redação da pela Lei n. 10.683, de 28.5.2003*).

§ 1º. O Presidente do Conselho será nomeado pelo Presidente da República, por indicação do Ministro de Estado da Fazenda.

§ 2º. Das decisões do COAF relativas às aplicações de penas administrativas caberá recurso ao Ministro de Estado da Fazenda.

Art. 17. O COAF terá organização e funcionamento definidos em estatuto aprovado por decreto do Poder Executivo.

Art. 18. Esta Lei entra em vigor na data de sua publicação.

Brasília, 3 de março de 1998, 177º da Independência e 110º da Republica

3. CONVENÇÃO DE VIENA*

Artigo 1 – Definições.

Salvo indicação expressa em contrário, ou onde o contexto exigir outra interpretação, as seguintes definições se aplicarão em todo o texto desta Convenção:

a) Por "apreensão preventiva" ou "apreensão" se entende a proibição temporária de transferir, converter, alienar ou mover bens, ou manter bens em custódia ou sob controle temporário, por ordem expedida por um tribunal ou por autoridade competente;

b) Por "arbusto de coca" se entende a planta de qualquer espécie do gênero *Erythroxylon*;

---

* Promulgada pelo Decreto n. 154, de 26 de junho de 1991.

c) Por "bens" se entendem os ativos de qualquer tipo, corpóreos ou incorpóreos, móveis e imóveis, tangíveis ou intangíveis, e os documentos ou instrumentos legais que confirmam a propriedade ou outros direitos sobre os ativos em questão;

d) Por "Comissão" se entende a Comissão de Entorpecentes do Conselho Econômico e Social das Nações Unidas;

e) Por "confisco" se entende a privação em caráter definitivo, de algum bem, por decisão de um tribunal ou de outra autoridade competente;

f) Por "Conselho" se entende o Conselho Econômico Social das Nações Unidas;

g) Por "Convenção de 1961" se entende a Convenção Única de 1961 sobre Entorpecentes;

h) Por "Convenção de 1961 em sua forma emendada" se entende a Convenção Única de 1961 sobre Entorpecentes, emendada pelo Protocolo de 1972 que modifica a Convenção Única de 1961 sobre Entorpecentes;

i) Por "Convenção de 1971" se entende a Convenção sobre Substâncias Psicotrópicas de 1971;

j) Por "entorpecente" se entende qualquer substância, natural ou sintética, que figura na Lista I ou na Lista II da Convenção Única de 1961 sobre Entorpecentes, emendada pelo Protocolo de 1972 que modifica a Convenção Única de 1961 sobre Entorpecentes;

l) Por "entrega vigiada" se entenda a técnica de deixar que remessas ilícitas ou suspeitas de entorpecentes, substâncias psicotrópicas, substâncias que figuram no Quadro I e no Quadro II anexos nesta Convenção, ou substâncias que tenham substituído as anteriormente mencionadas, saiam do território de um ou mais países, que o atravessem ou que nele ingressem, com o conhecimento e sob a supervisão de suas autoridades competentes, com o fim de identificar as pessoas envolvidas em praticar delitos especificados no parágrafo 1 do Artigo 2 desta Convenção;

m) Por "Estado de trânsito" se entende o Estado, através de cujo território passam de maneira ilícita entorpecentes, substâncias psicotrópicas e substâncias que figuram no Quadro I e no Quadro II, e que não seja nem o ponto de procedência nem o ponto de destino final dessas substâncias;

n) Por "Junta" se entende a Junta Internacional de Fiscalização de Entorpecentes, estabelecida pela Convenção Única de 1961 sobre Entorpecentes, emendada pelo Protocolo de 1972 que modifica a Convenção Única de 1961 sobre Entorpecentes;

o) Por "semente de ópio" se entende a planta da espécie *papaver Somniferum L*;

p) Por "planta de cannabis" se entende toda planta do gênero cannabis;

q) Por "produto" se entendem os bens obtidos ou derivados, direta ou indiretamente, da prática de delitos estabelecidos de acordo com o parágrafo 1 do Artigo 3;

r) Por "Quadro I e Quadro II" se entende a lista de substâncias que, com essa numeração, se anexa a esta Convenção, emendada oportunamente em conformidade com o Artigo 12;

s) Por "Secretário Geral" se entende o Secretário Geral das Nações Unidas;

t) Por "substâncias psicotrópicas" se entende qualquer substância, natural que sintética, ou qualquer material natural, que figure nas listas I, II, III, IV da Convenção sobre Substâncias Psicotrópicas de 1971;

u) Por "tráfico ilícito" se entendem os delitos estabelecidos de acordo com os parágrafos 1 e 2 do Artigo 3 desta Convenção.

Artigo 2 – Alcance da Presente Convenção

1. O propósito desta Convenção é promover a cooperação entre as Partes a fim de que se possa fazer frente, com maior eficiência, aos diversos aspectos do tráfico ilícito de entorpecentes e de substâncias psicotrópicas que tenham dimensão internacional. No cumprimento das obrigações que tenham sido contraídas em virtude desta Convenção, as Partes adotarão as medidas necessárias, compreendidas as de ordem legislativa e administrativa, de acordo com as disposições fundamentais de seus respectivos ordenamentos jurídicos internos.

2. As Partes cumprirão suas obrigações oriundas desta Convenção de maneira a se coadunar com os princípios da igualdade soberana e da integridade territorial dos Estado e da não-ingerência em assuntos internos de outros Estados.

3. Uma Parte não terá, no território de outra Parte, nem jurisdição nem funções que tenham sido reservadas exclusivamente às autoridades dessa outra Parte, por seu direito interno.

Artigo 3 – Delitos e Sanções

1. Cada uma das Partes adotará as medidas necessárias para caracterizar como delitos penais em seu direito interno, quando cometidos internacionalmente:

a) i) a produção, a fabricação, a extração, a preparação, a oferta para venda, a distribuição, a venda, a entrega em quaisquer condições, a corretagem, o envio, o envio em trânsito, o transporte, a importação ou a exportação de qualquer entorpecente ou substância psicotrópica, contra o disposto na Convenção de 1961 em sua forma emendada, ou na Convenção de 1971;

ii) o cultivo de sementes de ópio, do arbusto da coca ou da planta de cannabis, com o objetivo de produzir entorpecentes, contra o disposto na Convenção de 1961 em sua forma emendada;

iii) a posse ou aquisição de qualquer entorpecente ou substância psicotrópica com o objetivo de realizar qualquer uma das atividades enumeradas no item i) acima;

iv) a fabricação, o transporte ou a distribuição de equipamento, material ou das substâncias enumeradas no Quadro I e no Quadro II, sabendo que serão utilizados para o cultivo, a produção ou a fabricação ilícita de entorpecentes ou substâncias psicotrópicas;

v) a organização, a gestão ou o financiamento de um dos delitos enumerados nos itens i), ii), iii) ou iv);

b) i) a conversão ou a transferência de bens, com conhecimento de que tais bens são procedentes de algum ou alguns dos delitos estabelecidos no inciso a) deste parágrafo, ou da prática do delito ou delitos em questão, com o objetivo de ocultar ou encobrir a origem ilícita dos bens, ou de ajudar a qualquer pessoa que participe na prática do delito ou delitos em questão, para fugir das conseqüências jurídicas de seus atos;

ii) a ocultação ou o encobrimento, da natureza, origem, localização, destino, movimentação ou propriedade verdadeira dos bens, sabendo que procedem de algum ou alguns dos delitos mencionados no inciso a) deste parágrafo ou de participação no delito ou delitos em questão;

c) de acordo com seus princípios constitucionais e com os conceitos fundamentais de seu ordenamento jurídico;

i) a aquisição, posse ou utilização de bens, tendo conhecimento, no momento em que os recebe, de que tais bens procedem de algum ou alguns delitos mencionados no inciso a) deste parágrafo ou de ato de participação no delito ou delitos em questão;

ii) a posse de equipamentos ou materiais ou substâncias, enumeradas no Quadro I e no Quadro II, tendo conhecimento prévio de que são utilizados, ou serão utilizados, no cultivo, produção ou fabricação ilícitos de entorpecentes ou de substâncias psicotrópicas;

iii) instigar ou induzir publicamente outrem, por qualquer meio, a cometer alguns dos delitos mencionados neste Artigo ou a utilizar ilicitamente entorpecentes ou de substâncias psicotrópicas;

iv) a participação em qualquer dos delitos mencionados neste Artigo, a associação e a confabulação para cometê-los, a tentativa de cometê-los e a assistência, a incitação, a facilitação ou o assessoramento para a prática do delito.

2. Reservados os princípios constitucionais e os conceitos fundamentais de seu ordenamento jurídico, cada Parte adotará as medidas necessárias para caracterizar como delito penal, de acordo com seu direito interno, quando configurar a posse, à aquisição ou o cultivo intencionais de entorpecentes ou de substâncias psicotrópicas para consumo pessoal, contra o disposto na Convenção de 1961, na Convenção de 1961 em sua forma emendada, ou na Convenção de 1971.

3. O conhecimento, a intenção ou o propósito como elementos necessários de qualquer delito estabelecido no parágrafo 1 deste Artigo poderão ser inferidos das circunstâncias objetivas de cada caso.

4. a) Cada uma das Partes disporá que, pela prática dos delitos estabelecidos no parágrafo I deste Artigo, se apliquem sanções proporcionais à gravidade dos delitos, tais como a pena de prisão, ou outras formas de privação de liberdade, sanções pecuniárias e o confisco.

b) As Partes poderão dispor, nos casos de delitos estabelecidos no parágrafo 1 deste Artigo, que, como complemento da condenação ou da sanção penal, o delinqüente seja submetido a tratamento, educação, acompanhamento posterior, reabilitação ou reintegração social.

c) Não obstante o disposto nos incisos anteriores, nos casos apropriados de infrações de caráter menor, as Partes poderão substituir a condenação ou a sanção penal pela aplicação de outras medidas tais como educação, reabilitação ou reintegração social, bem como, quando o delinqüente é toxicômano, de tratamento e de acompanhamento posterior.

d) As Partes poderão, seja a título substitutivo de condenação ou de sanção penal por um delito estabelecido no parágrafo 2 deste Artigo, seja como complemento dessa condenação ou dessa sanção penal, propor medidas de tratamento, educação, acompanhamento posterior, reabilitação ou reintegração social do delinqüente.

5. As Partes assegurarão que seus tribunais, ou outras autoridades jurisdicionais competentes possam levar em consideração circunstâncias efetivas que tornem especialmente grave a prática dos delitos estabelecidos no parágrafo 1 deste Artigo, tais como:

a) o envolvimento, no delito, de grupo criminoso organizado do qual o delinqüente faça parte;

b) o envolvimento do delinqüente em outras atividades de organizações criminosas internacionais;

c) o envolvimento do delinqüente em outras atividades ilegais facilitadas pela prática de delito;

d) o uso de violência ou de armas pelo delinqüente;

e) o fato de o delinqüente ocupar cargo público com o qual o delito tenha conexão;

f) vitimar ou usar menores;

g) o fato de o delito ser cometido em instituição penal, educacional ou assistencial, ou em sua vizinhança imediata ou em outros locais aos quais crianças ou estudantes se dirijam para fins educacionais, esportivos ou sociais;

h) condenação prévia, particularmente se por ofensas similares, seja no exterior seja no país, com a pena máxima permitida pelas leis internas da Parte.

6. As Partes se esforçarão para assegurar que qualquer poder legal discricionário, com base em seu direito interno, no que se refere ao julgamento de pessoas pelos delitos mencionados neste Artigo, seja exercido para dotar de eficiência máxima as medidas de detecção e repressão desses delitos, levando devidamente em conta a necessidade de se exercer um efeito dissuasivo à prática desses delitos.

7. As Partes velarão para que seus tribunais ou demais autoridades competentes levem em conta a gravidade dos delitos estabelecidos no parágrafo 1 deste Artigo, e as circunstâncias especificadas no parágrafo 5 deste Artigo, ao

considerar a possibilidade de conceder liberdade antecipada ou liberdade condicional a pessoas que tenham sido condenadas por alguns desses delitos.

8. Cada Parte estabelecerá, quando for procedente em seu direito interno, um prazo de prescrição prolongado dentro do qual se possa iniciar o julgamento de qualquer dos delitos estabelecidos no parágrafo 1 deste Artigo. Tal prazo será maior quando o suposto delinqüente houver eludido a administração da justiça.

9. Cada Parte adotará medidas adequadas, conforme o previsto em seu próprio ordenamento jurídico, para que a pessoa que tenha sido acusada ou declarada culpada de algum dos delitos estabelecidos no parágrafo 1 deste Artigo, e que se encontre no território da Parte em questão, compareça ao processo penal correspondente.

10. Para os fins de cooperação entre as Partes, previstas nesta Convenção, em particular da cooperação prevista nos Artigos 5, 6, 7 e 9, os delitos estabelecidos no presente Artigo não serão considerados como delitos politicamente motivados, sem prejuízo das limitações constitucionais e dos princípios fundamentais do direito interno das Partes.

11. Nenhuma disposição do presente Artigo afetará o princípio de que a caracterização dos delitos a que se refere ou as exceções alegáveis com relação a estes fica reservada ao direito interno das Partes e que esses delitos deverão ser julgados e punidos de conformidade com esse direito.

Artigo 4 – Jurisdição

1. Cada parte:

a) adotará as medidas que forem necessárias para declarar-se competente no que se refere aos delitos estabelecidos no parágrafo 1 do Artigo 3:

i) quando o delito é cometido em seu território;

ii) quando o delito é cometido a bordo de navio que traz seu pavilhão ou de aeronave matriculada de acordo com sua legislação quando o delito foi cometido;

b) poderá adotar as medidas que sejam necessárias para se declarar foro competente quanto aos delitos estabelecidos no parágrafo 1 do Artigo 3:

i) quando o delito for cometido por nacional do país ou por pessoa que tenha residência habitual em seu território;

ii) quando o delito for cometido a bordo de nave sobre a qual a Parte tenha sido autorizada a tomar as medidas necessárias de acordo com o Artigo 17, uma vez que tal jurisdição fundamenta-se nos acordos ou ajustes referidos nos parágrafos 4 e 9 daquele Artigo;

iii) quando o delito for um dos referidos no subtítulo iv, do inciso c) do parágrafo 1 do Artigo 3 e seja cometido fora de seu território com o intuito de perpetuar nele um dos delitos estabelecidos no parágrafo 1 do Artigo 3.

2. Cada Parte:

a) adotará também as medidas que forem necessárias para se declarar foro competente com respeito a delitos, estabelecidos no parágrafo 1 do Artigo 3, quando o suposto delinqüente se encontre em seu território e a Parte em questão não extradita à outra, baseando-se em que:

i) o delito tenha sido cometido em seu território ou a bordo de um navio que traz seu pavilhão ou de aeronave matriculada de acordo com suas leis, no momento em que o delito é cometido; ou

ii) o delito tenha sido cometido por nacionais do país em questão;

b) poderá adotar, também, as medidas que sejam necessárias para se declarar foro competente com relação aos delitos estabelecidos no parágrafo 1 do Artigo 3, quando o suposto delinqüente se encontre em seu território e a Parte em questão não o extradite à outra.

3. Esta Convenção não exclui o exercício do foro penal, estabelecido por uma Parte, de acordo com seu direito interno.

Artigo 5 – Confisco

1. Cada parte adotará as medidas necessárias para autorizar o confisco:

a) do produto derivado de delitos estabelecidos no parágrafo 1 do Artigo 3, ou de bens cujo valor seja equivalente ao desse produto;

b) de entorpecentes e de substâncias psicotrópicas, das matérias e instrumentos utilizados ou destinados à utilização, em qualquer forma, na prática dos delitos estabelecidos no parágrafo 1 do Artigo 3.

2. Cada Parte adotará também as medidas necessárias para permitir que suas autoridades competentes identifiquem, detectem e decretem a apreensão preventiva ou confisco do produto, dos bens, dos instrumentos ou de quaisquer outros elementos a que se refere o parágrafo 1 deste Artigo, com o objetivo de seu eventual confisco;

3. A fim de aplicar as medidas mencionadas neste Artigo, cada Parte facultará seus tribunais ou outras autoridades competentes a ordenar a apresentação ou o confisco de documentos bancários, financeiros ou comerciais. As partes não poderão negar-se a aplicar os dispositivos do presente parágrafo, alegando sigilo bancário.

4. a) Ao receber solicitações amparadas neste Artigo, por outra Parte que seja foro competente para julgar um dos delitos estabelecidos no parágrafo 1 do Artigo 3, a Parte em cujo território se encontra o produto, os bens, os instrumentos ou quaisquer outros elementos a que se refere o parágrafo 1 deste Artigo;

i) apresentará solicitação, às autoridades competentes, com a finalidade de obter uma ordem de confisco à qual, caso concedida, se dará cumprimento;

ii) apresentará, perante as autoridade competentes, para que se dê cumprimento à medida solicitada, a ordem de confisco expedida pela Parte requerente de acordo como parágrafo 1 deste Artigo, no que se diz respeito ao produto, os bens, os instrumentos ou quaisquer outros elementos a que se refere o parágrafo 1, e que se encontram no território da Parte requerida.

b) Ao receber a solicitação amparada neste Artigo, por outra Parte que seja foro competente para julgar o delito estabelecido no parágrafo 1 do Artigo 3, a

Parte requerida adotará medidas para a identificação, detecção e a apreensão preventiva ou o confisco do produto, dos bens ou dos instrumentos, ou de quaisquer outros elementos a que se refere o parágrafo 1 deste Artigo, com o objetivo do eventual confisco que seja ordenado, seja pela Parte requerente, seja quando houver sido formulada solicitação, com amparo no inciso a) deste parágrafo, pela Parte requerida.

c) As decisões ou medidas previstas nos incisos a) e b) do presente parágrafo serão adotadas pela Parte requerente, de acordo com seu direito interno e sujeitas, as suas disposições e de acordo com a regras dos ajustes, tratados ou acordos bilaterais ou multilaterais que tenham sido negociados com a Parte requerente.

d) Será aplicável, *mutatis mutandis*, o disposto nos parágrafos 6 a 19 do Artigo 7. Além da informação mencionada no parágrafo 10 do Artigo 7, as solicitações formuladas, de acordo com este Artigo, conterão o seguinte:

i) no caso de solicitação correspondente ao sub-item i) do inciso a) deste parágrafo, uma descrição dos bens a serem confiscados e uma exposição de motivos, em que se fundamente a Parte requerente, que seja suficiente para que a Parte requerida possa tramitar a ordem, de acordo com seu direito interno;

ii) no caso de solicitação, correspondente ao sub-item ii) do inciso a), uma cópia legalmente admissível de uma ordem de confisco, expedida pela Parte requerente, que sirva de fundamento à solicitação, uma exposição de motivos e informação sobre o alcance da solicitação de execução do mandato;

iii) no caso de solicitação correspondente ao inciso b), uma exposição de motivos na qual a Parte requerente se fundamenta e uma descrição das medidas solicitadas.

e) Cada parte proporcionará, ao Secretário Geral, o texto de quaisquer leis ou regulamentos que tenham dado origem à aplicação do disposto neste parágrafo, assim como o texto de qualquer alteração posterior que se efetue nas leis e regulamentos em questão.

f) Se uma das Partes optar por atrelar as medidas mencionadas nos incisos a) e b) deste parágrafo à existência de um tratado pertinente, a Parte em questão considerará esta Convenção como a base convencional necessária e suficiente.

g) As Partes procurarão negociar tratados, acordos ou entendimentos bilaterais ou multilaterais para reforçar a eficiência da cooperação internacional prevista neste Artigo.

5. a) A Parte que tenha confiscado o produto ou os bens de vendas de acordo com seu direito interno e seus procedimentos administrativos.

b) Atendendo à solicitação de outra Parte, de acordo com o previsto no presente Artigo, a Parte poderá prestar particular atenção à possibilidade de negociar acordos sobre a:

i) contribuição com a totalidade, ou com uma parte considerável do valor do produto e dos bens em questão, ou dos fundos derivados da venda dos produtos ou bens em questão, para organismos intergovernamentais especializados na luta contra o tráfico ilícito e o uso indevido de entorpecentes e de substâncias psicotrópicas.

ii) dividir com outras Partes, conforme critério preestabelecido e definido para cada caso, o produto ou bens em questão, ou os fundo derivados da venda do produto ou bens em questão, de acordo com as determinações do direito interno, seus procedimentos administrativos ou os acordos bilaterais ou multilaterais acertados para esse fim.

6. a) Quando o produto houver sido transformado ou convertido em outros bens, estes poderão ser objeto das medidas, mencionadas no presente Artigo, aplicáveis ao produto.

b) Quando o produto houver sido misturado com bens adquiridos de fontes lícitas, sem prejuízo de qualquer outra medida de apreensão ou confisco preventivo aplicável, esses bens poderão ser confiscados até o valor estimativo do produto misturado.

c) Tais medidas se aplicarão também à renda ou a outros benefícios derivados:

i) do produto;

ii) dos bens, nos quais o produto tenha sido transformado ou convertido; ou

iii) dos bens com os quais o produto tenha sido misturado, do mesmo modo e na mesma medida (em) que o produto (o foi).

7. Cada Parte considerará a possibilidade de inverter o ônus da prova com respeito à origem lícita do suposto produto ou outros bens sujeitos a confisco, na medida em que isto seja compatível com os princípios de direito interno e com a natureza de seus procedimentos jurídicos e de outros procedimentos.

8. O disposto neste Artigo não poderá ser interpretado em prejuízo dos direitos de terceiros de boa-fé.

9. Nada do disposto neste Artigo afetará o princípio de que as medidas aqui previstas serão definidas e implementadas de acordo como direito interno de cada uma das Partes.

Artigo 6 – Extradição

1. O presente artigo se aplicará aos delitos estabelecidos pelas Partes, de acordo com o parágrafo I do Artigo 3.

2. Cada um dos delitos aos quais se aplica ao presente Artigo se considerará incluído entre os delitos passíveis de extradição em todo tratado de extradição vigente entre as Partes. As Partes se comprometem a incluir tais delitos, como casos passíveis de extradição, em todo tratado de extradição que celebrem entre si.

3. Se uma Parte, que condiciona a extradição à exigência de tratado, receber de outra Parte, com a qual não tem nenhum tratado de extradição, um pedido de extradição, poderá considerar a presente Convenção como base jurídica para

a extradição por delitos aos quais se aplica este Artigo. As Partes que requeiram uma legislação detalhada para fazer valer esta Convenção, com base jurídica da extradição, considerarão a possibilidade de promulgar a legislação necessária.

4. As Partes, que não condicionam a extradição à existência de um tratado, reconhecerão os delitos aos quais se aplica este Artigo como casos de extradição entre elas.

5. A extradição estará sujeita às condições previstas pela legislação da Parte requerida ou pelos tratados de extradição aplicáveis, incluindo os motivos pelos quais a Parte requerida pode denegar a extradição.

6. Ao examinar as solicitações recebidas em conformidade com este Artigo, o Estado requerido poderá negar-se a dar-lhes cumprimento, quando existam motivos justificados que induzam as autoridades judiciárias ou outras autoridades competentes a presumir que o cumprimento facilitaria o julgamento ou castigo de uma pessoa, por causa de sua raça, religião, nacionalidade ou convicções políticas, ou que o indivíduo, afetado pela solicitação, fosse prejudicado por uma dessas razões.

7. As Partes se esforçarão em agilizar os procedimentos de extradição e em simplificar as necessidades de apresentação de provas no que diz respeito a qualquer um dos delitos aos quais se aplica o presente Artigo.

8. Sujeito ao disposto em seu direito interno e em seus Tratados de Extradição, a Parte requerida, depois de haver-se certificado de que as circunstâncias assim o justificam, de seu caráter de urgência e, por solicitação da Parte requerente, poderá proceder à detenção do indivíduo, cuja extradição foi solicitada e que se encontre em seu território, ou adotar outras medidas adequadas para assegurar seu comparecimento aos trâmites de extradição.

9. Sem prejuízo do exercício de qualquer jurisdição estabelecida em conformidade com seu direito interino, a Parte em cujo território se encontre um suposto delinqüente deverá:

a) se não extraditar por um delito estabelecido de acordo com o parágrafo 1 do Artigo 3 pelos motivos mencionados no inciso a) do parágrafo 2 do Artigo 4, poderá apresentar o caso perante suas autoridades competentes para julgá-lo, salvo se houver ajustado outra ação com a Parte requerente;

b) se não o extraditar por um delito desse tipo para o qual se tenha declarado foro competente para julgar o delito baseado no inciso b) do parágrafo 2 do Artigo 4, apresentará o caso perante suas autoridades competentes para julgá-lo, salvo quando a Parte requerente solicitar outra ação para salvaguardar sua competência legítima.

10. Se a extradição solicitada com o propósito de fazer cumprir uma condenação, for denegada, porque o indivíduo objeto da solicitação é nacional da Parte requerida, esta, se sua legislação assim o permitir, e de acordo com as determinações da legislação em questão, e a pedido da parte requerente, considerará a possibilidade de fazer cumprir a pena imposta, ou o que resta da pena ainda a cumprir, de acordo com a legislação da Parte requerente.

11. As Partes procurarão negociar acordos bilaterais e multilaterais, seja para cumprir a extradição seja para aumentar sua eficácia.

12. As Partes poderão considerar a possibilidade de celebrar acordos bilaterais ou multilaterais, especiais ou gerais, que visem à transferência de pessoas condenadas a prisão ou a outra forma de privação de liberdade pelos delitos cometidos, aos quais se aplica este Artigo, a fim de que possam terminar de cumprir sua pena em seu país.

Artigo 7 – Assistência jurídica recíproca

1. As Partes se prestarão, de acordo com o disposto no presente Artigo, a mais ampla assistência jurídica recíproca nas investigações, julgamentos e processos jurídicos referentes a delitos estabelecidos no parágrafo 1 do Artigo 3.

2. A assistência jurídica recíproca que deverá ser prestada, de acordo com este Artigo, poderá ser solicitada para qualquer um dos seguintes fins:

   a) receber testemunhas ou declarações de pessoas;

   b) apresentar documentos jurídicos;

   c) efetuar buscas e apreensões;

   d) examinar objetos e locais;

   e) facilitar acesso de informações e evidência;

   f) entregar originais ou cópias autenticadas de documentos e expedientes relacionadas ao caso, inclusive documentação bancária, financeira, social ou comercial;

   g) identificar ou detectar o produto, os bens, os instrumentos ou outros elementos comprobatórios.

3. As Partes poderão prestar qualquer outra forma de assistência judicial recíproca autorizada pelo direito interno da Parte requerida.

4. As Partes, se assim lhes for solicitado e na medida compatível, com seu direito e prática interna, facilitarão ou encorajarão a apresentação ou disponibilidade das pessoas, incluindo a dos detentos, que consintam em colocar com as investigações ou em intervir nos procedimentos.

5. As Partes não declinarão a assistência jurídica recíproca prevista neste Artigo sob alegação de sigilo bancário.

6. O disposto neste Artigo não afetará as obrigações derivadas de outros tratados bilaterais ou multilaterais, vigentes ou futuros, que regem, total ou parcialmente, a assistência jurídica recíproca em assuntos penais.

7. Os parágrafos 8 e 19 deste Artigo se aplicarão às solicitações formuladas de acordo com o mesmo, sempre que não exista entre as Partes interessadas um Tratado de Assistência Jurídica Recíproca. Quando as Partes estejam vinculadas por um tratado desta natureza, as disposições correspondentes ao tratado em questão se aplicarão, salvo se as Partes convenham em aplicar, em seu lugar, os parágrafos 8 e 19 do presente Artigo.

8. As Partes designarão uma autoridade ou, quando necessário, várias autoridades, com o poder de dar cumprimento às solicitações de assistência jurídica recíproca ou transmiti-las às autoridades competentes para sua execução. O Secretário Geral será notificado da autoridade ou autoridades que tenham sido designadas para este fim. As autoridades designadas pelas Partes serão encarregadas de transmitir as solicitações de assistência jurídica recíproca e qualquer outra comunicação pertinente; a presente disposição não afetará o direito de qualquer uma das Partes de exigir que estas solicitações e comunicações lhes sejam enviadas por via diplomática e, em circunstâncias urgentes, quando as Partes assim o convierem, por meio da Organização Internacional de Polícia Criminal, caso seja possível.

9. As solicitações deverão ser apresentadas por escrito em um idioma aceitável pela Parte requerida. O Secretário Geral será notificado sobre o idioma ou idiomas que sejam aceitáveis a cada Parte. Em situações de urgência, ou quando as Partes assim o convierem, poderão ser feitas solicitações verbais, devendo ser imediatamente depois confirmadas por escrito.

10. Nas solicitações de assistência jurídica recíproca, deverá figurar o seguinte:

a) a identidade da autoridade que efetua a solicitação;

b) o objetivo e a natureza da investigação, do processo ou dos procedimentos a que se refere a solicitação, o nome e as funções da autoridade quem está efetuando a investigação, o processo ou os procedimentos em questão;

c) um resumo dos dados pertinentes, salvo quando se trate de solicitações para apresentação de documentos jurídicos;

d) uma descrição da assistência solicitada e pormenores sobre qualquer procedimento particular que a Parte requerente deseja aplicada;

e) quando possível, a identidade e a nacionalidade de toda pessoa envolvida e o local em que se encontra;

f) a finalidade para qual se solicita a prova, informação ou procedimento.

11. A Parte requerida poderá pedir informação adicional, quando lhe pareça necessário, para dar cumprimento à solicitação, de acordo com seu direito interno ou para facilitar o cumprimento da solicitação.

12. Toda solicitação será executada, de acordo com o estabelecido no direito interno da Parte requerida e, na medida em que isso não contravenha a legislação da Parte em questão e, sempre que possível, de acordo com os procedimentos especificados na solicitação.

13. A Parte requerente não comunicará nem utilizará, sem prévia anuência da Parte requerida, a informação ou as provas coligidas pela Parte requerida para outras investigações, processos ou procedimentos diferentes dos indicados na solicitação.

14. A Parte requerente poderá exigir que a Parte requerida mantenha reserva sobre a existência e o conteúdo da solicitação, salvo no que for necessário

para dar-lhe cumprimento. Se a Parte requerida não puder manter sigilo, a Parte requerente será imediatamente informada.

15. A assistência jurídica recíproca solicitada poderá ser denegada:

a) quando a solicitação não se ajuste ao disposto no presente Artigo;

b) quando a Parte requerida considerar que o cumprimento da solicitação possa prejudicar sua soberania, sua segurança, sua ordem pública ou outros interesses fundamentais;

c) quando o direito interno da Parte requerida proibir suas autoridades de atender à solicitação formulada com respeito a delito análogo, se este tiver sido objeto de investigação, processo ou procedimento no exercício da própria competência;

d) no caso de a assistência jurídica recíproca de atender à solicitação contratar a ordem jurídica da Parte requerida.

17. A assistência jurídica recíproca poderá ser deferida, pela Parte requerida, caso perturbe o andamento de uma investigação, de um processo ou de um procedimento. Nesse caso, a Parte requerida deverá consultar a Parte requerente para determinar se ainda é possível prestar assistência na forma e condições que a primeira estimaria necessário receber.

18. A testemunha, perito ou outra pessoa que consinta em depor em juízo ou colaborar em uma investigação, processo ou procedimento judicial no território da Parte requerente não será objeto de processo, detenção ou punição, nem de nenhum tipo de restrição de sua liberdade pessoal no território em questão, por atos, omissões ou declarações de culpa anteriores à data em que partiu o território da parte requerida. Contudo, este salvo-conduto cessará quando a testemunha, o perito ou outra pessoa tenha tido, por 15 dias consecutivos, ou durante qualquer outro período acertado pelas Partes, a oportunidade de sair do país, a partir da data em que tenha sido oficialmente informado de que as autoridades judiciais já não requeriam sua presença e, não obstante, tenha permanecido voluntariamente no território ou a ele tenha regressado espontaneamente depois de ter partido.

19. Os gastos ordinários oriundos da execução da solicitação serão cobertos pela Parte requerida, salvo se as Partes interessadas tenham acordado de outro modo. Quando for o caso de gastos vultosos ou de caráter extraordinário, as Partes consultar-se-ão para determinar os termos e as condições sob as quais se cumprirá a solicitação, assim como a maneira como se arrecadarão com os gastos.

20. Quando for necessário, as Partes considerarão a possibilidade de entrar em acordos ou ajustes bilaterais ou multilaterais que sirvam para os fins deste Artigo e que, na prática, dêem efeito às suas disposições ou os reforcem.

Artigo 8 – Transferência dos procedimentos penais

As Partes considerarão a possibilidade de remeterem-se processos penais que dizem respeito aos delitos estabelecidos de acordo com o parágrafo 1 do

Artigo 3, quando se estime que essa remissão será no interesse da correta administração da justiça.

Artigo 9 – Outras formas de cooperação e capacitação

1. As Partes colaborarão estreitamente entre si, em harmonia com seus respectivos ordenamentos jurídicos e sua administração, com o objetivo de aumentar a eficácia das medidas de detecção e repressão, visando à supressão da prática de delitos estabelecidos no parágrafo 1 do Artigo 3. Deverão fazê-lo, em particular, com base nos acordos ou ajustes bilaterais ou multilaterais:

a) estabelecer e manter canais de comunicação entre seis órgãos e serviços competentes, a fim de facilitar o intercâmbio rápido e seguro de informação sobre todos os aspectos dos delitos estabelecidos de acordo com o parágrafo 1 do Artigo 3, inclusive, sempre que as Partes interessadas estimarem oportuno sobre seus vínculos com outras atividades criminosas;

b) cooperar entre si na condução de inquéritos referentes aos delitos estabelecidos de acordo com o parágrafo 1 do Artigo 3, que tenham caráter internacional e digam respeito:

i) à identidade, paradeiro e atividades de pessoas supostamente implicadas em delitos estabelecidos de acordo com o parágrafo 1 do Artigo 3;

ii) à movimentação do produto ou dos bens derivados da prática desses delitos;

iii) no movimento de entorpecentes, de substâncias psicotrópicas, substâncias que figuram no Quadro I e no Quadro II desta Convenção e instrumentos utilizados ou destinados a serem utilizados na prática desses delitos;

c) quando for oportuno, e sempre que não contravenha o disposto no direito interno, criar equipes conjuntas, levando em consideração a necessidade de proteger a segurança das pessoas e das operações, para dar cumprimento ao disposto neste parágrafo. Os funcionários de qualquer uma das Partes, que integrem as equipes, atuarão de acordo com a autorização das autoridades competentes da Parte em cujo território se realizará a operação. Em todos os casos, as Partes em questão velarão para que seja plenamente respeitada a soberania da parte em cujo território se realizará a operação;

d) proporcionar, quando corresponda, quantidades necessárias de substâncias para análise ou procedimentos de investigação;

e) facilitar uma coordenação eficaz entre seus organismos e serviços competentes e promover intercâmbio de pessoal e de outros técnicos, inclusive destacando funcionários de interligação.

2. Cada Parte, quando necessário, iniciará, desenvolverá ou aperfeiçoará programas específicos de treinamento destinados ao seu pessoal de detecção e repressão, inclusive ao pessoal aduaneiro, encarregado de suprimir os delitos estabelecidos de acordo com o parágrafo 1 do Artigo 3. Em particular, os programas se referirão a:

a) métodos utilizados para detecção e supressão dos delitos estabelecidos de acordo com o parágrafo 1 do Artigo 3;

b) rotas e técnicas utilizadas por pessoas supostamente implicadas em delitos estabelecidos de acordo com o parágrafo 1 do Artigo 3, especialmente nos Estados de trânsito, e medidas adequadas para controlar sua utilização;

c) o monitoramento da exportação e importação de entorpecentes, substâncias psicotrópicas e substâncias que figuram no Quadro I e no Quadro II;

d) detecção e monitoramento da movimentação do produto e dos bens derivados de delitos estabelecidos de acordo com o parágrafo 1 do Artigo 3, dos entorpecentes, substâncias psicotrópicas e substâncias que figuram no Quadro I e no Quadro II, e dos instrumentos utilizados ou que se pretende utilizar para praticar os delitos;

e) os métodos utilizados para a transferência, a ocultação e o encobrimento do produto, dos bens e dos instrumentos em questão;

f) a coleta de evidência;

g) as técnicas de fiscalização em zonas e portos livres;

h) as técnicas modernas de detecção e repressão;

3. As Partes assistir-se-ão mutuamente no planejamento e na execução de programas de pesquisa e treinamento usados para fazer o intercâmbio de conhecimentos nas áreas a que faz referência o parágrafo 2 deste Artigo e, para esse fim, deverão também, quando necessário, recorrer a conferências e seminários regionais e internacionais, a fim de promover a cooperação e estimular o exame dos problemas de interesse comum, incluídos, especialmente, os problemas e necessidades especiais do Estado de trânsito.

Artigo 10 – Cooperação internacional de assistência aos estados de trânsito

1. As Partes cooperarão diretamente ou por meio das organizações internacionais ou regionais competentes, para prestar assistência e apoio aos Estados de trânsito e, em particular, aos países em desenvolvimento que necessitem da assistência e do apoio em questão, na medida do possível, mediante programas de cooperação técnica para impedir a entrada e o trânsito ilícito, assim como para outras atividades conexas.

2. As Partes poderão convir, diretamente ou por meio das organizações internacionais ou regionais competentes, em proporcionar assistência financeira aos Estados de trânsito em questão, com a finalidade de aumentar e fortalecer a infra-estrutura de que necessitam para a fiscalização e a prevenção eficaz do tráfico ilícito.

3. As Partes poderão celebrar acordos ou ajustes bilaterais ou multilaterais para aumentar a eficácia da cooperação internacional prevista neste Artigo e poderão levar em consideração a possibilidade de concluir acordos financeiros a esse respeito.

Artigo 11 – Entrega vigiada

1. Se os princípios fundamentais dos respectivos ordenamentos jurídicos internos o permitirem, as Partes adotarão as medidas necessárias, dentro de suas possibilidades, para que se possa recorrer, de forma adequada, no plano internacional, à entrega vigiada, com base nos acordos e ajustes mutuamente negociados, com a finalidade de descobrir as pessoas implicadas em delitos estabelecidos de acordo com o parágrafo 1 do Artigo 3 e de encetar ações legais contra estes.

2. As decisões de recorrer à entrega vigiada serão adotadas, caso a caso, e poderão, quando necessário, levar em conta ajustes financeiros e entendimentos relativos ao exercício de sua competência pelas Partes interessadas.

3. As remessas ilícitas, cuja entrega vigiada tenha sido negociada poderão, com o consentimento das Partes interessadas, ser interceptadas e autorizadas a prosseguir intactas ou tendo sido retirado ou subtraído, total ou parcialmente, os entorpecentes ou substâncias psicotrópicas que continham.

Artigo 12 – Substâncias utilizadas com freqüência na fabricação ilícita de entorpecentes e de substâncias psicotrópicas

1. As Partes adotarão as medidas que julguem adequadas para evitar o desvio das substâncias que figuram no Quadro I e no Quadro II, utilizadas na fabricação ilícita de entorpecentes e de substâncias psicotrópicas e cooperar entre si para este fim.

2. Se uma Parte, ou a Junta, possuir dados que, a seu juízo, possam requerer a inclusão de uma substância no Quadro I ou no Quadro II, esta notificará o Secretário Geral e lhe dará acesso aos dados em que foi fundamentada a notificação. O procedimento descrito no parágrafo 2 a 7 deste Artigo, também se aplicará quando uma das Partes, ou a Junta, possuir informações que justifiquem suprimir uma substância do Quadro I ou do Quadro II ou transferir uma substância de um Quadro para outro.

3. O Secretário Geral comunicará essa notificação e os dados que considerar pertinentes às Partes, à Comissão e, quando a notificação procede de uma das Partes, à Junta. As Partes comunicarão, ao Secretário Geral, suas observações sobre a notificação e toda informação complementar que possa auxiliar à Junta na elaboração de um julgamento e, à Comissão na adoção de uma decisão.

4. Se a Junta, levando em consideração a magnitude, importância e diversidade do uso ilícito dessa substância, e a possibilidade e a facilidade do uso de substância substitutiva tanto para o uso ilícito quanto para a fabricação ilícita de entorpecentes ou de substâncias psicotrópicas, comprovar:

a) que a substância se emprega com freqüência na fabricação ilícita de um entorpecente ou de uma substância psicotrópica;

b) que o volume e a magnitude da fabricação ilícita de um entorpecente ou de uma substância psicotrópica crie grandes problemas sanitários ou sociais, que justifique a adoção de medidas no plano internacional, comunicará à Comissão um parecer sobre a substância, no qual se assinala o efeito que sua incorporação ao Quadro I ou ao Quadro II teria, tanto sobre seu uso lícito quanto sobre sua fabricação ilícita, junto com recomendações sobre as medidas de vigilância que, nesse caso, sejam adequadas à luz daquele parecer.

5. A Comissão, levando em conta as observações apresentadas pelas Partes e as observações e recomendações da Junta, cujo parecer será determinante no plano científico e levando também em devida consideração quaisquer outros fatores pertinentes, poderá decidir, por maioria de dois terços de seus membros, incorporar uma substância ao Quadro I ou ao Quadro II.

6. Toda decisão que a Comissão tomar, de acordo com este Artigo, será comunicada pelo Secretário Geral a todos os Estados e outras Entidades que sejam Parte desta Convenção ou, que possam vir a sê-lo, bem como à Junta. Assim, uma decisão surtirá pleno efeito, para cada uma das Partes, 180 dias após a data da comunicação.

7. a) As decisões da Comissão, adotadas de acordo com o presente Artigo, estarão sujeitas a revisão pelo Conselho, quando solicitado por qualquer uma das Partes, dentro de um prazo de 180 dias, contados a partir da data da notificação da decisão. A solicitação de revisão será apresentada ao Secretário Geral, junto com toda informação pertinente que a instrue.

b) O Secretário Geral transmitirá cópias da solicitação de revisão e da informação pertinente à Comissão, à Junta e a todas as Partes, convidando-as a apresentar suas observações recebidas serão comunicadas ao Conselho para que sejam por ele examinadas.

c) O Conselho poderá confirmar ou revogar a decisão da Comissão. A notificação da decisão do Conselho será transmitida não só a todos os Estados e outras entidades que sejam Partes desta Convenção ou que possam vir a sê-lo, mas também, à Comissão e à Junta.

8. a) Sem prejuízo das disposições de caráter geral contidas no parágrafo 1 do presente Artigo e do disposto na Convenção de 1961 em sua forma emendada, e na Convenção de 1971, as Partes tomarão as medidas que julgarem oportunas para controlar a fabricação e a distribuição das substâncias, que figuram no Quadro I e II, realizadas em seu território.

b) com esse propósito, as Partes poderão:

i) exercer vigilância sobre todas as pessoas e empresas que se dediquem à fabricação ou à distribuição das substâncias em questão;

ii) controlar, mediante licenças, o estabelecimento, e os locais em que se fabrica ou se fazem as distribuições em questão;

iii) exigir que os licenciados obtenham autorização para efetuar as operações necessárias;

iv) impedir os fabricantes e distribuidores de acumularem quantidades dessas substâncias em excesso do que foi solicitado para o desempenho normal das atividades comerciais e das condições prevalecentes no mercado.

9. Cada Parte adotará, com respeito às substâncias psicotrópicas inscritas no Quadro I e no Quadro II, as seguintes medidas:

a) estabelecer e manter um sistema para controlar o comércio internacional de substâncias que figuram no Quadro I e no Quadro II a fim de facilitar o descobrimento de operações suspeitas. Aqueles sistemas de controle deverão ser aplicados em estreita cooperação com os fabricantes, importadores e exportadores, atacadistas e varejistas, que deverão informar as autoridades competentes sobre pessoa e operações suspeitas;

b) dispor sobre o confisco de qualquer substância que figure no Quadro I ou no Quadro II, se existirem provas suficientes de que será utilizada para a fabricação ilícita de entorpecente ou de substâncias psicotrópicas;

c) notificar, a quanto antes, as autoridades e serviços competentes das Partes interessadas se existem razões para se presumir que a importação ou a exportação ou o trânsito de uma substância que figure no Quadro I ou no Quadro II se destina à fabricação ilícita de entorpecentes ou de substâncias psicotrópicas, facilitando, em particular, acesso à informação sobre os meios de pagamento ou quaisquer outros elementos essenciais em que se fundamenta aquela presunção;

d) exigir que as importações e as exportações estejam corretamente etiquetadas e documentadas. Os documentos comerciais, tais como faturas, manifestos de carga, documentos aduaneiros e de transporte e outros documentos relativos ao despacho, deverão conter nomes, tal como figuram no Quadro I ou no Quadro II, das substâncias importadas ou exportadas, a quantidade que se importa ou exporta, o nome e o endereço do exportador, importador e, quando possível, do consignatário;

e) velar para que os documentos mencionados no inciso d) sejam conservados por, pelo menos, dois anos e posto à disposição das autoridades competentes para inspeção.

10. a) Além do disposto no parágrafo 9 e da petição de Parte interessada, dirigida ao Secretário Geral, cada Parte, de cujo território se exportará uma das substâncias que figuram no Quadro I velará para que, antes da exportação, suas autoridades competentes comuniquem a seguinte informação às autoridades competentes do país importador:

i) o nome e endereço do exportador, do importador e, quando possível, do consignatário;

ii) o nome da substância que figura no Quadro I;

iii) a quantidade da substância a ser exportada;

iv) o ponto de entrada e data prevista do envio;

v) qualquer outra informação acordada mutuamente pelas Partes.

b) As Partes poderão adotar medidas de fiscalização mais estritas ou rigorosas que as previstas no presente parágrafo se, a seu juízo, tais medidas são convenientes ou necessárias.

11. Quando uma Parte fornecer informação à outra, de acordo com o disposto nos parágrafos 9 e 10 deste Artigo, poderá exigir que a Parte que a recebe

respeite o caráter confidencial dos segredos industriais, empresariais, comerciais ou profissionais ou dos processos industriais que contenham.

12. Cada Parte apresentará anualmente à Junta, na forma e modo que esta estabelecer e nos formulários que esta distribuir, informações sobre:

a) as quantidades confiscadas das substâncias inscritas no Quadro I e no Quadro II e, quando conhecida, sua origem;

b) qualquer substância não inscrita no Quadro I ou no Quadro II, mas cuja utilização na fabricação ilícita de entorpecentes ou de substâncias psicotrópicas é conhecida e que, a juízo dessa Parte, seja considerada bastante importante para que seja trazida à atenção da Junta;

c) os métodos de desvio e fabricação ilícita.

13. A Junta informará anualmente à Comissão sobre a aplicação deste Artigo, e a Comissão examinará periodicamente a idoneidade e a pertinência do Quadro I e do Quadro II.

14. As disposições deste Artigo não se aplicarão nem aos preparados farmacêuticos, nem aos preparados que contenham substâncias que figuram no Quadro I ou no Quadro II e que estejam compostas de forma tal que essas substâncias não possam ser empregadas ou facilmente recuperadas pelos meios de fácil aplicação.

Artigo 13 – Materiais e equipamentos

As partes adotarão as medidas que julguem adequadas e cooperarão entre si para impedir o comércio e o desvio de materiais e equipamentos destinados à produção ou fabricação ilícita de entorpecentes e de substâncias psicotrópicas.

Artigo 14 – Medidas para erradicar o cultivo ilícito de plantas das quais se extraem entorpecentes e para eliminar a demanda ilícita de entorpecentes e de substâncias psicotrópicas

1. Qualquer medida adotada pelas Partes em virtude da aplicação desta Convenção não será menos estrita que as normas aplicáveis à erradicação do cultivo ilícito de plantas que contenham entorpecentes e substâncias psicotrópicas e a eliminação da demanda ilícita de entorpecentes e de substâncias psicotrópicas conforme o disposto na Convenção de 1961, na Convenção de 1961 em sua forma emendada, e no Convênio de 1971.

2. Cada uma das Partes adotará medidas adequadas para evitar o cultivo ilícito das plantas que contenham entorpecentes ou substâncias psicotrópicas, tais como as sementes de ópio; os arbustos de coca e as plantas de cannabis, assim como para erradicar aquelas que são ilicitamente cultivadas em seu território. As medidas adotadas deverão respeitar os direitos humanos fundamentais e levarão em devida consideração, não só os usos tradicionais, onde exista evidência histórica sobre o assunto, senão também a proteção do meio ambiente.

3. a) As Partes poderão cooperar para aumentar a eficiência dos esforços de erradicação. Essa cooperação poderá compreender, *inter alia*, apoio, quan-

do proceder, ao desenvolvimento rural integrado que tende a oferecer soluções substitutivas e economicamente viáveis ao cultivo ilícito. Fatores como acesso ao mercado, disponibilidade de recursos e condições sócio-econômicas urgentes deverão ser ponderados antes de implementar aqueles programas. As Partes poderão chegar a acordos sobre quaisquer outras medidas adequadas de cooperação.

b) As Partes facilitarão também o intercâmbio de informações científicas e tecnológicas e a realização de pesquisas para a erradicação.

c) Quando tenham fronteiras comuns, as Partes se empenharão em cooperar em programas de erradicação nas respectivas zonas situadas ao longo daquelas fronteiras.

4. As Partes adotarão medidas adequadas que tenderão a suprimir ou reduzir a demanda ilícita de entorpecentes e de substâncias psicotrópicas com vistas a diminuir o sofrimento humano e eliminar os incentivos financeiros do tráfico ilícito. Aquelas medidas poderão fundamentar-se, *inter alia*, em recomendações das Nações Unidas, tais como a Organização Mundial da Saúde e outras organizações internacionais competentes e, no Plano Amplo e Multidisciplinário aprovado pela Conferência Internacional sobre o Uso Indevido e o Tráfico Ilícito de Drogas, celebrado em 1987, na medida em que se relacione com os esforços das organizações governamentais e não governamentais e de entidades privadas no âmbito da prevenção, tratamento e reabilitação. As Partes poderão negociar Acordos ou Ajustes bilaterais ou multilaterais que tendam a eliminar ou reduzir a demanda ilícita de entorpecentes e substâncias psicotrópicas.

5. As Partes poderão também adotar as medidas necessárias para que os entorpecentes, as substâncias psicotrópicas e outras substâncias inscritas no Quadro I e no Quadro II, que tenham sido retidas ou confiscadas, sejam prontamente destruídas ou utilizadas de acordo com a lei e para que as quantidades necessárias e devidamente certificadas dessas substâncias sejam admissíveis como evidência.

Artigo 15 – Transportadores comerciais

1. As Partes adotarão medidas adequadas a fim de garantir que, os meios de transporte utilizados por transportadores comerciais, não o sejam para cometer delitos estabelecidos de acordo com o parágrafo 1 do Artigo 3; entre essas medidas poderão figurar arranjos especiais com os transportadores comerciais.

2. Cada Parte exigirá dos transportadores comerciais precauções razoáveis a fim de impedir que seus meios de transporte sejam utilizados para cometer delitos estabelecidos de acordo com o parágrafo 1 do Artigo 3. Entre essas precauções poderão figurar as seguintes:

a) quando a sede do transportador comercial encontrar-se no território da Parte em questão:

i) treinamento de pessoal para identificar pessoas ou remessas suspeitas;

ii) estímulo à integridade moral do pessoal.

b) quando o transportador comercial desenvolve atividades no território da Parte em questão:

i) apresentação adiantada, quando possível, dos manifestos de carga;

ii) utilização de containers com selos invioláveis, e individualmente verificáveis;

iii) informar sem demora denúncia, às autoridades competentes, de qualquer circunstância supeita que possa estar relacionada com a prática de delitos estabelecidos de acordo com o parágrafo 1 do Artigo 3.

3. Cada Parte procurará garantir nos pontos de entrada e saída e em outras áreas de controle, a cooperação entre transportadores e autoridades competentes a fim de impedir o acesso não autorizado ao meios de transportes e à carga, e que apliquem as medidas de segurança adequadas.

Artigo 16 – Documentos comercias e etiquetas de exportação

1. Cada Parte exigirá que as exportações lícitas de entorpecentes e de substâncias psicotrópicas estejam devidamente documentadas. Além dos requisitos de documentação, previstos no Artigo 31 da Convenção de 1961, no Artigo 31 da Convenção de 1961 em sua forma emendada, e no Artigo 12 do Convênio de 1971, os documentos comerciais, tais como faturas, manifestos de carga, documentos aduaneiros e de transporte e outros documentos relativos ao envio, deverão indicar o nome dos entorpecentes e das substâncias psicotrópicas que são exportados, tal como figuram nas listas correspondentes da Convenção de 1961, da Convenção de 1961 em sua forma emendada, e do Convenio de 1971, assim como a quantidade exportada e o nome e endereço do exportados, importador e, quando possível, do consignatário.

2. Cada Parte exigirá que as remessas de entorpecentes e de substâncias psicotrópicas não estejam incorretamente etiquetadas.

Artigo 17 – Tráfico ilícito por mar

1. As Partes cooperarão, de todas as maneiras possíveis, para eliminar o tráfico ilícito por mar, de acordo com o estabelecido no direito internacional do mar.

2. Toda Parte que tenha motivos razoáveis para suspeitar que um navio com seu pavilhão, ou que não traga nenhum, ou que não tenha registro, esteja sendo utilizada para o tráfico ilícito poderá solicitar a assistência de outras Partes, para pôr fim a essa utilização. As Partes das quais se solicita assistência a prestarão dentre os meios de que dispõem.

3. Toda Parte que tenha motivos razoáveis para suspeitar que um navio esteja exercendo liberdade de navegação, conforme o direito internacional, e que traga o pavilhão ou tenha registro em outra Parte, e que esteja sendo utilizado para o tráfico ilícito, poderá notificá-lo ao Estado-pavilhão e solicitar que confirme o registro; se confirmado, poderá solicitar-lhe autorização para adotar medidas adequadas quanto ao navio.

4. De acordo com o parágrafo 3 ou com os tratados vigentes entre as Partes, ou com qualquer outro acordo ou ajuste que tenha sido concluído entre elas, o Estado-pavilhão poderá autorizar o Estado requerente, entre outras coisas, a:

a) abordar o navio;

b) inspecionar o navio;

c) se provas que impliquem em tráfico ilícito forem descobertas, adotar medidas adequadas com respeito ao navio, às pessoas e à carga que se encontrem a bordo.

5. Quando se adota uma medida em conformidade com este Artigo, as Partes interessadas levarão devidamente em conta a necessidade de não colocar em perigo a segurança da vida no mar e a da carga e de não prejudicar os interesses comerciais e jurídicos do Estado-pavilhão ou de qualquer outro Estado interessado.

6. O Estado-Pavilhão poderá, em consonância com suas obrigações, previstas no parágrafo 1 do presente Artigo submeter sua autorização a condições que serão acordadas entre o Estado em questão e a Parte requerente, incluindo as condições referentes à responsabilidade.

7. Para o efeito dos parágrafos 3 e 4 deste Artigo, as Partes responderão com presteza às solicitações de outras Partes de que se averigúe se um navio, que traz seu pavilhão, está autorizado a fazê-lo, assim como às solicitações de autorização que forem feitas de acordo como parágrafo 3. Cada Estado, no momento em que fizer Parte desta Convenção, indicará uma ou, caso necessário, várias autoridades que se encarregarão de receber as solicitações em questão e de responder a elas. Essa indicação será divulgada, por intermédio do Secretário Geral, a todas as demais Partes, dentro do mês que se seguir à designação.

8. A Parte que tiver adotado qualquer uma das medidas previstas no presente Artigo, informará prontamente o Estado-pavilhão sobre os resultados dessa medida.

9. As Partes considerarão a possibilidade de celebrar acordos e ajustes bilaterais e regionais para levar a cabo as disposições deste Artigo ou torná-las mais eficazes.

10. As medias, que se adotam em cumprimento do parágrafo 4 deste Artigo, somente serão aplicadas por navios de guerra ou aviões militares, ou por outros navios ou aviões que tenham sinais claros e que sejam identificáveis como navios ou aviões a serviço de um Governo e que estejam autorizados a cumprir aquela finalidade.

11. Toda medida adotada de acordo com este Artigo levará em devida consideração a necessidade de não intervir no exercício da jurisdição dos Estados ribeirinhos ou afetar seus direitos ou obrigações, em consonância com o Direito Internacional do Mar.

Artigo 18 – Zonas e portos livres

1. As Partes, a fim de eliminar, nas zonas e portos livres, o tráfico ilícito de entorpecentes, substâncias psicotrópicas inscritas nos Quadros I e II, adotarão medidas não menos estritas que as aplicadas em outras partes de seu território.

2. As Partes procurarão:

a) controlar o movimento de bens e pessoas nas zonas e portos livres, para o que facultarão as autoridades a inspecionar as cargas e os navios na chegada e na partida, incluídos as embarcações de recreio e barcos pesqueiros, assim como aviões e veículos e, quando proceder, a revistar os membros da tripulação, os passageiros e as respectivas bagagens;

b) estabelecer e manter um sistema para descobrir as remessas suspeitas de conter entorpecentes, substâncias psicotrópicas e substâncias inscritas nos Quadros I e II, que entrem ou saiam das zonas em questão;

c) estabelecer e manter sistemas de vigilância nas zonas do porto, nas docas, nos aeroportos de controle de fronteiras das zonas e portos livres.

Artigo 19 – Utilização dos serviços postais

1. As Partes, de acordo com suas obrigações oriundas das Convenções da União Postal Universal, e de acordo com os princípios fundamentais de seus respectivos ordenamentos jurídicos internos, adotarão medidas e cooperação entre si a fim de suprimir a utilização dos serviços postais para o tráfico ilícito.

2. As medidas a que se refere o parágrafo 1 do presente Artigo incluirão, em particular:

a) medidas coordenadas e orientadas para prevenir e reprimir a utilização dos serviços postais para o tráfico ilícito;

b) a introdução e a manutenção, por pessoal de detecção e repressão competente, de técnicas de pesquisa e controle direcionados para detectar as remessas postais com conteúdo ilícito de entorpecentes, de substâncias psicotrópicas e substâsncias incluídas nos Quadros I e II;

c) medidas legislativas que permitam recorrer a meios adequados a fim de assegurar as provas necessárias para iniciar procedimentos jurídicos.

Artigo 20 – Informação a ser fornecida pelas partes

1. As Partes fornecerão, por intermédio do Secretário Geral, informação à comissão sobre funcionamento desta Convenção em seus territórios e, em particular:

a) textos das leis e regulamentos promulgados para dar efeito à Convenção;

b) pormenores dos casos de tráfico ilícito dentro de sua jurisdição, que julguem importantes, pelas novas tendências que revelam as quantidades em questão, a procedência das substâncias ou os métodos utilizados por pessoas que se dedicam ao tráfico ilícito.

2. As Partes facilitarão o acesso à informação do modo e na data em que a comissão o solicitar.

Artigo 21 – Funções da comissão

A Comissão está autorizada a considerar quaisquer questões relacionadas com os objetivos desta Convenção e, em particular:

a) a Comissão examinará o andamento da presente Convenção, com base nas informações apresentadas pelas Partes, de acordo com o Artigo 20;

b) a Comissão poderá fazer sugestões e recomendações de caráter geral com base no exame das informações recebidas das Partes;

c) a Comissão poderá levar à atenção da Junta qualquer questão que tenha relação com a mesma;

d) a Comissão tomará as medidas que julgar adequadas sobre qualquer questão que lhe tenha sido remetida pela Junta, de acordo com o inciso b) do parágrafo 1 do Artigo 23;

e) A Comissão, de acordo com o procedimento estabelecido no Artigo 12, poderá emendar o Quadro I e o II;

f) a Comissão poderá levar à atenção dos Estados não-Partes as decisões e recomendações que adote em cumprimento à presente Convenção, a fim de que examinem a possibilidade de tomar medidas cabíveis.

Artigo 22 – Funções da Junta

1. Sem prejuízo das funções da Comissão prevista no Artigo 21 e sem prejuízo das funções da Junta e da Comissão, previstas na Convenção de 1961, na Convenção de 1961 em sua forma emendada, e no Convênio de 1971;

a) Se, com base no exame da informação à disposição dela, do Secretário Geral, ou da Comissão, ou da informação comunicada pelos órgãos das Nações Unidas, a Junta tiver motivos para crer que os objetivos desta Convenção não são cumpridos em assuntos de sua competência, a Junta poderá convidar uma ou mais Partes a fornecer toda informação pertinente;

b) com respeito aos Artigos 12, 13 e 16:

i) uma vez cumprido o trâmite assinalado no inciso a) deste Artigo, a Junta poderá, se julgar necessário, pedir à Parte interessada que adote medidas corretivas que as circunstâncias aconselham para o cumprimento do disposto nos Artigos 12, 13 e 16;

ii) antes de tomar qualquer medida, conforme o sub-item iii) infra, a Junta tratará confidencialmente suas comunicações com a Parte interessada de acordo com os subitens anteriores;

iii) se a Junta considerar que a Parte interessada não tenha adotado as medidas corretivas conforme solicitação, de acordo com este subitem, poderá levar o assunto à atenção das Partes, do Conselho e da Comissão. Qualquer relatório publicado pela Junta, de acordo com este subitem, incluirá também as opiniões da Parte interessada se esta assim o solicitar da Parte interessada se esta assim o solicitar.

2. Toda Parte interessada será convidada para ser representada nas reuniões da Junta, na qual se examinará, de acordo com este Artigo, uma questão que afete diretamente.

3. No caso de uma decisão da Junta, adotada em virtude deste Artigo, não ser unânime, deixar-se-á constância das opiniões da minoria.

4. As decisões da Junta, de acordo com este Artigo, tomar-se-ão pela maioria de dois terços do número total de membros da Junta.

5. No desempenho de suas funções, de acordo com o inciso a) do parágrafo 1 deste Artigo, a Junta protegerá o caráter confidencial de toda informação que lhe seja dada.

6. A responsabilidade da Junta, em virtude deste Artigo, não se aplicará para o cumprimento de tratados ou acordos celebrados entre as Partes, de acordo com o disposto na presente Convenção.

7. O disposto neste Artigo não se aplicará às controvérsias entre as Partes, mencionadas nas disposições do Artigo 32.

Artigo 23 – Informações da Junta

1. A Junta preparará um relatório anual sobre seus trabalhos, contendo uma análise da informação a seu dispor e, nos casos adequados, uma relação das explicações, se existirem, fornecidas pelas Partes ou por elas solicitadas, junto com quaisquer observações e recomendações que a Junta deseje formular. A Junta poderá preparar os relatórios adicionais que considerar necessários. A Junta poderá preparar os relatórios adicionais que considerar necessários. Os relatórios serão apresentados ao Conselho, por intermédio da comissão, que poderá fazer as observações que julgar convenientes.

2. Os relatórios da Junta serão transmitidos às Partes e posteriormente publicados pelo Secretário Geral. As Partes permitirão sua distribuição, sem restrições.

Artigo 24 – Aplicação de medidas mais estritas que as estabelecidas pela presente convenção

As Partes poderão adotar medidas mais estritas ou rigorosas que as previstas na presente Convenção se, a seu juízo, tais medidas são convenientes ou necessárias para impedir ou eliminar o tráfico ilícito.

Artigo 25 – Efeito não-derrogatório com respeito a direitos e obrigações convencionais anteriores

As disposições desta Convenção não derrogam os direitos e obrigações que incumbem às Partes desta Convençao, em virtude da Convenção de 1961, a Convenção de 1961 em sua forma emendada, e o Convênio de 1971.

Artigo 26 – Assinatura

Esta Convenção estará aberta a partir do dia 20 de dezembro de 1988 até o dia 28 de fevereiro de 1989, no Escritório das Nações Unidas em Viena, e depois até o dia 20 de dezembro de 1989, na Sede das Nações Unidas em Nova Iorque:

a) de todos os Estados;

b) da Namíbia, representada pelo Conselho das Nações Unidas para Namíbia;

c) das organizações regionais de integração econômica que sejam competentes para negociar, concluir e aplicar Acordos Internacionais sobre questões reguladas por esta Convenção, sendo aplicáveis às organizações em questão, dentro dos limites de sua competência, as referências que são feitas às Partes, aos Estados e aos serviços nacionais desta Convenção.

Artigo 27 – Retificação, aceitação, aprovação ou ato de confirmação formal

1. Esta Convenção estará sujeita a ratificação, aceitação ou aprovação pelos Estados e pela Namíbia, representada pelo Conselho das Nações Unidas para a Namíbia, e aos atos de confirmação formal pelas organizações regionais de integração econômica, mencionadas no inciso c) do Artigo 26. Os instrumentos da ratificação, aceitação ou aprovação e os instrumentos relativos aos atos de confirmação formal serão depositados junto ao Secretário Geral.

2. Em seus instrumentos de confirmação legal, as organizações regionais de integração econômica declararão o alcance de sua competência com respeito às questões regidas pela presente Convenção. Aquelas organizações comunicarão, também, ao Secretário Geral, qualquer modificação do alcance de sua competência no que diz respeito às questões regidas pela presente Convenção.

Artigo 28 – Adesão

1. Esta Convenção ficará aberta a adesões de todos os Estados, da Namíbia, representada pelo Conselho das Nações Unidas para a Namíbia e das organizações regionais de integração econômica, mencionadas no inciso c) do Artigo 26. A adesão se efetivará mediante o depósito de um instrumento de adesão junto ao Secretário Geral.

2. Em seus instrumentos de adesão, as organizações regionais de integração econômica declararão o alcance de sua competência no que diz respeito a questões regidas por esta Convenção.

Artigo 29 – Entrada em vigor

1. A presente Convenção entrará em vigor no nonagésimo dia seguinte à data em que tenha sido depositado junto ao Secretário Geral, o vigésimo instrumento de ratificação, aceitação, aprovação ou adesão pelos Estados ou pela Namíbia, representada pelo Conselho das Nações Unidas para a Namíbia.

2. Para cada Estado ou para a Namíbia, representada pelo Conselho das Nações Unidas para a Namíbia, que ratifique, aceite ou aprove a presente Convenção, ou a ela adira, depois de ter-se depositado o vigésimo instrumento de ratificação, de aceitação, de aprovação ou de adesão, esta Convenção entrará em vigor no nonagésimo dia seguinte à data em que aquele Estado ou a Namíbia tiver depositado o instrumento de ratificação, aceitação, aprovação ou adesão.

3. Para cada organização regional de integração econômica, mencionada no inciso c) do Artigo 26, que depositar um instrumento relativo a um ato de Confirmação formal ou um instrumento de adesão, a presente Convenção entrará em vigor no nonagésimo dia seguinte à data em que tiver sido efetuado o de-

pósito, ou na data em que esta convenção entrar em vigor, conforme o parágrafo 1 do presente Artigo, se esta última for posterior.

Artigo 30 – Denúncia

1. Cada Parte poderá, a qualquer momento, denunciar esta Convenção mediante notificação escrita, dirigida ao Secretário Geral.

2. A denúncia surtirá efeito para a Parte interessada um ano após a data em que a notificação tenha sido recebida pelo Secretário Geral.

Artigo 31 – Emendas

1. Qualquer Parte poderá propor uma emenda à presente Convenção. A Parte em questão comunicará o texto de qualquer emenda assim proposta, e os motivos da mesma, ao Secretário Geral que, por sua vez, comunicará a emenda proposta às demais Partes, às quais perguntará se a aceitam. Caso a proposta de emenda, assim distribuída, não tenha sido recusada por nenhuma das Partes dentro dos vinte e quatro meses seguintes a sua notificação, a emenda será considerada aceita, e entrará em vigor, com respeito a cada Parte, noventa dias depois que essa Parte tenha depositado, junto ao Secretário Geral, um instrumento no qual expresse seu consentimento em ficar obrigada a essa emenda.

2. Quando uma proposta de emenda for recusada por uma das Partes, o Secretário Geral consultará as Partes e, se a maioria delas assim solicitar, submeterá a questão, junto com qualquer observação que tenha sido formulada pelas Partes, à consideração do Conselho, que poderá decidir pela convocação de uma conferência, de acordo com o parágrafo 4 do Artigo 62 da Carta da Nações Unidas. As emendas que resultarem dessa Conferência serão incorporadas a um Protocolo de Modificação. O consentimento de as tornar vinculadas a um Protocolo deverá ser expressamente notificado ao Secretário Geral.

Artigo 32 – Solução das controvérsias

1. Em caso de controvérsias sobre a interpretação ou a aplicação desta Convenção entre uma ou mais Partes, estas se consultarão, com o fim de resolvê-la por vias de negociação, pesquisa, mediação, conciliação, arbitragem, recurso a organismos regionais, procedimento jurídico ou outros meios pacíficos que elegerem.

2. Toda controvérsia dessa índole, que não tenha sido resolvida na forma prescrita no parágrafo 1 do presente Artigo, será submetida por petição de qualquer um dos Estados Partes na controvérsia, à decisão da Corte Internacional de Justiça.

3. Se uma das organizações regionais de integração econômica, mencionadas no inciso c) do Artigo 26, é parte em uma controvérsia que não tenha sido resolvida na forma prevista no parágrafo 1 do presente Artigo, poderá, por intermédio de um Estado Membro das Nações Unidas, pedir ao Conselho que solicite uma opinião consultiva à Corte Internacional de Justiça, de acordo com o Artigo 65 do Estatuto da Corte, opinião esta que será considerada decisiva.

4. Todo Estado, no momento da assinatura ou ratificação, aceitação ou aprovação da presente Convenção ou de sua adesão à mesma, ou toda organização regional de integração econômica, no momento da assinatura ou do depósito de um ato de confirmação formal ou de adesão, poderá declarar que não se considera obrigado pelos parágrafos 2 e 3 deste Artigo. As demais Partes não estarão obrigadas pelos parágrafos 2 e 3 deste Artigo perante nenhuma das Partes que tenha feito a declaração em questão.

5. Toda Parte que tenha feito a declaração prevista no parágrafo 4 do presente Artigo poderá retirá-la a qualquer momento, mediante notificação ao Secretário Geral.

Artigo 33 – Textos autênticos

Os Textos em árabe, chinês, espanhol, francês, inglês e russo da presente Convenção são igualmente autênticos.

Artigo 34 – Depositário

O Secretário Geral será depositário da presente Convenção. Em testemunho do que os abaixo-assinados, devidamente autorizados para tanto, firmaram a presente Convenção.

Feito em Viena, em um único original, no dia vinte de dezembro de mil novecentos e oitenta e oito.

ANEXO

QUADRO I	QUADRO II
Efedrina	Anidrido acético
Ergometrina	Acetona
Ergotamina	Ácido Antranílico
Ácido Lisérgico	Éter etílico
1 – fenil – 2 – propanona	Ácido Fenilacético
Pseudoefedrina	Piperidina
Os sais das substâncias listados no presente quadro, desde que a existência dos sais em questão seja possível.	Os sais das substâncias listados no presente quadro, desde que a existência dos sais em questão seja possível.

4. *DECRETO N. 154/1991 (Ratificou Convenção de Viena)*

Promulga a Convenção Contra o Tráfico Ilícito de Entorpecentes e Substâncias Psicotrópicas.

O Presidente da República, usando da atribuição que lhe confere o art. 84, inciso IV da Constituição, e

Considerando que a Convenção Contra o Tráfico Ilícito de Entorpecentes e Substâncias Psicotrópicas, foi concluída em Viena, a 20 de dezembro de 1988;

Considerando que a referida convenção foi aprovada pelo Congresso Nacional, pelo Decreto Legislativo n. 162, de 14 de junho de 1991;

Considerando que a convenção ora promulgada entrou em vigor internacional em 11 de novembro de 1990,

DECRETA:

Art. 1º. A Convenção Contra o Tráfico Ilícito de Entorpecentes e Substâncias Psicotrópicas, apensa por cópia a este decreto, será executada e cumprida tão inteiramente como nela se contém.

Art. 2º. Este decreto entra em vigor na data prevista no parágrafo 2º do artigo 29 da Convenção.

Brasília, 26 de junho de 1991; 170º da Independência e 103º da República.

5. AS 40 RECOMENDAÇÕES DO GAFI*

A. SISTEMAS JURÍDICOS

Âmbito de aplicação do crime de branqueamento de capitais

1. Os países deveriam incriminar a lavagem de dinheiro de acordo com o disposto na Convenção das Nações Unidas contra o Tráfico Ilícito de Estupefacientes e de Substâncias Psicotrópicas (Convenção de Viena), de 1988, e na Convenção das Nações Unidas contra a Criminalidade Organizada Transnacional (Convenção de Palermo), de 2000.

Os países deveriam aplicar o crime de branqueamento de capitais a todos os crimes graves, de forma a abranger o conjunto mais alargado de infrações subjacentes. As infrações subjacentes podem ser definidas por referência a todos os crimes ou por referência a um limiar, ligado ou a uma categoria de infrações graves, ou a uma moldura penal aplicável à infração subjacente (critério do limiar), ou a uma lista de infrações subjacentes, ou ainda a uma combinação destes critérios.

Quando os países optarem pelo critério do limiar, as infrações subjacentes deveriam incluir, pelo menos, todos os crimes qualificados como graves pelo seu direito interno, ou incluir as infrações puníveis com pena de duração máxima superior a um ano de prisão. Nos países cujos sistemas jurídico-penais contemplem penas mínimas, as infrações subjacentes deveriam incluir todas as infrações puníveis com pena de duração mínima superior a seis meses de prisão.

---

* As Recomendações seguidas de asterisco deverão ser lidas em conjunto com a respectiva Nota Interpretativa.

Qualquer que seja o critério adotado, cada país deveria incluir, no mínimo, um conjunto de infrações que se integrem nas categorias de infrações designadas (ver no Glossário a definição de "categorias de infrações designadas").

As infrações subjacentes à lavagem de dinheiro deveriam abranger as condutas ocorridas noutro país que constituam uma infração nesse país e que teriam constituído uma infração subjacente se tivessem ocorrido em território nacional. Os países podem estabelecer que o único requisito prévio é o de que a conduta constitua uma infração subjacente, se o ato tivesse ocorrido em território nacional.

Os países podem determinar que o crime de branqueamento de capitais não seja aplicável a quem cometeu a infração subjacente, quando tal seja exigível pelos princípios fundamentais da sua ordem jurídica.

2. Os países deveriam assegurar que:

a) A intenção e o conhecimento requeridos para provar o crime de lavagem de dinheiro estão em conformidade com as normas estabelecidas nas Convenções de Viena e de Palermo, incluindo a possibilidade de o elemento intencional ser deduzido a partir de circunstâncias factuais objetavas;

b) A responsabilidade criminal e, quando ela não seja possível, a responsabilidade civil ou administrativa, deveria aplicar-se às pessoas coletivas. Tal não deve excluir os procedimentos paralelos de natureza criminal, civil ou administrativa aplicáveis a pessoas coletivas, em países onde tais formas de responsabilidade se encontrem previstas. As pessoas coletivas deveriam estar sujeitas a sanções eficazes, proporcionadas e dissuasivas. Estas medidas não deveriam prejudicar a responsabilidade criminal das pessoas singulares.

Medidas provisórias e perda

3. Os países deveriam adotar medidas similares às previstas nas Convenções de Viena e de Palermo, inclusive medidas legislativas, a fim de que as autoridades competentes estejam em condições de declarar perdidos os bens branqueados, os produtos derivados da lavagem de dinheiro ou das infrações subjacentes, bem como os instrumentos utilizados ou destinados a serem utilizados na prática destes crimes, ou bens de valor equivalente, sem prejuízo dos direitos de terceiros de boa-fé.

Tais medidas deveriam permitir: (a) identificar, localizar e avaliar os bens sujeitos a perda; (b) adotar medidas provisórias, tais como o congelamento e a apreensão, a fim de obstar a qualquer transação, transferência ou cessão dos referidos bens; (c) adotar medidas para prevenir ou evitar atos que prejudiquem a capacidade do Estado para recuperar bens sujeitos a perda; e (d) tomar todas e quaisquer medidas de investigação apropriadas.

Os países poderão considerar a adoção de medidas que permitam a perda de tais produtos ou instrumentos, sem que seja exigida uma condenação criminal prévia, ou medidas que exijam que o presumível autor do crime demonstre a origem legítima dos bens eventualmente sujeitos a perda, sempre que estejam em conformidade com os princípios vigentes no seu direito interno.

B. MEDIDAS A ADOTAR PELAS INSTITUIÇÕES FINANCEIRAS E PELAS ATIVIDADES E PROFISSÕES NÃO FINANCEIRAS PARA EVITAR A LAVAGEM DE DINHEIRO E O FINANCIAMENTO DO TERRORISMO

4. Os países deveriam assegurar que as normas sobre segredo profissional das instituições financeiras não obstem à aplicação das Recomendações do GAFI.

Dever de vigilância relativo à clientela ("customer due diligence" – CDD*) e de conservação de documentos

5.* As instituições financeiras não deveriam manter contas anônimas nem contas sob nomes manifestamente fictícios.

As instituições financeiras deveriam adotar medidas de vigilância em relação aos clientes, exigindo, nomeadamente, a respectiva identificação e a verificação da identidade, sempre que:

– estabeleçam relações de negócio;

– efetuem transações ocasionais: (i) acima do limiar designado aplicável; ou (ii) que constituam transferências eletrônicas, nas circunstâncias previstas na Nota Interpretativa da Recomendação Especial VII;

– exista uma suspeita de lavagem de dinheiro ou de financiamento do terrorismo; ou

– a instituição financeira tenha dúvidas quanto à veracidade ou adequação dos dados de identificação do cliente previamente obtidos.

As medidas de vigilância a adotar relativas à clientela (medidas CDD – *Customer Due Diligence*) são as seguintes:

a) Identificar o cliente e verificar a sua identidade através de documentos, dados e informações de origem credível e independente (documentos, dados e informações de origem credível e independente serão, doravante, designados por *dados de identificação*);

b) Identificar o beneficiário efetivo e tomar medidas adequadas para verificar a sua identidade, de tal forma que a instituição financeira obtenha um conhecimento satisfatório sobre a identidade do beneficiário efetivo. No que respeita às pessoas coletivas e entidades sem personalidade jurídica, as instituições financeiras deveriam tomar medidas adequadas para compreender a estrutura de propriedade e de controlo do cliente;

c) Obter informação sobre o objeto e a natureza da relação de negócio;

d) Manter uma vigilância contínua sobre a relação de negócio e examinar atentamente as operações realizadas no decurso dessa relação, verificando se são consistentes com o conhecimento que a instituição tem do cliente, dos

---

* Nota de Tradução: "CDD" é a abreviatura da expressão inglesa *Customer Due Diligence*, que se optou por manter, por fazer parte do acervo lingüístico dos utilizadores e aplicadores das Recomendações do GAFI.

seus negócios e do seu perfil de risco, incluindo, se necessário, a origem dos fundos.

As instituições financeiras deveriam aplicar todas as medidas CDD atrás identificadas de (a) a (d), mas podem determinar o alcance dessas medidas, em função do nível de risco associado ao tipo de clientela, à relação de negócio ou à operação. As medidas a adotar deverão respeitar as normas emitidas pelas autoridades competentes. Para categorias de risco mais elevadas, as instituições financeiras deveriam aplicar medidas de vigilância reforçadas. Em circunstâncias determinadas, quando os riscos são menores, os países podem autorizar as instituições financeiras a aplicar medidas reduzidas ou simplificadas.

As instituições financeiras deveriam verificar a identidade do cliente e do beneficiário efetivo, antes ou durante o estabelecimento de uma relação de negócio ou quando realizam operações com clientes ocasionais. Os países podem permitir às instituições financeiras que completem a verificação da identidade, no mais breve espaço de tempo possível, após o estabelecimento da relação de negócio, quando os riscos de lavagem de dinheiro sejam geridos de modo eficaz e for essencial não interromper o desenrolar normal da relação negocial.

Quando a instituição financeira não possa dar cumprimento ao disposto nas alíneas (a) a (c) atrás mencionadas, não deveria abrir a conta, iniciar a relação de negócio ou efetuar a operação, ou deveria pôr termo à relação de negócio e deveria, além disso, considerar fazer uma declaração de operação suspeita do cliente.

Estas obrigações deveriam aplicar-se a todos os novos clientes, apesar de as instituições financeiras deverem também aplicar esta Recomendação aos clientes já existentes, segundo a relevância da operação e do risco, aplicando também as regras de vigilância às relações negociais existentes, sempre que o considerem oportuno.

6.* As instituições financeiras deveriam, em relação a pessoas politicamente expostas, além de aplicar as medidas de vigilância normais:

a) Dispor de sistemas de gestão de riscos adequados a determinar se o cliente é uma pessoa politicamente exposta;

b) Obter autorização da Direção para estabelecer relações de negócios com tais clientes;

c) Tomar medidas razoáveis para determinar a origem do patrimônio e dos fundos;

d) Assegurar a vigilância, de forma reforçada e contínua, da relação de negócio.

7. As instituições financeiras, no que respeita a relações transfronteiriças entre bancos correspondentes e a outras relações semelhantes, além de aplicar as medidas de vigilância normais, deveriam:

a) Recolher informação suficiente sobre a instituição a quem é prestado o serviço (a instituição cliente) para compreender plenamente a natureza da sua atividade e conhecer, a partir de informações publicamente disponíveis, a reputação da instituição e a qualidade da sua supervisão, nomeadamente verificar se a instituição em causa foi objeto de uma investigação ou de uma intervenção da autoridade de supervisão, relacionada com a lavagem de dinheiro ou o financiamento do terrorismo;

b) Avaliar os controles postos em prática pela instituição cliente destinados ao combate à lavagem de dinheiro e ao financiamento do terrorismo.

c) Obter aprovação da Direção antes de estabelecer novas relações de correspondência;

d) Reduzir a escrito as responsabilidades respectivas de cada instituição;

e) Quanto às contas correspondentes de transferência (*payable-through accounts*), assegurar-se de que o banco cliente verificou a identidade e aplicou as medidas de vigilância contínua relativamente à clientela que tem acesso direto às contas do banco correspondente, e assegurar que aquele banco se encontra habilitado a fornecer os dados apropriados sobre a identificação dos seus clientes, quando tal lhe for solicitado pelo banco correspondente.

8. As instituições financeiras deveriam conceder uma particular atenção às ameaças de lavagem de dinheiro inerentes às tecnologias novas ou em desenvolvimento que possam favorecer o anonimato e adotar medidas, se necessário, para evitar a utilização destas tecnologias nos esquemas de lavagem de dinheiro. Em especial, as instituições financeiras deveriam adotar políticas e procedimentos para enfrentar riscos específicos associados a relações de negócio ou operações efetuadas sem a presença física do cliente.

9.* Os países podem autorizar as instituições financeiras a recorrer a intermediários ou a outros terceiros para dar cumprimento aos requisitos das alíneas (a) a (c) das medidas CDD ou para captar negócios, desde que sejam respeitados os critérios a seguir indicados. Quando este recurso for permitido, a responsabilidade última pela identificação do cliente e pela verificação dos dados recai sobre a instituição financeira que recorreu a terceiros.

Deveriam ser respeitados os seguintes critérios:

a) Uma instituição financeira que recorra a um terceiro deveria obter, de imediato, a necessária informação respeitante aos requisitos das alíneas (a) a (c) das medidas CDD relativas à sua clientela. As instituições financeiras deveriam tomar as medidas necessárias para se assegurarem de que o terceiro está em condições de disponibilizar, após solicitação e sem demora, cópias dos dados de identificação e outra documentação relevante para cumprimento do dever de vigilância aplicável à clientela;

b) A instituição financeira deveria assegurar-se de que o terceiro está sujeito a regulamentação e a supervisão e que adotou medidas para cumprir as obrigações de vigilância aplicáveis à clientela, nos termos das Recomendações 5 e 10.

Cabe a cada país determinar em que países podem estar localizados os terceiros que cumprem estes requisitos, tendo em conta as informações disponíveis sobre os países que não aplicam, ou que aplicam insuficientemente, as Recomendações do GAFI.

10.[*] As instituições financeiras deveriam conservar, durante pelo menos cinco anos, todos os documentos relativos às transações efetuadas, tanto internas como internacionais, a fim de poderem responder rapidamente aos pedidos de informação das autoridades competentes. Estes documentos deveriam permitir reconstituir as transações individuais (inclusive os montantes e tipos de divisas em causa, se for caso disso), de modo a fornecerem, se necessário, prova em processos de natureza criminal.

As instituições financeiras deveriam conservar registros dos documentos comprovativos da identificação obtidos através das medidas de vigilância aplicáveis à clientela (por exemplo, cópia ou registro de documentos oficiais como passaporte, bilhete de identidade, carta de condução ou documentos de idêntica natureza), documentação relativa às contas e correspondência comercial durante, pelo menos cinco anos, após o termo da relação de negócio.

Os dados de identificação e os registros das operações deveriam ser postos à disposição das autoridades nacionais competentes para a persecução da sua missão.

11.[*] As instituições financeiras deveriam examinar com particular atenção todas as operações complexas, de montantes anormalmente elevados e todos os tipos não habituais de operações que não apresentem uma causa econômica ou lícita aparente. As circunstâncias e o objeto de tais operações deveriam ser examinados, na medida do possível, e os resultados desse exame deveriam ser reduzidos a escrito, ficando ao dispor das autoridades competentes e dos auditores.

12.[*] O dever de vigilância relativo à clientela e o de conservação de documentos previstos nas Recomendações 5, 6 e 8 a 11 aplicam-se às atividades e profissões não financeiras designadas, nas seguintes situações:

a) Cassinos – sempre que os clientes efetuem operações financeiras de montante igual ou superior ao limiar designado aplicável;

b) Agentes imobiliários – sempre que realizem operações para os seus clientes relativas à compra e venda de imóveis;

c) Negociantes em metais preciosos ou em pedras preciosas – sempre que realizem operações em numerário com um cliente, de montante igual ou superior ao limiar designado aplicável;

d) Advogados, notários, outras profissões jurídicas independentes e contabilistas, sempre que preparem ou efetuem operações para os clientes, no âmbito das seguintes atividades:

– Compra e venda de imóveis;

– Gestão de fundos, valores mobiliários ou outros ativos do cliente;

– Gestão de contas bancárias, de poupança ou de valores mobiliários;

– Organização de contribuições destinadas à criação, exploração ou gestão de sociedades;

– Criação, exploração ou gestão de pessoas coletivas ou de entidades sem personalidade jurídica e compra e venda de entidades comerciais;

e) Prestadores de serviços a sociedades e *trusts*, sempre que preparem ou efetuem operações para um cliente, no quadro das atividades descritas nas definições constantes do Glossário.

Declaração de operações suspeitas e cumprimento das normas

13.* Se uma instituição financeira suspeitar ou tiver motivos razoáveis para suspeitar que os fundos provêm de uma atividade de natureza criminal ou que estão relacionados com o financiamento do terrorismo, deveria ser obrigada, através de lei ou de regulamento, a apresentar de imediato uma declaração de operação suspeita à Unidade de Informação Financeira (UIF).

14.* As instituições financeiras, os seus dirigentes, funcionários e empregados deveriam:

a) Ser protegidos, por disposições legislativas, contra qualquer responsabilidade criminal ou civil por quebra das regras de confidencialidade, imposta por contrato ou por qualquer disposição legislativa, regulamentar ou administrativa, quando declararem, de boa-fé, as suas suspeitas à UIF, ainda que desconhecessem exatamente qual era a atividade criminal em questão e mesmo que a atividade ilegal sob suspeita não tenha realmente ocorrido;

b) Ser proibidos, por lei, de divulgar que foi feita uma declaração de operação suspeita (DOS) ou que foi transmitida à UIF uma informação conexa.

15.* As instituições financeiras deveriam elaborar programas de combate à lavagem de dinheiro e ao financiamento do terrorismo que compreendessem, no mínimo:

a) Políticas, procedimentos e controles internos, inclusive dispositivos apropriados para verificar o seu cumprimento, e procedimentos adequados na contratação dos seus empregados, a fim de garantir que esta se efetua de acordo com critérios exigentes;

b) Um programa contínuo de formação dos empregados;

c) Um dispositivo de controlo interno para verificar a eficácia do sistema.

16.*As obrigações decorrentes das Recomendações 13 a 15 e 21 aplicam-se às atividades e profissões não financeiras designadas, com as seguintes especificações:

a) Os advogados, notários, outras profissões jurídicas independentes e contabilistas deveriam obrigatoriamente comunicar operações suspeitas sempre que, agindo por conta de um cliente ou para um cliente, efetuem uma operação financeira no quadro das atividades descritas na Recomendação 12 (d). Os países são fortemente encorajados a estender a obrigação de declaração a todas as outras atividades profissionais dos contabilistas, incluindo a auditoria;

b) Os negociantes em metais preciosos ou em pedras preciosas deveriam obrigatoriamente declarar operações suspeitas quando realizem operações em numerário com um cliente, de montante igual ou superior ao limiar designado aplicável;

c) Os prestadores de serviços a sociedades e a *trusts* deveriam obrigatoriamente declarar operações suspeitas quando, em nome de um cliente ou para um cliente, efetuem uma operação no âmbito das atividades referidas na Recomendação 12 (e).

Os advogados, notários, outras profissões jurídicas independentes e os contabilistas, que trabalhem como profissionais jurídicos independentes, não estão obrigados a declarar as operações suspeitas se as informações que possuem tiverem sido obtidas em situações sujeitas a segredo profissional ou cobertas por um privilégio profissional de natureza legal.

Outras medidas preventivas da lavagem de dinheiro e do financiamento do terrorismo

17. Os países deveriam assegurar-se de que dispõem de sanções eficazes, proporcionadas e dissuasivas, de natureza criminal, civil ou administrativa, aplicáveis às pessoas singulares ou coletivas sujeitas a estas Recomendações que não cumpram as obrigações de combate à lavagem de dinheiro e ao financiamento do terrorismo.

18. Os países não deveriam autorizar o estabelecimento de bancos de fachada ou tolerar a continuação da sua atividade no seu território. As instituições financeiras deveriam recusar iniciar ou manter relações de correspondência com bancos de fachada. As instituições financeiras deveriam ainda abster-se de estabelecer relações com instituições financeiras correspondentes estrangeiras que permitam que as suas contas sejam usadas por bancos de fachada.

19.* Os países deveriam considerar:

a) Tomar medidas realistas destinadas a detectar ou fiscalizar os movimentos físicos transfronteiriços de divisas e de títulos ao portador, desde que a utilização dessa informação seja estritamente limitada e não restrinja, por qualquer forma, a liberdade de circulação de capitais;

b) A eficácia e a utilidade de um sistema, segundo o qual os bancos e outras instituições financeiras e intermediários declarassem todas as transações internas e internacionais em moeda ou em divisas, acima de um certo montante, a uma agência central nacional, que dispusesse de uma base de dados informatizada, sujeita a condições de utilização restritas que assegurem o uso correto da informação, sendo essa informação acessível às autoridades competentes para ser usada em casos de lavagem de dinheiro ou de financiamento do terrorismo.

20. Os países deveriam considerar a aplicação das Recomendações do GAFI às atividades e profissões que apresentem riscos de lavagem de dinheiro ou de financiamento do terrorismo, para além das atividades e profissões não financeiras designadas.

Os países deveriam, além disso, encorajar o desenvolvimento de técnicas modernas e seguras de gestão de fundos que sejam menos vulneráveis à lavagem de dinheiro.

Medidas a adotar relativamente a países que não cumprem as Recomendações do GAFI ou que o fazem de modo insuficiente

21. As instituições financeiras deveriam conceder particular atenção às suas relações de negócio e às operações com pessoas singulares e coletivas, inclusive as sociedades e instituições financeiras, situadas em países que não aplicam as Recomendações do GAFI ou o fazem de modo insuficiente.

Quando as referidas operações não apresentem causa econômica ou lícita aparente, as suas circunstâncias e objeto deveriam, na medida do possível, ser examinados, os resultados desse exame deveriam ser reduzidos a escrito e estar disponíveis para ajudar as autoridades competentes. Sempre que um país continue a não aplicar as Recomendações do GAFI, ou a fazê-lo de modo insuficiente, os países deveriam poder aplicar as contramedidas adequadas.

22. As instituições financeiras deveriam assegurar que os princípios que lhe são aplicáveis são igualmente aplicados pelas suas sucursais e filiais majoritárias situadas no estrangeiro, especialmente em países que não apliquem ou apliquem de modo insuficiente as Recomendações do GAFI, na medida em que as leis e regulamentos locais o permitam. Quando estas mesmas leis e regulamentos não o permitam, as autoridades competentes do país em que se situa o estabelecimento principal deveriam ser informadas pelas instituições financeiras de que estas últimas não podem aplicar as Recomendações do GAFI.

Regulamentação e supervisão

23.[*] Os países deveriam assegurar que as instituições financeiras são sujeitas a regulamentação e a supervisão adequadas e que aplicam, efetivamente, as Recomendações do GAFI. As autoridades competentes deveriam adotar as medidas legislativas ou regulamentares necessárias para evitar que os criminosos ou os seus cúmplices adquiram ou sejam beneficiários efetivos de participações de controle ou de participações significativas em instituições financeiras ou de nelas ocuparem funções de direção.

Para as instituições financeiras sujeitas aos Princípios Fundamentais (*Core Principles*), as medidas de regulamentação e de supervisão aplicáveis para fins prudenciais e que são também adequadas para prevenir a lavagem de dinheiro deveriam aplicar-se, de forma idêntica, para os fins de combate à lavagem de dinheiro e ao financiamento do terrorismo.

As outras instituições financeiras deveriam ser objeto de autorização prévia ou de registro, estar sujeitas a regulamentação apropriada, bem como a supervisão ou a acompanhamento para fins de combate à lavagem de dinheiro, em função do risco de lavagem de dinheiro ou de financiamento do terrorismo existente no respectivo setor. No mínimo, as entidades que prestem serviços de transferência de fundos ou de valores, ou que se dediquem ao câmbio de moeda ou de divisas, deveriam ser objeto de autorização prévia ou de registro e estar sujeitas a sistemas efetivos de acompanhamento e de controlo do cumprimento das obrigações nacionais em matéria de combate à lavagem de dinheiro e ao financiamento do terrorismo.

24. As atividades e profissões não financeiras designadas deveriam ser sujeitas a medidas de regulamentação e de supervisão, nos seguintes termos:

a) Os cassinos deveriam ser sujeitos a um regime completo de regulamentação e de fiscalização, destinado a assegurar que aplicam efetivamente as medidas de combate à lavagem de dinheiro e ao financiamento do terrorismo. Pelo menos:

– Os cassinos deveriam ser objeto de autorização prévia;

– As autoridades competentes deveriam adotar as medidas necessárias, legislativas ou regulamentares, para evitar que os criminosos ou os seus cúmplices sejam titulares ou beneficiários efetivos de participações de controlo ou de participações significativas em cassinos ou de neles ocuparem funções de direção ou de exploração;

– As autoridades competentes deveriam assegurar que os cassinos sejam objeto de uma fiscalização efetiva do cumprimento das suas obrigações de combate à lavagem de dinheiro e ao financiamento do terrorismo;

b) Os países deveriam assegurar que as outras categorias de atividades e profissões não financeiras designadas estejam sujeitas a sistemas eficazes de acompanhamento e de controlo das suas obrigações em matéria de combate à lavagem de dinheiro e ao financiamento do terrorismo. Este acompanhamento deveria efetuar-se em função da sensibilidade ao risco e poderia ser efetuado por uma autoridade governamental ou por uma entidade de auto-regulação apropriada, desde que tal entidade esteja em condições de assegurar que os seus membros cumprem as obrigações em matéria de combate à lavagem de dinheiro e ao financiamento do terrorismo.

25.[*] As autoridades competentes deveriam estabelecer diretivas e promover o retorno da informação (*feedback*), de modo a permitir às instituições financeiras e às atividades e profissões não financeiras designadas aplicar as medidas nacionais de combate à lavagem de dinheiro e ao financiamento do terrorismo e, em particular, a detectar e a declarar operações suspeitas.

C. MEDIDAS INSTITUCIONAIS E OUTRAS, NECESSÁRIAS AOS SISTEMAS DE COMBATE À LAVAGEM DE DINHEIRO E AO FINANCIAMENTO DO TERRORISMO

Autoridades competentes, suas atribuições e recursos

26.[*] Os países deveriam criar uma Unidade de Informação Financeira (UIF) que sirva como centro nacional para receber (e, se permitido, requerer), analisar e transmitir declarações de operações suspeitas (DOS) e outras informações relativas a atos susceptíveis de constituírem lavagem de dinheiro ou financiamento do terrorismo. A UIF deveria ter acesso, direto ou indireto e em tempo útil, às informações financeiras, administrativas e provenientes das autoridades de aplicação da lei (*law enforcement authorities*), para desempenhar cabalmente as suas funções, incluindo a análise das declarações de operações suspeitas.

27.* Os países deveriam assegurar que as investigações sobre o lavagem de dinheiro e o financiamento do terrorismo são confiadas a autoridades de aplicação da lei específicas. Os países são encorajados a apoiar e a desenvolver, tanto quanto possível, técnicas especiais de investigação adequadas à investigação da lavagem de dinheiro, tais como as entregas controladas, as operações encobertas e outras técnicas pertinentes. Os países são também encorajados a usar outros mecanismos eficazes, tais como o recurso a grupos permanentes ou temporários especializados em investigações sobre o patrimônio e em investigações realizadas em colaboração com as correspondentes autoridades competentes de outros países.

28. Ao conduzir investigações sobre a lavagem de dinheiro e as infrações subjacentes, as autoridades competentes deveriam estar em condições de poder obter documentos e informações para utilizar nessas investigações, nos procedimentos de natureza criminal e em ações relacionadas. Esses poderes deveriam incluir a possibilidade de impor às instituições financeiras e a outras entidades medidas compulsórias para a apresentação de documentos, para a busca e a revista de pessoas e locais e para a apreensão e obtenção de prova.

29. As autoridades de supervisão deveriam possuir os poderes necessários para acompanhar e assegurar o cumprimento das obrigações em matéria de combate à lavagem de dinheiro e ao financiamento do terrorismo por parte das instituições financeiras, incluindo a competência para realizar inspeções. Estas autoridades deveriam ter competência para ordenar a apresentação pelas instituições financeiras de quaisquer informações relevantes para verificar o cumprimento das obrigações e aplicar sanções administrativas adequadas, em caso de violação daquelas obrigações.

30. Os países deveriam dotar as suas autoridades competentes, envolvidas no combate à lavagem de dinheiro e ao financiamento do terrorismo, com os recursos financeiros, humanos e técnicos adequados. Os países deveriam dispor de procedimentos que garantam que o pessoal afeto a estas autoridades seja da maior integridade.

31. Os países deveriam assegurar que os decisores políticos, a UIF, as autoridades de aplicação da lei e as autoridades de supervisão disponham de mecanismos eficazes que lhes permitam cooperar e, quando necessário, coordenarem-se, a nível nacional, para o desenvolvimento e a aplicação de políticas e atividades destinadas a combater a lavagem de dinheiro e o financiamento do terrorismo.

32. Os países deveriam assegurar que as suas autoridades competentes possam avaliar a eficácia dos respectivos sistemas de combate à lavagem de dinheiro e ao financiamento do terrorismo, mantendo dados estatísticos completos sobre aspectos ligados à eficácia e ao bom funcionamento de tais sistemas. Essas estatísticas deveriam incidir sobre as declarações de operações suspeitas recebidas e transmitidas, sobre as investigações, as ações judiciais e as condenações ligadas à lavagem de dinheiro e ao financiamento do terrorismo, sobre os bens congelados, apreendidos e declarados perdidos, e sobre o auxílio judiciário mútuo ou outros pedidos internacionais de cooperação.

Transparência das pessoas coletivas e outras entidades sem personalidade jurídica ("legal arrangements")

33. Os países deveriam adotar medidas para impedir a utilização ilícita das pessoas coletivas por parte dos branqueadores de capitais. Os países deveriam assegurar que existe informação adequada, precisa e atualizada sobre os beneficiários efetivos da propriedade e o controlo das pessoas coletivas, susceptível de ser obtida ou consultada, em tempo útil, pelas autoridades competentes. Em particular, os países onde as pessoas coletivas podem emitir ações ao portador deveriam adotar medidas apropriadas para assegurar que essas ações não serão indevidamente usadas para branquear capitais e estar aptos a demonstrar a adequação dessas medidas. Os países poderiam considerar adotar medidas que facilitem às instituições financeiras o acesso à informação sobre os beneficiários efetivos da propriedade e o controlo das pessoas coletivas, por forma a darem cumprimento às obrigações previstas na Recomendação 5.

34. Os países deveriam adotar medidas para impedir a utilização ilícita de entidades sem personalidade jurídica (*legal arrangements*) por parte dos branqueadores de capitais. Em particular, os países deveriam assegurar a existência de informação adequada, precisa e atualizada sobre os *express trusts*, incluindo informação sobre os fundadores, administradores e beneficiários, susceptível de ser obtida ou consultada, em tempo útil, pelas autoridades competentes. Os países poderiam considerar adotar medidas que facilitem às instituições financeiras o acesso à informação sobre os beneficiários efetivos da propriedade e do controlo das entidades sem personalidade jurídica (*legal arrangements*), por forma a darem cumprimento às obrigações previstas na Recomendação 5.

D. COOPERAÇÃO INTERNACIONAL

35. Os países deveriam adotar medidas imediatas para se tornarem partes e aplicarem integralmente a Convenção de Viena, a Convenção de Palermo e a Convenção Internacional das Nações Unidas para a Eliminação do Financiamento do Terrorismo, de 1999. Os países são ainda encorajados a ratificar e aplicarem outras convenções internacionais relevantes, tais como a Convenção do Conselho da Europa sobre o Branqueamento, a Busca, a Apreensão e a Perda dos Produtos do Crime, de 1990, e a Convenção Interamericana contra o Terrorismo, de 2002.

Auxílio Judiciário Mútuo e Extradição

36. Os países deveriam, de forma rápida, construtiva e eficiente, proporcionar o mais amplo auxílio judiciário mútuo nas investigações e procedimentos de natureza criminal sobre a lavagem de dinheiro e o financiamento do terrorismo e em procedimentos conexos. Em especial, os países:

a) Não deveriam proibir nem colocar condições injustificadas ou indevidamente restritivas à prestação de auxílio judiciário mútuo;

b) Deveriam assegurar-se de que dispõem de procedimentos claros e eficazes para a execução dos pedidos de auxílio judiciário mútuo;

c) Não deveriam recusar a execução de um pedido de auxílio judiciário mútuo, tendo como única justificação o fato de o crime envolver também matéria fiscal;

d) Não deveriam recusar a execução de um pedido de auxílio judiciário mútuo, tendo como justificação o fato de o seu direito interno impor às instituições financeiras que mantenham o segredo ou a confidencialidade.

Os países deveriam assegurar que os poderes atribuídos às autoridades competentes, de acordo com a Recomendação 28, podem ser também utilizados para dar resposta a pedidos de auxílio judiciário mútuo e, se for compatível com o seu direito interno, responder a pedidos diretos, apresentados por autoridades judiciárias ou autoridades de aplicação da lei estrangeira às suas homólogas nacionais.

A fim de evitar conflitos de competência, seria conveniente estudar-se a possibilidade de elaborar e aplicar mecanismos que permitam determinar, no interesse da justiça, a jurisdição mais adequada para o julgamento das pessoas acusadas em casos sujeitos a processos criminais em vários países.

37. Os países deveriam prestar o mais amplo auxílio judiciário mútuo mesmo na ausência da dupla incriminação.

Quando a dupla incriminação seja um requisito exigido para a prestação de auxílio judiciário mútuo ou para a extradição, tal requisito deverá considerar-se cumprido independentemente de ambos os países subsumirem o crime na mesma categoria de crimes ou de tipificarem o crime com a mesma terminologia, sempre que em ambos os países esteja criminalizada a conduta subjacente à infração.

38.* Seria conveniente que pudessem ser tomadas medidas rápidas, em resposta a pedidos de outros países, para identificar, congelar, apreender e declarar a perda de bens objeto de lavagem de dinheiro, de produtos derivados do branqueamento ou das infrações subjacentes, de instrumentos utilizados ou destinados a serem utilizados na prática daqueles crimes ou outros bens de valor equivalente. Deveriam existir também medidas destinadas a coordenar os procedimentos de apreensão e de perda, podendo incluir a repartição dos bens declarados perdidos.

39. Os países deveriam reconhecer a lavagem de dinheiro como um crime susceptível de permitir a extradição. Cada país deveria extraditar os seus nacionais ou, quando não o possa fazer apenas em razão da nacionalidade, esse país deveria, a pedido daquele que requer a extradição, submeter, sem demoras indevidas, o caso às suas autoridades competentes para que estas possam promover o procedimento criminal pela prática da infração indicada no pedido. Essas autoridades deveriam tomar as suas decisões e conduzir os seus procedimentos, tal como o fariam em relação a qualquer outro crime grave, no quadro do seu direito interno. Os países envolvidos deveriam cooperar entre si, em especial em aspectos processuais e probatórios, para assegurar a eficácia de tais procedimentos criminais.

Na medida em que as suas estruturas jurídicas o permitam, os países poderiam considerar a simplificação dos processos de extradição através da transmissão direta de pedidos de extradição entre os ministérios competentes, da extradição das pessoas baseada unicamente em mandados de 11 detenção ou de julgamento e/ou de processos simplificados de extradição de pessoas que, livre e voluntariamente, aceitem renunciar ao processo formal de extradição.

Outras formas de cooperação

40.* Os países deveriam assegurar que as suas autoridades competentes proporcionem as mais amplas possibilidades de cooperação internacional às suas homólogas estrangeiras. Deveriam existir dispositivos claros e eficazes que facilitassem, de forma imediata e construtiva, a troca direta com as autoridades homólogas, espontaneamente ou a pedido, de informações sobre a lavagem de dinheiro e sobre as infrações que lhe estejam subjacentes. Essas trocas de informação deveriam ser autorizadas sem condições restritivas indevidas. Em especial:

a) As autoridades competentes não deveriam recusar um pedido de assistência, tendo como única justificação o fato de o pedido envolver matéria fiscal;

b) Os países não deveriam invocar leis que obriguem as instituições financeiras à manutenção do segredo ou da confidencialidade como justificação para recusar a cooperação;

c) As autoridades competentes deveriam estar em condições de apresentar pedidos de informação e, quando possível, proceder a investigações em nome das suas homólogas estrangeiras.

Quando a possibilidade de obter informações solicitadas por uma autoridade competente estrangeira não esteja incluída nas competências da autoridade homóloga, os países são igualmente encorajados a permitir uma rápida e construtiva troca de informações com outras autoridades não homólogas. A cooperação com autoridades estrangeiras diferentes das homólogas pode ter lugar direta ou indiretamente. Quando existirem dúvidas sobre a opção a tomar, as autoridades competentes deveriam, em primeiro lugar, contatar as suas homólogas estrangeiras para solicitar a assistência pretendida.

Os países deveriam adotar medidas de salvaguarda e de controlo para assegurar que a informação trocada pelas autoridades competentes seja utilizada apenas para os fins autorizados, em conformidade com as suas obrigações em matéria de proteção da vida privada e de proteção de dados.

GLOSSÁRIO

Nas presentes Recomendações, as abreviaturas e referências que se seguem, têm o seguinte significado:

"**Banco de fachada**", significa um banco constituído numa jurisdição onde não tem qualquer presença física e que não se encontra integrado num grupo financeiro regulamentado.

"**Beneficiário efetivo**" refere-se à(s) pessoa(s) singular(es) que são as proprietárias últimas ou detêm o controlo final de um cliente e/ou a pessoa no interesse da qual é efetuada uma operação. Inclui também as pessoas que controlam efetivamente uma pessoa coletiva ou uma entidade sem personalidade jurídica (*legal arrangement*).

"**Categorias de infrações designadas**" significa:

– participação num grupo criminoso organizado e em ações ilegítimas para obtenção de fundos, nomeadamente através de chantagem, intimidação ou outros meios;

– terrorismo, incluindo o financiamento do terrorismo;

– tráfico de seres humanos e tráfico ilícito de migrantes;

– exploração sexual, incluindo a exploração sexual de crianças;

– tráfico de estupefacientes e de substâncias psicotrópicas;

– tráfico de armas;

– tráfico de bens roubados e de outros bens;

– corrupção e suborno;

– fraude;

– contrafação de moeda;

– contrafação e pirataria de produtos;

– crimes contra o ambiente;

– homicídio e ofensas corporais graves;

– rapto, detenção ilegal e tomada de reféns;

– roubo ou furto;

– contrabando;

– extorsão;

– falsificação;

– pirataria; e

– utilização abusiva de informação privilegiada e manipulação do mercado.

Quando determinar o conjunto de infrações que passarão a ser consideradas como infrações subjacentes em cada uma das categorias acima enumeradas, cada país poderá decidir, de acordo com o seu direito interno, como tipificar essas infrações, bem como a natureza de qualquer elemento particular que as qualifique como infrações graves.

"**Contas correspondentes de transferência**" (*payable-through accounts*) refere-se a contas em bancos correspondentes, utilizadas diretamente por terceiros para a realização de operações por conta própria.

"**DOS**" significa Declaração de Operações Suspeitas.*

"**Atividades e profissões não financeiras designadas**" significa:

a) Cassinos (incluindo os cassinos na Internet);

b) Agentes imobiliários;

c) Negociantes em metais preciosos;

d) Negociantes em pedras preciosas;

e) Advogados, notários, outras profissões jurídicas independentes e contabilistas – refere-se aos profissionais liberais que exercem a sua profissão a título independente, como sócios ou empregados num escritório. Não se refere a profissionais "internos" vinculados por contrato a outro tipo de empresas, nem a profissionais que trabalhem em serviços públicos que possam estar já sujeitos a medidas destinadas a combater a lavagem de dinheiro;

f) "Prestadores de serviços a sociedades" e *trusts* – refere-se a todas as pessoas ou empresas que não se encontrem já abrangidas noutras categorias a que se aplicam estas Recomendações e que prestam a terceiros, a título profissional, na totalidade ou em parte, os seguintes serviços:

– atuação como agentes na constituição de pessoas coletivas;

– atuação como administradores ou secretários de uma sociedade, sócios ou titulares de posição idêntica, para outras pessoas coletivas (ou proceder às diligências necessárias para que um terceiro atue dessa forma);

– fornecimento de sede social, endereço comercial, instalações ou endereço administrativo ou postal a uma sociedade, ou a qualquer outra pessoa coletiva ou a entidades sem personalidade jurídica (*legal arrangements*);

– atuação como administrador de um *express trust* (ou proceder às diligências necessárias para que outra pessoa atue dessa forma);

– intervenção como acionistas por conta de outra pessoa (ou proceder às diligências necessárias para que outra pessoa intervenha dessa forma).

"**UIF**" significa Unidade de Informação Financeira.

"**Instituições Financeiras**" significa qualquer pessoa ou entidade que exerça como atividade profissional uma ou mais das seguintes atividade ou operações, em nome ou por conta de um cliente:

1. Recepção de depósitos e de outros fundos reembolsáveis do público.[1]

2. Empréstimos.[2]

3. Locação financeira.[3]

4. Transferência de numerário ou valores.[4]

---

* Nota de Tradução: em língua inglesa, *Suspicious Transactions Reports*.

1. Inclui também o *private banking*.

2. Inclui nomeadamente: crédito ao consumo, crédito hipotecário, *factoring*, com ou sem recurso e financiamento de transações comerciais (incluindo *forfaiting*).

3. Não é aplicável a acordos de locação financeira sobre produtos de consumo.

4. É aplicável à atividade financeira formal ou informal, por exemplo, à atividade de remessa alternativa de fundos. Veja-se a Nota Interpretativa à Recomendação Especial VI. Não é

5. Emissão e gestão de meios de pagamento (por exemplo: cartões de crédito e de débito, cheques, cheques de viagem, ordens de pagamento e cartas de crédito, moeda eletrônica).

6. Prestação de garantias e outros compromissos.

7. Transações sobre:
a) instrumentos do mercado monetário (cheques, letras, certificados de depósito, derivados, etc.);
b) mercado de câmbios;
c) instrumentos sobre divisas, taxas de juro e índices;
d) valores mobiliários;
e) operações a prazo sobre mercadorias.

8. Participação em emissões de valores mobiliários e prestação de serviços financeiros conexos.

9. Gestão individual e coletiva de patrimônios.

10. Guarda e administração de fundos ou valores mobiliários líquidos, por conta de clientes.

11. Outros tipos de investimento, administração ou gestão de fundos ou de numerário por conta de clientes.

12. Subscrição e colocação de seguros de vida e outros investimentos relacionados com seguros.[5]

13. Câmbio manual.

Quando uma atividade financeira é exercida por uma pessoa ou entidade, ocasionalmente ou de um modo muito limitado (em termos quantitativos e absolutos), de tal forma que seja diminuto o risco de existir uma atividade de branqueamento de capitais, um país pode decidir que não é necessária a aplicação, total ou parcial, das medidas contra a lavagem de dinheiro.

Em circunstâncias estritamente limitadas e justificadas e com base num risco comprovadamente baixo de branqueamento de capitais, um país pode decidir não aplicar todas ou algumas das Quarenta Recomendações a algumas das atividades financeiras acima enumeradas.

"**Limiar designado**" refere-se ao montante fixado nas Notas Interpretativas.

"**Pessoas coletivas**" refere-se a sociedades, fundações, *anstalt*, associações ou quaisquer outras entidades semelhantes que estejam em posição de estabelecer uma relação permanente, como cliente, com uma instituição financeira ou, de outro modo, serem titulares de bens.

"**Pessoas politicamente expostas**" (PEP's) são indivíduos a quem estão ou foram cometidas funções públicas proeminentes num país estrangeiro, como

---

aplicável a qualquer pessoa, singular ou coletiva, que apenas forneça às instituições financeiras sistemas de mensagens ou outros sistemas de apoio para a transferência de fundos. Veja-se a Nota Interpretativa à Recomendação Especial VII.

5. Aplicável a sociedades de seguros e mediadores de seguros (agentes e corretores).

por exemplo, Chefe de Estado ou de Governo, altos quadros políticos, altos cargos governamentais, judiciais, ou militares, altos quadros de empresas públicas e funcionários importantes de partidos políticos. As relações de negócio com membros da família ou pessoas muito próximas de pessoas politicamente expostas envolvem riscos de reputação idênticos aos das pessoas politicamente expostas. A definição não é aplicável a indivíduos em posições ou categorias intermédias ou mais baixas do que as atrás mencionadas.

"**Princípios Fundamentais**" refere-se aos "Princípios Fundamentais de Supervisão Bancária Efetiva" (*Core Principles for Effective Banking Supervision*) adotados pelo Comitê de Basiléia de Supervisão Bancária, aos "Objetivos e Princípios de Regulamentação dos Valores Mobiliários" (*Objetives and Principles for Securities Regulation*) adotados pela Organização Internacional das Comissões de Valores e aos "Princípios de Supervisão de Seguros" (*Insurance Supervisory Principles*) adotados pela Associação Internacional dos Supervisores de Seguros.

"**Recomendações do GAFI**" refere-se às presentes Recomendações e às Recomendações Especiais do GAFI sobre o Financiamento do Terrorismo.

"**Supervisores**", refere-se às autoridades competentes e responsáveis pela garantia do cumprimento efetivo pelas instituições financeiras das normas destinadas a combater a lavagem de dinheiro e o financiamento do terrorismo.

ANEXO:
NOTAS INTERPRETATIVAS DAS QUARENTA RECOMENDAÇÕES
Generalidades

1. Neste documento, deverá entender-se que a referência a "países" abrange igualmente os "territórios" ou as "jurisdições".

2. As Recomendações 5-16 e 21-22 estabelecem que as instituições financeiras ou as atividades e profissões não financeiras designadas deveriam adotar certas medidas. Tal implica que os países adotem medidas que obriguem as instituições financeiras ou as atividades e profissões não financeiras designadas a cumprir cada Recomendação. As obrigações de base constantes nas Recomendações 5, 10 e 13 deveriam ser transpostas para a ordem jurídica interna, por via legislativa ou regulamentar, enquanto que os elementos mais pormenorizados dessas Recomendações, bem como as obrigações constantes de outras Recomendações, poderiam ser transpostas quer sob a forma de lei ou de regulamento, quer por outros meios obrigatórios, emitidos pelas autoridades competentes.

3. Quando se faz referência a que uma instituição financeira deva ter conhecimento satisfatório de um certo assunto, essa instituição deve estar apta a poder demonstrar às autoridades competentes as medidas adotadas para esse fim.

4. Para dar cumprimento às Recomendações 12 e 16, não é necessário que os países adotem leis ou regulamentos aplicáveis exclusivamente aos advogados, notários, contabilistas e às outras atividades e profissões não financeiras

designadas, desde que tais atividades ou profissões estejam cobertas por leis ou regulamentos que lhes sejam aplicáveis.

5. As Notas Interpretativas aplicáveis às instituições financeiras também se aplicam às atividades e profissões não financeiras designadas, quando tal for apropriado.

Recomendações 5, 12 e 16

Os limiares designados aplicáveis às operações (previstas nas Recomendações 5, 12 e 16) são os seguintes:

– Instituições financeiras (para os clientes ocasionais, conforme previsto na Recomendação 5) – USD/C= 15.000;

– Cassinos, incluindo os cassinos na *internet* (conforme previsto na Recomendação 12) – USD/C= 3.000;

• Negociantes em metais preciosos ou em pedras preciosas, quando realizem operações em numerário (conforme previsto nas Recomendações 12 e 16) – USD/C= 15.000.

As operações financeiras que ultrapassem cada um dos limiares acima referidos incluem as situações em que é realizada uma única operação, bem como aquelas em que ocorrem várias operações entre as quais parece existir uma ligação.

Recomendação 5
Dever de vigilância relativo à clientela e proibição de avisar o cliente

1. Se durante o estabelecimento ou o desenrolar de uma relação de negócio ou quando realiza uma operação ocasional uma instituição financeira suspeitar que tal operação se relaciona com a lavagem de dinheiro ou com o financiamento do terrorismo, a instituição deveria:

a) Em regra, procurar identificar e verificar a identidade do cliente e do beneficiário efetivo, quer seja permanente, quer ocasional, independentemente de qualquer derrogação ou limiar que pudesse ser aplicável;

b) Fazer uma declaração de operação suspeita (DOS) à UIF, nos termos da Recomendação 13.

2. A Recomendação 14 proíbe às instituições financeiras, aos seus dirigentes, funcionários e empregados divulgar que foi feita uma declaração de operação suspeita ou enviada uma informação com ela relacionada à UIF. Existe o risco de os clientes poderem ser involuntariamente alertados quando a instituição financeira cumpre as suas obrigações de identificação da clientela (medidas CDD) nestas circunstâncias. O conhecimento, por parte do cliente, de uma possível declaração de operação suspeita ou de uma investigação em curso poderia comprometer os esforços subseqüentes para investigar a operação suspeita de branqueamento de capitais ou de financiamento do terrorismo.

3. Assim, se as instituições financeiras suspeitarem de que as operações se relacionam com a lavagem de dinheiro ou com o financiamento do terrorismo,

deverão ter em conta o risco de o cliente ser alertado quando dão cumprimento ao dever de vigilância da clientela. Se a instituição financeira tiver motivos razoáveis para considerar que o cumprimento do dever de vigilância da clientela irá alertar o cliente ou potencial cliente, poderá optar por não completar esse procedimento e deverá fazer uma declaração de operação suspeita (DOS). As instituições deveriam assegurar-se que os seus empregados têm conhecimento e estão sensibilizados em relação a estas questões quando cumprem o dever de vigilância em relação à clientela.

Dever de vigilância da clientela: pessoas coletivas e entidades sem personalidade jurídica

4. Ao dar cumprimento às alíneas (a) e (b) do dever de vigilância da clientela, relativo às pessoas coletivas ou entidades sem personalidade jurídica, as instituições financeiras deveriam:

a) Verificar se a pessoa que declara agir em nome do cliente está habilitada para o efeito e identificar essa pessoa;

b) Identificar o cliente e verificar a sua identidade – o tipo de medidas normalmente necessárias para cumprir satisfatoriamente esta função implica obter prova do documento constitutivo ou similar do estatuto jurídico da pessoa coletiva ou da entidade sem personalidade jurídica, bem como informação respeitante a: firma ou nome do cliente, identificação dos administradores dos *trusts*, forma jurídica, morada, identificação dos diretores e disposições que regulam a forma de obrigar a pessoa coletiva ou a entidade sem personalidade jurídica;

c) Identificar os beneficiários efetivos, o que implica nomeadamente compreender a estrutura de propriedade e de controlo e tomar todas as medidas razoáveis para verificar a identidade dessas pessoas. O tipo de medidas normalmente necessárias para cumprir satisfatoriamente esta função incluiria identificar as pessoas singulares detentoras de participações de controlo e as pessoas singulares que dirigem a pessoa coletiva ou entidade sem personalidade jurídica.

Quando o cliente ou o detentor de uma participação de controlo seja uma sociedade com o capital aberto ao investimento do público, sujeita a deveres de informação, não é necessário procurar identificar e verificar a identidade dos acionistas dessa sociedade.

A informação ou os dados relevantes podem ser obtidos a partir de registros de natureza pública, do cliente ou de outras fontes idôneas.

Remissão para a identificação e verificação já efetuadas

5. As medidas CDD previstas na Recomendação 5 não implicam que as instituições financeiras tenham de identificar e verificar a identidade de cada cliente sempre que este efetue uma operação. Uma instituição financeira pode servir-se das medidas de identificação e verificação anteriormente efetuadas, a menos que tenha dúvidas sobre a veracidade da informação obtida. Exemplos de situações que poderão conduzir a que uma instituição financeira tenha dúvidas

desse gênero são as de existirem suspeitas de branqueamento de capitais relacionadas com esse cliente ou quando as operações executadas na conta do cliente se alteram significativamente, de forma anormal face ao perfil da atividade do cliente.

Momento da verificação

6. Entre os exemplos das várias circunstâncias em que se poderia permitir completar a verificação da identificação após o estabelecimento da relação de negócio, por tal se mostrar necessário para não interromper o normal desenvolvimento da operação, contam-se os seguintes:

– Operações efetuadas sem a presença física do cliente;

– Operações com valores mobiliários. No mercado de valores mobiliários as sociedades e os intermediários podem ter de efetuar as operações muito rapidamente, de acordo com as 17 condições do mercado em vigor no momento em que o cliente os contata, e pode ser necessário efetuar a operação antes de completar a verificação da identidade do cliente;

– Atividades de seguros de vida. Em relação às operações com seguros de vida, os países podem permitir que a identificação e verificação da identidade do beneficiário da apólice tenha lugar após o estabelecimento da relação de negócio com o tomador do seguro. No entanto, em todos estes casos, a identificação e verificação deverão ocorrer no momento ou antes do pagamento das prestações do seguro ou no momento em que o beneficiário pretender exercer os direitos conferidos pela apólice.

7. As instituições financeiras deverão também adotar procedimentos de gestão de risco em relação às situações em que um cliente pode beneficiar da relação de negócio antes da verificação da identidade.

Tais procedimentos deveriam incluir um conjunto de medidas, tais como a limitação do número, do tipo e/ou do montante das operações que podem ser efetuadas, bem como a vigilância de operações de elevado montante ou complexas que se afastem das normas previsíveis nesse tipo de relação. As instituições financeiras deveriam consultar o documento do Comitê de Basiléia sobre CDD[6] (seção 2.2.6) para colher orientação específica quanto a exemplos de medidas de gestão de risco relativas a operações efetuadas sem a presença física do cliente.

Obrigação de identificação de clientes existentes

8. Os princípios enunciados no documento do Comitê de Basiléia sobre CDD e que dizem respeito à identificação de clientes existentes deveriam servir de padrão às instituições que exercem atividades bancárias e poderiam aplicar-se a outras instituições financeiras, quando sejam pertinentes.

---

6. O "documento do Comitê de Basiléia sobre CDD" refere-se ao documento sobre as Regras de Identificação de Clientes para a Banca, publicado pelo Comitê de Basiléia sobre Supervisão Bancária, em outubro de 2001.

Medidas simplificadas ou reduzidas do dever de vigilância relativo à clientela

9. A regra geral é a de que a clientela deve estar sujeita ao conjunto dos deveres de vigilância, incluindo o dever de identificar o beneficiário efetivo. Porém, em certos casos, o risco de branqueamento de capitais ou de financiamento do terrorismo é menor, a informação sobre a identificação do cliente e do beneficiário efetivo é pública ou existem verificações e controles apropriados noutras áreas dos sistemas nacionais. Nestas circunstâncias, seria admissível que um país permitisse às suas instituições financeiras aplicar medidas CDD simplificadas ou reduzidas quanto à identificação e verificação da identidade do cliente e do beneficiário efetivo.

10. Exemplos de clientes em relação aos quais poderão aplicar-se medidas CDD simplificadas ou reduzidas, são:

– As instituições financeiras – quando estejam sujeitas às obrigações de combate à lavagem de dinheiro e ao financiamento do terrorismo em conformidade com as Recomendações do GAFI e se encontrem sujeitas a supervisão no cumprimento dessas obrigações;

– As sociedades com o capital aberto ao investimento do público, que se encontrem sujeitas a deveres de informação;

– A administração pública e as empresas públicas.

11. As medidas CDD simplificadas ou reduzidas podem também aplicar-se aos beneficiários efetivos de contas de grupo detidas por empresas ou profissões não financeiras designadas, desde que tais empresas ou profissões se encontrem sujeitas às obrigações de combate à lavagem de dinheiro e ao financiamento do terrorismo, em conformidade com as Recomendações do GAFI e a sistemas eficazes de acompanhamento e vigilância do cumprimento dessas obrigações. Os bancos deveriam também seguir o disposto no documento do Comitê de Basiléia sobre CDD (seção 2.2.4), que estabelece orientações específicas sobre as situações em que uma instituição detentora de contas pode confiar a um cliente, que seja um intermediário financeiro profissional, a execução das obrigações de vigilância sobre os clientes deste último ou sobre os seus próprios clientes (ou seja, os beneficiários efetivos da conta bancária). Quando necessário, o documento do Comitê de Basiléia sobre CDD poderia também fornecer orientações quanto a contas do mesmo gênero detidas por outros tipos de instituições financeiras.

12. As medidas CDD simplificadas ou reduzidas poderiam também se aplicar a diversos tipos de produtos ou operações, tais como (enumeração meramente exemplificativa):

– Apólices de seguros de vida, em que o prêmio anual não seja superior a USD/€ 1.000, ou quando comportem apenas um prêmio único que não seja superior a USD/€ 2.500;

– Apólices de seguros de reforma, se não houver cláusula de resgate e se a apólice não puder ser dada em garantia;

– Regimes de reforma ou semelhantes, que confiram benefícios de reforma aos trabalhadores, quando as contribuições sejam feitas através de deduções nos vencimentos e desde que o respectivo regime não permita a cessão dos direitos detidos pelos respectivos membros.

13. Os países poderiam também decidir se as instituições financeiras devem aplicar este procedimento simplificado apenas a clientes estabelecidos na sua jurisdição ou também a clientes estabelecidos em outras jurisdições que esses países considerem que cumprem e aplicam efetivamente as Recomendações do GAFI.

As medidas CDD simplificadas não poderão aplicar-se se houver suspeitas de branqueamento de capitais ou de financiamento do terrorismo ou em situações específicas que apresentem um risco elevado.

Recomendação 6

Os países são encorajados a estender a aplicação das obrigações da Recomendação 6 aos indivíduos que exerçam funções públicas de relevo no seu próprio país.

Recomendação 9

Esta Recomendação não se aplica à subcontratação nem ao mandato.

Esta Recomendação também não se aplica às relações, contas ou operações entre instituições financeiras, por conta dos seus clientes. Tais relações são reguladas pelas Recomendações 5 e 7.

Recomendações 10 e 11

Quanto à atividade seguradora, a expressão "operações" deverá ser entendida como abrangendo o objeto do seguro, o pagamento do prêmio e as prestações.

Recomendação 13

1. A referência à atividade criminosa na Recomendação 13 reporta-se:

a) A todos os atos criminosos que num país constituem uma infração subjacente para efeitos de branqueamento de capitais; ou

b) No mínimo, àquelas infrações que constituem uma infração subjacente nos termos da Recomendação 1.

Os países são vivamente encorajados a adotar a alternativa (a). Todas as operações suspeitas, incluindo as tentativas de efetuar uma operação, deveriam ser declaradas independentemente do seu montante.

2. Ao aplicar a Recomendação 13, as operações suspeitas deveriam ser declaradas pelas instituições financeiras, independentemente de envolverem questões de natureza fiscal. Os países deveriam considerar que, com o objetivo de dissuadir as instituições financeiras de comunicarem operações suspeitas, os

branqueadores de capitais poderão tentar alegar que, *inter alia*, as suas operações se encontram relacionadas com questões fiscais.

Recomendação 14 (*Alerta ao cliente*)

Quando os advogados, notários, outros profissionais jurídicos liberais e contabilistas que trabalhem por conta própria tentarem dissuadir um cliente de prosseguir uma atividade ilícita, isso não constitui um alerta ao cliente (*tipping-off*).

Recomendação 15

O tipo e o alcance das medidas a adotar relativamente a cada uma das obrigações previstas nesta Recomendação devem ser apropriados ao risco de branqueamento de capitais e de financiamento do terrorismo, bem como à dimensão da atividade comercial em questão.

No caso das instituições financeiras, os dispositivos de controlo do cumprimento deveriam incluir a designação de um responsável ao nível da Direção.

Recomendação 16

1. Compete a cada país determinar as matérias sujeitas a segredo profissional ou cobertas por um privilégio profissional de natureza legal. Normalmente tais matérias abrangeriam as informações que os advogados, notários ou outras profissões jurídicas independentes recebem ou obtém dos seus clientes: (a) quando apreciam a situação jurídica do seu cliente, ou (b) quando defendem ou representam o cliente, no âmbito de processos judiciais, administrativos, de arbitragem ou de mediação. Se os contabilistas estiverem sujeitos a deveres semelhantes de segredo profissional também não são obrigados a declarar operações suspeitas.

2. Os países podem autorizar que os advogados, notários, outras profissões jurídicas independentes e contabilistas transmitam as suas declarações de operações suspeitas às respectivas ordens profissionais, desde que tenham sido estabelecidas formas de cooperação apropriadas entre estes organismos e a UIF.

Recomendação 19

1. A fim de facilitar a detecção e a vigilância de operações em numerário, sem impedir por qualquer forma a liberdade de circulação de capitais, os países poderiam ponderar a exeqüibilidade de submeter todas as transferências transfronteiriças acima de determinado limiar a requisitos de verificação, vigilância administrativa, declaração ou conservação de documentos.

2. Se um país detectar uma remessa internacional anormal de divisas, de moeda, de metais preciosos ou pedras preciosas, etc., deveria avisar as autoridades alfandegárias ou outras autoridades competentes dos países de onde a remessa é originária e/ou daqueles para onde ela se destina, e deveria cooperar no sentido de determinar a fonte, o destino e o propósito de tal remessa e de adotar todas as acues apropriadas.

Recomendação 23

A Recomendação 23 não deveria ser interpretada no sentido de exigir a introdução de um sistema de revisão periódica das autorizações concedidas à tomada de controlo do capital em instituições financeiras simplesmente para fins de combate à lavagem de dinheiro, mas para sublinhar, na perspectiva do GAFI, o caráter desejável e conveniente de reexaminar se o controlo acionista nas instituições financeiras (bancárias e não bancárias, em especial) é adequado. Por conseguinte, quando existirem critérios de competência e integridade (*fit and proper*) dos acionistas, a atenção dos supervisores deverá dirigir-se para a sua relevância em termos de combate à lavagem de dinheiro.

Recomendação 25

Quando considerarem o retorno da informação que deve ser facultado às entidades que comunicam operações suspeitas (*feedback*), os países deveriam tomar em consideração o documento "Melhores Práticas do GAFI para o Retorno da Informação às Instituições Financeiras e outras Pessoas que Comunicam Operações Suspeitas" (*FATF Best Practices Guidelines on Providing Feedback to Reporting Financial Institutions and other Persons*).

Recomen,dação 26

Se um país tiver criado uma UIF, deveria considerar a sua candidatura ao Grupo Egmont. Os países deveriam aderir à "Declaração de Propósitos do Grupo Egmont" (*Egmont Group Statement of Purpose*) e aos seus "Princípios para a Troca de Informações entre Unidades de Informação Financeira, em Matéria de Branqueamento de Capitais" (*Principles for Information Exchange Between Financial Intelligence Units for Money Laundering Cases*). Estes documentos estabelecem orientações20 importantes sobre as atribuições e competências das UIF e sobre os mecanismos a observar na troca de informações entre estas Unidades.

Recomendação 27

Os países deveriam considerar a adoção de medidas a nível nacional, incluindo legislativas, que permitam às suas autoridades competentes que investigam casos de branqueamento de capitais, diferir a detenção de suspeitos e/ou a apreensão de bens, ou não proceder a tais detenções ou apreensões, com o propósito de identificar as pessoas envolvidas nessas atividades ou de recolher prova. Sem essas medidas, torna-se inviável a adoção de certos procedimentos como as entregas controladas e as operações encobertas.

Recomendação 38

Os países deveriam considerar:
a) Criar um fundo com os ativos declarados perdidos no seu país, onde fossem depositados a totalidade ou parte dos bens declarados perdidos, e usá-lo

para fins de dotação das autoridades de aplicação da lei, de saúde, de educação ou para outros fins apropriados;

b) Adotar as medidas necessárias para permitir a repartição, com ou entre outros países, dos bens declarados perdidos, em particular sempre que a perda tenha resultado, direta ou indiretamente, de ações coordenadas das autoridades de aplicação da lei.

Recomendação 40

1. Para os efeitos desta Recomendação:

– "Homólogas" refere-se às autoridades com atribuições e funções equivalentes;

– "Autoridade competente" refere-se a todas as autoridades administrativas e autoridades de aplicação da lei com responsabilidades no combate à lavagem de dinheiro e ao financiamento do terrorismo, incluindo as UIF e as autoridades de supervisão.

2. Diferentes canais podem ser adequados para a troca de informação, consoante o tipo de autoridade competente envolvida e a natureza e fins da cooperação. Entre os mecanismos ou canais utilizados para a troca de informação, podem citar-se, a título de exemplo: acordos e convenções bilaterais ou multilaterais, memorandos de entendimento, trocas de informação com base na reciprocidade ou através das organizações internacionais ou regionais apropriadas. No entanto, esta Recomendação não abrange a cooperação relativa ao auxílio judiciário mútuo nem à extradição.

3. A referência à troca indireta de informações com autoridades estrangeiras, que não as homólogas, abrange a situação em que a informação solicitada é transmitida pela autoridade estrangeira, por intermédio de uma ou mais autoridades nacionais ou estrangeiras, antes de ser recebida pela autoridade que a solicitou. A autoridade competente que solicita a informação deverá sempre indicar claramente a finalidade do pedido, bem como em nome de quem essa informação é solicitada.

4. As UIF deveriam ter competência para apresentar pedidos de informação em nome das suas homólogas estrangeiras sempre que tal possa ser relevante para uma análise de certas operações financeiras. No mínimo, os pedidos de informação deveriam incluir:

– Pesquisas na sua própria base de dados, que deveriam incluir informações relativas a declarações de operações suspeitas;

– Pesquisas noutras bases de dados, às quais tenham acesso direto ou indireto, incluindo bases de dados das autoridades de aplicação da lei, bases de dados públicas ou administrativas e bases de dados sujeitas a exploração comercial, que estejam disponíveis.

Sempre que lhes seja permitido, as UIF deveriam também contatar outras autoridades competentes e instituições financeiras para obter informações relevantes.

6. CONVENÇÃO DE ESTRASBURGO

Os Estados membros do Conselho da Europa e os restantes Estados signatários da presente Convenção:

Considerando que o objetivo do Conselho da Europa é o de conseguir uma união mais estreita entre os seus membros;

Convencidos da necessidade de prosseguir uma política penal comum com vista à proteção da sociedade;

Considerando que a luta contra a criminalidade grave, cada vez mais um problema internacional, exige o emprego de métodos modernos e eficazes a nível internacional;

Convencidos de que um desses métodos consiste em privar o delinqüente dos produtos do crime;

Considerando que, para atingir este objetivo, um sistema satisfatório de cooperação internacional deve igualmente ser estabelecido;

Acordaram no seguinte:

Capítulo I

Artigo 1º – Terminologia

Para os fins da presente Convenção, a expressão:

a) "Produto" designa qualquer vantagem econômica resultante de infrações penais. Essa vantagem pode consistir em qualquer bem, tal como definido na alínea b) do presente artigo;

b) "Bem" compreende um bem de qualquer natureza, quer seja corpóreo ou incorpóreo, móvel ou imóvel, bem como atos jurídicos ou documentos certificando um título ou um direito sobre o bem;

c) "Instrumentos" designa qualquer objeto empregue ou destinado a ser empregue, qualquer que seja o modo, no todo ou em parte, para cometer uma ou várias infrações penais;

d) "Perda" designa uma pena ou uma medida decretada por um tribunal em conseqüência de um processo relativo a uma ou várias infrações penais, pena ou medida que conduzam à privação permanente do bem;

e) "Infração principal" designa qualquer infração penal em conseqüência da qual são gerados produtos, os quais são susceptíveis de se tornarem objeto de uma infração nos termos do artigo 6º da presente Convenção.

Capítulo II – **MEDIDAS A TOMAR A NÍVEL NACIONAL**

Artigo 2º – Medidas de perda

1 – Cada uma das Partes adota as medidas legislativas e outras que se revelem necessárias para lhe permitirem decretar a perda de instrumentos e produtos, ou bens cujo valor corresponda a esses produtos.

2 – Cada uma das Partes pode, no momento da assinatura ou no momento do depósito do seu instrumento de ratificação, de aceitação, de aprovação ou de adesão, mediante declaração dirigida ao Secretário-Geral do Conselho da Europa, declarar que o n. 1 do presente artigo apenas se aplica às infrações ou categorias de infrações especificadas na declaração.

Artigo 3º – Medidas de investigação e medidas provisórias

Cada uma das Partes adota medidas legislativas e outras que se revelem necessárias para lhe permitirem identificar e proceder à detecção dos bens sujeitos a perda em conformidade com o n. 1 do artigo 2º e impedir qualquer operação, transferência ou alienação relativamente a esses bens.

Artigo 4º – Poderes e técnicas especiais de investigação

1 – Cada uma das Partes adota medidas legislativas e outras que se revelem necessárias a habilitarem os seus tribunais ou outras autoridades competentes a ordenarem a transmissão ou a apreensão de arquivos bancários, financeiros ou comerciais a fim de pôr em execução as medidas previstas nos artigos 2º e 3º Uma Parte não poderá invocar o segredo bancário para recusar dar cumprimento às disposições do presente artigo.

2 – Cada uma das Partes toma em consideração a adoção de medidas legislativas e outras que se revelem necessárias para lhe permitirem empregar técnicas especiais de investigação que facilitem a identificação e a procura do produto, bem como a recolha de provas a ele referentes. Entre essas técnicas podem citar-se os despachos de vigilância de contas bancárias, a observação, a interceptação de telecomunicações, o acesso a sistemas informáticos e os despachos de apresentação de determinados documentos.

Artigo 5º – Recursos jurídicos

Cada uma das Partes adota as medidas legislativas e outras que se revelem necessárias para que as pessoas afetadas pelas medidas previstas nos artigos 2º e 3º disponham de recursos jurídicos efetivos para salvaguardarem os seus direitos.

Artigo 6º – Infrações de branqueamento

1 – Cada uma das Partes adota as medidas legislativas e outras que se revelem necessárias para conferirem caráter de infração penal em conformidade com o seu direito interno, quando o ato tenha sido cometido intencionalmente à:

a) Conversão e transferência de bens em relação aos quais aquele que as faz sabe que esses bens constituem produtos, com o fim de dissimular ou de ocultar a origem ilícita dos referidos bens ou de auxiliar qualquer pessoa implicada na prática da infração principal a escapar às conseqüências jurídicas dos seus atos;

b) Dissimulação ou ocultação da verdadeira natureza, origem, localização, disposição, movimento ou propriedade de bens ou de direitos a eles relativos, sabendo o autor que esses bens constituem produtos; e, sob reserva dos seus princípios constitucionais e dos conceitos fundamentais do seu sistema jurídico:

c) Aquisição, detenção ou utilização de bens em relação aos quais aquele que os adquire, detém ou utiliza sabe, no momento em que os recebe, que eles constituem produtos;

d) Participação numa das infrações previstas em conformidade com o presente artigo ou em qualquer associação, acordo, tentativa ou cumplicidade para prestação de assistência, auxílio ou aconselhamento com vista à sua prática.

2 – Para fins de execução ou de aplicação do n. 1 do presente artigo:

a) O fato de a infração principal ser ou não da competência das jurisdições penais da Parte não é tomado em consideração;

b) Pode ser previsto que as infrações enumeradas no presente número apenas se aplicam aos autores da infração principal;

c) O conhecimento, a intenção ou a motivação necessários enquanto elemento de uma das infrações enumeradas no presente número pode ser deduzido de circunstâncias factuais objetivas.

3 – Cada uma das Partes pode adotar as medidas que considere necessárias para conferirem, em virtude do seu direito interno, caráter de infrações penais a todos ou a uma parte dos atos referidos no n. 1, em um ou em todos os casos seguintes quando o autor:

a) Devia presumir que o bem constituía um produto;

b) Agiu com um fim lucrativo;

c) Agiu para facilitar a continuação de uma atividade criminosa.

4 – Cada uma das Partes pode, no momento da assinatura ou no momento do depósito do seu instrumento de ratificação, de aceitação, de aprovação ou de adesão, mediante declaração dirigida ao Secretário-Geral do Conselho da Europa, declarar que o n. 1 do presente artigo apenas se aplica às infrações principais ou às categorias de infrações principais especificadas nessa declaração.

Capítulo III – **COOPERAÇÃO INTERNACIONAL**

Seção I – **Princípios de cooperação internacional**

Artigo 7º – **Princípios gerais e medidas de cooperação internacional**

1 – As Partes cooperam umas com as outras na mais ampla medida possível para fins de investigação e de procedimento com vista à perda dos instrumentos e dos produtos.

2 – Cada uma das Partes adota as medidas legislativas e outras que se revelem necessárias para lhe permitirem responder, nas condições previstas no presente capítulo, aos pedidos:

a) De perda de bens específicos consistindo em produtos ou instrumentos, bem como de perda dos produtos consistindo na obrigação de pagar uma quantia em dinheiro correspondente ao valor do produto;

b) De auxílio para fins de investigação e de medidas provisórias tendo por finalidade uma das formas de perda mencionadas na precedente alínea a).

Seção II – **Auxílio para fins de investigação**

Artigo 8º – Obrigação de auxílio

As Partes concedem-se mutuamente, mediante pedido, o mais amplo auxílio possível para identificarem e detectarem os instrumentos, produtos e outros bens susceptíveis de perda. Este auxílio consiste, nomeadamente, em qualquer medida relativa à entrega e à colocação em segurança dos elementos de prova respeitantes à existência dos bens acima referidos, sua colocação ou movimentos, natureza, estatuto jurídico ou valor.

Artigo 9º – Execução do auxílio

O auxílio previsto no artigo 8º é executado em conformidade e por força do direito interno da Parte requerida e segundo os procedimentos especificados no pedido na medida em que não sejam incompatíveis com esse direito interno.

Artigo 10º – Transmissão espontânea de informações

Sem prejuízo das suas próprias investigações ou procedimentos, uma Parte pode, sem pedido prévio, transmitir a uma outra Parte informações sobre os instrumentos e os produtos sempre que considere que o envio dessas informações poderá auxiliar a Parte destinatária a iniciar ou levar a bom termo investigações ou procedimentos, ou sempre que essas informações possam conduzir a um pedido formulado por essa Parte nos termos do presente capítulo.

Seção III – **Medidas provisórias**

Artigo 11º – Obrigação de decretar medidas provisórias

1 – Uma Parte toma, mediante pedido de uma outra Parte que tenha iniciado um procedimento penal ou um procedimento com vista à perda, as medidas provisórias que se mostrem necessárias, tais como o congelamento ou a apreensão, de modo a impedir qualquer operação, transferência ou alienação relativamente a qualquer bem que, em conseqüência, possa vir a ser objeto de um pedido de perda ou que possa permitir satisfazer um tal pedido.

2 – Uma Parte que recebeu um pedido de perda nos termos do artigo 13º toma, se o pedido for feito nesse sentido, as medidas referidas no n. 1 do presente artigo relativamente a qualquer bem que seja objeto do pedido ou que possa permitir satisfazer um tal pedido.

Artigo 12º – Execução das medidas provisórias

1 – As medidas provisórias previstas no artigo 11º são executadas em conformidade e por força do direito interno da Parte e segundo os procedimentos especificados no pedido na medida em que não sejam incompatíveis com esse direito interno.

2 – Antes de levantar qualquer medida provisória tomada em conformidade com o presente artigo, a Parte requerida dá, se possível, à Parte requerente a faculdade de exprimir as suas razões em favor da manutenção da medida.

Seção IV – **Perda**

Artigo 13º – Obrigação de decretar a perda

1 – Uma Parte que recebeu de outra Parte um pedido de perda relativo a instrumentos ou produtos situados no seu território deve:

a) Executar uma decisão de perda proveniente de um tribunal da Parte requerente no que diz respeito a esses instrumentos ou a esses produtos; ou

b) Apresentar esse pedido às suas autoridades competentes para obter uma decisão de perda e, no caso de esta ser concedida, a executar.

2 – Para os fins de aplicação da alínea b) do n. 1 do presente artigo, qualquer Parte tem, caso seja necessário, competência para iniciar um procedimento de perda em virtude do seu direito interno.

3 – As disposições do n. 1 do presente artigo aplicam-se igualmente à decisão de perda consistindo na obrigação de pagar uma quantia em dinheiro correspondente ao valor do produto, se os bens sobre os quais a perda pode incidir se encontrarem no território da Parte requerida. De igual modo, ao proceder à perda em conformidade com o n. 1, a Parte requerida, na falta de pagamento, cobra o seu crédito sobre qualquer bem disponível para esse fim.

4 – Se um pedido de perda visa um bem determinado, as Partes podem acordar que a Parte requerida pode proceder à perda sob a forma de uma obrigação de pagamento de uma quantia em dinheiro correspondente ao valor do bem.

Artigo 14º – Execução da perda

1 – Os procedimentos que permitem obter e executar a perda nos termos do artigo 13º regem-se pela lei da Parte requerida.

2 – A Parte requerida está vinculada pela constatação dos fatos na medida em que estes são descritos numa sentença condenatória ou numa decisão judicial da Parte requerente ou na medida em que essa sentença ou decisão se baseie implicitamente nesses fatos.

3 – Cada uma das Partes pode, no momento da assinatura ou no momento do depósito do seu instrumento de ratificação, de aceitação, de aprovação ou de adesão, mediante declaração dirigida ao Secretário-Geral do Conselho da Europa, declarar que o n. 2 do presente artigo apenas se aplica sob reserva dos seus princípios constitucionais e dos conceitos fundamentais do seu sistema jurídico.

4 – Se a perda consistir na obrigação de pagamento de uma quantia em dinheiro, a autoridade competente da Parte requerida converte o montante na moeda do seu país à taxa de câmbio em vigor no momento em que é tomada a decisão de executar a perda.

5 – No caso previsto na alínea a) do n. 1 do artigo 13º, apenas a Parte requerente tem o direito de decidir relativamente a qualquer pedido de revisão da decisão de perda.

Artigo 15º – Bens declarados perdidos

A Parte requerida pode dispor, segundo o seu direito interno, de todos os bens por ela declarados perdidos, salvo se de outro modo for acordado pelas Partes interessadas.

Artigo 16º – Direito de execução e montante máximo da perda

1 – Um pedido de perda feito em conformidade com o artigo 13º não prejudica o direito da Parte requerente de executar ela própria a decisão de perda.

2 – Nenhuma disposição da presente Convenção poderá ser interpretada como permitindo que o valor total dos bens declarados perdidos seja superior à quantia fixada pela decisão de perda. Se uma Parte verifica que isso pode acontecer, as Partes interessadas procedem a consultas para evitar essa conseqüência.

Artigo 17º – Prisão por dívidas

A Parte requerida não pode pronunciar a prisão por dívidas nem tomar qualquer outra medida restritiva da liberdade em conseqüência de um pedido apresentado nos termos do artigo 13º, mesmo que a Parte requerente o tenha especificado no pedido.

Seção V **– Recusa e adiamento da cooperação**

Artigo 18º – Motivos de recusa

1 – A cooperação em virtude do presente capítulo pode ser recusada nos casos em que:

a) A medida solicitada seja contrária aos princípios fundamentais da ordem jurídica da Parte requerida; ou

b) A execução do pedido possa prejudicar a soberania, a segurança, a ordem pública ou outros interesses essenciais da Parte requerida; ou

c) A Parte requerida considere que a importância do caso não justifica que seja tomada a medida solicitada; ou

d) A infração a que respeita o pedido seja uma infração política ou fiscal; ou

e) A Parte requerida considere que a medida solicitada iria contra o princípio *ne bis in idem*; ou

f) A infração à qual se refere o pedido não seria uma infração face ao direito da Parte requerida se ela fosse cometida em território sob a sua jurisdição. Contudo, este motivo de recusa apenas se aplica à cooperação prevista na seção II na medida em que o auxílio solicitado implique medidas coercivas.

2 – A cooperação prevista na seção II, na medida em que o auxílio implique medidas coercivas, bem como a prevista na seção III do presente capítulo podem igualmente ser recusadas nos casos em que as medidas solicitadas não pudessem ser tomadas em virtude do direito interno da Parte requerida para fins de investigação ou de procedimento se se tratasse de um caso interno análogo.

3 – Sempre que a legislação da Parte requerida o exija, a cooperação prevista na seção II, na medida em que o auxílio solicitado implique medidas coercivas, bem como a prevista na seção III do presente capítulo podem também ser recusadas nos casos em que as medidas solicitadas ou quaisquer outras medidas com efeitos análogos não fossem autorizadas pela legislação da Parte requerente ou, no que respeita às autoridades da Parte requerente, se o pedido não fosse autorizado por um juiz ou por uma outra autoridade judiciária, incluindo o Ministério Público, atuando estas autoridades em matéria de infrações penais.

4 – A cooperação prevista na seção IV do presente capítulo pode também ser recusada se:

a) A legislação da Parte requerida não prevê a perda para o tipo de infração a que se refere o pedido; ou

b) Sem prejuízo da obrigação decorrente do n. 3 do artigo 13º, ela iria contra os princípios de direito interno da Parte requerida no que se refere à possibilidade de perda relativamente à ligação entre a infração e:

i) Uma vantagem econômica que pudesse ser qualificada como seu produto; ou

ii) Bens que pudessem ser qualificados como seus instrumentos; ou

c) Se, em virtude da legislação da Parte requerida, a decisão de perda não pode ser pronunciada ou executada por motivo de prescrição; ou

d) O pedido não se relaciona com uma condenação anterior, ou uma decisão de caráter judicial ou uma declaração que conste dessa decisão, declaração segundo a qual uma ou várias infrações foram cometidas e que está na origem da decisão ou do pedido de perda; ou

e) Quer a perda não seja exeqüível na Parte requerente, quer seja ainda susceptível de recurso ordinário; ou

f) O pedido reporta-se a uma decisão de perda proferida na ausência da pessoa visada pela decisão e se, segundo a Parte requerida, o procedimento instaurado pela Parte requerente e que conduziu a essa decisão não satisfez os direitos mínimos de defesa reconhecidos a qualquer pessoa acusada de uma infração.

5 – Para os fins da alínea f) do n. 4 do presente artigo, uma decisão não é considerada como tendo sido proferida na ausência do acusado:

a) Se foi confirmada ou pronunciada após contestação pelo interessado; ou

b) Se foi proferida em recurso, na condição de o recurso ter sido interposto pelo interessado.

6 – Ao examinar, para os fins da alínea f) do n. 4 do presente artigo, se os direitos mínimos da defesa foram respeitados, a Parte requerida terá em consi-

deração o fato de o interessado ter deliberadamente procurado furtar-se à ação da justiça ou de o mesmo, após ter tido a possibilidade de interpor recurso contra a decisão proferida na sua ausência, ter optado pela não interposição desse recurso. O mesmo se aplica quando o interessado, após ter sido devidamente notificado para comparecer, tenha optado por não comparecer ou por não pedir o adiamento do processo.

7 – Uma Parte não poderá invocar o segredo bancário para justificar a sua recusa de qualquer cooperação prevista no presente capítulo. Quando o seu direito interno o exija, uma Parte pode exigir que um pedido de cooperação que implique o levantamento do segredo bancário seja autorizado quer por um juiz quer por uma outra autoridade judiciária, incluindo o Ministério Público, atuando essas autoridades em matéria de infrações penais.

8 – Sem prejuízo do motivo de recusa previsto na alínea a) do n. 1 do presente artigo:

a) O fato de a pessoa que é objeto de uma investigação conduzida pelas autoridades da Parte requerente ou de uma decisão de perda dessas mesmas autoridades ser uma pessoa coletiva não poderá ser invocado pela Parte requerida como um obstáculo a qualquer cooperação nos termos do presente capítulo;

b) O fato de a pessoa singular contra a qual foi proferida uma decisão de perda de produtos ter entretanto falecido, bem como o fato de uma pessoa coletiva contra a qual foi proferida uma decisão de perda de produtos ter sido entretanto dissolvida, não poderão ser invocados como obstáculos ao auxílio previsto na alínea a) do n. 1 do artigo 13º.

Artigo 19º – Adiamento

A Parte requerida pode adiar a execução de medidas referidas num pedido quando estas sejam susceptíveis de prejudicar investigações ou procedimentos conduzidos pelas suas autoridades.

Artigo 20º – Aceitação parcial ou condicional de um pedido

Antes de recusar ou de adiar a sua cooperação em virtude do presente capítulo, a Parte requerida examina, se for caso disso, após consulta à Parte requerente, se o pode satisfazer parcialmente ou sob reserva das condições que considere necessárias.

Seção VI – **Notificação e proteção dos direitos de terceiros**

Artigo 21º – Notificação de documentos

1 – As Partes concedem-se mutuamente o auxílio mais amplo possível para a notificação dos atos judiciários às pessoas interessadas em medidas provisórias e de perda.

2 – Nenhuma disposição do presente artigo constituirá obstáculo:

a) À faculdade de enviar atos judiciários por via postal diretamente às pessoas que se encontrem no estrangeiro;

b) À faculdade de os responsáveis ministeriais, funcionários judiciais ou outras entidades competentes da Parte de origem procederem a notificações de atos judiciários diretamente através das autoridades consulares dessa Parte ou por intermédio de responsáveis ministeriais, funcionários judiciais ou outras entidades competentes da Parte de destino; salvo se a Parte de destino fizer uma declaração em contrário ao Secretário-Geral do Conselho da Europa no momento da assinatura ou do depósito do seu instrumento de ratificação, de aceitação, de aprovação ou de adesão.

3 – No momento da notificação de atos judiciários no estrangeiro a pessoas interessadas em medidas provisórias ou em decisões de perda decretadas na Parte de origem, esta Parte informa essas pessoas dos recursos legais proporcionados pela sua legislação.

Artigo 22º – Reconhecimento de decisões estrangeiras

1 – Estando pendente um pedido de cooperação nos termos das seções III e IV, a Parte requerida reconhece qualquer decisão judiciária proferida na Parte requerente relativamente aos direitos reivindicados por terceiros.

2 – O reconhecimento pode ser recusado:

a) Se os terceiros não tiveram possibilidade suficiente de fazer valer os seus direitos; ou

b) Se a decisão é incompatível com uma decisão já proferida na Parte requerida e referente à mesma questão; ou

c) Se ela é incompatível com a ordem pública da Parte requerida; ou

d) Se a decisão foi proferida contrariamente às disposições em matéria de competência exclusiva previstas pelo direito da Parte requerida.

Seção VII **– Procedimento e outras regras gerais**

Artigo 23º – Autoridade central

1 – As Partes designam uma autoridade central ou, se necessário, várias autoridades encarregues de enviar os pedidos formulados em virtude do presente capítulo, de lhes darem resposta, de os executarem ou de os transmitirem às autoridades que tenham competência para os executarem.

2 – Cada uma das Partes comunica ao Secretário-Geral do Conselho da Europa, no momento da assinatura ou no momento do depósito do seu instrumento de ratificação, de aceitação, de aprovação ou de adesão, o nome e endereço das autoridades designadas em aplicação do n. 1 do presente artigo.

Artigo 24º – Correspondência direta

1 – As autoridades centrais comunicam diretamente umas com as outras.

2 – Em caso de urgência, os pedidos e transmissões previstos pelo presente capítulo podem ser enviados diretamente a essas autoridades pelas autoridades judiciárias, incluindo o Ministério Público, da Parte requerente. Nesse caso, uma

cópia deve ser simultaneamente enviada à autoridade central da Parte requerida por intermédio da autoridade central da Parte requerente.

3 – Qualquer pedido ou transmissão formulados nos termos dos ns. 1 e 2 do presente artigo podem ser apresentados por intermédio da Organização Internacional da Polícia Criminal (INTERPOL).

4 – Se um pedido for apresentado nos termos do n. 2 do presente artigo e se a autoridade encarregue não é competente para lhe dar seguimento, ela transmite-o à autoridade competente do seu país e informa diretamente a Parte requerente de tal fato.

5 – Os pedidos ou transmissões, apresentados nos termos da seção II do presente capítulo, que não impliquem medidas coercivas podem ser transmitidos diretamente pela autoridade competente da Parte requerente à autoridade competente da Parte requerida.

Artigo 25º – Forma dos pedidos e línguas

1 – Todos os pedidos previstos pelo presente capítulo são feitos por escrito. É permitido o recurso a meios modernos de telecomunicações, tais como a telecópia.

2 – Sob a reserva das disposições do n. 3 do presente artigo, a tradução dos pedidos ou das peças anexas não será exigida.

3 – Qualquer Parte pode, no momento da assinatura ou no momento do depósito do seu instrumento de ratificação, de aceitação, de aprovação ou de adesão, mediante declaração dirigida ao Secretário-Geral do Conselho da Europa, reservar-se a faculdade de exigir que os pedidos e peças anexas sejam acompanhados de uma tradução na sua própria língua ou numa das línguas oficiais do Conselho da Europa, ou naquela que especificar de entre estas línguas. Qualquer Parte pode, nesse momento, declarar que está disposta a aceitar traduções em qualquer outra língua que indique. As Partes podem aplicar a regra da reciprocidade.

Artigo 26º – Legalização

Os documentos transmitidos nos termos do presente capítulo estão dispensados de qualquer formalidade de legalização.

Artigo 27º – Conteúdo do pedido

1 – Qualquer pedido de cooperação previsto pelo presente capítulo deve especificar:

a) A autoridade da qual emana e a autoridade encarregue de proceder às investigações ou aos procedimentos;

b) O objeto e o motivo do pedido;

c) O processo, incluindo os fatos pertinentes (tais como a data, o local e as circunstâncias da infração), sobre o qual incidam as investigações ou os procedimentos, salvo em caso de pedido de notificação;

d) Na medida em que a cooperação implica medidas coercitivas:

i) O texto das disposições legais ou, quando tal não seja possível, declaração da lei pertinente aplicável; e

ii) Uma informação segundo a qual a medida solicitada ou qualquer outra medida com efeitos análogos podia ser tomada no território da Parte requerente em virtude da sua própria legislação;

e) Se necessário, e na medida do possível:

i) Informações relativamente à pessoa ou pessoas envolvidas, incluindo o nome, a data e o local de nascimento, a nacionalidade e o local onde se encontra(m) e, quando se trate de uma pessoa coletiva, a sua sede; e

ii) Os bens em relação aos quais a cooperação é solicitada, a sua localização, a sua ligação com a pessoa ou as pessoas em questão, qualquer ligação com a infração, bem como qualquer informação de que se disponha relativamente aos interesses de terceiros inerentes a esses bens; e

f) Qualquer procedimento específico desejado pela Parte requerente.

2 – Sempre que um pedido de medidas provisórias apresentado nos termos da seção III vise a apreensão de um bem que possa ser objeto de uma decisão de perda consistindo na obrigação de pagamento de uma quantia em dinheiro, esse pedido deve também indicar a quantia máxima que se procura recuperar sobre esse bem.

3 – Para além das informações referidas no n. 1, qualquer pedido formulado em aplicação da seção IV deve conter:

a) No caso da alínea a) do n. 1 do artigo 13º:

i) Uma cópia autenticada da decisão de perda proferida pelo tribunal da Parte requerente e um resumo dos fundamentos que determinaram a decisão, no caso de não serem referidos na própria decisão;

ii) Um certificado da autoridade competente da Parte requerente segundo o qual a decisão de perda é executória e não é susceptível de recurso ordinário;

iii) Informações que esclareçam em que medida é que a decisão deve ser executada;

iv) Informações relativas à necessidade de serem tomadas medidas provisórias;

b) No caso da alínea b) do n. 1 do artigo 13º, um resumo dos fatos invocados pela Parte requerente que seja suficiente para permitir à Parte requerida obter uma decisão em virtude do seu direito interno;

c) Quando terceiros tenham tido a possibilidade de reivindicar direitos, documentos relevantes de que tiveram essa possibilidade.

Artigo 28º – Vícios dos pedidos

1 – Se o pedido não estiver em conformidade com as disposições do presente capítulo, ou se as informações fornecidas não são suficientes para permitirem à Parte requerida tomar uma decisão relativamente ao pedido, essa Parte

pode pedir à Parte requerente que modifique o pedido ou que o complete por meio de informações suplementares.

2 – A Parte requerida pode fixar um prazo para a obtenção dessas modificações ou informações.

3 – Enquanto aguarda a obtenção das modificações ou informações pedidas relativamente a um pedido apresentado nos termos da seção IV do presente capítulo, a Parte requerida pode tomar qualquer das medidas referidas nas seções II e III do presente capítulo.

Artigo 29º – Concurso de pedidos

1 – Sempre que uma Parte requerida receba mais que um pedido apresentado nos termos das seções III e IV do presente capítulo relativamente à mesma pessoa ou aos mesmos bens, o concurso de pedidos não impede a Parte requerida de dar seguimento aos pedidos que impliquem a tomada de medidas provisórias.

2 – Em caso de concurso de pedidos apresentados nos termos da seção IV do presente capítulo, a Parte requerida considerará a possibilidade de consultar as Partes requerentes.

Artigo 30º – Obrigação de fundamentação

A Parte requerida deve fundamentar qualquer decisão recusando, adiando ou submetendo a condições qualquer cooperação solicitada nos termos do presente capítulo.

Artigo 31º – Informação

1 – A Parte requerida informa sem demora a Parte requerente:

a) Do andamento dado a um pedido formulado nos termos do presente capítulo;

b) Do resultado definitivo do andamento dado ao pedido;

c) De uma decisão recusando, adiando ou submetendo a condições, total ou parcialmente, qualquer cooperação prevista pelo presente capítulo;

d) De qualquer circunstância que torne impossível a execução das medidas solicitadas ou que possa atrasá-la consideravelmente; e

e) No caso de medidas provisórias adotadas em conformidade com um pedido formulado nos termos da seção II ou III do presente capítulo, das disposições do seu direito interno que impliquem automaticamente o levantamento da medida.

2 – A Parte requerente informa sem demora a Parte requerida:

a) De qualquer revisão, decisão ou outro fato retirando, total ou parcialmente, à decisão de perda o seu caráter executório;

b) De qualquer alteração, de fato ou de direito, tornando, a partir desse momento, injustificada qualquer ação empreendida nos termos do presente capítulo.

3 – Sempre que uma Parte, com base na mesma decisão de perda, requeira a perda de bens em mais de uma Parte, deverá informar todas as Partes interessadas na execução da decisão de perda.

Artigo 32º – Utilização restrita

1 – A Parte requerida pode subordinar a execução de um pedido à condição de que as informações ou elementos de prova obtidos não serão, sem o seu prévio consentimento, utilizados ou transmitidos pelas autoridades da Parte requerente para fins de investigações ou de procedimentos diferentes dos fins especificados no pedido.

2 – Cada uma das Partes pode, no momento da assinatura ou do depósito do seu instrumento de ratificação, de aceitação, de aprovação ou de adesão, mediante declaração dirigida ao Secretário-Geral do Conselho da Europa, declarar que as informações ou elementos de prova por ela fornecidos nos termos do presente capítulo não poderão, sem o seu prévio consentimento, ser utilizados pelas autoridades da Parte requerente para fins de investigações ou de procedimentos diferentes dos fins especificados no pedido.

Artigo 33º – Confidencialidade

1 – A Parte requerente pode exigir da Parte requerida que esta mantenha confidenciais os fatos e o teor do pedido, exceto na medida necessária para o seu cumprimento. Se a Parte requerida não pode observar esta condição de confidencialidade, deve informar a Parte requerente de tal fato no mais breve prazo possível.

2 – A Parte requerente deve, se tal lhe for pedido e desde que isso não seja contrário aos princípios fundamentais do seu direito interno, manter confidenciais todos os meios de prova e informações transmitidos pela Parte requerida, exceto na medida necessária às investigações ou ao procedimento descritos no pedido.

3 – Sob reserva das disposições do seu direito interno, uma Parte que tenha recebido uma transmissão espontânea de informações nos termos do artigo 10º deve observar qualquer condição de confidencialidade pedida pela Parte que transmite a informação. Se a outra Parte não pode observar essa condição, deve informar de tal fato a Parte que transmite a informação no mais breve prazo possível.

Artigo 34º – Despesas

As despesas ordinárias efetuadas para a execução de um pedido são suportadas pela Parte requerida. Sempre que despesas substanciais ou extraordinárias se tornem necessárias para dar seguimento a um pedido, as Partes consultam-se para fixar as condições nas quais este pedido será executado e o modo como as despesas serão suportadas.

Artigo 35º – Indenização

1 – Sempre que uma ação de responsabilização por danos resultantes de um ato ou de uma omissão em virtude da cooperação prevista pelo presente capítulo seja instaurada por uma pessoa, as Partes envolvidas consultam-se mutuamente, sempre que necessário, sobre a eventual divisão das indenizações devidas.

2 – Uma Parte que seja objeto de um pedido de indenização deve informar sem demora a outra Parte de tal fato se esta tiver interesse no processo.

Capítulo IV – DISPOSIÇÕES FINAIS

Artigo 36º – Assinatura e entrada em vigor

1 – A presente Convenção está aberta à assinatura dos Estados membros do Conselho da Europa e dos Estados não membros que tenham participado na sua elaboração. Esses Estados podem exprimir o seu consentimento a ficarem vinculados por:

a) Assinatura sem reserva de ratificação, de aceitação ou de aprovação; ou

b) Assinatura sob reserva de ratificação, de aceitação ou de aprovação, seguida de ratificação, de aceitação ou de aprovação.

2 – Os instrumentos de ratificação, de aceitação ou de aprovação serão depositados junto do Secretário-Geral do Conselho da Europa.

3 – A presente Convenção entrará em vigor no 1º dia do mês seguinte ao termo de um período de três meses após a data em que três Estados, dos quais pelo menos dois Estados sejam membros do Conselho da Europa, tenham expresso o seu consentimento a ficarem vinculados à Convenção em conformidade com as disposições do n. 1.

4 – Para qualquer Estado signatário que exprima posteriormente o seu consentimento a ficar vinculado à Convenção, esta entrará em vigor no 1º dia do mês seguinte ao termo de um período de três meses após a data em que esse Estado tenha expresso o seu consentimento a ficar vinculado à Convenção em conformidade com as disposições do n. 1.

Artigo 37º – Adesão à Convenção

1 – Após a entrada em vigor da presente Convenção, o Comitê de Ministros do Conselho da Europa poderá, depois de ter consultado os Estados Contratantes na Convenção, convidar qualquer Estado não membro do Conselho a aderir à presente Convenção em virtude de uma decisão tomada pela maioria prevista no artigo 20º, alínea d), do Estatuto do Conselho da Europa e por unanimidade dos representantes dos Estados dos Contratantes com direito de assento no Comitê.

2 – Para qualquer Estado aderente, a Convenção entrará em vigor no 1º dia do mês seguinte ao termo de um período de três meses após a data do depósito do instrumento de adesão junto do Secretário-Geral do Conselho da Europa.

Artigo 38º – Aplicação territorial

1 – Qualquer Estado poderá, no momento da assinatura ou no momento do depósito do seu instrumento de ratificação, de aceitação, de aprovação ou de adesão, designar o território ou os territórios aos quais se aplicará a presente Convenção.

2 – Qualquer Estado poderá, em qualquer momento posterior, mediante declaração dirigida ao Secretário-Geral do Conselho da Europa, estender a aplicação da presente Convenção a qualquer outro território designado na declaração. A Convenção entrará em vigor relativamente a esse território no 1º dia do mês seguinte ao termo de um período de três meses após a data de recepção da declaração pelo Secretário-Geral.

3 – Qualquer declaração feita nos termos dos dois números anteriores poderá ser retirada, no que respeita a qualquer território nela designado, mediante notificação dirigida ao Secretário-Geral. A retirada produzirá efeito no 1º dia do mês seguinte ao termo de um período de três meses após a data de recepção da notificação pelo Secretário-Geral.

Artigo 39º – Relações com outras convenções e acordos

1 – A presente Convenção não afetará os direitos e obrigações decorrentes de convenções internacionais multilaterais referentes a questões específicas.

2 – As Partes na Convenção poderão celebrar entre si acordos bilaterais ou multilaterais relativos às questões regulamentadas pela presente Convenção, para completar ou reforçar as suas disposições ou para facilitar a aplicação dos princípios por ela consagrados.

3 – Sempre que duas ou mais Partes tenham celebrado um acordo ou um tratado respeitante a matéria prevista na presente Convenção ou sempre que tenham estabelecido de outro modo as suas relações quanto a essa matéria, essas Partes terão a faculdade de aplicar o referido acordo, tratado ou convénio em vez da presente Convenção, se tal facilitar a cooperação internacional.

Artigo 40º – Reservas

1 – Qualquer Estado pode, no momento da assinatura ou no momento do depósito do seu instrumento de ratificação, de aceitação, de aprovação ou de adesão, declarar que faz uso de uma ou várias reservas previstas no artigo 2º, n. 2, no artigo 6º, n. 4, no artigo 14º, n. 3, no artigo 21º, n. 2, no artigo 25º, n. 3, e no artigo 32º, n. 2. Nenhuma outra reserva é admitida.

2 – Qualquer Estado que tenha formulado uma reserva nos termos do número anterior pode retirá-la, no todo ou em parte, mediante notificação dirigida ao Secretário-Geral do Conselho da Europa. A retirada produzirá efeito na data da recepção da notificação pelo Secretário-Geral.

3 – A Parte que tenha formulado uma reserva relativamente a uma disposição da presente Convenção não pode exigir a aplicação dessa disposição por

uma outra Parte; pode, no entanto, se a reserva for parcial ou condicional, exigir a aplicação dessa disposição na medida em que ela própria a tenha aceite.

Artigo 41º – Alterações

1 – Alterações à presente Convenção podem ser propostas pelas Partes e qualquer proposta será comunicada pelo Secretário-Geral do Conselho da Europa aos Estados membros do Conselho e a cada um dos Estados não membros que tenha aderido ou tenha sido convidado a aderir à presente Convenção em conformidade com as disposições do artigo 37º.

2 – Qualquer alteração proposta por uma Parte é comunicada ao Comité Europeu para os Problemas Criminais, que submete ao Comité de Ministros o seu parecer relativamente à alteração proposta.

3 – O Comité de Ministros examina a alteração proposta e o parecer submetido pelo Comité Europeu para os Problemas Criminais e pode adotar a alteração.

4 – O texto de qualquer alteração adotada pelo Comité de Ministros em conformidade com o n. 3 do presente artigo é enviado às Partes para aceitação.

5 – Qualquer alteração adotada em conformidade com o n. 3 do presente artigo entrará em vigor no 30º dia a contar da data em que todas as Partes tenham informado o Secretário-Geral de que a aceitaram.

Artigo 42º – Resolução de diferendos

1 – O Comité Europeu para os Problemas Criminais do Conselho da Europa será mantido informado da interpretação e aplicação da presente Convenção.

2 – Em caso de diferendo entre as Partes relativamente à interpretação ou aplicação da presente Convenção, as Partes esforçar-se-ão por chegar a uma resolução do diferendo pela negociação ou qualquer outro meio pacífico à sua escolha, incluindo a apresentação do diferendo ao Comité Europeu para os Problemas Criminais, a um tribunal arbitral que tomará decisões que terão caráter vinculativo para as Partes no diferendo, ou ao Tribunal Internacional de Justiça, segundo acordo mútuo das Partes interessadas.

Artigo 43º – Denúncia

1 – Qualquer Parte pode, em qualquer momento, denunciar a presente Convenção mediante notificação dirigida ao Secretário-Geral do Conselho da Europa.

2 – A denúncia produzirá efeito no 1º dia do mês seguinte ao termo de um período de três meses após a data de recepção da notificação pelo Secretário-Geral.

3 – No entanto, a presente Convenção continua a aplicar-se à execução, nos termos do artigo 14º, de uma perda solicitada em conformidade com as suas disposições antes de a denúncia produzir efeito.

Artigo 44º – Notificações

O Secretário-Geral do Conselho da Europa notificará os Estados membros do Conselho e qualquer Estado que tenha aderido à presente Convenção:

a) De qualquer assinatura;

b) Do depósito de qualquer instrumento de ratificação, de aceitação, de aprovação ou de adesão;

c) De qualquer data de entrada em vigor da presente Convenção, em conformidade com os artigos 36º e 37º;

d) De qualquer reserva nos termos do n. 1 do artigo 40º;

e) De qualquer outro ato, notificação ou comunicação referentes à presente Convenção.

Em fé do que os abaixo assinados, devidamente autorizados para o efeito, assinaram a presente Convenção.

Feito em Estrasburgo, a 8 de Novembro de 1990, em francês e em inglês, fazendo os dois textos igualmente fé, num único exemplar, que será depositado nos arquivos do Conselho da Europa. O Secretário-Geral do Conselho da Europa enviará uma cópia autenticada a cada um dos Estados membros do Conselho da Europa, aos Estados não membros que tenham participado na elaboração da Convenção e a qualquer outro Estado convidado a aderir à presente Convenção.

7. *DIRETIVA N. 308/1991, DAS COMUNIDADES EUROPÉIAS*

DIRETIVA DO CONSELHO de 10 de junho de 1991 relativa à prevenção da utilização do sistema financeiro para efeitos de branqueamento de capitais (91/308/CEE)

O CONSELHO DAS COMUNIDADES EUROPÉIAS,

Tendo em conta o Tratado que institui a Comunidade Econômica Européia e, nomeadamente, o n. 2, primeiro e terceiro períodos, do seu artigo 57º, e o seu artigo 100ºA,

Tendo em conta a proposta da Comissão (1),

Em cooperação com o Parlamento Europeu (2),

Tendo em conta o parecer do Comitê Econômico e Social (3),

Considerando que quando os estabelecimentos de crédito ou outras instituições financeiras são utilizadas para o branqueamento do produto de atividades ilegais (adiante designado por "branqueamento de capitais") a reputação e a estabilidade dos estabelecimentos e instituições em causa, bem como a confiabilidade do sistema financeiro em geral podem ficar seriamente comprometidas, perdendo assim a confiança do público;

Considerando que a falta de uma ação comunitária contra a lavagem de dinheiro poderia levar os Estados-membros a adotar, a fim de proteger os seus sistemas financeiros, medidas que poderiam ser incompatíveis com a realização do mercado único; que, para facilitar as suas atividades criminosas, os branqueadores de capitais poderiam tentar tirar partido da liberalização dos movimentos de capitais e da livre prestação de serviços financeiros que o espaço financeiro integrado implica, a menos que sejam adotadas certas medidas de coordenação a nível comunitário;

Considerando que o branqueamento do produto de atividades criminosas tem uma nítida influência na expansão do crime organizado em geral e do tráfico de droga em particular; que existe uma tomada crescente de consciência de que o combate aa lavagem de dinheiro constitui um dos meios mais eficazes para lutar contra essa forma de atividade criminosa, que representa uma especial ameaça para as sociedades dos Estados-membros;

Considerando que a lavagem de dinheiro deve ser combatida, principalmente através de medidas de direito penal e no âmbito de uma cooperação internacional entre as autoridades judiciárias e policiais, tal como foi feito, no domínio da droga, pela Convenção das Nações Unidas contra o tráfico ilícito de estupefacientes e de substâncias psicotrópicas, aprovada em 19 de Dezembro de 1988 em Viena (adiante designada por "Convenção de Viena"), e tal como foi tornado extensivo a todas as atividades criminosas pela Convenção do Conselho da Europa relativa à lavagem, detecção, apreensão e confisco dos produtos do crime, aberta à assinatura em 8 de Novembro de 1990 em Estrasburgo;

Considerando que a abordagem penal não deve, no entanto, ser a única estratégia para combater a lavagem de dinheiro, uma vez que o sistema financeiro pode desempenhar um papel altamente eficaz; que deve fazer-se referência, neste contexto, à recomendação do Conselho da Europa de 27 de Junho de 1980 e à Declaração de Princípios adotada em Basiléia em Dezembro de 1988 pelas autoridades de fiscalização bancária do Grupo dos Dez, dois textos que constituem um passo importante no sentido de impedir a utilização do sistema financeiro para efeitos de lavagem de dinheiro;

Considerando que a lavagem de dinheiro se inscreve geralmente num contexto internacional que permite dissimular mais facilmente a origem criminosa dos fundos; que medidas adotadas a nível exclusivamente nacional, sem contemplar uma coordenação e cooperação internacionais, teriam efeitos muito limitados;

Considerando que quaisquer medidas adotadas pela Comunidade neste domínio devem coadunar-se com as ações levadas a cabo noutras instâncias internacionais; que, para este efeito, qualquer atuação da Comunidade deverá ter especialmente em conta as recomendações do Grupo de Ação Financeira sobre a lavagem de dinheiro, instituído em julho de 1989 pela cimeira de Paris dos sete países mais industrializados;

Considerando que o Parlamento Europeu solicitou, em diversas resoluções, o estabelecimento de um programa global comunitário de combate ao tráfico de droga, incluindo disposições sobre a prevenção da lavagem de dinheiro;

Considerando que, para efeitos da presente diretiva, a definição de lavagem de dinheiro é extraída da contida na Convenção de Viena; que, no entanto, e uma vez que o fenômeno da lavagem de dinheiro não se refere apenas ao produto de infrações relacionadas com o tráfico de estupefacientes, mas também ao produto de outras atividades criminosas (tais como o crime organizado e o terrorismo), é conveniente que os Estados-membros tornem extensivos, na acepção das respectivas legislações, os efeitos da presente diretiva ao produto dessas atividades, desde que seja susceptível de ocasionar operações de branqueamento que justifiquem, por esse motivo, uma repressão;

Considerando que a proibição da lavagem de dinheiro prevista na legislação dos Estados-membros, baseada em medidas apropriadas e em sanções, constitui uma condição necessária da luta contra este fenômeno;

Considerando que é necessário assegurar que os estabelecimentos de crédito e outras instituições financeiras exijam a identificação dos clientes que com elas estabeleçam relações comerciais ou realizem transações que ultrapassem um certo montante, a fim de evitar que os lavadeiros se beneficiem do anonimato para desenvolver as suas atividades criminosas; que tais disposições devem também ser extensivas, tanto quanto possível, a quaisquer beneficiários econômicos;

Considerando que, relativamente às transações, os estabelecimentos de crédito e as instituições financeiras devem conservar, durante pelo menos cinco anos, cópia ou referências dos documentos de identificação exigidos, bem como os documentos comprovativos e registros, consistindo em documentos originais ou cópias com idêntica força probatória face à respectiva legislação nacional, para que estes possam servir de elemento de prova em qualquer inquérito em matéria de lavagem de dinheiro;

Considerando que é necessário, a fim de preservar a reputação e a integridade do sistema financeiro e contribuir para a luta contra a lavagem de dinheiro, garantir que os estabelecimentos de crédito e outras instituições financeiras examinem com especial atenção qualquer transação que considerem especialmente suscetível, devido à sua natureza, de estar ligada à lavagem de dinheiro; que, para o efeito, aquelas instituições deverão dedicar especial atenção às transações com países terceiros que não utilizem, na luta contra a lavagem de dinheiro, normas comparáveis às estabelecidas pela Comunidade ou a outras normas equivalentes definidas por instâncias internacionais e que a Comunidade tenha feito suas;

Considerando que, para o efeito, os Estados-membros podem solicitar aos estabelecimentos de crédito e às instituições financeiras que consagrem por escrito os resultados da análise a que estão obrigadas e assegurem às autoridades responsáveis pela luta contra a lavagem de dinheiro o acesso a esses elementos;

Considerando que a defesa do sistema financeiro contra a lavagem de dinheiro é uma tarefa que não pode ser levada a bom termo pelas autoridades responsáveis pela luta contra este fenômeno sem a cooperação dos estabelecimentos de crédito e outras instituições financeiras e das respectivas autoridades de fiscalização; que, nestes casos, o sigilo bancário deve ser levantado; que um sistema obrigatório de comunicação das transações suspeitas, que garanta que as informações sejam transmitidas às referidas autoridades sem alertar os clientes envolvidos, constitui a forma mais eficaz de realizar esta cooperação; que é necessária uma cláusula especial de proteção para isentar os estabelecimentos de crédito e outras instituições financeiras, bem como os respectivos funcionários e dirigentes da responsabilidade decorrente de uma violação das restrições à divulgação de informações;

Considerando que as informações recolhidas pelas autoridades nos termos da presente diretiva só podem ser utilizadas para efeitos de luta contra a lavagem de dinheiro; que os Estados-membros podem contudo prever que essas informações sirvam para outros fins;

Considerando que a adoção, por parte dos estabelecimentos de crédito e outras instituições financeiras, de procedimentos de controlo interno e de programas de formação neste campo constituem medidas complementares sem as quais as outras medidas contidas na presente diretiva podem tornar-se ineficazes;

Considerando que, uma vez que a lavagem de dinheiro pode ser efetuada não apenas através de estabelecimentos de crédito ou outras instituições financeiras mas igualmente através de outros tipos de profissões e categorias de empresas, os Estados-membros devem alargar todas as partes das disposições da presente diretiva, de modo a incluir as profissões e empresas cujas atividades sejam especialmente susceptíveis de ser utilizadas para efeitos de lavagem de dinheiro;

Considerando que convém que os Estados-membros zelem, muito especialmente, por que sejam tomadas medidas coordenadas a nível comunitário sempre que existam sérios indícios de que profissões ou atividades cujas condições de exercício tenham sido objeto de harmonização a nível comunitário são utilizadas para efeitos de lavagem de dinheiro;

Considerando que a eficácia dos esforços desenvolvidos para eliminar a lavagem de dinheiro depende essencialmente da coordenação constante e da harmonização das medidas nacionais de aplicação; que essa coordenação e harmonização efetuadas nas diversas instâncias internacionais requerem, a nível comunitário, uma concertação entre os Estados-membros e a Comissão num comitê de contato;

Considerando que compete a cada Estado-membro tomar medidas apropriadas, assim como sancionar adequadamente as infrações às referidas medidas para garantir a plena aplicação das disposições da diretiva,

ADOTOU A PRESENTE DIRETIVA:

Artigo 1º

Para efeitos da presente diretiva, entende-se por:

– "Estabelecimento de crédito": uma empresa na acepção do primeiro travessão do artigo 1º da Diretiva 77/780/CEE (4), com a última redação que lhe foi dada pela Diretiva 89/646/CEE (5), bem como uma sucursal, tal como definida no terceiro travessão do artigo 1º da citada diretiva, e situado na Comunidade, de um estabelecimento de crédito com sede social fora da Comunidade;

– "Instituição financeira": qualquer empresa que, não sendo instituição de crédito, tenha como atividade principal a execução de uma ou mais das operações enumeradas nos pontos 2 a 12 e 14 da lista anexa à Diretiva 89/646/CEE, bem como qualquer empresa seguradora devidamente autorizada nos termos da Diretiva 79/267/CEE (6), com a última redação que lhe foi dada pela Diretiva 90/619/CEE (7), na medida em que exerça atividades do âmbito da citada diretiva; esta definição abrange igualmente as sucursais, situadas na Comunidade, de instituições financeiras que tenham a sua sede social fora da Comunidade;

– "Branqueamento de capitais": as seguintes operações, efetuadas intencionalmente:

– conversão ou transferência de bens, com conhecimento por parte daquele que as efetua, de que esses bens provêm de uma atividade criminosa ou da participação numa atividade dessa natureza, com o fim de encobrir ou dissimular a origem ilícita dos mesmos ou de auxiliar quaisquer pessoas implicadas nessa atividade a furtar-se às conseqüências jurídicas dos seus atos,

– dissimulação ou encobrimento da verdadeira natureza, origem, localização, utilização, circulação ou posse de determinados bens ou de direitos relativos a esses bens, com conhecimento pelo autor de que tais bens provêm de uma atividade criminosa ou da participação numa atividade dessa natureza,

– aquisição, detenção ou utilização de bens, com conhecimento, quando da sua recepção, de que provêm de uma atividade criminosa ou da participação numa atividade dessa natureza,

– a participação num dos atos referidos nos pontos anteriores, a associação para praticar o referido ato, as tentativas de o perpetrar, o fato de ajudar, incitar ou aconselhar alguém a praticá-lo ou o fato de facilitar a sua execução.

O conhecimento, a intenção ou a motivação, que devem ser um elemento das atividades acima referidas, podem ser apurados com base em circunstâncias de fato objetivas.

Existe branqueamento de capitais mesmo que as atividades que estão na origem dos bens a branquear se localizem no território de outro Estado-membro ou de um país terceiro;

– "Bens": ativos de qualquer espécie, corpóreos ou incorpóreos, móveis ou imóveis, tangíveis ou intangíveis, bem como documentos legais ou outros instrumentos comprovativos da propriedade desses ativos ou dos direitos a eles relativos;

– "Atividade criminosa": qualquer das infrações definidas no n. 1, alínea a), do artigo 3º da Convenção de Viena, bem como qualquer outra atividade criminosa definida como tal para efeitos da presente diretiva por cada Estado-membro;

– "Autoridades competentes": as autoridades nacionais incumbidas, por lei ou por força de outra regulamentação, de fiscalizar os estabelecimentos de crédito ou as instituições financeiras.

Artigo 2º

Compete aos Estados-membros proibir a lavagem de dinheiro, tal como definido na presente diretiva.

Artigo 3º

1. Os Estados-membros assegurarão que os estabelecimentos de crédito e as instituições financeiras exijam a identificação dos seus clientes mediante um documento comprovativo, sempre que estabeleçam relações de negócios, em especial, quando abram uma conta ou caderneta de poupança ou ofereçam serviços de guarda de valores.

2. A exigência de identificação aplica-se igualmente no caso das transações com clientes que não sejam os referidos no n. 1 cujo montante atinja ou ultrapasse 15.000 ecus, quer sejam efetuadas numa só ou em várias operações que se afigure terem uma ligação entre si. No caso de o montante não ser conhecido no momento do início da transação, o organismo em questão procederá à identificação a partir do momento em que tenha conhecimento desse montante e em que verifique que o limiar foi atingido.

3. Em derrogação dos ns. 1 e 2, não será requerida a exigência de identificação em relação a contratos de seguro celebrados por empresas de seguros na acepção da Diretiva 79/267/CEE do Conselho, na medida em que essas empresas efetuem atividades do âmbito dessa diretiva, quando o montante do ou dos prêmios periódicos a pagar no decurso de um ano for igual ou inferior a 1.000 ecus ou quando foi pago um prêmio único de um montante igual ou inferior a 2.000 ecus. Caso o ou os prêmios periódicos a pagar no decurso de um ano sejam aumentados, ultrapassando o limiar de 1.000 ecus, será exigida a identificação.

4. Os Estados-membros podem estabelecer que, relativamente aos contratos de seguro de pensão que decorram de um contrato de trabalho ou de atividade profissional do segurado, não é obrigatória a identificação, desde que esses contratos de seguro de pensão não contenham uma cláusula de resgate nem possam servir de garantia a um empréstimo.

5. Caso suspeitem de que os clientes referidos nos números anteriores não atuam por conta própria ou em caso de certeza de que não atuam por conta própria, os estabelecimentos de crédito e as instituições financeiras tomarão medidas razoáveis para obter informações sobre a identidade real das pessoas por conta das quais esses clientes atuam.

6. Os estabelecimentos de crédito e as instituições financeiras são obrigados a proceder a essa identificação sempre que exista uma suspeita de branqueamento de capitais, mesmo que o montante da transação seja inferior aos níveis fixados.

7. Os estabelecimentos de crédito e as instituições financeiras não ficam sujeitas às condições de identificação constantes do presente artigo no caso de o cliente ser igualmente um estabelecimento de crédito ou uma instituição financeira abrangida pela presente diretiva.

8. Os Estados-membros podem prever que a obrigação de identificação relativa às transações a que se referem os ns. 3 e 4 se encontra preenchida quando for estabelecido que o pagamento da transação deva ser efetuado por débito de uma conta aberta em nome do cliente numa instituição de crédito sujeita à obrigação prevista no n. 1.

Artigo 4º

Os Estados-membros assegurarão que os estabelecimentos de crédito e as instituições financeiras conservem, para servirem de elemento de prova a qualquer inquérito em matéria de branqueamento de capitais:

– relativamente à identificação, a cópia ou as referências dos documentos exigidos, durante um período de pelo menos cinco anos após o termo das relações com os respectivos clientes,

– relativamente às transações, os documentos comprovativos e registros, consistindo em documentos originais ou cópias com idêntica força probatória face à respectiva legislação nacional, durante um período de pelo menos cinco anos a contar da data de execução das transações.

Artigo 5º

Os Estados-membros assegurarão que os estabelecimentos de crédito e as instituições financeiras examinem com especial atenção qualquer transação que considerem particularmente susceptível, pela sua natureza, de estar associada à lavagem de dinheiro.

Artigo 6º

Os Estados-membros velarão por que os estabelecimentos de crédito e as instituições financeiras, bem como os respectivos dirigentes e funcionários colaborem plenamente com as autoridades responsáveis pela luta contra o branqueamento:

– informando-as, por iniciativa própria, de quaisquer fatos que possam constituir indícios de operações de branqueamento de capitais,

– facultando-lhes, a seu pedido, todas as informações necessárias, em conformidade com os procedimentos estabelecidos pela legislação aplicável.

As referidas informações serão enviadas às autoridades responsáveis pela luta contra o branqueamento do Estado-membro em cujo território está situada a instituição que enviou essas informações. Este envio é normalmente efetuado pela pessoa ou pessoas designadas pelos estabelecimentos de crédito e pelas instituições financeiras, em conformidade com os procedimentos previstos no n. 1 do artigo 11º. As informações fornecidas às autoridades em aplicação do primeiro parágrafo só podem ser utilizadas para efeitos de luta contra a lavagem de dinheiro. Contudo, os Estados-membros podem prever a possibilidade de essas informações serem utilizadas igualmente para outros fins.

Artigo 7º

Os Estados-membros assegurarão que os estabelecimentos de crédito e as instituições financeiras se abstenham de executar as transações que saibam ou suspeitem estar relacionadas com a lavagem de dinheiro antes de avisarem as autoridades referidas no artigo 6º. As autoridades podem, nas condições determinadas pela legislação nacional, dar instruções para que a operação não seja executada. No caso de se suspeitar que a operação em questão vai dar lugar a uma operação de branqueamento e de a abstenção não ser possível ou ser susceptível de impedir o procedimento judicial contra os beneficiários da operação suspeita de branqueamento, os estabelecimentos e instituições em questão fornecerão imediatamente as informações requeridas.

Artigo 8º

Os estabelecimentos de crédito e as instituições financeiras, os seus dirigentes e funcionários não podem comunicar ao cliente em causa ou a terceiros o fato de terem sido transmitidas informações às autoridades, em aplicação dos artigos 6º e 7º, nem que se encontra em curso uma investigação sobre a lavagem de dinheiro.

Artigo 9º

A divulgação, de boa-fé, às autoridades responsáveis pela luta contra o branqueamento, por parte de um empregado ou de um dirigente de um estabelecimento de crédito ou de uma instituição financeira, das informações referidas nos artigos 6º e 7º não constitui violação de qualquer restrição à divulgação de informações imposta por via contratual ou por qualquer disposição legislativa, regulamentar ou administrativa e não implica qualquer tipo de responsabilidade para o estabelecimento de crédito ou a instituição financeira, nem para os seus dirigentes ou funcionários.

Artigo 10º

Os Estados-membros assegurarão que as autoridades competentes informem as autoridades responsáveis pela luta contra o branqueamento se, nas inspeções levadas a cabo em estabelecimentos de crédito ou instituições financeiras ou por qualquer outra forma, vierem a descobrir fatos susceptíveis de constituir prova de uma operação de branqueamento de capitais.

Artigo 11º

Os Estados-membros assegurarão que os estabelecimentos de crédito e as instituições financeiras:

1. Criem processos adequados de controlo interno e de comunicação para prevenir e impedir a realização de operações relacionadas com a lavagem de dinheiro.

2. Tomem as medidas adequadas para sensibilizar os seus funcionários para as disposições da presente diretiva. Estas medidas incluirão a participação dos funcionários relacionados com estas questões em programas especiais de formação, a fim de os ajudar a reconhecer as operações que possam estar relacionadas com o branqueamento de capitais e de os instruir sobre a forma de atuar em tais casos.

Artigo 12º

Os Estados-membros procurarão tornar a totalidade ou parte das disposições da presente diretiva extensivas às profissões e categorias de empresas que, não sendo estabelecimentos de crédito nem instituições financeiras tal como referidas no artigo 1º, exercem atividades especialmente susceptíveis de ser utilizadas para efeitos de branqueamento de capitais.

Artigo 13º

1. É criado junto da Comissão um comitê de contato, seguidamente designado "comitê", que tem por missão:

a) Facilitar, sem prejuízo dos artigos 169º e 170º do Tratado, uma aplicação harmonizada da presente diretiva, através de uma concertação regular sobre os problemas concretos levantados pela sua aplicação e relativamente aos quais se julgue útil proceder a trocas de opiniões;

b) Facilitar, uma concertação entre os Estados-membros relativamente a condições e obrigações mais rigorosas ou suplementares que os mesmos imponham no plano nacional;

c) Aconselhar a Comissão, se necessário, relativamente aos aditamentos ou alterações a introduzir na presente diretiva ou relativamente às adaptações consideradas necessárias, nomeadamente para harmonizar os efeitos do artigo 12º;

d) Analisar a oportunidade de incluir, no âmbito de aplicação do artigo 12º, as profissões ou categorias de empresas que se verifique terem sido utilizadas, num dado Estado-membro, para efeitos de branqueamento de capitais.

2. O comitê não tem por missão apreciar o fundamento das decisões tomadas em casos individuais pelas autoridades competentes.

3. O comitê é composto por pessoas designadas pelos Estados-membros e por representantes da Comissão. Os serviços desta instituição assegurarão o respectivo secretariado. O comitê será presidido por um representante da Comissão e reunir-se-á quer por iniciativa deste último quer a pedido da delegação de um Estado-membro.

Artigo 14º

Cada um dos Estados-membros tomará medidas apropriadas para assegurar a plena aplicação de todas as disposições da presente diretiva e estabelecerá, nomeadamente, as sanções a aplicar em caso de infração às disposições adotadas em execução da presente diretiva.

Artigo 15º

Os Estados-membros podem adotar ou manter, no domínio abrangido pela presente diretiva, disposições mais severas para impedir a lavagem de dinheiro.

Artigo 16º

1. Os Estados-membros porão em vigor as disposições legislativas, regulamentares e administrativas necessárias para dar cumprimento à presente diretiva, o mais tardar, até 1 de Janeiro de 1993.
2. Sempre que os Estados-membros adotarem tais disposições, estas devem incluir uma referência à presente diretiva ou ser acompanhadas dessa referência quando da sua publicação oficial. As modalidades dessa referência serão adotadas pelos Estados-membros.
3. Os Estados-membros comunicarão à Comissão o texto das principais disposições de direito interno que adotarem no domínio abrangido pela presente diretiva.

Artigo 17º

A Comissão estabelecerá, um ano após 1 de Janeiro de 1993, e, seguidamente, sempre que tal se revelar necessário, e pelo menos uma vez em cada triênio, um relatório sobre a aplicação da presente diretiva e apresentá-lo-á ao Parlamento Europeu e ao Conselho.

Artigo 18º

Os Estados-membros são destinatários da presente diretiva.

Feito no Luxemburgo, em 10 de Junho de 1991.

Pelo Conselho

O Presidente

J.-C. JUNCKER

Declaração dos representantes dos governos dos Estados-membros reunidos no Conselho

"Os representantes dos governos dos Estados-membros, reunidos no Conselho,

Recordando que os Estados-membros assinaram a Convenção das Nações Unidas contra o tráfico ilícito de estupefacientes e de substâncias psicotrópicas celebrada em Viena em 19 de Dezembro de 1988;

Recordando igualmente que, na sua maioria, já assinaram, em 8 de Novembro de 1990, em Estrasburgo, a Convenção do Conselho da Europa relativa ao branqueamento, detecção, apreensão e confiscação dos produtos do crime;

Conscientes de que a descrição de branqueamento incluída no artigo 1º da Diretiva 91/308/CEE se inspira na redação das disposições correspondentes das convenções acima referidas;

Comprometem-se a tomar até 31 de Dezembro de 1992, o mais tardar, todas as medidas necessárias para pôr em vigor uma legislação penal que lhes permita respeitar as obrigações decorrentes dos referidos instrumentos.

8. CONVENÇÃO DE PALERMO*

Art. 1º. A Convenção das Nações Unidas contra o Crime Organizado Transnacional, adotada em Nova York, em 15 de novembro de 2000, apensa por cópia ao presente Decreto, será executada e cumprida tão inteiramente como nela se contém.

Art. 2º. São sujeitos à aprovação do Congresso Nacional quaisquer atos que possam resultar em revisão da referida Convenção ou que acarretem encargos ou compromissos gravosos ao patrimônio nacional, nos termos do art. 49, inciso I, da Constituição.

Art. 3º. Este Decreto entra em vigor na data de sua publicação.

Brasília, 12 de março de 2004; 183º da Independência e 116º da República.

Artigo 1 – Objetivo

O objetivo da presente Convenção consiste em promover a cooperação para prevenir e combater mais eficazmente a criminalidade organizada transnacional.

Artigo 2 – Terminologia

Para efeitos da presente Convenção, entende-se por:

a) "Grupo criminoso organizado" – grupo estruturado de três ou mais pessoas, existente há algum tempo e atuando concertadamente com o propósito de cometer uma ou mais infrações graves ou enunciadas na presente Convenção, com a intenção de obter, direta ou indiretamente, um benefício econômico ou outro benefício material;

b) "Infração grave" – ato que constitua infração punível com uma pena de privação de liberdade, cujo máximo não seja inferior a quatro anos ou com pena superior;

c) "Grupo estruturado" – grupo formado de maneira não fortuita para a prática imediata de uma infração, ainda que os seus membros não tenham funções formalmente definidas, que não haja continuidade na sua composição e que não disponha de uma estrutura elaborada;

d) "Bens" – os ativos de qualquer tipo, corpóreos ou incorpóreos, móveis ou imóveis, tangíveis ou intangíveis, e os documentos ou instrumentos jurídicos que atestem a propriedade ou outros direitos sobre os referidos ativos;

e) "Produto do crime" – os bens de qualquer tipo, provenientes, direta ou indiretamente, da prática de um crime;

---

* Aprovada pelo Decreto n. 231, de 29 de maio de 2003, e promulgada pelo Decreto n. 5.015, de 12 de março de 2004.

f) "Bloqueio" ou "apreensão" – a proibição temporária de transferir, converter, dispor ou movimentar bens, ou a custódia ou controle temporário de bens, por decisão de um tribunal ou de outra autoridade competente;

g) "Confisco" – a privação com caráter definitivo de bens, por decisão de um tribunal ou outra autoridade competente;

h) "Infração principal" – qualquer infração de que derive um produto que possa passar a constituir objeto de uma infração definida no artigo 6 da presente Convenção;

i) "Entrega vigiada" – a técnica que consiste em permitir que remessas ilícitas ou suspeitas saiam do território de um ou mais Estados, os atravessem ou neles entrem, com o conhecimento e sob o controle das suas autoridades competentes, com a finalidade de investigar infrações e identificar as pessoas envolvidas na sua prática;

j) "Organização regional de integração econômica" uma organização constituída por Estados soberanos de uma região determinada, para a qual estes Estados tenham transferido competências nas questões reguladas pela presente Convenção e que tenha sido devidamente mandatada, em conformidade com os seus procedimentos internos, para assinar, ratificar, aceitar ou aprovar a Convenção ou a ela aderir; as referências aos "Estados Partes" constantes da presente Convenção são aplicáveis a estas organizações, nos limites das suas competências.

Artigo 3 – Âmbito de aplicação

1. Salvo disposição em contrário, a presente Convenção é aplicável à prevenção, investigação, instrução e julgamento de:

a) Infrações enunciadas nos artigos 5, 6, 8 e 23 da presente Convenção; e

b) Infrações graves, na acepção do artigo 2 da presente Convenção; sempre que tais infrações sejam de caráter transnacional e envolvam um grupo criminoso organizado;

2. Para efeitos do parágrafo 1 do presente artigo, a infração será de caráter transnacional se:

a) For cometida em mais de um Estado;

b) For cometida num só Estado, mas uma parte substancial da sua preparação, planejamento, direção e controle tenha lugar em outro Estado;

c) For cometida num só Estado, mas envolva a participação de um grupo criminoso organizado que pratique atividades criminosas em mais de um Estado; ou

d) For cometida num só Estado, mas produza efeitos substanciais noutro Estado.

Artigo 4 – Proteção da soberania

1. Os Estados Partes cumprirão as suas obrigações decorrentes da presente Convenção no respeito pelos princípios da igualdade soberana e da integridade territorial dos Estados, bem como da não-ingerência nos assuntos internos de outros Estados.

O disposto na presente Convenção não autoriza qualquer Estado Parte a exercer, em território de outro Estado, jurisdição ou funções que o direito interno desse Estado reserve exclusivamente às suas autoridades.

Artigo 5 – Criminalização da participação em um grupo criminoso organizado

1. Cada Estado Parte adotará as medidas legislativas ou outras que sejam necessárias para caracterizar como infração penal, quando praticado intencionalmente:

a) Um dos atos seguintes, ou ambos, enquanto infrações penais distintas das que impliquem a tentativa ou a consumação da atividade criminosa:

I) O entendimento com uma ou mais pessoas para a prática de uma infração grave, com uma intenção direta ou indiretamente relacionada com a obtenção de um benefício econômico ou outro benefício material e, quando assim prescrever o direito interno, envolvendo um ato praticado por um dos participantes para concretizar o que foi acordado ou envolvendo a participação de um grupo criminoso organizado;

II) A conduta de qualquer pessoa que, conhecendo a finalidade e a atividade criminosa geral de um grupo criminoso organizado, ou a sua intenção de cometer as infrações em questão, participe ativamente em:

a. Atividades ilícitas do grupo criminoso organizado;

b. Outras atividades do grupo criminoso organizado, sabendo que a sua participação contribuirá para a finalidade criminosa acima referida;

b) O ato de organizar, dirigir, ajudar, incitar, facilitar ou aconselhar a prática de uma infração grave que envolva a participação de um grupo criminoso organizado.

2. "O conhecimento, a intenção, a finalidade, a motivação ou o acordo a que se refere o parágrafo 1 do presente artigo poderão inferir-se de circunstâncias fatuais objetivas.

3. Os Estados Partes cujo direito interno condicione a incriminação pelas infrações referidas no inciso i) da alínea a) do parágrafo 1 do presente artigo ao envolvimento de um grupo criminoso organizado diligenciarão no sentido de que o seu direito interno abranja todas as infrações graves que envolvam a participação de grupos criminosos organizados. Estes Estados Partes, assim como os Estados Partes cujo direito interno condicione a incriminação pelas infrações definidas no inciso i) da alínea a) do parágrafo 1 do presente artigo à prática de um ato concertado, informarão deste fato o Secretário Geral da Organização das Nações Unidas, no momento da assinatura ou do depósito do seu instrumento de ratificação, aceitação, aprovação ou adesão à presente Convenção.

Artigo 6 – Criminalização da lavagem do produto do crime

1. Cada Estado Parte adotará, em conformidade com os princípios fundamentais do seu direito interno, as medidas legislativas ou outras que sejam

necessárias para caracterizar como infração penal, quando praticada intencionalmente:

a) I) A conversão ou transferência de bens, quando quem o faz tem conhecimento de que esses bens são produto do crime, com o propósito de ocultar ou dissimular a origem ilícita dos bens ou ajudar qualquer pessoa envolvida na prática da infração principal a furtar-se às conseqüências jurídicas dos seus atos;

II) A ocultação ou dissimulação da verdadeira natureza, origem, localização, disposição, movimentação ou propriedade de bens ou direitos a eles relativos, sabendo o seu autor que os ditos bens são produto do crime;

b) e, sob reserva dos conceitos fundamentais do seu ordenamento jurídico:
I) A aquisição, posse ou utilização de bens, sabendo aquele que os adquire, possui ou utiliza, no momento da recepção, que são produto do crime;

II) A participação na prática de uma das infrações enunciadas no presente artigo, assim como qualquer forma de associação, acordo, tentativa ou cumplicidade, pela prestação de assistência, ajuda ou aconselhamento no sentido da sua prática.

2. Para efeitos da aplicação do parágrafo 1 do presente artigo:

a) Cada Estado Parte procurará aplicar o parágrafo 1 do presente artigo à mais ampla gama possível de infrações principais;

b) Cada Estado Parte considerará como infrações principais todas as infrações graves, na acepção do artigo 2 da presente Convenção, e as infrações enunciadas nos seus artigos 5, 8 e 23. Os Estados Partes cuja legislação estabeleça uma lista de infrações principais específicas incluirá entre estas, pelo menos, uma gama completa de infrações relacionadas com grupos criminosos organizados;

c) Para efeitos da alínea b), as infrações principais incluirão as infrações cometidas tanto dentro como fora da jurisdição do Estado Parte interessado. No entanto, as infrações cometidas fora da jurisdição de um Estado Parte só constituirão infração principal quando o ato correspondente constitua infração penal à luz do direito interno do Estado em que tenha sido praticado e constitua infração penal à luz do direito interno do Estado Parte que aplique o presente artigo se o crime aí tivesse sido cometido;

d) Cada Estado Parte fornecerá ao Secretário Geral das Nações Unidas uma cópia ou descrição das suas leis destinadas a dar aplicação ao presente artigo e de qualquer alteração posterior;

e) Se assim o exigirem os princípios fundamentais do direito interno de um Estado Parte, poderá estabelecer-se que as infrações enunciadas no parágrafo 1 do presente artigo não sejam aplicáveis às pessoas que tenham cometido a infração principal;

f) O conhecimento, a intenção ou a motivação, enquanto elementos constitutivos de uma infração enunciada no parágrafo 1 do presente artigo, poderão inferir-se de circunstâncias fatuais objetivas.

Artigo 7 – Medidas para combater a lavagem de dinheiro

1. Cada Estado Parte:

a) Instituirá um regime interno completo de regulamentação e controle dos bancos e instituições financeiras não bancárias e, quando se justifique, de outros organismos especialmente susceptíveis de ser utilizados para a lavagem de dinheiro, dentro dos limites da sua competência, a fim de prevenir e detectar qualquer forma de lavagem de dinheiro, sendo nesse regime enfatizados os requisitos relativos à identificação do cliente, ao registro das operações e à denúncia de operações suspeitas;

b) Garantirá, sem prejuízo da aplicação dos artigos 18 e 27 da presente Convenção, que as autoridades responsáveis pela administração, regulamentação, detecção e repressão e outras autoridades responsáveis pelo combate à lavagem de dinheiro (incluindo, quando tal esteja previsto no seu direito interno, as autoridades judiciais), tenham a capacidade de cooperar e trocar informações em âmbito nacional e internacional, em conformidade com as condições prescritas no direito interno, e, para esse fim, considerará a possibilidade de criar um serviço de informação financeira que funcione como centro nacional de coleta, análise e difusão de informação relativa a eventuais atividades de lavagem de dinheiro.

2. Os Estados Partes considerarão a possibilidade de aplicar medidas viáveis para detectar e vigiar o movimento transfronteiriço de numerário e de títulos negociáveis, no respeito pelas garantias relativas à legítima utilização da informação e sem, por qualquer forma, restringir a circulação de capitais lícitos. Estas medidas poderão incluir a exigência de que os particulares e as entidades comerciais notifiquem as transferências transfronteiriças de quantias elevadas em numerário e títulos negociáveis.

3. Ao instituírem, nos termos do presente artigo, um regime interno de regulamentação e controle, e sem prejuízo do disposto em qualquer outro artigo da presente Convenção, todos os Estados Partes são instados a utilizar como orientação as iniciativas pertinentes tomadas pelas organizações regionais, inter-regionais e multilaterais para combater a lavagem de dinheiro.

4. Os Estados Partes diligenciarão no sentido de desenvolver e promover a cooperação à escala mundial, regional, sub-regional e bilateral entre as autoridades judiciais, os organismos de detecção e repressão e as autoridades de regulamentação financeira, a fim de combater a lavagem de dinheiro.

Artigo 8 – Criminalização da corrupção

1. Cada Estado Parte adotará as medidas legislativas e outras que sejam necessárias para caracterizar como infrações penais os seguintes atos, quando intencionalmente cometidos:

a) Prometer, oferecer ou conceder a um agente público, direta ou indiretamente, um benefício indevido, em seu proveito próprio ou de outra pessoa ou entidade, a fim de praticar ou se abster de praticar um ato no desempenho das suas funções oficiais;

b) Por um agente público, pedir ou aceitar, direta ou indiretamente, um benefício indevido, para si ou para outra pessoa ou entidade, a fim de praticar ou se abster de praticar um ato no desempenho das suas funções oficiais.

2. Cada Estado Parte considerará a possibilidade de adotar as medidas legislativas ou outras que sejam necessárias para conferir o caráter de infração penal aos atos enunciados no parágrafo 1 do presente artigo que envolvam um agente público estrangeiro ou um funcionário internacional. Do mesmo modo, cada Estado Parte considerará a possibilidade de conferir o caráter de infração penal a outras formas de corrupção.

3. Cada Estado Parte adotará igualmente as medidas necessárias para conferir o caráter de infração penal à cumplicidade na prática de uma infração enunciada no presente artigo.

4. Para efeitos do parágrafo I do presente artigo e do artigo 9, a expressão "agente público" designa, além do funcionário público, qualquer pessoa que preste um serviço público, tal como a expressão é definida no direito interno e aplicada no direito penal do Estado Parte onde a pessoa em questão exerce as suas funções.

Artigo 9 – Medidas contra a corrupção

1. Para além das medidas enunciadas no artigo 8 da presente Convenção, cada Estado Pane, na medida em que seja procedente e conforme ao seu ordenamento jurídico, adotará medidas eficazes de ordem legislativa, administrativa ou outra para promover a integridade e prevenir, detectar e punir a corrupção dos agentes públicos.

2. Cada Estado Parte tomará medidas no sentido de se assegurar de que as suas autoridades atuam eficazmente em matéria de prevenção, detecção e repressão da corrupção de agentes públicos, inclusivamente conferindo a essas autoridades independência suficiente para impedir qualquer influência indevida sobre a sua atuação.

Artigo 10 – Responsabilidade das pessoas jurídicas

1. Cada Estado Parte adotará as medidas necessárias, em conformidade com o seu ordenamento jurídico, para responsabilizar pessoas jurídicas que participem em infrações graves envolvendo um grupo criminoso organizado e que cometam as infrações enunciadas nos artigos 5, 6, 8 e 23 da presente Convenção.

2. No respeito pelo ordenamento jurídico do Estado Parte, a responsabilidade das pessoas jurídicas poderá ser penal, civil ou administrativa.

3. A responsabilidade das pessoas jurídicas não obstará à responsabilidade penal das pessoas físicas que tenham cometido as infrações.

4. Cada Estado Parte diligenciará, em especial, no sentido de que as pessoas jurídicas consideradas responsáveis em conformidade com o presente artigo sejam objeto de sanções eficazes, proporcionais e acautelatórias, de natureza penal e não penal, incluindo sanções pecuniárias.

Artigo 11 – Processamento. Adjudicação e sanções

1. Cada Estado Parte tornará a prática de qualquer uma infração enunciada nos artigos 5, 6, 8 e 23 da presente Convenção passível de sanções que tenham em conta a gravidade dessa infração.

2. Cada Estado Parte diligenciará para que qualquer poder judicial discricionário conferido pelo seu direito interno e relativo a processos judiciais contra indivíduos por infrações previstas na presente Convenção seja exercido de forma a otimizar a eficácia das medidas de detecção e de repressão destas infrações, tendo na devida conta a necessidade de exercer um efeito cautelar da sua prática.

3. No caso de infrações como as enunciadas nos artigos 5, 6, 8 e 23 da presente Convenção, cada Estado Parte tomará as medidas apropriadas, em conformidade com o seu direito interno, e tendo na devida conta os direitos da defesa, para que as condições a que estão sujeitas as decisões de aguardar julgamento em liberdade ou relativas ao processo de recurso tenham em consideração a necessidade de assegurar a presença do argüido em todo o processo penal ulterior.

4. Cada Estado Parte providenciará para que os seus tribunais ou outras autoridades competentes tenham presente a gravidade das infração previstas na presente Convenção quando considerarem a possibilidade de uma libertação antecipada ou condicional de pessoas reconhecidas como culpadas dessas infrações.

5. Sempre que as circunstâncias o justifiquem, cada Estado Parte determinará, no âmbito do seu direito interno, um prazo de prescrição prolongado, durante o qual poderá ter início o processo relativo a uma das infrações previstas na presente Convenção, devendo esse período ser mais longo quando o presumível autor da infração se tenha subtraído à justiça.

6. Nenhuma das disposições da presente Convenção prejudica o princípio segundo o qual a definição das infrações nela enunciadas e dos meios jurídicos de defesa aplicáveis, bem como outros princípios jurídicos que rejam a legalidade das incriminações, são do foro exclusivo do direito interno desse Estado Parte, e segundo o qual as referidas infrações são objeto de procedimento judicial e punidas de acordo com o direito desse Estado Parte.

Artigo 12 – Confisco e apreensão

1. Os Estados Partes adotarão, na medida em que o seu ordenamento jurídico interno o permita, as medidas necessárias para permitir o confisco:

a) Do produto das infrações previstas na presente Convenção ou de bens cujo valor corresponda ao desse produto;

b) Dos bens, equipamentos e outros instrumentos utilizados ou destinados a ser utilizados na prática das infrações previstas na presente Convenção.

2. Os Estados Partes tomarão as medidas necessárias para permitir a identificação, a localização, o embargo ou a apreensão dos bens referidos no parágrafo 1 do presente artigo, para efeitos de eventual confisco.

3. Se o produto do crime tiver sido convertido, total ou parcialmente, noutros bens, estes últimos podem ser objeto das medidas previstas no presente artigo, em substituição do referido produto.

4. Se o produto do crime tiver sido misturado com bens adquiridos legalmente, estes bens poderão, sem prejuízo das competências de embargo ou apreensão, ser confiscados até ao valor calculado do produto com que foram misturados.

5. As receitas ou outros benefícios obtidos com o produto do crime, os bens nos quais o produto tenha sido transformado ou convertido ou os bens com que tenha sido misturado podem também ser objeto das medidas previstas no presente artigo, da mesma forma e na mesma medida que o produto do crime.

6. Para efeitos do presente artigo e do artigo 13, cada Estado Parte habilitará os seus tribunais ou outras autoridades competentes para ordenarem a apresentação ou a apreensão de documentos bancários, financeiros ou comerciais. Os Estados Partes não poderão invocar o sigilo bancário para se recusarem a aplicar as disposições do presente número.

7. Os Estados Partes poderão considerar a possibilidade de exigir que o autor de uma infração demonstre a proveniência lícita do presumido produto do crime ou de outros bens que possam ser objeto de confisco, na medida em que esta exigência esteja em conformidade com os princípios do seu direito interno e com a natureza do processo ou outros procedimentos judiciais.

8. As disposições do presente artigo não deverão, em circunstância alguma, ser interpretadas de modo a afetar os direitos de terceiros de boa-fé.

9. Nenhuma das disposições do presente artigo prejudica o princípio segundo o qual as medidas nele previstas são definidas e aplicadas em conformidade com o direito interno de cada Estado Parte e segundo as disposições deste direito.

Artigo 13 – Cooperação internacional para efeitos de confisco

1. Na medida em que o seu ordenamento jurídico interno o permita, um Estado Parte que tenha recebido de outro Estado Parte, competente para conhecer de uma infração prevista na presente Convenção, um pedido de confisco do produto do crime, bens, equipamentos ou outros instrumentos referidos no parágrafo 1 do artigo 12 da presente Convenção que se encontrem no seu território, deverá:

a) Submeter o pedido às suas autoridades competentes, a fim de obter uma ordem de confisco e, se essa ordem for emitida, executá-la; ou

b) Submeter às suas autoridades competentes, para que seja executada conforme o solicitado, a decisão de confisco emitida por um tribunal situado no território do Estado Parte requerente, em conformidade com o parágrafo 1 do artigo 12 da presente Convenção, em relação ao produto do crime, bens, equipamentos ou outros instrumentos referidos no parágrafo 1 do artigo 12 que se encontrem no território do Estado Parte requerido.

2. Quando um pedido for feito por outro Estado Parte competente para conhecer de uma infração prevista na presente Convenção, o Estado Parte requerido tomará medidas para identificar, localizar, embargar ou apreender o produto do crime, os bens, os equipamentos ou os outros instrumentos referidos no parágrafo 1 do artigo 12 da presente Convenção, com vista a um eventual confisco que venha a ser ordenado, seja pelo Estado Parte requerente, seja, na seqüência de um pedido formulado ao abrigo do parágrafo 1 do presente artigo, pelo Estado Parte requerido.

3. As disposições do artigo 18 da presente Convenção aplicam-se *mutatis mutandis* ao presente artigo. Para além das informações referidas no parágrafo 15 do artigo 18, os pedidos feitos em conformidade com o presente artigo deverão conter:

a) Quando o pedido for feito ao abrigo da alínea a) do parágrafo 1 do presente artigo, uma descrição dos bens a confiscar e uma exposição dos fatos em que o Estado Parte requerente se baseia, que permita ao Estado Parte requerido obter uma decisão de confisco em conformidade com o seu direito interno;

b) Quando o pedido for feito ao abrigo da alínea b) do parágrafo 1 do presente artigo, uma cópia legalmente admissível da decisão de confisco emitida pelo Estado Parte requerente em que se baseia o pedido, uma exposição dos fatos e informações sobre os limites em que é pedida a execução da decisão;

c) Quando o pedido for feito ao abrigo do parágrafo 2 do presente artigo, uma exposição dos fatos em que se baseia o Estado Parte requerente e uma descrição das medidas pedidas.

4. As decisões ou medidas previstas nos parágrafo 1 e parágrafo 2 do presente artigo são tomadas pelo Estado Parte requerido em conformidade com o seu direito interno e segundo as disposições do mesmo direito, e em conformidade com as suas regras processuais ou com qualquer tratado, acordo ou protocolo bilateral ou multilateral que o ligue ao Estado Parte requerente.

5. Cada Estado Parte enviará ao Secretário Geral da Organização das Nações Unidas uma cópia das suas leis e regulamentos destinados a dar aplicação ao presente artigo, bem como uma cópia de qualquer alteração ulteriormente introduzida a estas leis e regulamentos ou uma descrição destas leis, regulamentos e alterações ulteriores.

6. Se um Estado Parte decidir condicionar a adoção das medidas previstas nos parágrafos 1 e 2 do presente artigo à existência de um tratado na matéria, deverá considerar a presente Convenção como uma base jurídica necessária e suficiente para o efeito.

7. Um Estado Parte poderá recusar a cooperação que lhe é solicitada ao abrigo do presente artigo, caso a infração a que se refere o pedido não seja abrangida pela presente Convenção.

8. As disposições do presente artigo não deverão, em circunstância alguma, ser interpretadas de modo a afetar os direitos de terceiros de boa-fé.

9. Os Estados Partes considerarão a possibilidade de celebrar tratados, acordos ou protocolos bilaterais ou multilaterais com o objetivo de reforçar a eficácia da cooperação internacional desenvolvida para efeitos do presente artigo.

Artigo 14 – Disposição do produto do crime ou dos bens confiscados

1. Um Estado Parte que confisque o produto do crime ou bens, em aplicação do artigo 12 ou do parágrafo 1 do artigo 13 da presente Convenção, disporá deles de acordo com o seu direito interno e os seus procedimentos administrativos.

2. Quando os Estados Partes agirem a pedido de outro Estado Parte em aplicação do artigo 13 da presente Convenção, deverão, na medida em que o permita o seu direito interno e se tal lhes for solicitado, considerar prioritariamente a restituição do produto do crime ou dos bens confiscados ao Estado Parte requerente, para que este último possa indenizar as vítimas da infração ou restituir este produto do crime ou estes bens aos seus legítimos proprietários.

3. Quando um Estado Parte atuar a pedido de um outro Estado Parte em aplicação dos artigos 12 e 13 da presente Convenção, poderá considerar especialmente a celebração de acordos ou protocolos que prevejam:

a) Destinar o valor deste produto ou destes bens, ou os fundos provenientes da sua venda, ou uma parte destes fundos, à conta criada em aplicação da alínea c) do parágrafo 2 do artigo 30 da presente Convenção e a organismos intergovernamentais especializados na luta contra a criminalidade organizada;

b) Repartir com outros Estados Partes, sistemática ou casuisticamente, este produto ou estes bens, ou os fundos provenientes da respectiva venda, em conformidade com o seu direito interno ou os seus procedimentos administrativos.

Artigo 15 – Jurisdição

1. Cada Estado Parte adotará as medidas necessárias para estabelecer a sua competência jurisdicional em relação às infrações enunciadas nos artigos 5, 6, 8 e 23 da presente Convenção, nos seguintes casos:

a) Quando a infração for cometida no seu território; ou

b) Quando a infração for cometida a bordo de um navio que arvore a sua bandeira ou a bordo de uma aeronave matriculada em conformidade com o seu direito interno no momento em que a referida infração for cometida.

2. Sem prejuízo do disposto no artigo 4 da presente Convenção, um Estado Parte poderá igualmente estabelecer a sua competência jurisdicional em relação a qualquer destas infrações, nos seguintes casos:

a) Quando a infração for cometida contra um dos seus cidadãos;

b) Quando a infração for cometida por um dos seus cidadãos ou por uma pessoa apátrida residente habitualmente no seu território; ou

c) Quando a infração for:

I) Uma das previstas no parágrafo 1 do artigo 5 da presente Convenção e praticada fora do seu território, com a intenção de cometer uma infração grave no seu território;

II) Uma das previstas no inciso II) da alínea b) do parágrafo 1 do artigo 6 da presente Convenção e praticada fora do seu território com a intenção de cometer, no seu território, uma das infrações enunciadas nos incisos I) ou II) da alínea a) ou I) da alínea b) do parágrafo 1 do artigo 6 da presente Convenção.

3. Para efeitos do parágrafo 10 do artigo 16 da presente Convenção, cada Estado Parte adotará as medidas necessárias para estabelecer a sua competência jurisdicional em relação às infrações abrangidas pela presente Convenção quando o presumível autor se encontre no seu território e o Estado Parte não o extraditar pela única razão de se tratar de um seu cidadão.

4. Cada Estado Parte poderá igualmente adotar as medidas necessárias para estabelecer a sua competência jurisdicional em relação às infrações abrangidas pela presente Convenção quando o presumível autor se encontre no seu território e o Estado Parte não o extraditar.

5. Se um Estado Parte que exerça a sua competência jurisdicional por força dos parágrafos 1 e 2 do presente artigo tiver sido notificado, ou por qualquer outra forma tiver tomado conhecimento, de que um ou vários Estados Partes estão a efetuar uma investigação ou iniciaram diligências ou um processo judicial tendo por objeto o mesmo ato, as autoridades competentes destes Estados Partes deverão consultar-se, da forma que for mais conveniente, para coordenar as suas ações.

6. Sem prejuízo das normas do direito internacional geral, a presente Convenção não excluirá o exercício de qualquer competência jurisdicional penal estabelecida por um Estado Parte em conformidade com o seu direito interno.

Artigo 16 – Extradição

1. O presente artigo aplica-se às infrações abrangidas pela presente Convenção ou nos casos em que um grupo criminoso organizado esteja implicado numa infração prevista nas alíneas a) ou b) do parágrafo I do artigo 3 e em que a pessoa que é objeto do pedido de extradição se encontre no Estado Parte requerido, desde que a infração pela qual é pedida a extradição seja punível pelo direito interno do Estado Parte requerente e do Estado Parte requerido.

2. Se o pedido de extradição for motivado por várias infrações graves distintas, algumas das quais não se encontrem previstas no presente artigo, o Estado Parte requerido pode igualmente aplicar o presente artigo às referidas infrações.

3. Cada uma das infrações às quais se aplica o presente artigo será considerada incluída, de pleno direito, entre as infrações que dão lugar a extradição em qualquer tratado de extradição em vigor entre os Estados Partes. Os Estados Partes comprometem-se a incluir estas infrações entre aquelas cujo autor pode ser extraditado em qualquer tratado de extradição que celebrem entre si.

4. Se um Estado Parte que condicione a extradição à existência de um tratado receber um pedido de extradição de um Estado Parte com o qual não celebrou tal tratado, poderá considerar a presente Convenção como fundamento jurídico da extradição quanto às infrações a que se aplique o presente artigo.

5. Os Estados Partes que condicionem a extradição à existência de um tratado:

a) No momento do depósito do seu instrumento de ratificação, aceitação, aprovação ou adesão à presente Convenção, indicarão ao Secretário Geral da Organização das Nações Unidas se consideram a presente Convenção como fundamento jurídico para a cooperação com outros Estados Partes em matéria de extradição; e

b) Se não considerarem a presente Convenção como fundamento jurídico para cooperar em matéria de extradição, diligenciarão, se necessário, pela celebração de tratados de extradição com outros Estados Partes, a fim de darem aplicação ao presente artigo.

6. Os Estados Partes que não condicionem a extradição à existência de um tratado reconhecerão entre si, às infrações às quais se aplica o presente artigo, o caráter de infração cujo autor pode ser extraditado.

7. A extradição estará sujeita às condições previstas no direito interno do Estado Parte requerido ou em tratados de extradição aplicáveis, incluindo, nomeadamente, condições relativas à pena mínima requeri da para uma extradição e aos motivos pelos quais o Estado Parte requerido pode recusar a extradição.

8. Os Estados Partes procurarão, sem prejuízo do seu direito interno, acelerar os processos de extradição e simplificar os requisitos em matéria de prova com eles relacionados, no que se refere às infrações a que se aplica o presente artigo.

9. Sem prejuízo do disposto no seu direito interno e nos tratados de extradição que tenha celebrado, o Estado Parte requerido poderá, a pedido do Estado Parte requerente, se considerar que as circunstâncias o justificam e que existe urgência, colocar em detenção uma pessoa, presente no seu território, cuja extradição é pedida, ou adotar a seu respeito quaisquer outras medidas apropriadas para assegurar a sua presença no processo de extradição.

10. Um Estado Parte em cujo território se encontre o presumível autor da infração, se não extraditar esta pessoa a título de uma infração à qual se aplica o presente artigo pelo único motivo de se tratar de um seu cidadão, deverá, a pedido do Estado Parte requerente da extradição, submeter o caso, sem demora excessiva, às suas autoridades competentes para efeitos de procedimento judicial. Estas autoridades tomarão a sua decisão e seguirão os trâmites do processo da mesma forma que em relação a qualquer outra infração grave, à luz do direito interno deste Estado Parte. Os Estados Partes interessados cooperarão entre si, nomeadamente em matéria processual e probatória, para assegurar a eficácia dos referidos atos judiciais.

11. Quando um Estado Parte, por força do seu direito interno, só estiver autorizado a extraditar ou, por qualquer outra forma, entregar um dos seus cidadãos na condição de que essa pessoa retorne seguidamente ao mesmo Estado Parte para cumprir a pena a que tenha sido condenada na seqüência do processo ou do procedimento que originou o pedido de extradição ou de entrega, e quan-

do este Estado Parte e o Estado Parte requerente concordarem em relação a essa opção e a outras condições que considerem apropriadas, a extradição ou entrega condicional será suficiente para dar cumprimento à obrigação enunciada no parágrafo 10 do presente artigo.

12. Se a extradição, pedida para efeitos de execução de uma pena, for recusada porque a pessoa que é objeto deste pedido é um cidadão do Estado Parte requerido, este, se o seu direito interno o permitir, em conformidade com as prescrições deste direito e a pedido do Estado Parte requerente, considerará a possibilidade de dar execução à pena que foi aplicada em conformidade com o direito do Estado Parte requerente ou ao que dessa pena faltar cumprir.

13. Qualquer pessoa que seja objeto de um processo devido a qualquer das infrações às quais se aplica o presente artigo terá garantido um tratamento eqüitativo em todas as fases do processo, incluindo o gozo de todos os direitos e garantias previstos no direito interno do Estado Parte em cujo território se encontra.

14. Nenhuma disposição da presente Convenção deverá ser interpretada no sentido de que impõe uma obrigação de extraditar a um Estado Parte requerido, se existirem sérias razões para supor que o pedido foi apresentado com a finalidade de perseguir ou punir uma pessoa em razão do seu sexo, raça, religião, nacionalidade, origem étnica ou opiniões políticas, ou que a satisfação daquele pedido provocaria um prejuízo a essa pessoa por alguma destas razões.

15. Os Estados Partes não poderão recusar um pedido de extradição unicamente por considerarem que a infração envolve também questões fiscais.

16. Antes de recusar a extradição, o Estado Parte requerido consultará, se for caso disso, o Estado Parte requerente, a fim de lhe dar a mais ampla possibilidade de apresentar as suas razões e de fornecer informações em apoio das suas alegações.

17. Os Estados Partes procurarão celebrar acordos ou protocolos bilaterais e multilaterais com o objetivo de permitir a extradição ou de aumentar a sua eficácia.

Artigo 17 – Transferência de pessoas condenadas

Os Estados Partes poderão considerar a celebração de acordos ou protocolos bilaterais ou multilaterais relativos à transferência para o seu território de pessoas condenadas a penas de prisão ou outras penas de privação de liberdade devido a infrações previstas na presente Convenção, para que aí possam cumprir o resto da pena.

Artigo 18 – Assistência judiciária recíproca

1. Os Estados Partes prestarão reciprocamente toda a assistência judiciária possível nas investigações, nos processos e em outros atos judiciais relativos às infrações previstas pela presente Convenção, nos termos do artigo 3, e prestarão reciprocamente uma assistência similar quando o Estado Parte requerente tiver

motivos razoáveis para suspeitar de que a infração a que se referem as alíneas a) ou b) do parágrafo 1 do artigo 3 é de caráter transnacional, inclusive quando as vítimas, as testemunhas, o produto, os instrumentos ou os elementos de prova destas infrações se encontrem no Estado Parte requerido e nelas esteja implicado um grupo criminoso organizado.

2. Será prestada toda a cooperação judiciária possível, tanto quanto o permitam as leis, tratados, acordos e protocolos pertinentes do Estado Parte requerido, no âmbito de investigações, processos e outros atos judiciais relativos a infrações pelas quais possa ser considerada responsável uma pessoa coletiva no Estado Parte requerente, em conformidade com o artigo 10 da presente Convenção.

3. A cooperação judiciária prestada em aplicação do presente artigo pode ser solicitada para os seguintes efeitos:

a) Recolher testemunhos ou depoimentos;

b) Notificar atos judiciais;

c) Efetuar buscas, apreensões e embargos;

d) Examinar objetos e locais;

e) Fornecer informações, elementos de prova e pareceres de peritos;

f) Fornecer originais ou cópias certificadas de documentos e processos pertinentes, incluindo documentos administrativos, bancários, financeiros ou comerciais e documentos de empresas;

g) Identificar ou localizar os produtos do crime, bens, instrumentos ou outros elementos para fins probatórios;

h) Facilitar o comparecimento voluntário de pessoas no Estado Parte requerente;

i) Prestar qualquer outro tipo de assistência compatível com o direito interno do Estado Parte requerido.

4. Sem prejuízo do seu direito interno, as autoridades competentes de um Estado Parte poderão, sem pedido prévio, comunicar informações relativas a questões penais a uma autoridade competente de outro Estado Parte, se considerarem que estas informações poderão ajudar a empreender ou concluir com êxito investigações e processos penais ou conduzir este último Estado Parte a formular um pedido ao abrigo da presente Convenção.

5. A comunicação de informações em conformidade com o parágrafo 4 do presente artigo será efetuada sem prejuízo das investigações e dos processos penais no Estado cujas autoridade competentes fornecem as informações. As autoridades competentes que recebam estas informações deverão satisfazer qualquer pedido no sentido de manter confidenciais as referidas informações, mesmo se apenas temporariamente, ou de restringir a sua utilização. Todavia, tal não impedirá o Estado Parte que receba as informações de revelar, no decurso do processo judicial, informações que inocentem um argüido. Neste último caso, o Estado Parte que recebeu as informações avisará o Estado Parte que as comunicou antes de as revelar e, se lhe for pedido, consultará este último. Se,

num caso excepcional, não for possível uma comunicação prévia, o Estado Parte que recebeu as informações dará conhecimento da revelação, prontamente, ao Estado Parte que as tenha comunicado.

6. As disposições do presente artigo em nada prejudicam as obrigações decorrentes de qualquer outro tratado bilateral ou multilateral que regule, ou deva regular, inteiramente ou em parte, a cooperação judiciária.

7. Os parágrafos 9 a 29 do presente artigo serão aplicáveis aos pedidos feitos em conformidade com o presente artigo, no caso de os Estados Partes em questão não estarem ligados por um tratado de cooperação judiciária. Se os referidos Estados Partes estiverem ligados por tal tratado, serão aplicáveis as disposições correspondentes desse tratado, a menos que os Estados Partes concordem em aplicar, em seu lugar, as disposições dos parágrafos 9 a 29 do presente artigo. Os Estados Partes são fortemente instados a aplicar estes números, se tal facilitar a cooperação.

8. Os Estados Partes não poderão invocar o sigilo bancário para recusar a cooperação judiciária prevista no presente artigo.

9. Os Estados Partes poderão invocar a ausência de dupla criminalização para recusar prestar a assistência judiciária prevista no presente artigo. O Estado Parte requerido poderá, não obstante, quando o considerar apropriado, prestar esta assistência, na medida em que o decida por si próprio, independentemente de o ato estar ou não tipificado como uma infração no direito interno do Estado Parte requerido.

10. Qualquer pessoa detida ou a cumprir pena no território de um Estado Parte, cuja presença seja requerida num outro Estado Parte para efeitos de identificação, para testemunhar ou para contribuir por qualquer outra forma para a obtenção de provas no âmbito de investigações, processos ou outros atos judiciais relativos às infrações visadas na presente Convenção, pode ser objeto de uma transferência, se estiverem reunidas as seguintes condições:

a) Se referida pessoa, devidamente informada, der o seu livre consentimento;

b) Se as autoridades competentes dos dois Estados Partes em questão derem o seu consentimento, sob reserva das condições que estes Estados Partes possam considerar convenientes.

11. Para efeitos do parágrafo 10 do presente artigo:

a) O Estado Parte para o qual a transferência da pessoa em questão for efetuada terá o poder e a obrigação de a manter detida, salvo pedido ou autorização em contrário do Estado Parte do qual a pessoa foi transferida;

b) O Estado Parte para o qual a transferência for efetuada cumprirá prontamente a obrigação de entregar a pessoa á guarda do Estado Parte do qual foi transferida, em conformidade com o que tenha sido previamente acordado ou com o que as autoridades competentes dos dois Estados Partes tenham decidido;

c) O Estado Parte para o qual for efetuada a transferência não poderá exigir do Estado Parte do qual a transferência foi efetuada que abra um processo de extradição para que a pessoa lhe seja entregue;

d) O período que a pessoa em questão passe detida no Estado Parte para o qual for transferida é contado para o cumprimento da pena que lhe tenha sido aplicada no Estado Parte do qual for transferida;

12. A menos que o Estado Parte do qual a pessoa for transferida, ao abrigo dos parágrafos 10 a 11 do presente artigo, esteja de acordo, a pessoa em questão, seja qual for a sua nacionalidade, não será objeto de processo judicial, detida, punida ou sujeita a outras restrições à sua liberdade de movimentos no território do Estado Parte para o qual seja transferida, devido a atos, omissões ou condenações anteriores à sua partida do território do Estado Parte do qual foi transferida.

13. Cada Estado Parte designará uma autoridade central que terá a responsabilidade e o poder de receber pedidos de cooperação judiciária e, quer de os executar, quer de os transmitir às autoridades competentes para execução. Se um Estado Parte possuir uma região ou um território especial dotado de um sistema de cooperação judiciária diferente, poderá designar uma autoridade central distinta, que terá a mesma função para a referida região ou território. As autoridades centrais deverão assegurar a execução ou a transmissão rápida e em boa e devida forma dos pedidos recebidos. Quando a autoridade central transmitir o pedido a uma autoridade competente para execução, instará pela execução rápida e em boa e devida forma do pedido por parte da autoridade competente. O Secretário Geral da Organização das Nações Unidas será notificado da autoridade central designada para este efeito no momento em que cada Estado Parte depositar os seus instrumentos de ratificação, aceitação, aprovação ou adesão à presente Convenção. Os pedidos de cooperação judiciária e qualquer comunicação com eles relacionada serão transmitidos às autoridades centrais designadas pelos Estados Partes. A presente disposição não afetará o direito de qualquer Estado Parte a exigir que estes pedidos e comunicações lhe sejam remetidos por via diplomática e, em caso de urgência, e se os Estados Partes nisso acordarem, por intermédio da Organização Internacional de Polícia Criminal, se tal for possível.

14. Os pedidos serão formulados por escrito ou, se possível, por qualquer outro meio capaz de produzir registro escrito, numa língua que seja aceita pelo Estado Parte requerido, em condições que permitam a este Estado Parte verificar a sua autenticidade. O Secretário Geral das Nações Unidas será notificado a respeito da língua ou línguas aceitas por cada Estado Parte no momento em que o Estado Parte em questão depositar os seus instrumentos de ratificação, aceitação, aprovação ou adesão à presente Convenção. Em caso de urgência, e se os Estados Partes nisso acordarem, os pedidos poderão ser feitos oralmente, mais deverão ser imediatamente confirmados por escrito.

15. Um pedido de assistência judiciária deverá conter as seguintes informações:

   a) A designação da autoridade que emite o pedido;

   b) O objeto e a natureza da investigação, dos processos ou dos outros atos judiciais a que se refere o pedido, bem como o nome e as funções da autoridade que os tenha a cargo;

c) Um resumo dos fatos relevantes, salvo no caso dos pedidos efetuados para efeitos de notificação de atos judiciais;

d) Uma descrição da assistência pretendida e pormenores de qualquer procedimento específico que o Estado Parte requerente deseje ver aplicado;

e) Caso seja possível, a identidade, endereço e nacionalidade de qualquer pessoa visada; e

f) O fim para o qual são pedidos os elementos, informações ou medidas.

16. O Estado Parte requerido poderá solicitar informações adicionais, quando tal se afigure necessário à execução do pedido em conformidade com o seu direito interno, ou quando tal possa facilitar a execução do pedido.

17. Qualquer pedido será executado em conformidade com o direito interno do Estado Parte requerido e, na medida em que tal não contrarie este direito e seja possível, em conformidade com os procedimentos especificados no pedido.

18. Se for possível e em conformidade com os princípios fundamentais do direito interno, quando uma pessoa que se encontre no território de um Estado Parte deva ser ouvida como testemunha ou como perito pelas autoridades judiciais de outro Estado Parte, o primeiro Estado Parte poderá, a pedido do outro, autorizar a sua audição por videoconferência, se não for possível ou desejável que a pessoa compareça no território do Estado Parte requerente. Os

Estados Partes poderão acordar em que a audição seja conduzida por uma autoridade judicial do Estado Parte requerente e que a ela assista uma autoridade judicial do Estado Parte requerido.

19. O Estado Parte requerente não comunicará nem utilizará as informações ou os elementos de prova fornecidos pelo Estado Parte requerido para efeitos de investigações, processos ou outros atos judiciais diferentes dos mencionados no pedido sem o consentimento prévio do Estado Parte requerido. O disposto neste número não impedirá o Estado Parte requerente de revelar, durante o processo, informações ou elementos de prova ilibatórios de um argüido. Neste último caso, o Estado Parte requerente avisará, antes da revelação, o Estado Parte requerido e, se tal lhe for pedido, consultará neste último. Se, num caso excepcional, não for possível uma comunicação prévia, o Estado Parte requerente informará da revelação, prontamente, o Estado Parte requerido.

20. O Estado Parte requerente poderá exigir que o Estado Parte requerido guarde sigilo sobre o pedido e o seu conteúdo, salvo na medida do que seja necessário para o executar. Se o Estado Parte requerido não puder satisfazer esta exigência, informará prontamente o Estado Parte requerente.

21. A cooperação judiciária poderá ser recusada:

a) Se o pedido não for feito em conformidade com o disposto no presente artigo;

b) Se o Estado Parte requerido considerar que a execução do pedido pode afetar sua soberania, sua segurança, sua ordem pública ou outros interesses essenciais;

c) Se o direito interno do Estado Parte requerido proibir suas autoridades de executar as providências solicitadas com relação a uma infração análoga que tenha sido objeto de investigação ou de procedimento judicial no âmbito da sua própria competência;

d) Se a aceitação do pedido contrariar o sistema jurídico do Estado Parte requerido no que se refere à cooperação judiciária.

22. Os Estados Partes não poderão recusar um pedido de cooperação judiciária unicamente por considerarem que a infração envolve também questões fiscais.

23. Qualquer recusa de cooperação judiciária deverá ser fundamentada.

24. O Estado Parte requerido executará o pedido de cooperação judiciária tão prontamente quanto possível e terá em conta, na medida do possível, todos os prazos sugeridos pelo Estado Parte requerente para os quais sejam dadas justificações, de preferência no pedido. O Estado Parte requerido responderá aos pedidos razoáveis do Estado Parte requerente quanto ao andamento das diligências solicitadas. Quando a assistência pedida deixar de ser necessária, o Estado Parte requerente informará prontamente desse fato o Estado Parte requerido.

25. A cooperação judiciária poderá ser diferida pelo Estado Parte requerido por interferir com uma investigação, processos ou outros atos judiciais em curso.

26. Antes de recusar um pedido feito ao abrigo do parágrafo 21 do presente artigo ou de diferir a sua execução ao abrigo do parágrafo 25, o Estado Parte requerido estudará com o Estado Parte requerente a possibilidade de prestar a assistência sob reserva das condições que considere necessárias. Se o Estado Parte requerente aceitar a assistência sob reserva destas condições, deverá respeitá-las.

27. Sem prejuízo da aplicação do parágrafo 12 do presente artigo, uma testemunha, um perito ou outra pessoa que, a pedido do Estado Parte requerente, aceite depor num processo ou colaborar numa investigação, em processos ou outros atos judiciais no território do Estado Parte requerente, não será objeto de processo, detida, punida ou sujeita a outras restrições à sua liberdade pessoal neste território, devido a atos, omissões ou condenações anteriores à sua partida do território do Estado Parte requerido. Esta imunidade cessa quando a testemunha, o perito ou a referida pessoa, tendo tido, durante um período de quinze dias consecutivos ou qualquer outro período acordado pelos Estados Partes, a contar da data em que recebeu a comunicação oficial de que a sua presença já não era exigida pelas autoridades judiciais, a possibilidade de deixar o território do Estado Parte requerente, nele tenha voluntariamente permanecido ou, tendo-o deixado, a ele tenha regressado de livre vontade.

28. As despesas correntes com a execução de um pedido serão suportadas pelo Estado Parte requerido, salvo acordo noutro sentido dos Estados Partes interessados. Quando venham a revelar-se necessárias despesas significativas ou extraordinárias para executar o pedido, os Estados Partes consultar-se-ão para

fixar as condições segundo as quais o pedido deverá ser executado, bem como o modo como as despesas serão assumidas.

29. O Estado Parte requerido:

a) Fornecerá ao Estado Parte requerente cópias dos processos, documentos ou informações administrativas que estejam em seu poder e que, por força do seu direito interno, estejam acessíveis ao público;

b) Poderá, se assim o entender, fornecer ao Estado Parte requerente, na íntegra ou nas condições que considere apropriadas, cópias de todos os processos, documentos ou informações que estejam na sua posse e que, por força do seu direito interno, não sejam acessíveis ao público.

30. Os Estados Partes considerarão, se necessário, a possibilidade de celebrarem acordos ou protocolos bilaterais ou multilaterais que sirvam os objetivos e as disposições do presente artigo, reforçando-as ou dando-lhes maior eficácia. Na ausência de tais acordos ou protocolos, poderá ser decidida casuisticamente a realização de investigações conjuntas. Os Estados Partes envolvidos agirão de modo a que a soberania do Estado Parte em cujo território decorre a investigação seja plenamente respeitada.

Artigo 19 – Investigações conjuntas

Os Estados Partes considerarão a possibilidade de celebrar acordos ou protocolos bilaterais ou multilaterais em virtude dos quais, com respeito a matérias que sejam objeto de investigação, processos ou ações judiciais em um ou mais Estados, as autoridades competentes possam estabelecer órgãos mistos de investigação. Na ausência de tais acordos ou protocolos, poderá ser decidida casuisticamente a realização de investigações conjuntas. Os Estados Partes envolvidos agirão de modo a que a soberania do Estado Parte em cujo território decorra a investigação seja plenamente respeitada.

Artigo 20 – Técnicas especiais de investigação

1. Se os princípios fundamentais do seu ordenamento jurídico nacional o permitirem, cada Estado Parte, tendo em conta as suas possibilidades e em conformidade com as condições prescritas no seu direito interno, adotará as medidas necessárias para permitir o recurso apropriado a entregas vigiadas e, quando o considere adequado, o recurso a outras técnicas especiais de investigação, como a vigilância eletrônica ou outras formas de vigilância e as operações de infiltração, por parte das autoridades competentes no seu território, a fim de combater eficazmente a criminalidade organizada.

2. Para efeitos de investigações sobre as infrações previstas na presente Convenção, os Estados Partes são instados a celebrar, se necessário, acordos ou protocolos bilaterais ou multilaterais apropriados para recorrer às técnicas especiais de investigação, no âmbito da cooperação internacional. Estes acordos ou protocolos serão celebrados e aplicados sem prejuízo do princípio da igual-

dade soberana dos Estados e serão executados em estrita conformidade com as disposições neles contidas.

3. Na ausência dos acordos ou protocolos referidos no parágrafo 2 do presente artigo, as decisões de recorrer a técnicas especiais de investigação a nível internacional serão tomadas casuisticamente e poderão, se necessário, ter em conta acordos ou protocolos financeiros relativos ao exercício de jurisdição pelos Estados Partes interessados.

4. As entregas vigiadas a que se tenha decidido recorrer a nível internacional poderão incluir, com o consentimento dos Estados Partes envolvidos, métodos como a interceptação de mercadorias e a autorização de prosseguir o seu encaminhamento, sem alteração ou após subtração ou substituição da totalidade ou de parte dessas mercadorias.

Artigo 21 – Transferência de processos penais

Os Estados Partes considerarão a possibilidade de transferirem mutuamente os processos relativos a uma infração prevista na presente Convenção, nos casos em que esta transferência seja considerada necessária no interesse da boa administração da justiça e, em especial, quando estejam envolvidas várias jurisdições, a fim de centralizar a instrução dos processos.

Artigo 22 – Estabelecimento de antecedentes penais

Cada Estado Parte poderá adotar as medidas legislativas ou outras que sejam necessárias para ter em consideração, nas condições e para os efeitos que entender apropriados, qualquer condenação de que o presumível autor de uma infração tenha sido objeto noutro Estado, a fim de utilizar esta informação no âmbito de um processo penal relativo a uma infração prevista na presente Convenção.

Artigo 23 – Criminalização da obstrução à justiça

Cada Estado Parte adotará medidas legislativas e outras consideradas necessárias para conferir o caráter de infração penal aos seguintes atos, quando cometidos intencionalmente:

a) O recurso à força física, a ameaças ou a intimidação, ou a promessa, oferta ou concessão de um benefício indevido para obtenção de um falso testemunho ou para impedir um testemunho ou a apresentação de elementos de prova num processo relacionado com a prática de infrações previstas na presente Convenção;

b) O recurso à força física, a ameaças ou a intimidação para impedir um agente judicial ou policial de exercer os deveres inerentes à sua função relativamente à prática de infrações previstas na presente Convenção. O disposto na presente alínea não prejudica o direito dos Estados Partes de disporem de legislação destinada a proteger outras categorias de agentes públicos.

Artigo 24 – Proteção das testemunhas

1. Cada Estado Parte, dentro das suas possibilidades, adotará medidas apropriadas para assegurar uma proteção eficaz contra eventuais atos de represália ou de intimidação das testemunhas que, no âmbito de processos penais, deponham sobre infrações previstas na presente Convenção e, quando necessário, aos seus familiares ou outras pessoas que lhes sejam próximas.

2. Sem prejuízo dos direitos do argüido, incluindo o direito a um julgamento regular, as medidas referidas no parágrafo 1 do presente artigo poderão incluir, entre outras:

a) Desenvolver, para a proteção física destas pessoas, procedimentos que visem, consoante as necessidades e na medida do possível, nomeadamente, fornecer-lhes um novo domicílio e impedir ou restringir a divulgação de informações relativas à sua identidade e paradeiro;

b) Estabelecer normas em matéria de prova que permitam às testemunhas depor de forma a garantir a sua segurança, nomeadamente autorizando-as a depor com recurso a meios técnicos de comunicação, como ligações de vídeo ou outros meios adequados.

3. Os Estados Partes considerarão a possibilidade de celebrar acordos com outros Estados para facultar um novo domicílio às pessoas referidas no parágrafo 1 do presente artigo.

4. As disposições do presente artigo aplicam-se igualmente às vítimas, quando forem testemunhas.

Artigo 25 – Assistência e proteção às vítimas

1. Cada Estado Parte adotará, segundo as suas possibilidades, medidas apropriadas para prestar assistência e assegurar a proteção às vítimas de infrações previstas na presente Convenção, especialmente em caso de ameaça de represálias ou de intimidação.

2. Cada Estado Parte estabelecerá procedimentos adequados para que as vítimas de infrações previstas na presente Convenção possam obter reparação.

3. Cada Estado Parte, sem prejuízo do seu direito interno, assegurará que as opiniões e preocupações das vítimas sejam apresentadas e tomadas em consideração nas fases adequadas do processo penal aberto contra os autores de infrações, por forma que não prejudique os direitos da defesa.

Artigo 26 – Medida para intensificar a cooperação com as autoridades competentes para a aplicação da lei

1. Cada Estado Parte tomará as medidas adequadas para encorajar as pessoas que participem ou tenham participado em grupos criminosos organizados:

a) A fornecerem informações úteis às autoridades competentes para efeitos de investigação e produção de provas, nomeadamente

I) A identidade, natureza, composição, estrutura, localização ou atividades dos grupos criminosos organizados;

II) As conexões, inclusive conexões internacionais, com outros grupos criminosos organizados;

III) As infrações que os grupos criminosos organizados praticaram ou poderão vir a praticar;

b) A prestarem ajuda efetiva e concreta às autoridades competentes, susceptível de contribuir para privar os grupos criminosos organizados dos seus recursos ou do produto do crime.

2. Cada Estado Parte poderá considerar a possibilidade, nos casos pertinentes, de reduzir a pena de que é passível um argüido que coopere de forma substancial na investigação ou no julgamento dos autores de uma infração prevista na presente Convenção.

3. Cada Estado Parte poderá considerar a possibilidade, em conformidade com os princípios fundamentais do seu ordenamento jurídico interno, de conceder imunidade a uma pessoa que coopere de forma substancial na investigação ou no julgamento dos autores de uma infração prevista na presente Convenção.

4. A proteção destas pessoas será assegurada nos termos do artigo 24 da presente Convenção.

5. Quando uma das pessoas referidas no parágrafo 1 do presente artigo se encontre num Estado Parte e possa prestar uma cooperação substancial às autoridades competentes de outro Estado Parte, os Estados Partes em questão poderão considerar a celebração de acordos, em conformidade com o seu direito interno, relativos à eventual concessão, pelo outro Estado Parte, do tratamento descrito nos parágrafos 2 e 3 do presente artigo.

Artigo 27 – Cooperação entre as autoridades competentes para a aplicação da lei

1. Os Estados Partes cooperarão estreitamente, em conformidade com os seus respectivos ordenamentos jurídicos e administrativos, a fim de reforçar a eficácia das medidas de controle do cumprimento da lei destinadas a combater as infrações previstas na presente Convenção. Especificamente, cada Estado Parte adotará medidas eficazes para:

a) Reforçar ou, se necessário, criar canais de comunicação entre as suas autoridades, organismos e serviços competentes, para facilitar a rápida e segura troca de informações relativas a todos os aspectos das infrações previstas na presente Convenção, incluindo, se os Estados Partes envolvidos o considerarem apropriado, ligações com outras atividades criminosas;

b) Cooperar com outros Estados Partes, quando se trate de infrações previstas na presente Convenção, na condução de investigações relativas aos seguintes aspectos:

I) Identidade, localização e atividades de pessoas suspeitas de implicação nas referidas infrações, bem como localização de outras pessoas envolvidas;

II) Movimentação do produto do crime ou dos bens provenientes da prática destas infrações;

III) Movimentação de bens, equipamentos ou outros instrumentos utilizados ou destinados a ser utilizados na prática destas infrações;

c) Fornecer, quando for caso disso, os elementos ou as quantidades de substâncias necessárias para fins de análise ou de investigação;

d) Facilitar uma coordenação eficaz entre as autoridades, organismos e serviços competentes e promover o intercâmbio de pessoal e de peritos, incluindo, sob reserva da existência de acordos ou protocolos bilaterais entre os Estados Partes envolvidos, a designação de agentes de ligação;

e) Trocar informações com outros Estados Partes sobre os meios e métodos específicos utilizados pelos grupos criminosos organizados, incluindo, se for caso disso, sobre os itinerários e os meios de transporte, bem como o uso de identidades falsas, de documentos alterados ou falsificados ou outros meios de dissimulação das suas atividades;

f) Trocar informações e coordenar as medidas administrativas e outras tendo em vista detectar o mais rapidamente possível as infrações previstas na presente Convenção.

2. Para dar aplicação à presente Convenção, os Estados Partes considerarão a possibilidade de celebrar acordos ou protocolos bilaterais ou multilaterais que prevejam uma cooperação direta entre as suas autoridades competentes para a aplicação da lei e, quando tais acordos ou protocolos já existam, considerarão a possibilidade de os alterar. Na ausência de tais acordos entre os Estados Partes envolvidos, estes últimos poderão basear-se na presente Convenção para instituir uma cooperação em matéria de detecção e repressão das infrações previstas na presente Convenção. Sempre que tal se justifique, os Estados Partes utilizarão plenamente os acordos ou protocolos, incluindo as organizações internacionais ou regionais, para intensificar a cooperação entre as suas autoridades competentes para a aplicação da lei.

3. Os Estados Partes procurarão cooperar, na medida das suas possibilidades, para enfrentar o crime organizado transnacional praticado com recurso a meios tecnológicos modernos.

Artigo 28 – Coleta, intercâmbio e análise de informações sobre a natureza do crime organizado

1. Cada Estado Parte considerará a possibilidade de analisar, em consulta com os meios científicos e universitários, as tendências da criminalidade organizada no seu território, as circunstâncias em que opera e os grupos profissionais e tecnologias envolvidos.

2. Os Estados Partes considerarão a possibilidade de desenvolver as suas capacidades de análise das atividades criminosas organizadas e de as partilhar diretamente entre si e por intermédio de organizações internacionais e regionais.

Para este efeito, deverão ser elaboradas e aplicadas, quando for caso disso, definições, normas e metodologias comuns.

3. Cada Estado Parte considerará o estabelecimento de meios de acompanhamento das suas políticas e das medidas tomadas para combater o crime organizado, avaliando a sua aplicação e eficácia.

Artigo 29 – Formação e assistência técnica

1. Cada Estado Parte estabelecerá, desenvolverá ou melhorará, na medida das necessidades, programas de formação específicos destinados ao pessoal das autoridades competentes para a aplicação da lei, incluindo promotores públicos, juízes de instrução e funcionários aduaneiros, bem como outro pessoal que tenha por função prevenir, detectar e reprimir as infrações previstas na presente Convenção. Estes programas, que poderão prever cessões e intercâmbio de pessoal, incidirão especificamente, na medida em que o direito interno o permita, nos seguintes aspectos:

a) Métodos utilizados para prevenir, detectar e combater as infrações previstas na presente Convenção;

b) Rotas e técnicas utilizadas pelas pessoas suspeitas de implicação em infrações previstas na presente Convenção, incluindo nos Estados de trânsito, e medidas adequadas de combate;

c) Vigilância das movimentações dos produtos de contrabando;

d) Detecção e vigilância das movimentações do produto do crime, de bens, equipamentos ou outros instrumentos, de métodos de transferência, dissimulação ou disfarce destes produtos, bens, equipamentos ou outros instrumentos, bem como métodos de luta contra o lavagem de dinheiro e outras infrações financeiras;

e) Coleta de provas;

f) Técnicas de controle nas zonas francas e nos portos francos;

g) Equipamentos e técnicas modernas de detecção e de repressão, incluindo a vigilância eletrônica, as entregas vigiadas e as operações de infiltração;

h) Métodos utilizados para combater o crime organizado transnacional cometido por meio de computadores, de redes de telecomunicações ou outras tecnologias modernas; e

1) Métodos utilizados para a proteção das vítimas e das testemunhas.

2. Os Estados Partes deverão cooperar entre si no planejamento e execução de programas de investigação e de formação concebidos para o intercâmbio de conhecimentos especializados nos domínios referidos no parágrafo 1 do presente artigo e, para este efeito, recorrerão também, quando for caso disso, a conferências e seminários regionais e internacionais para promover a cooperação e estimular as trocas de pontos de vista sobre problemas comuns, incluindo os problemas e necessidades específicos dos Estados de trânsito.

3. Os Estados Partes incentivarão as atividades de formação e de assistência técnica suscetíveis de facilitar a extradição e a cooperação judiciária. Estas

atividades de cooperação e de assistência técnica poderão incluir ensino de idiomas, cessões e intercâmbio do pessoal das autoridades centrais ou de organismos que tenham responsabilidades nos domínios em questão.

4. Sempre que se encontrem em vigor acordos bilaterais ou multilaterais, os Estados Partes reforçarão, tanto quanto for necessário, as medidas tomadas no sentido de otimizar as atividades operacionais e de formação no âmbito de organizações internacionais e regionais e no âmbito de outros acordos ou protocolos bilaterais e multilaterais na matéria.

Artigo 30 – Outras medidas: aplicação da Convenção através do desenvolvimento econômico e da assistência técnica

1. Os Estados Partes tomarão as medidas adequadas para assegurar a melhor aplicação possível da presente Convenção através da cooperação internacional, tendo em conta os efeitos negativos da criminalidade organizada na sociedade em geral e no desenvolvimento sustentável em particular.

2. Os Estados Partes farão esforços concretos, na medida do possível, em coordenação entre si e com as organizações regionais e internacionais:

a) Para desenvolver a sua cooperação a vários níveis com os países em desenvolvimento, a fim de reforçar a capacidade destes para prevenir e combater a criminalidade organizada transnacional;

b) Para aumentar a assistência financeira e material aos países em desenvolvimento, a fim de apoiar os seus esforços para combater eficazmente a criminalidade organizada transnacional e ajudá-los a aplicar com êxito a presente Convenção;

c) Para fornecer uma assistência técnica aos países em desenvolvimento e aos países com uma economia de transição, a fim de ajudá-los a obter meios para a aplicação da presente Convenção. Para este efeito, os Estados Partes procurarão destinar voluntariamente contribuições adequadas e regulares a uma conta constituída especificamente para este fim no âmbito de um mecanismo de financiamento das Nações Unidas.

Os Estados Partes poderão também considerar, especificamente, em conformidade com o seu direito interno e as disposições da presente Convenção, a possibilidade de destinarem à conta acima referida uma percentagem dos fundos ou do valor correspondente do produto do crime ou dos bens confiscados em aplicação das disposições da presente Convenção;

d) Para incentivar e persuadir outros Estados e instituições financeiras, quando tal se justifique, a associarem-se aos esforços desenvolvidos em conformidade com o presente artigo, nomeadamente fornecendo aos países em desenvolvimento mais programas de formação e material moderno, a fim de os ajudar a alcançar os objetivos da presente Convenção

e) Tanto quanto possível, estas medidas serão tomadas sem prejuízo dos compromissos existentes em matéria de assistência externa ou de outros acordos de cooperação financeira a nível bilateral, regional ou internacional.

4. Os Estados Partes poderão celebrar acordos ou protocolos bilaterais ou multilaterais relativos a assistência técnica e logística, tendo em conta os acordos financeiros necessários para assegurar a eficácia dos meios de cooperação internacional previstos na presente Convenção, e para prevenir, detectar e combater a criminalidade organizada transnacional.

Artigo 31 – Prevenção

1. Os Estados Partes procurarão elaborar e avaliar projetos nacionais, bem como estabelecer e promover as melhores práticas e políticas para prevenir a criminalidade organizada transnacional.

2. Em conformidade com os princípios fundamentais do seu direito interno, os Estados Partes procurarão reduzir, através de medidas legislativas, administrativas ou outras que sejam adequadas, as possibilidades atuais ou futuras de participação de grupos criminosos organizados em negócios lícitos utilizando o produto do crime. Estas medidas deverão incidir:

a) No fortalecimento da cooperação entre autoridades competentes para a aplicação da lei ou promotores e entidades privadas envolvidas, incluindo empresas;

b) Na promoção da elaboração de normas e procedimentos destinados a preservar a integridade das entidades públicas e privadas envolvidas, bem como de códigos de conduta para determinados profissionais, em particular advogados, tabeliães, consultores tributários e contadores;

c) Na prevenção da utilização indevida, por grupos criminosos organizados, de concursos públicos, bem como de subvenções e licenças concedidas por autoridades públicas para a realização de atividades comerciais;

d) Na prevenção da utilização indevida de pessoas jurídicas por grupos criminosos organizados; estas medidas poderão incluir:

I) O estabelecimento de registros públicos de pessoas jurídicas e físicas envolvidas na criação, gestão e financiamento de pessoas jurídicas;

II) A possibilidade de privar, por decisão judicial ou por qualquer outro meio adequado, as pessoas condenadas por infrações previstas na presente Convenção, por um período adequado, do direito de exercerem funções de direção de pessoas jurídicas estabelecidas no seu território;

III) O estabelecimento de registros nacionais de pessoas que tenham sido privadas do direito de exercerem funções de direção de pessoas jurídicas; e

IV) O intercâmbio de informações contidas nos registros referidos nos incisos I) e III) da presente alínea com as autoridades competentes dos outros Estados Partes.

3. Os Estados Partes procurarão promover a reinserção na sociedade das pessoas condenadas por infrações previstas na presente Convenção.

4. Os Estados Partes procurarão avaliar periodicamente os instrumentos jurídicos e as práticas administrativas aplicáveis, a fim de determinar se contêm

lacunas que permitam aos grupos criminosos organizados fazerem deles utilização indevida.

5. Os Estados Partes procurarão sensibilizar melhor o público para a existência, as causas e a gravidade da criminalidade organizada transnacional e para a ameaça que representa. Poderão fazê-lo, quando for o caso, por intermédio dos meios de comunicação social e adotando medidas destinadas a promover a participação do público nas ações de prevenção e combate à criminalidade.

6. Cada Estado Parte comunicará ao Secretário Geral da Organização das Nações Unidas o nome e o endereço da(s) autoridade(s) que poderão assistir os outros Estados Partes na aplicação das medidas de prevenção do crime organizado transnacional.

7. Quando tal se justifique, os Estados Partes colaborarão, entre si e com as organizações regionais e internacionais competentes, a fim de promover e aplicar as medidas referidas no presente artigo. A este título, participarão em projetos internacionais que visem prevenir a criminalidade organizada transnacional, atuando, por exemplo, sobre os fatores que tornam os grupos socialmente marginalizados vulneráveis à sua ação.

Artigo 32 – Conferência das Partes na Convenção

1. Será instituída uma Conferência das Partes na Convenção, para melhorar a capacidade dos Estados Partes no combate à criminalidade organizada transnacional e para promover e analisar a aplicação da presente Convenção.

2. O Secretário Geral da Organização das Nações Unidas convocará a Conferência das Partes, o mais tardar, um ano após a entrada em vigor da presente Convenção. A Conferência das Partes adotará um regulamento interno e regras relativas às atividades enunciadas nos parágrafos 3 e 4 do presente artigo (incluindo regras relativas ao financiamento das despesas decorrentes dessas atividades).

3. A Conferência das Partes acordará em mecanismos destinados a atingir os objetivos referidos no parágrafo I do presente artigo, nomeadamente:

a) Facilitando as ações desenvolvidas pelos Estados Partes em aplicação dos artigos 29, 30 e 31 da presente Convenção, inclusive incentivando a mobilização de contribuições voluntárias;

b) Facilitando o intercâmbio de informações entre Estados Partes sobre as características e tendências da criminalidade organizada transnacional e as práticas eficazes para a combater;

c) Cooperando com as organizações regionais e internacionais e as organizações não-governamentais competentes;

d) Avaliando, a intervalos regulares, a aplicação da presente Convenção;

e) Formulando recomendações a fim de melhorar a presente Convenção e a sua aplicação;

4. Para efeitos das alíneas d) e e) do parágrafo 3 do presente artigo, a Conferência das Partes inteirar-se-á das medidas adotadas e das dificuldades en-

contradas pelos Estados Partes na aplicação da presente Convenção, utilizando as informações que estes lhe comuniquem e os mecanismos complementares de análise que venha a criar.

5. Cada Estado Parte comunicará à Conferência das Partes, a solicitação desta, informações sobre os seus programas, planos e práticas, bem como sobre as suas medidas legislativas e administrativas destinadas a aplicar a presente Convenção.

Artigo 33 – Secretariado

1. O Secretário Geral da Organização das Nações Unidas fornecerá os serviços de secretariado necessários á Conferência das Partes na Convenção.

2. O secretariado:

a) Apoiará a Conferência das Partes na realização das atividades enunciadas no artigo 32 da presente Convenção, tomará as disposições e prestará os serviços necessários para as sessões da Conferência das Partes;

b) Assistirá os Estados Partes, a pedido destes, no fornecimento à Conferência das Partes das informações previstas no parágrafo 5 do artigo 32 da presente Convenção; e

c) Assegurará a coordenação necessária com os secretariados das organizações regionais e internacionais.

Artigo 34 – Aplicação da Convenção

1. Cada Estado Parte adotará as medidas necessárias, incluindo legislativas e administrativas, em conformidade com os princípios fundamentais do seu direito interno, para assegurar o cumprimento das suas obrigações decorrentes da presente Convenção.

2. As infrações enunciadas nos artigos 5, 6, 8 e 23 da presente Convenção serão incorporadas no direito interno de cada Estado Parte, independentemente da sua natureza transnacional ou da implicação de um grupo criminoso organizado nos termos do parágrafo 1 do artigo 3 da presente Convenção, salvo na medida em que o artigo 5 da presente Convenção exija o envolvimento de um grupo criminoso organizado.

3. Cada Estado Parte poderá adotar medidas mais estritas ou mais severas do que as previstas na presente Convenção a fim de prevenir e combater a criminalidade organizada transnacional.

Artigo 35 – Solução de Controvérsias

1. Os Estados Partes procurarão solucionar controvérsias relativas à interpretação ou aplicação da presente Convenção por negociação direta.

2. Qualquer controvérsia entre dois ou mais Estados Partes relativa à interpretação ou aplicação da presente Convenção que não possa ser resolvida por via negocial num prazo razoável será, a pedido de um destes Estados Partes, submetida a arbitragem. Se, no prazo de seis meses a contar da data do pedido

de arbitragem, os Estados Partes não chegarem a acordo sobre a organização da arbitragem, qualquer deles poderá submeter a controvérsia ao Tribunal Internacional de Justiça, mediante requerimento em conformidade com o Estatuto do Tribunal.

3. Qualquer Estado Parte poderá, no momento da assinatura, da ratificação, da aceitação ou da aprovação da presente Convenção, ou da adesão a esta, declarar que não se considera vinculado pelo parágrafo 2 do presente artigo. Os outros Estados Partes não estarão vinculados pelo parágrafo 2 do presente artigo em relação a qualquer Estado Parte que tenha formulado esta reserva.

4. Um Estado Parte que tenha formulado uma reserva ao abrigo do parágrafo 3 do presente artigo poderá retirá-la a qualquer momento, mediante notificação do Secretário Geral da Organização das Nações Unidas.

Artigo 36 – Assinatura, ratificação, aceitação, apropriação e adesão

1. A presente Convenção será aberta à assinatura de todos os Estados entre 12 e 15 de Dezembro de 2000, em Palermo (Itália) e, seguidamente, na sede da Organização das Nações Unidas, em Nova Iorque, até 12 de Dezembro de 2002.

2. A presente Convenção estará igualmente aberta à assinatura de organizações regionais de integração econômica, desde que pelos menos um Estado-Membro dessa organização tenha assinado a presente Convenção, em conformidade com o parágrafo 1 do presente artigo.

3. A presente Convenção será submetida a ratificação, aceitação ou aprovação. Os instrumentos de ratificação, aceitação ou aprovação serão depositados junto do Secretário Geral da Organização das Nações Unidas. Uma organização regional de integração econômica poderá depositar os seus instrumentos de ratificação, aceitação ou aprovação se pelo menos um dos seus Estados-Membros o tiver feito. Neste instrumento de ratificação, aceitação ou aprovação, a organização declarará o âmbito da sua competência em relação às questões que são objeto da presente Convenção. Informará igualmente o depositário de qualquer alteração relevante do âmbito da sua competência.

4. A presente Convenção estará aberta à adesão de qualquer Estado ou de qualquer organização regional de integração econômica de que, pelo menos, um Estado membro seja parte na presente Convenção. Os instrumentos de adesão serão depositados junto do Secretário Geral da Organização das Nações Unidas. No momento da sua adesão, uma organização regional de integração econômica declarará o âmbito da sua competência em relação às questões que são objeto da presente Convenção. Informará igualmente o depositário de qualquer alteração relevante do âmbito dessa competência.

Artigo 37 – Relação com os protocolos

1. A presente Convenção poderá ser completada por um ou mais protocolos.

2. Para se tornar Parte num protocolo, um Estado ou uma organização regional de integração econômica deverá igualmente ser Parte na presente Convenção.

3. Um Estado Parte na presente Convenção não estará vinculado por um protocolo, a menos que se torne Parte do mesmo protocolo, em conformidade com as disposições deste.

4. Qualquer protocolo à presente Convenção será interpretado conjuntamente com a presente Convenção, tendo em conta a finalidade do mesmo protocolo.

Artigo 38 – Entrada em vigor

1. A presente Convenção entrará em vigor no nonagésimo dia seguinte à data de depósito do quadragésimo instrumento de ratificação, aceitação, aprovação ou adesão. Para efeitos do presente número, nenhum dos instrumentos depositados por uma organização regional de integração econômica será somado aos instrumentos já depositados pelos Estados membros dessa organização.

2. Para cada Estado ou organização regional de integração econômica que ratifique, aceite ou aprove a presente Convenção ou a ela adira após o depósito do quadragésimo instrumento pertinente, a presente Convenção entrará em vigor no trigésimo dia seguinte à data de depósito do instrumento pertinente do referido Estado ou organização.

3. A denúncia da presente Convenção, em conformidade com o parágrafo 1 do presente artigo, implica a denúncia de qualquer protocolo a ela associado.

Artigo 39 – Emendas

1. Quando tiverem decorrido cinco anos a contar da entrada em vigor da presente Convenção, um Estado Parte poderá propor uma emenda e depositar o respectivo texto junto do Secretário Geral da Organização das Nações Unidas, que em seguida comunicará a proposta de emenda aos Estados Partes e à Conferência das Partes na Convenção, para exame da proposta e adoção de uma decisão. A Conferência das Partes esforçar-se-á por chegar a um consenso sobre qualquer emenda. Se todos os esforços nesse sentido se tiverem esgotado sem que se tenha chegado a acordo, será necessário, como último recurso para que a emenda seja aprovada, uma votação por maioria de dois terços dos votos expressos dos Estados Partes presentes na Conferência das Partes.

2. Para exercerem, ao abrigo do presente Artigo, o seu direito de voto nos domínios em que sejam competentes, as organizações regionais de integração econômica disporão de um número de votos igual ao número dos seus Estados-Membros que sejam Partes na presente Convenção. Não exercerão o seu direito de voto quando os seus Estados-Membros exercerem os seus, e inversamente.

3. Uma emenda aprovada em conformidade com o parágrafo 1 do presente Artigo estará sujeita à ratificação, aceitação ou aprovação dos Estados Partes.

4. Uma emenda aprovada em conformidade com o parágrafo 1 do presente Artigo entrará em vigor para um Estado Parte noventa dias após a data de depósito pelo mesmo Estado Parte junto do Secretário Geral da Organização das Nações Unidas de um instrumento de ratificação, aceitação ou aprovação da referida emenda.

5. Uma emenda que tenha entrado em vigor será vinculativa para os Estados Partes que tenham declarado o seu consentimento em serem por ela vinculados. Os outros Estados Partes permanecerão vinculados pelas disposições da presente Convenção e por todas as emendas anteriores que tenham ratificado, aceite ou aprovado.

Artigo 40 – Denúncia

1. Um Estado Parte poderá denunciar a presente Convenção mediante notificação escrita dirigida ao Secretário Geral da Organização das Nações Unidas. A denúncia tornar-se-á efetiva um ano após a data da recepção da notificação pelo Secretário Geral.

2. Uma organização regional de integração econômica cessará de ser Parte na presente Convenção quando todos os seus Estados-Membros a tenham denunciado.

3. A denúncia da presente Convenção, em conformidade com o parágrafo 1 do presente Artigo, implica a denúncia de qualquer protocolo a ela associado.

Artigo 41 – Depositário e línguas

1. O Secretário Geral da Organização das Nações Unidas será o depositário da presente Convenção.

O original da presente Convenção, cujos textos em inglês, árabe, chinês, espanhol, francês e russo fazem igualmente fé, será depositado junto do Secretário Geral da Organização das Nações Unidas.

EM FÉ DO QUE os plenipotenciários abaixo assinados, devidamente mandatados para o efeito pelos respectivos Governos, assinaram a presente Convenção.

9. *DECRETO N. 231/2003 (Ratificou Convenção de Palermo)*

Aprova o texto da Convenção das Nações Unidas contra o Crime Organizado Transnacional e seus dois Protocolos, relativos ao Combate ao Tráfico de Migrantes por Via Terrestre, Marítima e Aérea e à Prevenção, Repressão e Punição do Tráfico de Pessoas, em 15 de dezembro de 2000.

O Congresso Nacional decreta:

Art. 1º. Fica aprovado o texto da "Convenção das Nações Unidas contra o Crime Organizado Transnacional" e seus dois Protocolos, relativos ao "Combate ao Tráfico de Migrantes por Via Terrestre, Marítima e Aérea" e à "Prevenção,

Repressão e Punição do Tráfico de Pessoas, em Especial Mulheres e Crianças", celebrados em Palermo, em 15 de dezembro de 2000.

Parágrafo único. Ficam sujeitos à aprovação do Congresso Nacional quaisquer atos que possam resultar em revisão da referida Convenção e Protocolos Adicionais, bem como quaisquer ajustes complementares que, nos termos do inciso I do art. 49 da Constituição Federal, acarretem encargos ou compromissos gravosos ao patrimônio nacional.

Art 2º. Este Decreto Legislativo entra em vigor na data de sua publicação.

Senado Federal, em 29 de maio de 2003

(Retificado no *DOU* de 30.5.2003, Seção 1, p. 6, 2ª coluna).

10. CONVENÇÃO DE MÉRIDA

CONVENÇÃO DAS NAÇÕES UNIDAS CONTRA A CORRUPÇÃO

Preâmbulo

Os Estados Partes da presente convenção,

Preocupados com a gravidade dos problemas e com as ameaças decorrentes da corrupção, para a estabilidade e a segurança das sociedades, ao enfraquecer as instituições e os valores da democracia, da ética e da justiça e ao comprometer o desenvolvimento sustentável e o Estado de Direito;

Preocupados, também, pelos vínculos entre a corrupção e outras formas de delinqüência, em particular o crime organizado e a corrupção econômica, incluindo a lavagem de dinheiro;

Preocupados, ainda, pelos casos de corrupção que penetram diversos setores da sociedade, os quais podem comprometer uma proporção importante dos recursos dos Estados e que ameaçam a estabilidade política e o desenvolvimento sustentável dos mesmos;

Convencidos de que a corrupção deixou de ser um problema local para converter-se em um fenômeno transnacional que afeta todas as sociedades e economias, faz-se necessária a cooperação internacional para preveni-la e lutar contra ela;

Convencidos, também, de que se requer um enfoque amplo e multidisciplinar para prevenir e combater eficazmente a corrupção;

Convencidos, ainda, de que a disponibilidade de assistência técnica pode desempenhar um papel importante para que os Estados estejam em melhores condições de poder prevenir e combater eficazmente a corrupção, entre outras coisas, fortalecendo suas capacidades e criando instituições;

Convencidos de que o enriquecimento pessoal ilícito pode ser particularmente nocivo para as instituições democráticas, as economias nacionais e o Estado de Direito;

Decididos a prevenir, detectar e dissuadir com maior eficácia as transferências internacionais de ativos adquiridos ilicitamente e a fortalecer a cooperação internacional para a recuperação destes ativos;

Reconhecendo os princípios fundamentais do devido processo nos processos penais e nos procedimentos civis ou administrativos sobre direitos de propriedade;

Tendo presente que a prevenção e a erradicação da corrupção são responsabilidades de todos os Estados e que estes devem cooperar entre si, com o apoio e a participação de pessoas e grupos que não pertencem ao setor público, como a sociedade civil, as organizações não-governamentais e as organizações de base comunitárias, para que seus esforços neste âmbito sejam eficazes;

Tendo presentes também os princípios de devida gestão dos assuntos e dos bens públicos, eqüidade, responsabilidade e igualdade perante a lei, assim como a necessidade de salvaguardar a integridade e fomentar uma cultura de rechaço à corrupção;

Elogiando o trabalho da Comissão de Prevenção de Delitos e Justiça Penal e o Escritório das Nações Unidas contra as Drogas e o Delito na prevenção e na luta contra a corrupção;

Recordando o trabalho realizado por outras organizações internacionais e regionais nesta esfera, incluídas as atividades do Conselho de Cooperação Aduaneira (também denominado Organização Mundial de Aduanas), o Conselho Europeu, a Liga dos Estados Árabes, a Organização de Cooperação e Desenvolvimento Econômicos, a Organização dos Estados Americanos, a União Africana e a União Européia;

Tomando nota com reconhecimento dos instrumentos multilaterais encaminhados para prevenir e combater a corrupção, incluídos, entre outros, a Convenção Interamericana contra a Corrupção, aprovada pela Organização dos Estados Americanos em 29 de março de 1996, o Convênio relativo à luta contra os atos de corrupção no qual estão envolvidos funcionários das Comunidades Européias e dos Estados Partes da União Européia, aprovado pelo Conselho da União Européia em 26 de maio de 1997, o Convênio sobre a luta contra o suborno dos funcionários públicos estrangeiros nas transações comerciais internacionais, aprovado pelo Comitê de Ministros do Conselho Europeu em 27 de janeiro de 1999, o Convênio de direito civil sobre a corrupção, aprovado pelo Comitê de Ministros do Conselho Europeu em 4 de novembro de 1999 e a Convenção da União Africana para prevenir e combater a corrupção, aprovada pelos Chefes de Estado e Governo da União Africana em 12 de julho de 2003;

Acolhendo com satisfação a entrada em vigor, em 29 de setembro de 2003, da Convenção das Nações Unidas contra o Crime Organizado Internacional;

Chegaram em acordo ao seguinte:

Capítulo I – **Disposições Gerais**

Artigo 1. Finalidade

A finalidade da presente Convenção é:

a) Promover e fortalecer as medidas para prevenir e combater mais eficaz e eficientemente a corrupção;

b) Promover, facilitar e apoiar a cooperação internacional e a assistência técnica na prevenção e na luta contra a corrupção, incluída a recuperação de ativos;

c) Promover a integridade, a obrigação de render contas e a devida gestão dos assuntos e dos bens públicos.

Artigo 2. Definições

Aos efeitos da presente Convenção:

a) Por "funcionário público" se entenderá: i) toda pessoa que ocupe um cargo legislativo, executivo, administrativo ou judicial de um Estado Parte, já designado ou empossado, permanente ou temporário, remunerado ou honorário, seja qual for o tempo dessa pessoa no cargo; ii) toda pessoa que desempenhe uma função pública, inclusive em um organismo público ou numa empresa pública, ou que preste um serviço público, segundo definido na legislação interna do Estado Parte e se aplique na esfera pertinente do ordenamento jurídico desse Estado Parte; iii) toda pessoa definida como "funcionário público" na legislação interna de um Estado Parte. Não obstante, aos efeitos de algumas medidas específicas incluídas no Capítulo II da presente Convenção, poderá entender-se por "funcionário público" toda pessoa que desempenhe uma função pública ou preste um serviço público segundo definido na legislação interna do Estado Parte e se aplique na esfera pertinente do ordenamento jurídico desse Estado Parte;

b) Por "funcionário público estrangeiro" se entenderá toda pessoa que ocupe um cargo legislativo, executivo, administrativo ou judicial de um país estrangeiro, já designado ou empossado; e toda pessoa que exerça uma função pública para um país estrangeiro, inclusive em um organismo público ou uma empresa pública;

c) Por "funcionário de uma organização internacional pública" se entenderá um funcionário público internacional ou toda pessoa que tal organização tenha autorizado a atuar em seu nome;

d) Por "bens" se entenderá os ativos de qualquer tipo, corpóreos ou incorpóreos, móveis ou imóveis, tangíveis ou intangíveis e os documentos ou instrumentos legais que creditem a propriedade ou outros direitos sobre tais ativos;

e) Por "produto de delito" se entenderá os bens de qualquer índole derivados ou obtidos direta ou indiretamente da ocorrência de um delito;

f) Por "embargo preventivo" ou "apreensão" se entenderá a proibição temporária de transferir, converter ou trasladar bens, ou de assumir a custódia ou o controle temporário de bens sobre a base de uma ordem de um tribunal ou outra autoridade competente;

g) Por "confisco" se entenderá a privação em caráter definitivo de bens por ordem de um tribunal ou outra autoridade competente;

h) Por "delito determinante" se entenderá todo delito do qual se derive um produto que possa passar a constituir matéria de um delito definido no Artigo 23 da presente Convenção;

i) Por "entrega vigiada" se entenderá a técnica consistente em permitir que remessas ilícitas ou suspeitas saiam do território de um ou mais Estados, o atravessem ou entrem nele, com o conhecimento e sob a supervisão de suas autoridades competentes, com o fim de investigar um delito e identificar as pessoas envolvidas em sua ocorrência.

Artigo 3. Âmbito de aplicação

1. A presente Convenção se aplicará, de conformidade com suas disposições, à prevenção, à investigação e à instrução judicial da corrupção e do embargo preventivo, da apreensão, do confisco e da restituição do produto de delitos identificados de acordo com a presente Convenção.

2. Para a aplicação da presente Convenção, a menos que contenha uma disposição em contrário, não será necessário que os delitos enunciados nela produzam dano ou prejuizo patrimonial ao Estado.

Artigo 4. Proteção da soberania

1. Os Estados Partes cumprirão suas obrigações de acordo com a presente Convenção em consonância com os princípios de igualdade soberana e integridade territorial dos Estados, assim como de não intervenção nos assuntos internos de outros Estados.

2. Nada do disposto na presente Convenção delegará poderes a um Estado Parte para exercer, no território de outro Estado, jurisdição ou funções que a legislação interna desse Estado reserve exclusivamente a suas autoridades.

Capítulo II – Medidas Preventivas

Artigo 5. Políticas e práticas de prevenção da corrupção

1. Cada Estado Parte, de conformidade com os princípios fundamentais de seu ordenamento jurídico, formulará e aplicará ou manterá em vigor políticas coordenadas e eficazes contra a corrupção que promovam a participação da sociedade e reflitam os princípios do Estado de Direito, a devida gestão dos assuntos e bens públicos, a integridade, a transparência e a obrigação de render contas.

2. Cada Estado Parte procurará estabelecer e fomentar práticas eficazes encaminhadas a prevenir a corrupção.

3. Cada Estado Parte procurará avaliar periodicamente os instrumentos jurídicos e as medidas administrativas pertinentes a fim de determinar se são adequadas para combater a corrupção.

4. Os Estados Partes, segundo procede e de conformidade com os princípios fundamentais de seu ordenamento jurídico, colaborarão entre si e com as organizações internacionais e regionais pertinentes na promoção e formulação das medidas mencionadas no presente Artigo. Essa colaboração poderá compreender a participação em programas e projetos internacionais destinados a prevenir a corrupção.

Artigo 6. Órgão ou órgãos de prevenção à corrupção

1. Cada Estado Parte, de conformidade com os princípios fundamentais de seu ordenamento jurídico, garantirá a existência de um ou mais órgãos, segundo procede, encarregados de prevenir a corrupção com medidas tais como:

a) A aplicação das políticas as quais se faz alusão no Artigo 5 da presente Convenção e, quando proceder, a supervisão e coordenação da prática dessas políticas;

b) O aumento e a difusão dos conhecimentos em matéria de prevenção da corrupção.

2. Cada Estado Parte outorgará ao órgão ou aos órgãos mencionados no parágrafo 1 do presente Artigo a independência necessária, de conformidade com os princípios fundamentais de seu ordenamento jurídico, para que possam desempenhar suas funções de maneira eficaz e sem nenhuma influência indevida. Devem proporcionar-lhes os recursos materiais e o pessoal especializado que sejam necessários, assim como a capacitação que tal pessoal possa requerer para o desempenho de suas funções.

3. Cada Estado Parte comunicará ao Secretário Geral das Nações Unidas o nome e a direção da(s) autoridade(s) que possa(m) ajudar a outros Estados Partes a formular e aplicar medidas concretas de prevenção da corrupção.

Artigo 7. Setor Público

1. Cada Estado Parte, quando for apropriado e de conformidade com os princípios fundamentais de seu ordenamento jurídico, procurará adotar sistemas de convocação, contratação, retenção, promoção e aposentadoria de funcionários públicos e, quando proceder, de outros funcionários públicos não empossados, ou manter e fortalecer tais sistemas. Estes:

a) Estarão baseados em princípios de eficiência e transparência e em critérios objetivos como o mérito, a eqüidade e a aptidão;

b) Incluirão procedimentos adequados de seleção e formação dos titulares de cargos públicos que se considerem especialmente vulneráveis à corrupção, assim como, quando proceder, a rotação dessas pessoas em outros cargos;

c) Fomentarão uma remuneração adequada e escalas de soldo eqüitativas, tendo em conta o nível de desenvolvimento econômico do Estado Parte;

d) Promoverão programas de formação e capacitação que lhes permitam cumprir os requisitos de desempenho correto, honroso e devido de suas funções e lhes proporcionem capacitação especializada e apropriada para que sejam mais conscientes dos riscos da corrupção inerentes ao desempenho de suas funções. Tais programas poderão fazer referência a códigos ou normas de conduta nas esferas pertinentes.

2. Cada Estado Parte considerará também a possibilidade de adotar medidas legislativas e administrativas apropriadas, em consonância com os objetivos da presente Convenção e de conformidade com os princípios fundamentais de

sua legislação interna, a fim de estabelecer critérios para a candidatura e eleição a cargos públicos.

3. Cada Estado Parte considerará a possibilidade de adotar medidas legislativas e administrativas apropriadas, em consonância com os objetivos da presente Convenção e de conformidade com os princípios fundamentais de sua legislação interna, para aumentar a transparência relativa ao financiamento de candidaturas a cargos públicos eletivos e, quando proceder, relativa ao financiamento de partidos políticos.

4. Cada Estado Parte, em conformidade com os princípios de sua legislação interna, procurará adotar sistemas destinados a promover a transparência e a prevenir conflitos de interesses, ou a manter e fortalecer tais sistemas.

Artigo 8. Códigos de conduta para funcionários públicos

1. Com o objetivo de combater a corrupção, cada Estado Parte, em conformidade com os princípios fundamentais de seu ordenamento jurídico, promoverá, entre outras coisas, a integridade, a honestidade e a responsabilidade entre seus funcionários públicos.

2. Em particular, cada Estado Parte procurará aplicar, em seus próprios ordenamentos institucionais e jurídicos, códigos ou normas de conduta para o correto, honroso e devido cumprimento das funções públicas.

3. Com vistas a aplicar as disposições do presente Artigo, cada Estado Parte, quando proceder e em conformidade com os princípios fundamentais de seu ordenamento jurídico, tomará nota das iniciativas pertinentes das organizações regionais, inter-regionais e multilaterais, tais como o Código Internacional de Conduta para os titulares de cargos públicos, que figura no anexo da resolução 51/59 da Assembléia Geral de 12 de dezembro de 1996.

4. Cada Estado Parte também considerará, em conformidade com os princípios fundamentais de sua legislação interna, a possibilidade de estabelecer medidas e sistemas para facilitar que os funcionários públicos denunciem todo ato de corrupção às autoridade competentes quando tenham conhecimento deles no exercício de suas funções.

5. Cada Estado Parte procurará, quando proceder e em conformidade com os princípios fundamentais de sua legislação interna, estabelecer medidas e sistemas para exigir aos funcionários públicos que tenham declarações às autoridades competentes em relação, entre outras coisas, com suas atividades externas e com empregos, inversões, ativos e presentes ou benefícios importantes que possam dar lugar a um conflito de interesses relativo a suas atribuições como funcionários públicos.

6. Cada Estado Parte considerará a possibilidade de adotar, em conformidade com os princípios fundamentais de sua legislação interna, medidas disciplinares ou de outra índole contra todo funcionário público que transgrida os códigos ou normas estabelecidos em conformidade com o presente Artigo.

Artigo 9. Contratação pública e gestão da fazenda pública

1. Cada Estado Parte, em conformidade com os princípios fundamentais de seu ordenamento jurídico, adotará as medidas necessárias para estabelecer sistemas apropriados de contratação pública, baseados na transparência, na competência e em critérios objetivos de adoção de decisões, que sejam eficazes, entre outras coisas, para prevenir a corrupção. Esses sistemas, em cuja aplicação se poderá ter em conta valores mínimos apropriados, deverão abordar, entre outras coisas:

a) A difusão pública de informação relativa a procedimentos de contratação pública e contratos, incluída informação sobre licitações e informação pertinente ou oportuna sobre a adjudicação de contratos, a fim de que os licitadores potenciais disponham de tempo suficiente para preparar e apresentar suas ofertas;

b) A formulação prévia das condições de participação, incluídos critérios de seleção e adjudicação e regras de licitação, assim como sua publicação;

c) A aplicação de critérios objetivos e predeterminados para a adoção de decisões sobre a contratação pública a fim de facilitar a posterior verificação da aplicação correta das regras ou procedimentos;

d) Um mecanismo eficaz de exame interno, incluindo um sistema eficaz de apelação, para garantir recursos e soluções legais no caso de não se respeitarem as regras ou os procedimentos estabelecidos conforme o presente parágrafo;

e) Quando proceda, a adoção de medidas para regulamentar as questões relativas ao pessoal encarregado da contratação pública, em particular declarações de interesse relativo de determinadas contratações públicas, procedimentos de pré-seleção e requisitos de capacitação.

2. Cada Estado Parte, em conformidade com os princípios fundamentais de seu ordenamento jurídico, adotará medidas apropriadas para promover a transparência e a obrigação de render contas na gestão da fazenda pública. Essas medidas abarcarão, entre outras coisas:

a) Procedimentos para a aprovação do pressuposto nacional;

b) A apresentação oportuna de informação sobre gastos e ingressos;

c) Um sistema de normas de contabilidade e auditoria, assim como a supervisão correspondente;

d) Sistemas eficazes e eficientes de gestão de riscos e controle interno; e

e) Quando proceda, a adoção de medidas corretivas em caso de não cumprimento dos requisitos estabelecidos no presente parágrafo.

3. Cada Estado Parte, em conformidade com os princípios fundamentais de sua legislação interna, adotará as medidas que sejam necessárias nos âmbitos civil e administrativo para preservar a integridade dos livros e registros contábeis, financeiros ou outros documentos relacionados com os gastos e ingressos públicos e para prevenir a falsificação desses documentos.

Artigo 10. Informação pública

Tendo em conta a necessidade de combater a corrupção, cada Estado Parte, em conformidade com os princípios fundamentais de sua legislação interna, adotará medidas que sejam necessárias para aumentar a transparência em sua administração pública, inclusive no relativo a sua organização, funcionamento e processos de adoção de decisões, quando proceder. Essas medidas poderão incluir, entre outras coisas:

a) A instauração de procedimentos ou regulamentações que permitam ao público em geral obter, quando proceder, informação sobre a organização, o funcionamento e os processos de adoção de decisões de sua administração pública, com o devido respeito à proteção da intimidade e dos documentos pessoais, sobre as decisões e atos jurídicos que incumbam ao público;

b) A simplificação dos procedimentos administrativos, quando proceder, a fim de facilitar o acesso do público às autoridades encarregadas da adoção de decisões; e

c) A publicação de informação, o que poderá incluir informes periódicos sobre os riscos de corrupção na administração pública.

Artigo 11. Medidas relativas ao poder judiciário e ao ministério público

1. Tendo presentes a independência do poder judiciário e seu papel decisivo na luta contra a corrupção, cada Estado Parte, em conformidade com os princípios fundamentais de seu ordenamento jurídico e sem menosprezar a independência do poder judiciário, adotará medidas para reforçar a integridade e evitar toda oportunidade de corrupção entre os membros do poder judiciário. Tais medidas poderão incluir normas que regulem a conduta dos membros do poder judiciário.

2. Poderão formular-se e aplicar-se no ministério público medidas com idêntico fim às adotadas no parágrafo 1 do presente Artigo nos Estados Partes em que essa instituição não forme parte do poder judiciário mas goze de independência análoga.

Artigo 12. Setor Privado

1. Cada Estado Parte, em conformidade com os princípios fundamentais de sua legislação interna, adotará medidas para prevenir a corrupção e melhorar as normas contábeis e de auditoria no setor privado, assim como, quando proceder, prever sanções civis, administrativas ou penais eficazes, proporcionadas e dissuasivas em caso de não cumprimento dessas medidas.

2. As medidas que se adotem para alcançar esses fins poderão consistir, entre outras coisas, em:

a) Promover a cooperação entre os organismos encarregados de fazer cumprir a lei e as entidades privadas pertinentes;

b) Promover a formulação de normas e procedimentos com o objetivo de salvaguardar a integridade das entidades privadas pertinentes, incluídos códigos de conduta para o correto, honroso e devido exercício das atividades comerciais e de todas as profissões pertinentes e para a prevenção de conflitos de interesses, assim como para a promoção do uso de boas práticas comerciais entre as empresas e as relações contratuais das empresas com o Estado;

c) Promover a transparência entre entidades privadas, incluídas, quando proceder, medidas relativas à identificação das pessoas jurídicas e físicas envolvidas no estabelecimento e na gestão de empresas;

d) Prevenir a utilização indevida dos procedimentos que regulam as entidades privadas, incluindo os procedimentos relativos à concessão de subsídios e licenças pelas autoridades públicas para atividades comerciais;

e) Prevenir os conflitos de interesse impondo restrições apropriadas, durante um período razoável, às atividades profissionais de ex-funcionários públicos ou à contratação de funcionários públicos pelo setor privado depois de sua renúncia ou aposentadoria quando essas atividades ou essa contratação estejam diretamente relacionadas com as funções desempenhadas ou supervisionadas por esses funcionários públicos durante sua permanência no cargo;

f) Velar para que as empresas privadas, tendo em conta sua estrutura e tamanho, disponham de suficientes controles contábeis internos para ajudar a prevenir e detectar os atos de corrupção e para que as contas e os estados financeiros requeridos dessas empresas privadas estejam sujeitos a procedimentos apropriados de auditoria e certificação;

3. A fim de prevenir a corrupção, cada estado parte adotará as medidas que sejam necessárias, em conformidade com suas leis e regulamentos internos relativos à manutenção de livros e registros, à divulgação de estados financeiros e às normas de contabilidade e auditoria, para proibir os seguintes atos realizados com o fim de cometer quaisquer dos delitos qualificados de acordo com a presente Convenção:

a) O estabelecimento de contas não registradas em livros;

b) A realização de operações não registradas em livros ou mal especificadas;

c) O registro de gastos inexistentes;

d) O juízo de gastos nos livros de contabilidade com indicação incorreta de seu objetivo;

e) A utilização de documentos falsos; e

f) A destruição deliberada de documentos de contabilidade antes do prazo previsto em lei.

4. Cada Estado Parte ditará a dedução tributária relativa aos gastos que venham a constituir suborno, que é um dos elementos constitutivos dos delitos qualificados de acordo com os Artigos 15 e 16 da presente Convenção e, quando proceder, relativa a outros gastos que tenham tido por objetivo promover um comportamento corrupto.

Artigo 13. Participação da sociedade

1. Cada Estado Parte adotará medidas adequadas, no limite de suas possibilidades e de conformidade com os princípios fundamentais de sua legislação interna, para fomentar a participação ativa de pessoas e grupos que não pertençam ao setor público, como a sociedade civil, as organizações não-governamen-

tais e as organizações com base na comunidade, na prevenção e na luta contra a corrupção, e para sensibilizar a opinião pública a respeito à existência, às causas e à gravidade da corrupção, assim como a ameaça que esta representa. Essa participação deveria esforçar-se com medidas como as seguintes:

a) Aumentar a transparência e promover a contribuição da cidadania aos processos de adoção de decisões;

b) Garantir o acesso eficaz do público à informação;

c) Realizar atividade de informação pública para fomentar a intransigência à corrupção, assim como programas de educação pública, incluídos programas escolares e universitários;

d) Respeitar, promover e proteger a liberdade de buscar, receber, publicar e difundir informação relativa à corrupção. Essa liberdade poderá estar sujeita a certas restrições, que deverão estar expressamente qualificadas pela lei e ser necessárias para: i) Garantir o respeito dos direitos ou da reputação de terceiros; ii) Salvaguardar a segurança nacional, a ordem pública, ou a saúde ou a moral públicas.

2. Cada Estado Parte adotará medidas apropriadas para garantir que o público tenha conhecimento dos órgãos pertinentes de luta contra a corrupção mencionados na presente Convenção, e facilitará o acesso a tais órgãos, quando proceder, para a denúncia, inclusive anônima, de quaisquer incidentes que possam ser considerados constitutivos de um delito qualificado de acordo com a presente Convenção.

Artigo 14. Medidas para prevenir a lavagem de dinheiro

1. Cada Estado Parte:

a) Estabelecerá um amplo regime interno de regulamentação e supervisão dos bancos e das instituições financeiras não-bancárias, incluídas as pessoas físicas ou jurídicas que prestem serviços oficiais ou oficiosos de transferência de dinheiro ou valores e, quando proceder, outros órgãos situados dentro de sua jurisdição que sejam particularmente suspeitos de utilização para a lavagem de dinheiro, a fim de prevenir e detectar todas as formas de lavagem de dinheiro, e em tal regimento há de se apoiar fortemente nos requisitos relativos à identificação do cliente e, quando proceder, do beneficiário final, ao estabelecimento de registros e à denúncia das transações suspeitas;

b) Garantirá, sem prejuízo à aplicação do Artigo 46 da presente Convenção, que as autoridades de administração, regulamentação e cumprimento da lei e demais autoridades encarregadas de combater a lavagem de dinheiro (incluídas, quando seja pertinente de acordo com a legislação interna, as autoridades judiciais) sejam capazes de cooperar e intercambiar informações nos âmbitos nacional e internacional, de conformidade com as condições prescritas na legislação interna e, a tal fim, considerará a possibilidade de estabelecer um departamento de inteligência financeira que sirva de centro nacional de recompilação, análise e difusão de informação sobre possíveis atividades de lavagem de dinheiro.

2. Os Estados Partes considerarão a possibilidade de aplicar medidas viáveis para detectar e vigiar o movimento transfronteiriço de efetivo e de títulos negociáveis pertinentes, sujeitos a salvaguardas que garantam a devida utilização da informação e sem restringir de modo algum a circulação de capitais lícitos. Essas medidas poderão incluir a exigência de que os particulares e as entidades comerciais notifiquem as transferências transfronteiriças de quantidades elevadas de efetivos e de títulos negociáveis pertinentes.

3. Os Estados Partes considerarão a possibilidade de aplicar medidas apropriadas e viáveis para exigir às instituições financeiras, incluídas as que remetem dinheiro, que:

a) Incluam nos formulários de transferência eletrônica de fundos e mensagens conexas informação exata e válida sobre o remetente;

b) Mantenham essa informação durante todo o ciclo de operação; e

c) Examinem de maneira mais minuciosa as transferências de fundos que não contenham informação completa sobre o remetente.

4. Ao estabelecer um regimento interno de regulamentação e supervisão de acordo com o presente Artigo, e sem prejuízo do disposto em qualquer outro Artigo da presente Convenção, recomenda-se aos Estados Partes que utilizem como guia as iniciativas pertinentes das organizações regionais, inter-regionais e multilaterais de luta contra a lavagem de dinheiro.

5. Os Estados Partes se esforçarão por estabelecer e promover a cooperação em escala mundial, regional, sub-regional e bilateral entre as autoridades judiciais, de cumprimento da lei e de regulamentação financeira a fim de combater a lavagem de dinheiro.

Capítulo III – **Penalização e aplicação da lei**

Artigo 15. Suborno de funcionários públicos nacionais

Cada Estado Parte adotará as medidas legislativas e de outras índoles que sejam necessárias para qualificar como delito, quando cometidos intencionalmente:

a) A promessa, o oferecimento ou a concessão a um funcionário público, de forma direta ou indireta, de um benefício indevido que redunde em seu próprio proveito ou no de outra pessoa ou entidade com o fim de que tal funcionário atue ou se abstenha de atuar no cumprimento de suas funções oficiais;

b) A solicitação ou aceitação por um funcionário público, de forma direta ou indireta, de um benefício indevido que redunde em seu próprio proveito ou no de outra pessoa ou entidade com o fim de que tal funcionário atue ou se abstenha de atuar no cumprimento de suas funções oficiais.

Artigo 16. Suborno de funcionários públicos estrangeiros e de funcionários de organizações internacionais públicas

1. Cada Estado Parte adotará as medidas legislativas e de outras índoles que sejam necessárias para qualificar como delito, quando cometido intencio-

nalmente, a promessa, oferecimento ou a concessão, de forma direta ou indireta, a um funcionário público estrangeiro ou a um funcionário de organização internacional pública, de um benefício indevido que redunde em seu próprio proveito ou no de outra pessoa ou entidade com o fim de que tal funcionário atue ou se abstenha de atuar no exercício de suas funções oficiais para obter ou manter alguma transação comercial ou outro benefício indevido em relação com a realização de atividades comerciais internacionais.

2. Cada Estado Parte considerará a possibilidade de adotar medidas legislativas e de outras índoles que sejam necessárias para qualificar como delito, quando cometido intencionalmente, a solicitação ou aceitação por um funcionário público estrangeiro ou funcionário de organização internacional pública, de forma direta ou indireta, de um benefício indevido que redunde em proveito próprio ou no de outra pessoa ou entidade, com o fim de que tal funcionário atue ou se abstenha de atuar no exercício de suas funções oficiais.

Artigo 17. Malversação ou peculato, apropriação indébita ou outras formas de desvio de bens por um funcionário público

Cada Estado Parte adotará as medidas legislativas e de outras índoles que sejam necessárias para qualificar como delito, quando cometido intencionalmente, a malversação ou o peculato, a apropriação indébita ou outras formas de desvio de bens, fundos ou títulos públicos ou privados ou qualquer outra coisa de valor que se tenham confiado ao funcionário em virtude de seu cargo.

Artigo 18. Tráfico de influências

Cada Estado Parte considerará a possibilidade de adotar as medidas legislativas e de outras índoles que sejam necessárias para qualificar como delito, quando cometido intencionalmente:

a) A promessa, o oferecimento ou a concessão a um funcionário público ou a qualquer outra pessoa, de forma direta ou indireta, de um benefício indevido com o fim de que o funcionário público ou a pessoa abuse de sua influência real ou suposta para obter de uma administração ou autoridade do Estado Parte um benefício indevido que redunde em proveito do instigador original do ato ou de qualquer outra pessoa;

b) A solicitação ou aceitação por um funcionário público ou qualquer outra pessoa, de forma direta ou indireta, de um benefício indevido que redunde em seu proveito próprio ou no de outra pessoa com o fim de que o funcionário público ou a pessoa abuse de sua influência real ou suposta para obter de uma administração ou autoridade do Estado Parte um benefício indevido.

Artigo 19. Abuso de funções

Cada Estado Parte considerará a possibilidade de adotar as medidas legislativas e de outras índoles que sejam necessárias para qualificar como delito, quando cometido intencionalmente, o abuso de funções ou do cargo, ou seja, a realização ou omissão de um ato, em violação à lei, por parte de um funcionário público no exercício de suas funções, com o fim de obter um benefício indevido para si mesmo ou para outra pessoa ou entidade.

Artigo 20. Enriquecimento ilícito

Com sujeição a sua constituição e aos princípios fundamentais de seu ordenamento jurídico, cada Estado Parte considerará a possibilidade de adotar as medidas legislativas e de outras índoles que sejam necessárias para qualificar como delito, quando cometido intencionalmente, o enriquecimento ilícito, ou seja, o incremento significativo do patrimônio de um funcionário público relativos aos seus ingressos legítimos que não podem ser razoavelmente justificados por ele.

Artigo 21. Suborno no setor privado

Cada Estado Parte considerará a possibilidade de adotar medidas legislativas e de outras índoles que sejam necessárias para qualificar como delito, quando cometido intencionalmente no curso de atividades econômicas, financeiras ou comerciais:

a) A promessa, o oferecimento ou a concessão, de forma direta ou indireta, a uma pessoa que dirija uma entidade do setor privado ou cumpra qualquer função nela, de um benefício indevido que redunde em seu próprio proveito ou no de outra pessoa, com o fim de que, faltando ao dever inerente às suas funções, atue ou se abstenha de atuar;

b) A solicitação ou aceitação, de forma direta ou indireta, por uma pessoa que dirija uma entidade do setor privado ou cumpra qualquer função nela, de um benefício indevido que redunde em seu próprio proveito ou no de outra pessoa, com o fim de que, faltando ao dever inerente às suas funções, atue ou se abstenha de atuar.

Artigo 22. Malversação ou peculato de bens no setor privado

Cada Estado Parte considerará a possibilidade de adotar medidas legislativas e de outras índoles que sejam necessárias para qualificar como delito, quando cometido intencionalmente no curso de atividades econômicas, financeiras ou comerciais, a malversação ou peculato, por uma pessoa que dirija uma entidade do setor privado ou cumpra qualquer função nela, de quaisquer bens, fundos ou títulos privados ou de qualquer outra coisa de valor que se tenha confiado a essa pessoa por razão de seu cargo.

Artigo 23. Lavagem de produto de delito

1. Cada Estado Parte adotará, em conformidade com os princípios fundamentais de sua legislação interna, as medidas legislativas e de outras índole que sejam necessárias para qualificar como delito, quando cometido intencionalmente:

a) i) A conversão ou a transferência de bens, sabendo-se que esses bens são produtos de delito, com o propósito de ocultar ou dissimular a origem ilícita dos bens e ajudar a qualquer pessoa envolvida na prática do delito com o objetivo de afastar as conseqüências jurídicas de seus atos; ii) A ocultação ou dissimulação da verdadeira natureza, origem, situação, disposição, movimentação ou da propriedade de bens o do legítimo direito a estes, sabendo-se que tais bens são produtos de delito;

b) Com sujeição aos conceitos básicos de seu ordenamento jurídico: i) A aquisição, possessão ou utilização de bens, sabendo-se, no momento de sua receptação, de que se tratam de produto de delito; ii) A participação na prática de quaisquer dos delitos qualificados de acordo com o presente Artigo, assim como a associação e a confabulação para cometê-los, a tentativa de cometê-los e a ajuda, incitação, facilitação e o assessoramento com vistas à sua prática.

2. Para os fins de aplicação ou colocação em prática do parágrafo 1 do presente Artigo:

a) Cada Estado Parte velará por aplicar o parágrafo 1 do presente Artigo à gama mais ampla possível de delitos determinantes;

b) Cada Estado Parte incluirá como delitos determinantes, como mínimo, uma ampla gama de delitos qualificados de acordo com a presente Convenção;

c) Aos efeitos do item "b)" supra, entre os delitos determinantes se incluirão os delitos cometidos tanto dentro como fora da jurisdição do Estado Parte interessado. Não obstante, os delitos cometidos fora da jurisdição de um Estado Parte constituirão delito determinante sempre e quando o ato correspondente seja delito de acordo com a legislação interna do Estado em que se tenha cometido e constitui-se assim mesmo delito de acordo com a legislação interna do Estado Parte que aplique ou ponha em prática o presente Artigo se o delito houvesse sido cometido ali;

d) Cada Estado Parte proporcionará ao Secretário Geral das Nações Unidas uma cópia de suas leis destinadas a dar aplicação ao presente Artigo e de qualquer emenda posterior que se atenha a tais leis;

e) Se assim requererem os princípios fundamentais da legislação interna de um Estado Parte, poderá dispor-se que os delitos enunciados no parágrafo 1 do presente Artigo não se apliquem às pessoas que tenham cometido o delito determinante.

Artigo 24. Encobrimento

Sem prejuízo do disposto no Artigo 23 da presente Convenção, cada Estado Parte considerará a possibilidade de adotar as medidas legislativas e de outra índole que sejam necessárias para qualificar o delito, quando cometido intencionalmente após a prática de quaisquer dos delitos qualificados de acordo com a presente Convenção mas sem haver participados deles, o encobrimento ou a retenção contínua de bens sabendo-se que tais bens são produtos de quaisquer dos delitos qualificados de acordo com a presente Convenção.

Artigo 25. Obstrução da justiça

Cada Estado Parte adotará as medidas legislativas e de outras índoles que sejam necessárias para qualificar como delito, quando cometidos intencionalmente:

a) O uso da força física, ameaças ou intimidação, ou a promessa, o oferecimento ou a concessão de um benefício indevido para induzir uma pessoa a prestar falso testemunho ou a atrapalhar a prestação de testemunho ou a apartação de provas em processos relacionados com a prática dos delitos qualificados de acordo com essa Convenção;

b) O uso da força física, ameaças ou intimidação para atrapalhar o cumprimento das funções oficiais de um funcionário da justiça ou dos serviços encarregados de fazer cumprir-se a lei em relação com a prática dos delitos qualificados de acordo com a presente Convenção. Nada do previsto no presente Artigo menosprezará a legislação interna dos Estados Partes que disponham de legislação que proteja a outras categorias de funcionários públicos.

Artigo 26. Responsabilidade das pessoas jurídicas

1. Cada Estado Parte adotará as medidas que sejam necessárias, em consonância com seus princípios jurídicos, a fim de estabelecer a responsabilidade de pessoas jurídicas por sua participação nos delitos qualificados de acordo com a presente Convenção.

2. Sujeito aos princípios jurídicos do Estado Parte, a responsabilidade das pessoas jurídicas poderá ser de índole penal, civil ou administrativa.

3. Tal responsabilidade existirá sem prejuízo à responsabilidade penal que incumba às pessoas físicas que tenham cometido os delitos.

4. Cada Estado Parte velará em particular para que se imponham sanções penais ou não-penais eficazes, proporcionadas e dissuasivas, incluídas sanções monetárias, às pessoas jurídicas consideradas responsáveis de acordo com o presente Artigo.

Artigo 27. Participação ou tentativa

1. Cada Estado Parte adotará as medidas legislativas e de outras índoles que sejam necessárias para qualificar como delito, em conformidade com sua legislação interna, qualquer forma de participação, seja ela como cúmplice, colaborador ou instigador, em um delito qualificado de acordo com a presente Convenção.

2. Cada Estado Parte poderá adotar as medidas legislativas e de outras índoles que sejam necessárias para qualificar como delito, em conformidade com sua legislação interna, toda tentativa de cometer um delito qualificado de acordo com a presente Convenção.

3. Cada Estado Parte poderá adotar as medidas legislativas e de outras índoles que sejam necessárias para qualificar como delito, em conformidade com

sua legislação interna, a preparação com vistas a cometer um delito qualificado de acordo com a presente Convenção.

Artigo 28. Conhecimento, intenção e propósito como elementos de um delito

O conhecimento, a intenção ou o propósito que se requerem como elementos de um delito qualificado de acordo com a presente Convenção poderão inferir-se de circunstâncias fáticas objetivas.

Artigo 29. Prescrição

Cada Estado Parte estabelecerá, quando proceder, de acordo com sua legislação interna, um prazo de prescrição amplo para iniciar processos por quaisquer dos delitos qualificados de acordo com a presente Convenção e estabelecerá um prazo maior ou interromperá a prescrição quando o presumido delinqüente tenha evadido da administração da justiça.

Artigo 30. Processo, sentença e sanções

1. Cada Estado Parte punirá a prática dos delitos qualificados de acordo com a presente Convenção com sanções que tenham em conta a gravidade desses delitos.

2. Cada Estado Parte adotará as medidas que sejam necessárias para estabelecer ou manter, em conformidade com seu ordenamento jurídico e seus princípios constitucionais, um equilíbrio apropriado entre quaisquer imunidades ou prerrogativas jurisdicionais outorgadas a seus funcionários públicos para o cumprimento de suas funções e a possibilidade, se necessário, de proceder efetivamente à investigação, ao indiciamento e à sentença dos delitos qualificados de acordo com a presente Convenção.

3. Cada Estado Parte velará para que se exerçam quaisquer faculdades legais discricionárias de que disponham conforme sua legislação interna em relação ao indiciamento de pessoas pelos delitos qualificados de acordo com a presente Convenção a fim de dar máxima eficácia às medidas adotadas para fazer cumprir a lei a respeito desses delitos, tendo devidamente em conta a necessidade de preveni-los.

4. Quando se trate dos delitos qualificados de acordo com a presente Convenção, cada Estado Parte adotará as medidas apropriadas, em conformidade com sua legislação interna e levando devidamente em consideração os direitos de defesa, com vistas a procurar que, ao impor condições em relação com a decisão de conceder liberdade em espera de juízo ou apelação, se tenha presente a necessidade de garantir o comparecimento do acusado em todo procedimento penal posterior.

5. Cada Estado Parte terá em conta a gravidade dos delitos pertinentes ao considerar a eventualidade de conceder a liberdade antecipada ou a liberdade condicional a pessoas que tenham sido declaradas culpadas desses delitos.

6. Cada Estado Parte considerará a possibilidade de estabelecer, na medida em que ele seja concordante com os princípios fundamentais de seu ordenamento jurídico, procedimentos em virtude dos quais um funcionário público que seja acusado de um delito qualificado de acordo com a presente Convenção possa, quando proceder, ser destituído, suspenso ou transferido pela autoridade correspondente, tendo presente o respeito ao princípio de presunção de inocência.

7. Quando a gravidade da falta não justifique e na medida em que ele seja concordante com os princípios fundamentais de seu ordenamento jurídico, cada Estado Parte considerará a possibilidade de estabelecer procedimentos para inabilitar, por mandado judicial ou outro meio apropriado e por um período determinado em sua legislação interna, as pessoas condenadas por delitos qualificados de acordo com a presente Convenção para:

a) Exercer cargos públicos; e

b) Exercer cargos em uma empresa de propriedade total ou parcial do Estado.

8. O parágrafo 1 do presente Artigo não prejudicará a aplicação de medidas disciplinares pelas autoridades competentes contra funcionários públicos.

9. Nada do disposto na presente Convenção afetará o princípio de que a descrição dos delitos qualificados de acordo com ela e dos meios jurídicos de defesa aplicáveis ou demais princípios jurídicos que regulam a legalidade de uma conduta que a reservada à legislação interna dos Estados Partes e de que esses delitos haverão de ser perseguidos e sancionados em conformidade com essa legislação.

10. Os Estados Partes procurarão promover a reinserção social das pessoas condenadas por delitos qualificados de acordo com a presente Convenção.

Artigo 31. Embargo preventivo, apreensão e confisco

1. Cada Estado Parte adotará, no maior grau permitido em seu ordenamento jurídico interno, as medidas que sejam necessárias para autorizar o confisco:

a) Do produto de delito qualificado de acordo com a presente Convenção ou de bens cujo valor corresponda ao de tal produto;

b) Dos bens, equipamentos ou outros instrumentos utilizados ou destinados utilizados na prática dos delitos qualificados de acordo com a presente Convenção.

2. Cada Estado Parte adotará as medidas que sejam necessárias para permitir a identificação, localização, embargo preventivo ou a apreensão de qualquer bem a que se tenha referência no parágrafo 1 do presente Artigo com vistas ao seu eventual confisco.

3. Cada Estado Parte adotará, em conformidade com sua legislação interna, as medidas legislativas e de outras índoles que sejam necessárias para regular a administração, por parte das autoridades competentes, dos bens embargados, incautados ou confiscados compreendidos nos parágrafos 1 e 2 do presente Artigo.

4. Quando esse produto de delito se tiver transformado ou convertido parcialmente ou totalmente em outros bens, estes serão objeto das medidas aplicáveis a tal produto de acordo com o presente Artigo.

5. Quando esse produto de delito se houver mesclado com bens adquiridos de fontes lícitas, esses bens serão objeto de confisco até o valor estimado do produto mesclado, sem menosprezo de qualquer outra faculdade de embargo preventivo ou apreensão.

6. Os ingressos e outros benefícios derivados desse produto de delito, de bens nos quais se tenham transformado ou convertido tal produto ou de bens que se tenham mesclado a esse produto de delito também serão objeto das medidas previstas no presente Artigo, da mesma maneira e no mesmo grau que o produto do delito.

7. Aos efeitos do presente Artigo e do Artigo 55 da presente Convenção, cada Estado Parte facultará a seus tribunais ou outras autoridade competentes para ordenar a apresentação ou a apreensão de documentos bancários, financeiros ou comerciais. Os Estados Partes não poderão abster-se de aplicar as disposições do presente parágrafo amparando-se no sigilo bancário.

8. Os Estados Partes poderão considerar a possibilidade de exigir de um delinqüente que demonstre a origem lícita do alegado produto de delito ou de outros bens expostos ao confisco, na medida em que ele seja conforme com os princípios fundamentais de sua legislação interna e com a índole do processo judicial ou outros processos.

9. As disposições do presente Artigo não se interpretarão em prejuízo do direito de terceiros que atuem de boa-fé.

10. Nada do disposto no presente Artigo afetará o princípio de que as medidas nele previstas se definirão e aplicar-se-ão em conformidade com a legislação interna dos Estados Partes e com sujeição a este.

Artigo 32. Proteção a testemunhas, peritos e vítimas

1. Cada Estado Parte adotará medidas apropriadas, em conformidade com seu ordenamento jurídico interno e dentro de suas possibilidades, para proteger de maneira eficaz contra eventuais atos de represália ou intimidação as testemunhas e peritos que prestem testemunho sobre os delitos qualificados de acordo com a presente Convenção, assim como, quando proceder, a seus familiares e demais pessoas próximas.

2. As medidas previstas no parágrafo 1 do presente Artigo poderão consistir, entre outras, sem prejuízo dos direitos do acusado e incluindo o direito de garantias processuais, em:

a) Estabelecer procedimentos para a proteção física dessas pessoas, incluída, na medida do necessário e do possível, sua remoção, e permitir, quando proceder, à proibição total ou parcial de revelar informação sobre sua identidade e paradeiro;

b) Estabelecer normas probatórias que permitam que as testemunhas e peritos prestem testemunho sem pôr em perigo a segurança dessas pessoas, por exemplo, aceitando o testemunho mediante tecnologias de comunicação como a videoconferência ou outros meios adequados.

3. Os Estados Partes considerarão a possibilidade de celebrar acordos ou tratados com outros Estados para a remoção das pessoas mencionadas no parágrafo 1 do presente Artigo.

4. As disposições do presente Artigo se aplicarão também às vítimas na medida em que sejam testemunhas.

5. Cada Estado Parte permitirá, com sujeição a sua legislação interna, que se apresentem e considerem as opiniões e preocupações das vítimas em etapas apropriadas das ações penais contra os criminosos sem menosprezar os direitos de defesa.

Artigo 33. Proteção aos denunciantes

Cada Estado Parte considerará a possibilidade de incorporar em seu ordenamento jurídico interno medidas apropriadas para proporcionar proteção contra todo trato injusto às pessoas que denunciem ante as autoridades competentes, de boa-fé e com motivos razoáveis, quaisquer feitos relacionados com os delitos qualificados de acordo com a presente Convenção.

Artigo 34. Conseqüências dos atos de corrupção

Com a devida consideração aos direitos adquiridos de boa-fé por terceiros, cada Estado Parte, em conformidade com os princípios fundamentais de sua legislação interna, adotará medidas para eliminar as conseqüências dos atos de corrupção. Neste contexto, os Estados Partes poderão considerar a corrupção um fator pertinente em procedimentos jurídicos encaminhados a anular ou deixar sem efeito um contrato ou a revogar uma concessão ou outro instrumento semelhante, o adotar qualquer outra medida de correção.

Artigo 35. Indenização por danos e prejuízos

Cada Estado Parte adotará as medidas que sejam necessárias, em conformidade com os princípios de sua legislação interna, para garantir que as entidades ou pessoas prejudicadas como conseqüência de um ato de corrupção tenham direito a iniciar uma ação legal contra os responsáveis desses danos e prejuízos a fim de obter indenização.

Artigo 36. Autoridades especializadas

Cada Estado Parte, de conformidade com os princípios fundamentais de seu ordenamento jurídico, se certificará de que dispõe de um ou mais órgãos ou pessoas especializadas na luta contra a corrupção mediante a aplicação coercitiva da lei. Esse(s) órgão(s) ou essa(s) pessoa(s) gozarão da independência necessária, conforme os princípios fundamentais do ordenamento jurídico do Estado Parte, para que possam desempenhar suas funções com eficácia e sem pressões indevidas. Deverá proporcionar-se a essas pessoas ou ao pessoal desse(s) órgão(s) formação adequada e recursos suficientes para o desempenho de suas funções.

Artigo 37. Cooperação com as autoridades encarregadas de fazer cumprir a lei

1. Cada Estado Parte adotará as medidas apropriadas para restabelecer as pessoas que participem ou que tenham participado na prática dos delitos qualificados de acordo com a presente Convenção que proporcionem às autoridades competentes informação útil com fins investigativos e probatórios e as que lhes prestem ajuda efetiva e concreta que possa contribuir a privar os criminosos do produto do delito, assim como recuperar esse produto.

2. Cada Estado Parte considerará a possibilidade de prever, em casos apropriados, a mitigação de pena de toda pessoa acusada que preste cooperação substancial à investigação ou ao indiciamento dos delitos qualificados de acordo com a presente Convenção.

3. Cada Estado parte considerará a possibilidade de prever, em conformidade com os princípios fundamentais de sua legislação interna, a concessão de imunidade judicial a toda pessoa que preste cooperação substancial na investigação ou no indiciamento dos delitos qualificados de acordo com a presente Convenção.

4. A proteção dessas pessoas será, *mutatis mutandis*, a prevista no Artigo 32 da presente Convenção.

5. Quando as pessoas mencionadas no parágrafo 1 do presente Artigo se encontrem em um Estado Parte e possam prestar cooperação substancial às autoridades competentes de outro Estado Parte, os Estados Partes interessados poderão considerar a possibilidade de celebrar acordos ou tratados, em conformidade com sua legislação interna, a respeito da eventual concessão, por esse Estrado Parte, do trato previsto nos parágrafos 2 e 3 do presente Artigo.

Artigo 38. Cooperação entre organismos nacionais

Cada Estado Parte adotará as medidas que sejam necessárias, em conformidade com sua legislação interna, para estabelecer a cooperação entre, de um lado, seus organismos públicos, assim como seus funcionários públicos, e, do outro, seus organismos encarregados de investigar e processar judicialmente os delitos. Essa cooperação poderá incluir:

a) Informar a esses últimos organismos, por iniciativa do Estado Parte, quando tenha motivos razoáveis para suspeitar-se que fora praticado algum dos crimes qualificados de acordo com os Artigos 15, 21 e 23 da presente Convenção; ou

b) Proporcionar a esses organismos toda a informação necessária mediante solicitação.

Artigo 39. Cooperação entre os organismos nacionais e o setor privado

1. Cada Estado Parte adotará as medidas que sejam necessárias, em conformidade com seu direito interno, para estabelecer a cooperação entre os organismos nacionais de investigação e o ministério público, de um lado, e as entidades do setor privado, em particular as instituições financeiras, de outro, em questões relativas à prática dos delitos qualificados de acordo com a presente Convenção.

2. Cada Estado Parte considerará a possibilidade de estabelecer que seus cidadãos e demais pessoas que tenham residência em seu território a denunciar ante os organismos nacionais de investigação e o ministério público a prática de todo delito qualificado de acordo com a presente Convenção.

Artigo 40. Sigilo bancário

Cada Estado Parte velará para que, no caso de investigações penais nacionais de delitos qualificados de acordo com a presente Convenção, existam em seu ordenamento jurídico interno mecanismos apropriados para eliminar qualquer obstáculo que possa surgir como conseqüência da aplicação da legislação relativa ao sigilo bancário.

Artigo 41. Antecedentes penais

Cada Estado Parte poderá adotar as medidas legislativas ou de outras índoles que sejam necessárias para ter em conta, nas condições e para os fins que estime apropriados, toda prévia declaração de culpabilidade de um presumido criminoso em outro Estado a fim de utilizar essa informação em ações penais relativas a delitos qualificados de acordo com a presente Convenção.

Artigo 42. Jurisdição

1. Cada Estado Parte adotará as medidas que sejam necessárias para estabelecer sua jurisdição a respeito dos delitos qualificados de acordo com a presente Convenção quando:

a) O delito se cometa em seu território; ou

b) O delito se cometa a bordo de uma embarcação que possua identificação de tal Estado ou de uma aeronave registrada sob suas leis no momento de sua prática.

2. Com sujeição ao disposto no Artigo 4 da presente Convenção, um Estado Parte também poderá estabelecer sua jurisdição para ter conhecimento de tais delitos quando:

a) O delito se cometa contra um de seus cidadãos;

b) O delito seja cometido por um de seus cidadãos ou por um estrangeiro que tenha residência em seu território;

c) O delito seja um dos delitos qualificados de acordo com o inciso "ii)" da parte "b)" do parágrafo 1 do Artigo 23 da presente Convenção e se cometa fora de seu território com vistas à prática, dentro de seu território, de um delito qualificado de acordo com os incisos "i)" e "ii)" da parte "a)" ou inciso "i)" da parte "b)" do parágrafo 1 do Artigo 23 da presente Convenção; ou

d) O delito se cometa contra o Estado Parte.

3. Aos efeitos do Artigo 44 da presente Convenção, cada Estado Parte adotará as medidas que sejam necessárias para estabelecer a jurisdição relativa aos delitos qualificados de acordo com a presente Convenção quando o presumido criminoso se encontre em seu território e o Estado Parte não o extradite pelo fato de ser um de seus cidadãos.

4. Cada Estado Parte poderá também adotar as medidas que sejam necessárias para estabelecer sua jurisdição a respeito dos delitos qualificados na presente Convenção quando o presumido criminoso se encontre em seu território e o Estado Parte não o extradite.

5. Se um Estado Parte que exerce sua jurisdição de acordo com os parágrafos 1 ou 2 do presente Artigo for notificado, ou tomar conhecimento por outro meio, de que outros Estados Partes estão realizando uma investigação, um processo ou uma ação judicial relativos aos mesmos fatos, as autoridades competentes desses Estados Partes se consultarão, segundo proceda, a fim de coordenar suas medidas.

6. Sem prejuízo às normas do direito internacional geral, a presente Convenção não excluirá o exercício das competências penais estabelecidas pelos Estados Partes em conformidade com suas legislações internas.

CAPÍTULO IV – **Cooperação Internacional**

Artigo 43. Cooperação internacional

1. Os Estados Partes cooperarão em assuntos penais conforme o disposto nos Artigos 44 a 50 da presente Convenção. Quando proceda e estiver em consonância com seu ordenamento jurídico interno, os Estados Partes considerarão a possibilidade de prestar-se assistência nas investigações e procedimentos correspondentes a questões civis e administrativas relacionadas com a corrupção.

2. Em questões de cooperação internacional, quando a dupla incriminação seja um requisito, este se considerará cumprido se a conduta constitutiva do delito relativo ao qual se solicita assistência é um delito de acordo com a legislação de ambos os Estados Partes, independentemente se as leis do Estado Parte requerido incluem o delito na mesma categoria ou o denominam com a mesma terminologia que o Estado Parte requerente.

Artigo 44. Extradição

1. O presente Artigo se aplicará a todos os delitos qualificados de acordo com a presente Convenção no caso de que a pessoa que é objeto de solicitação de extradição se encontre no território do Estado Parte requerido, sempre e quando o delito pelo qual se pede a extradição seja punível de acordo com a legislação interna do Estado Parte requerente e do Estado Parte requerido.

2. Sem prejuízo ao disposto no parágrafo 1 do presente Artigo, os Estados Partes cuja legislação o permitam poderão conceder a extradição de uma pessoa por quaisquer dos delitos compreendidos na presente Convenção que não sejam puníveis com relação à sua própria legislação interna.

3. Quando a solicitação de extradição incluir vários delitos, dos quais ao menos um dê lugar à extradição conforme o disposto no presente Artigo e alguns não derem lugar à extradição devido ao período de privação de liberdade que toleram mas guardem relação com os delitos qualificados de acordo com a presente Convenção, o Estado Parte requerido poderá aplicar o presente Artigo também a respeito desses delitos.

4. Cada um dos delitos aos quais se aplicam o presente Artigo se considerará incluído entre os delitos que dão lugar à extradição em todo tratado de extradição vigente entre os Estados Partes. Estes se comprometem a incluir tais delitos como causa de extradição em todo tratado de extradição que celebrem entre si. Os Estados Partes cujas legislações os permitam, no caso de que a presente Convenção sirva de base para a extradição, não considerarão de caráter político nenhum dos delitos qualificados de acordo com a presente Convenção.

5. Se um Estado Parte que submete a extradição à existência de um tratado recebe uma solicitação de extradição de outro Estado Parte com o qual não celebra nenhum tratado de extradição, poderá considerar a presente Convenção como a base jurídica da extradição a respeito dos delitos aos quais se aplicam o presente Artigo.

6. Todo Estado Parte que submeta a extradição à existência de um tratado deverá:

a) No momento de depositar seu instrumento de ratificação, aceitação ou aprovação da presente Convenção ou de adesão a ela, informar ao Secretário Geral das Nações Unidas se considerará ou não a presente Convenção como a base jurídica da cooperação em matéria de extradição em suas relações com os outros Estados Partes da presente Convenção; e

b) Se não considera a presente Convenção como a base jurídica da cooperação em matéria de extradição, procurar, quando proceder, celebrar tratados de extradição com outros Estados Partes da presente Convenção a fim de aplicar o presente Artigo.

7. Os Estados Partes que não submetem a extradição à existência de um tratado reconhecerão os delitos aos quais se aplica o presente Artigo como causa de extradição entre eles.

8. A extradição estará sujeita às condições previstas na legislação interna do Estado Parte requerido ou nos tratados de extradição aplicáveis, incluídas, entre outras coisas, as relativas ao requisito de uma pena mínima para a extradição e aos motivos que o Estado Parte requerido pode incorrer na extradição.

9. Os Estados Partes, em conformidade com sua legislação interna, procurarão agilizar os procedimentos de extradição e simplificar os requisitos proba-

tórios correspondentes com relação a qualquer dos delitos aos quais se aplicam o presente Artigo.

10. A respeito do disposto em sua legislação interna e em seus tratados de extradição, o Estado Parte requerido poderá, após haver-se certificado de que as circunstâncias o justificam e têm caráter urgente, e à solicitação do Estado Parte requerente, proceder à detenção da pessoa presente em seu território cuja extradição se peça ou adotar outras medidas adequadas para garantir o comparecimento dessa pessoa nos procedimentos de extradição.

11. O Estado Parte em cujo território se encontre um presumido criminoso, se não o extradita quando de um delito aos qual se aplica o presente Artigo pelo fato de ser um de seus cidadãos, estará obrigado, quando solicitado pelo Estado Parte que pede a extradição, a submeter o caso sem demora injustificada a suas autoridades competentes para efeitos de indiciamento. As mencionadas autoridades adotarão sua decisão e levarão a cabo suas ações judiciais da mesma maneira em que o fariam feito com relação a qualquer outro delito de caráter grave de acordo com a legislação interna desse Estado Parte. Os Estados Partes interessados cooperarão entre si, em particular no tocante aos aspectos processuais e probatórios, com vistas a garantir a eficiência das mencionadas ações.

12. Quando a legislação interna de um Estado Parte só permite extraditar ou entregar de algum outro modo um de seus cidadãos a condição de que essa pessoa seja devolvida a esse Estado Parte para cumprir a pena imposta como resultado do juízo do processo por aquele que solicitou a extradição ou a entrega e esse Estado Parte e o Estado Parte que solicita a extradição aceitem essa opção, assim como toda outra condição que julguem apropriada, tal extradição ou entrega condicional será suficiente para que seja cumprida a obrigação enunciada no parágrafo 11 do presente Artigo.

13. Se a extradição solicitada com o propósito de que se cumpra uma pena é negada pelo fato de que a pessoa procurada é cidadã do Estado Parte requerido, este, se sua legislação interna autoriza e em conformidade com os requisitos da mencionada legislação, considerará, ante solicitação do Estado Parte requerente, a possibilidade de fazer cumprir a pena imposta ou o resto pendente de tal pena de acordo com a legislação interna do Estado Parte requerente.

14. Em todas as etapas das ações se garantirá um tratamento justo a toda pessoa contra a qual se tenha iniciado uma instrução em relação a qualquer dos delitos aos quais se aplica o presente Artigo, incluindo o gozo de todos os direitos e garantias previstos pela legislação interna do Estado Parte em cujo território se encontre essa pessoa.

15. Nada do disposto na presente Convenção poderá interpretar-se como a imposição de uma obrigação de extraditar se o Estado Parte requerido tem motivos justificados para pressupor que a solicitação foi apresentada com o fim de perseguir ou castigar a uma pessoa em razão de seu sexo, raça, religião, nacionalidade, origem étnica ou opiniões políticas ou que seu cumprimento ocasionaria prejuízos à posição dessa pessoa por quaisquer destas razões.

16. Os Estados Partes não poderão negar uma solicitação de extradição unicamente porque se considere que o delito também envolve questões tributárias.

17. Antes de negar a extradição, o Estado Parte requerido, quando proceder, consultará o Estado parte requerente para dar-lhe ampla oportunidade de apresentar suas opiniões e de proporcionar informação pertinente a sua alegação.

18. Os Estados Partes procurarão celebrar acordos ou tratados bilaterais e multilaterais para levar a cabo a extradição ou com vistas a aumentar sua eficácia.

Artigo 45. Traslado de pessoas condenadas a cumprir uma pena

Os Estados Partes poderão considerar a possibilidade de celebrar acordos ou tratados bilaterais ou multilaterais sobre o traslado a seu território de toda pessoa que tenha sido condenada a pena de prisão ou outra forma de privação de liberdade por algum dos delitos qualificados de acordo com a presente Convenção a fim de que cumpra ali sua pena.

Artigo 46. Assistência judicial recíproca

1. Os Estados Partes prestar-se-ão a mais ampla assistência judicial recíproca relativa a investigações, processos e ações judiciais relacionados com os delitos compreendidos na presente Convenção.

2. Prestar-se-á assistência judicial recíproca no maior grau possível conforme as leis, tratados, acordos e declarações pertinentes do Estado Parte requerido com relação a investigações, processos e ações judiciais relacionados com os delitos dos quais uma pessoa jurídica pode ser considerada responsável em conformidade com o Artigo 26 da presente Convenção no Estado Parte requerente.

3. A assistência judicial recíproca que se preste em conformidade com o presente Artigo poderá ser solicitada para quaisquer dos fins seguintes:

a) Receber testemunhos ou tomar declaração de pessoas;

b) Apresentar documentos judiciais;

c) Efetuar inspeções, incautações e/ou embargos preventivos;

d) Examinar objetos e lugares;

e) Proporcionar informação, elementos de prova e avaliações de peritos;

f) Entregar originais ou cópias certificadas dos documentos e expedientes pertinentes, incluída a documentação pública, bancária e financeira, assim como a documentação social ou comercial de sociedades mercantis;

g) Identificar ou localizar o produto de delito, os bens, os instrumentos e outros elementos para fins probatórios;

h) Facilitar o comparecimento voluntário de pessoas ao Estado Parte requerente;

i) Prestar qualquer outro tipo de assistência autorizada pela legislação interna do Estado Parte requerido;

j) Identificar, embargar com caráter preventivo e localizar o produto de delito, em conformidade com as disposições do Capítulo V da presente Convenção;

l) Recuperar ativos em conformidade com as disposições do Capítulo V da presente Convenção.

4. Sem menosprezo à legislação interna, as autoridades competentes de um Estado Parte poderão, sem que se lhes solicite previamente, transmitir informação relativa a questões penais a uma autoridade competente de outro Estado Parte se crêem que essa informação poderia ajudar a autoridade a empreender ou concluir com êxito indagações e processos penais ou poderia dar lugar a uma petição formulada por este último Estado Parte de acordo com a presente Convenção.

5. A transmissão de informação de acordo com o parágrafo 4 do presente Artigo se fará sem prejuízo às indagações e processos penais que tenham lugar no Estado das autoridades competentes que facilitaram a informação. As autoridades competentes que recebem a informação deverão aquiescer a toda solicitação de que se respeite seu caráter confidencial, inclusive temporariamente, ou de que se imponham restrições a sua utilização. Sem embargo, ele não obstará para que o Estado Parte receptor revele, em suas ações, informação que seja fator de absolvição de uma pessoa acusada. Em tal caso, o Estado Parte receptor notificará o Estado Parte transmissor antes de revelar a mencionada informação e, se assim for solicitado, consultará o Estado Parte transmissor. Se, em um caso excepcional, não for possível notificar com antecipação, o Estado Parte receptor informará sem demora ao Estado Parte transmissor sobre a mencionada revelação.

6. O disposto no presente Artigo não afetará as obrigações inerentes de outros tratados bilaterais ou multilaterais vigentes ou futuros que rejam, total ou parcialmente, a assistência judicial recíproca.

7. Os parágrafos 9 a 29 do presente Artigo se aplicarão às solicitações que se formulem de acordo com o presente Artigo sempre que não se estabeleça entre os Estados Partes interessados um tratado de assistência judicial recíproca. Quando estes Estados Partes estiverem vinculados por um tratado dessa índole se aplicarão as disposições correspondentes do tal tratado, salvo quando aos Estados Partes convenha aplicar, em seu lugar, os parágrafos 9 a 29 do presente Artigo. Insta-se encarecidamente aos Estados Partes que apliquem esses parágrafos se a cooperação for facilitada.

8. Os Estados Partes não invocarão o sigilo bancário para negar a assistência judicial recíproca de acordo com o presente Artigo.

9. a) Ao atender a uma solicitação de assistência de acordo com o presente Artigo, na ausência de dupla incriminação, o Estado Parte requerido terá em conta a finalidade da presente Convenção, enunciada no Artigo 1;

b) Os Estados Partes poderão negar-se a prestar assistência de acordo com o presente Artigo invocando a ausência de dupla incriminação. Não obstante, o

Estado Parte requerido, quando esteja em conformidade com os conceitos básicos de seu ordenamento jurídico, prestará assistência que não envolva medidas coercitivas. Essa assistência poderá ser negada quando a solicitação envolva assuntos *de minimis* ou questões relativas às quais a cooperação ou a assistência solicitada estiver prevista em virtude de outras disposições da presente Convenção;

c) Na ausência da dupla incriminação, cada Estado Parte poderá considerar a possibilidade de adotar as medidas necessárias que lhe permitam prestar uma assistência mais ampla de acordo com o presente Artigo.

10. A pessoa que se encontre detida ou cumprindo uma pena no território de um Estado Parte e cuja presença se solicite por outro Estado Parte para fins de identificação, para prestar testemunho ou para que ajude de alguma outra forma na obtenção das provas necessárias para investigações, processos ou ações judiciais relativos aos delitos compreendidos na presente Convenção poderá ser trasladada se cumprirem-se as condições seguintes:

a) A pessoa, devidamente informada, dá seu livre consentimento;

b) As autoridades competentes de ambos os Estados Partes estão de acordo, com sujeição às condições que estes considerem apropriadas.

11. Aos efeitos do parágrafo 10 do presente Artigo:

a) O Estado Parte ao qual se traslade a pessoa terá a competência e a obrigação de mantê-la detida, salvo se o Estado Parte do qual a pessoa fora trasladada solicitar ou autorizar outra coisa;

b) O Estado Parte ao qual se traslade a pessoa cumprirá sem delongas sua obrigação de devolvê-la à custódia do Estado Parte do qual a trasladou, segundo convenham de antemão ou de outro modo as autoridades competentes de ambos os Estados Partes;

c) O Estado Parte ao qual se traslade a pessoa não poderá exigir do Estado Parte do qual a pessoa tenha sido trasladada que inicie procedimentos de extradição para sua devolução;

d) O tempo em que a pessoa tenha permanecido detida no Estado Parte ao qual fora trasladada se computará como parte da pena que se cumpre no Estado Parte do qual fora trasladada.

12. A menos que o Estado Parte remetente da pessoa a ser trasladada de conformidade com os parágrafos 10 e 11 do presente Artigo estiver de acordo, tal pessoa, seja qual for sua nacionalidade, não poderá ser processada, detida, condenada nem submetida a nenhuma outra restrição de sua liberdade pessoal no território do Estado ao qual fora trasladada em relação a atos, omissões ou penas anteriores a sua saída do território do Estado remetente.

13. Cada Estado Parte designará uma autoridade central encarregada de receber solicitações de assistência judicial recíproca e permitida a dar-lhes cumprimento ou para transmiti-las às autoridades competentes para sua execução. Quando alguma região ou algum território especial de um Estado Parte disponha de um regimento distinto de assistência judicial recíproca, o Estado Parte poderá

designar outra autoridade central que desempenhará a mesma função para tal região ou mencionado território. As autoridades centrais velarão pelo rápido e adequado cumprimento ou transmissão das solicitações recebidas. Quando a autoridade central transmitir a solicitação a uma autoridade competente para sua execução, alentará a rápida e adequada execução da solicitação por parte da mencionada autoridade. Cada Estado Parte notificará o Secretário Geral das Nações Unidas, no momento de depositar seu instrumento de ratificação, aceitação ou aprovação da presente Convenção ou de adesão a ela, o nome da autoridade central que tenha sido designada para tal fim. As solicitações de assistência judicial recíproca e qualquer outra comunicação pertinente serão transmitidas às autoridades centrais designadas pelos Estados Partes. A presente disposição não afetará a legislação de quaisquer dos Estados Partes para exigir que estas solicitações e comunicações lhe sejam enviadas por via diplomática e, em circunstâncias urgentes, quando os Estados Partes convenham a ele, por condução da Organização Internacional de Polícia Criminal, de ser possível.

14. As solicitações se apresentarão por escrito ou, quando possível, por qualquer meio capaz de registrar um texto escrito, em um idioma aceitável pelo Estado Parte requerido. Em condições que permitam ao mencionado Estado Parte determinar sua autenticidade. Cada Estado Parte notificará o Secretário Geral das Nações Unidas, no momento de depositar seu instrumento de ratificação, aceitação ou aprovação da presente Convenção ou de adesão a ela, o(s) idioma(s) que é(são) aceitável(veis). Em situações de urgência, e quando os Estados Partes convenham a ele, as solicitações poderão fazer-se oralmente, devendo ser confirmadas por escrito sem delongas.

15. Toda solicitação de assistência judicial recíproca conterá o seguinte:

a) A identidade da autoridade que faz a solicitação;

b) O objeto e a índole das investigações, dos processos e das ações judiciais a que se refere a solicitação e o nome e as funções da autoridade encarregada de efetuar tais investigações, processos ou ações;

c) Um resumo dos feitos pertinentes, salvo quando se trate de solicitações de apresentação de documentos judiciais;

d) Uma descrição da assistência solicitada e pormenores sobre qualquer procedimento particular que o Estado Parte requerente deseja que se aplique;

e) Se possível, a identidade, situação e nacionalidade de cada pessoa interessada; e

f) A finalidade pela qual se solicita a prova, informação ou atuação.

16. O Estado Parte requerido poderá pedir informação adicional quando seja necessária para dar cumprimento à solicitação em conformidade com sua legislação interna ou para facilitar tal cumprimento.

17. Dar-se-á cumprimento a toda solicitação de acordo com o ordenamento jurídico interno do Estado Parte requerido e, na medida em que ele não o contravenha e seja factível, em conformidade com os procedimentos especificados na solicitação.

18. Sempre quando for possível e compatível com os princípios fundamentais da legislação interna, quando uma pessoa se encontre no território de um Estado Parte e tenha que prestar declaração como testemunha ou perito ante autoridades judiciais de outro Estado Parte, o primeiro Estado Parte, ante solicitação do outro, poderá permitir que a audiência se celebre por videoconferência se não for possível ou conveniente que a pessoa em questão compareça pessoalmente ao território do Estado Parte requerente. Os Estados Partes poderão combinar que a audiência fique a cargo de uma autoridade judicial do Estado Parte requerente e que seja assistida por uma autoridade judicial do Estado Parte requerido.

19. O Estado Parte requerente não transmitirá nem utilizará, sem prévio consentimento do Estado Parte requerido, a informação ou as provas proporcionadas por este para investigações, processos ou ações judiciais distintas daquelas indicadas na solicitação. Nada do disposto no presente parágrafo impedirá que o Estado Parte requerente revele, em suas ações, informação ou provas que sejam fatores de absolvição de uma pessoa acusada. Neste último caso, o Estado Parte requerente notificará o Estado Parte requerido antes de revelar a informação ou as provas e, se assim solicitado, consultará o Estado Parte requerido. Se, em um caso excepcional, não for possível notificar este com antecipação, o Estado Parte requerente informará sem demora o Estado Parte requerido da mencionada revelação.

20. O Estado Parte requerente poderá exigir que o Estado Parte requerido mantenha sigilo acerca da existência e do conteúdo da solicitação, salvo na medida necessária para dar-lhe cumprimento. Se o Estado Parte requerido não pode manter esse sigilo, terá de fazer o Estado parte requerente sabê-lo de imediato.

21. A assistência judicial recíproca poderá ser negada:

a) Quando a solicitação não esteja em conformidade com o disposto no presente Artigo;

b) Quando o Estado Parte requerido considere que o cumprimento da solicitação poderia agredir sua soberania, sua segurança, sua ordem pública ou outros interesses fundamentais;

c) Quando a legislação interna do Estado Parte requerido proíba suas autoridades de atuarem na forma solicitada relativa a um delito análogo, se este tiver sido objeto de investigações, processos ou ações judiciais no exercício de sua própria competência;

d) Quando aquiescer à solicitação seja contrário ao ordenamento jurídico do Estado Parte requerido no tocante à assistência judicial recíproca.

22. Os Estados Parte não poderão negar uma solicitação de assistência judicial recíproca unicamente por considerarem que o delito também envolve questões tributárias.

23. Toda negação de assistência judicial recíproca deverá fundamentar-se devidamente.

24. O Estado Parte requerido cumprirá a solicitação de assistência judicial recíproca o quanto antes e terá plenamente em conta, na medida de suas

possibilidades, os prazos que sugira o Estado Parte requerente e que estejam devidamente fundamentados, de preferência na própria solicitação. O Estado Parte requerente poderá pedir informação razoável sobre o estado e a evolução das gestões realizadas pelo Estado Parte requerido para satisfazer tal petição. O Estado Parte requerido responderá às solicitações razoáveis que formule o Estado Parte requerente relativas ao estado e à evolução do trâmite da resolução. O Estado Parte requerente informará de pronto ao Estado Parte requerido quando já não mais necessite da assistência requisitada.

25. A assistência judicial recíproca poderá ser modificada pelo Estado Parte requerido se perturba investigações, processos ou ações judiciais em curso.

26. Antes de negar uma solicitação apresentada de acordo com o parágrafo 21 do presente Artigo ou de modificar seu cumprimento de acordo com o parágrafo 25 do presente Artigo, o Estado Parte requerido consultará o Estado Parte requerente para considerar se é possível prestar a assistência solicitada submetendo-a às condições que julgue necessárias. Se o Estado Parte requerente aceita a assistência de acordo com essas condições, esse Estado Parte deverá cumprir as condições impostas.

27. Sem prejuízo à aplicação do parágrafo 12 do presente Artigo, a testemunha, perito ou outra pessoa que, sob requisição do Estado Parte requerente, consente em prestar testemunho em juízo ou colaborar em uma investigação, processo ou ação judicial no território do Estado Parte requerente, não poderá ser indiciado, detido, condenado nem submetido a nenhuma restrição de sua liberdade pessoal nesse território por atos, omissões ou declarações de culpabilidade anteriores ao momento em que abandonou o território do Estado Parte requerido. Esse salvo-conduto cessará quando a testemunha, perito ou outra pessoa tenha tido, durante 15 (quinze) dias consecutivos ou durante o período acordado entre os Estados Partes após a data na qual se tenha informado oficialmente de que as autoridades judiciais já não requeriam sua presença, a oportunidade de sair do país e não obstante permaneceu voluntariamente nesse território ou a ele regressou livremente depois de havê-lo abandonado.

28. Os gastos ordinários que ocasionem o cumprimento da solicitação serão sufragados pelo Estado Parte requerido, a menos que os Estados Partes interessados tenham acordado outro meio. Quando se requeiram para este fim gastos vultosos ou de caráter extraordinário, os Estados Partes se consultarão para determinar as condições nas quais se dará cumprimento à solicitação, assim como a maneira em que se sufragarão os gastos.

29. O Estado Parte requerido:

a) Facilitará ao Estado Parte requerente uma cópia dos documentos oficiais e outros documentos ou papéis que tenha sob sua custódia e que, conforme sua legislação interna, sejam de acesso do público em geral;

b) Poderá, a seu arbítrio e com sujeição às condições que julgue apropriadas, proporcionar ao Estado Parte requerente uma cópia total ou parcial de documentos oficiais ou de outros documentos ou papéis que tenha sob sua custódia e que, conforme sua legislação interna, não sejam de acesso do público em geral.

30. Quando se fizer necessário, os Estados Partes considerarão a possibilidade de celebrar acordos ou tratados bilaterais ou multilaterais que contribuam a lograr os fins do presente Artigo e que levem à prática ou reforcem suas disposições.

Artigo 47. Enfraquecimento de ações penais

Os Estados Partes considerarão a possibilidade de enfraquecer ações penais para o indiciamento por um delito qualificado de acordo com a presente Convenção quando se estime que essa remissão redundará em benefício da devida administração da justiça, em particular nos casos nos quais intervenham várias jurisdições, com vistas a concentrar as atuações do processo.

Artigo 48. Cooperação em matéria de cumprimento da lei

1. Os Estados Partes colaborarão estritamente, em consonância com seus respectivos ordenamentos jurídicos e administrativos, com vistas a aumentar a eficácia das medidas de cumprimento da lei orientada a combater os delitos compreendidos na presente Convenção. Em particular, os Estados Parte adotarão medidas eficazes para:

a) Melhorar os canais de comunicação entre suas autoridades, organismos e serviços competentes e, quando necessário, estabelecê-los, a fim de facilitar o intercâmbio seguro e rápido de informações sobre todos os aspectos dos delitos compreendidos na presente Convenção, assim como, se os Estados Partes interessados estimarem oportuno, sobre suas vinculações com outras atividades criminosas;

b) Cooperar com outros Estados Partes na realização de indagações a respeito dos delitos compreendidos na presente Convenção acerca de: i) A identidade, o paradeiro e as atividades de pessoas presumidamente envolvidas em tais delitos ou a situação de outras pessoas interessadas; ii) A movimentação do produto do delito ou de bens derivados da prática desses delitos; iii) A movimentação de bens, equipamentos ou outros instrumentos utilizados ou destinados à prática desses delitos.

c) Proporcionar, quando proceder, os elementos ou as quantidades de substâncias que se requeiram para fins de análise e investigação.

d) Intercambiar, quando proceder, informação com outros Estados Partes sobre os meios e métodos concretos empregados para a prática dos delitos compreendidos na presente Convenção, entre eles o uso de identidades falsas, documentos falsificados, alterados ou falsos ou outros meios de encobrir atividades vinculadas a esses delitos;

e) Facilitar uma coordenação eficaz entre seus organismos, autoridades e serviços competentes e promover o intercâmbio de pessoal e outros, incluída a designação de oficiais de enlace com sujeição a acordos ou tratados bilaterais entre os Estados Partes interessados;

f) Intercambiar informação e coordenar as medidas administrativas e de outras índoles adotadas para a pronta detecção dos delitos compreendidos na presente Convenção.

2. Os Estados Partes, com vistas a dar efeito à presente Convenção, considerarão a possibilidade de celebrar acordos ou tratados bilaterais ou multilaterais em matéria de cooperação direta entre seus respectivos organismos encarregados de fazer cumprir a lei e, quando tais acordos ou tratados já existam, melhorá-los. Na falta de tais acordos ou tratados entre os Estados Partes interessados, os Estados Partes poderão considerar que a presente Convenção constitui a base para a cooperação recíproca em matéria de cumprimento da lei no que diz respeitos aos delitos compreendidos na presente Convenção. Quando proceda, os Estados Partes aproveitarão plenamente os acordos e tratados, incluídas as organizações internacionais ou regionais, a fim de aumentar a cooperação entre seus respectivos organismos encarregados de fazer cumprir a lei.

3. Os Estados Partes se esforçarão por colaborar na medida de suas possibilidades para fazer frente aos delitos compreendidos na presente Convenção que se cometam mediante o recurso de tecnologia moderna.

Artigo 49. Investigações conjuntas

Os Estados Partes considerarão a possibilidade de celebrar acordos ou tratados bilaterais ou multilaterais em virtude dos quais, em relação com questões que são objeto de investigações, processos ou ações penais em um ou mais Estados, as autoridades competentes possam estabelecer órgãos mistos de investigação. Na falta de tais acordos ou tratados, as investigações conjuntas poderão levar-se a cabo mediante acordos acertados caso a caso. Os Estados Partes interessados velarão para que a soberania do Estado Parte em cujo território se efetua a investigação seja plenamente respeitada.

Artigo 50. Técnicas especiais de investigação

1. A fim de combater eficazmente a corrupção, cada Estado Parte, na medida em que lhe permitam os princípios fundamentais de seu ordenamento jurídico interno e conforme as condições prescritas por sua legislação interna, adotará as medidas que sejam necessárias, dentro de suas possibilidades, para prever o adequado recurso, por suas autoridades competentes em seu território, à entrega vigiada e, quando considerar apropriado, a outras técnicas especiais de investigação como a vigilância eletrônica ou de outras índoles e as operações secretas, assim como para permitir a admissibilidade das provas derivadas dessas técnicas em seus tribunais.

2. Para efeitos de investigação dos delitos compreendidos na presente Convenção, se recomenda aos Estados Partes que celebrem, quando proceder, acordos ou tratados bilaterais ou multilaterais apropriados para utilizar essas técnicas especiais de investigação no contexto da cooperação no plano internacional. Esses acordos ou tratados se apoiarão e executarão respeitando plenamente o

princípio da igualdade soberana dos Estados e, ao pô-los em prática, cumprir-se-ão estritamente as condições neles contidas.

3. Não existindo os acordos ou tratados mencionados no parágrafo 2 do presente Artigo, toda decisão de recorrer a essas técnicas especiais de investigação no plano internacional se adotará sobre cada caso particular e poderá, quando seja necessário, ter em conta os tratados financeiros e os entendimentos relativos ao exercício de jurisdição pelos Estados Partes interessados.

4. Toda decisão de recorrer à entrega vigiada no plano internacional poderá, com o consentimento dos Estados Partes interessados, incluir a aplicação de métodos tais como interceptar bens e fundos, autorizá-los a prosseguir intactos ou retirá-los ou substituí-los total ou parcialmente.

Capítulo V – Recuperação de Ativos

Artigo 51. Disposição geral

A restituição de ativos de acordo com o presente Capítulo é um princípio fundamental da presente Convenção e os Estados Partes se prestarão à mais ampla cooperação e assistência entre si a esse respeito.

Artigo 52. Prevenção e detecção de transferências de produto de delito

1. Sem prejuízo ao disposto no Artigo 14 da presente Convenção, cada Estado Parte adotará as medidas que sejam necessárias, em conformidade com sua legislação interna, para exigir das instituições financeiras que funcionam em seu território que verifiquem a identidade dos clientes, adotem medidas razoáveis para determinar a identidade dos beneficiários finais dos fundos depositados em contas vultosas, e intensifiquem seu escrutínio de toda conta solicitada ou mantida no ou pelo nome de pessoas que desempenhem ou tenham desempenhado funções públicas eminentes e de seus familiares e estreitos colaboradores. Esse escrutínio intensificado dar-se-á estruturado razoavelmente de modo que permita descobrir transações suspeitas com objetivo de informar às autoridades competentes e não deverá ser concebido de forma que atrapalhe ou impeça o curso normal do negócio das instituições financeiras com sua legítima clientela.

2. A fim de facilitar a aplicação das medidas previstas no parágrafo 1 do presente Artigo, cada Estado Parte, em conformidade com sua legislação interna e inspirando-se nas iniciativas pertinentes de suas organizações regionais, inter-regionais e multilaterais de luta contra a lavagem de dinheiro, deverá:

a) Estabelecer diretrizes sobre o tipo de pessoas físicas ou jurídicas cujas contas as instituições financeiras que funcionam em seu território deverão submeter a um maior escrutínio, os tipos de contas e transações às quais deverão prestar particular atenção e a maneira apropriada de abrir contas e de levar registros ou expedientes relativos a elas; e

b) Notificar, quando proceder, as instituições financeiras que funcionam em seu território, mediante solicitação de outro Estado Parte ou por iniciativa própria, a identidade de determinadas pessoas físicas ou jurídicas cujas contas essas instituições deverão submeter a um maior escrutínio, além das quais as instituições financeiras possam identificar de outra forma.

3. No contexto da parte "a)" do parágrafo 2 do presente Artigo, cada Estado Parte aplicará medidas para velar para que as instituições financeiras mantenham, durante um prazo conveniente, registros adequados das contas e transações relacionadas com as pessoas mencionadas no parágrafo 1 do presente Artigo, os quais deverão conter, no mínimo, informação relativa à identidade do cliente e, na medida do possível, do beneficiário final.

4. Com o objetivo de prevenir e detectar as transferências do produto dos delitos qualificados de acordo com a presente Convenção, cada Estado Parte aplicará medidas apropriadas e eficazes para impedir, com a ajuda de seus órgãos reguladores e de supervisão, o estabelecimento de bancos que não tenham presença real e que não estejam afiliados a um grupo financeiro sujeito à regulação. Ademais, os Estados Partes poderão considerar a possibilidade de exigir de suas instituições financeiras que se neguem a entabular relações com essas instituições na qualidade de bancos correspondentes, ou a continuar relações existentes, e que se abstenham de estabelecer relações com instituições financeiras estrangeiras que permitam utilizar suas contas a bancos que não tenham presença real e que não estejam afiliados a um grupo financeiro sujeito a regulação.

5. Cada Estado Parte considerará a possibilidade de estabelecer, em conformidade com sua legislação interna, sistemas eficazes de divulgação de informação financeira para os funcionários públicos pertinentes e aplicará sanções adequadas para todo descumprimento do dever a declarar. Cada Estado Parte considerará também a possibilidade de adotar as medidas que sejam necessárias para permitir que suas autoridades competentes compartilhem essa informação com as autoridades competentes de outros Estados Partes, se essa é necessária para investigar, reclamar ou recuperar o produto dos delitos qualificados de acordo com a presente Convenção.

6. Cada Estado Parte considerará a possibilidade de adotar as medidas que sejam necessárias, de acordo com sua legislação interna, para exigir dos funcionários públicos pertinentes que tenham algum direito ou poder de firma ou de outras índoles sobre alguma conta financeira em algum país estrangeiro que declarem sua relação com essa conta às autoridades competentes e que levem ao devido registro da tal conta. Essas medidas deverão incluir sanções adequadas para todo o caso de descumprimento.

Artigo 53. Medidas para a recuperação direta de bens

Cada Estado Parte, em conformidade com sua legislação interna:

a) Adotará as medidas que sejam necessárias a fim de facultar a outros Estados Partes para entabular ante seus tribunais uma ação civil com o objetivo de determinar a titularidade ou propriedade de bens adquiridos mediante a prática de um delito qualificado de acordo com a presente Convenção;

b) Adotará as medidas que sejam necessárias a fim de facultar a seus tribunais para ordenar àqueles que tenham praticado delitos qualificados de acordo com a presente Convenção que indenizem ou ressarçam por danos e prejuízos a outro Estado Parte que tenha sido prejudicado por esses delitos; e

c) Adotará as medidas que sejam necessárias a fim de permitir a seus tribunais ou suas autoridades competentes, quando devam adotar decisões no que diz respeito ao confisco, que reconheça o legítimo direito de propriedade de outro Estado Parte sobre os bens adquiridos mediante a prática de um dos delitos qualificados de acordo com a presente Convenção.

Artigo 54. Mecanismos de recuperação de bens mediante a cooperação internacional para fins de confisco

1. Cada Estado Parte, a fim de prestar assistência judicial recíproca conforme o disposto no Artigo 55 da presente Convenção relativa a bens adquiridos mediante a prática de um dos delitos qualificados de acordo com a presente Convenção ou relacionados a esse delito, em conformidade com sua legislação interna:

a) Adotará as medidas que sejam necessárias para que suas autoridades competentes possam dar efeito a toda ordem de confisco ditada por um tribunal de outro Estado Parte;

b) Adotará as medidas que sejam necessárias para que suas autoridades competentes, quando tenham jurisdição, possam ordenar o confisco desses bens de origem estrangeira em uma sentença relativa a um delito de lavagem de dinheiro ou quaisquer outros delitos sobre os quais possa ter jurisdição, ou mediante outros procedimentos autorizados em sua legislação interna; e

c) Considerará a possibilidade de adotar as medidas que sejam necessárias para permitir o confisco desses bens sem que envolva uma pena, nos casos nos quais o criminoso não possa ser indiciado por motivo de falecimento, fuga ou ausência, ou em outros casos apropriados.

2. Cada Estado Parte, a fim de prestar assistência judicial recíproca solicitada de acordo com o parágrafo 2 do Artigo 55 da presente Convenção, em conformidade com sua legislação interna:

a) Adotará as medidas que sejam necessárias para que suas autoridades competentes possam efetuar o embargo preventivo ou a apreensão de bens em cumprimento a uma ordem de embargo preventivo ou apreensão ditada por um tribunal ou autoridade competente de um Estado Parte requerente que constitua um fundamento razoável para que o Estado Parte requerido considere que existam razões suficientes para adotar essas medidas e que ulteriormente os bens seriam objeto de uma ordem de confisco de acordo com os efeitos da parte "a)" do parágrafo 1 do presente Artigo;

b) Adotará as medidas que sejam necessárias para que suas autoridades competentes possam efetuar o embargo preventivo ou a apreensão de bens em cumprimento de uma solicitação que constitua fundamento razoável para que o

Estado Parte requerido considere que existam razões suficientes para adotar essas medidas e que ulteriormente os bens seriam objeto de uma ordem de confisco de acordo com os efeitos da parte "a)" do parágrafo 1 do presente Artigo; e

c) Considerará a possibilidade de adotar outras medidas para que suas autoridades competentes possam preservar os bens para efeitos de confisco, por exemplo sobre a base de uma ordem estrangeira de detenção ou imputação de culpa penal relacionada com a aquisição desses bens.

Artigo 55. Cooperação internacional para fins de confisco

1. Os Estados Partes que recebam uma solicitação de outro Estado Parte que tenha jurisdição para conhecer um dos delitos qualificados de acordo com a presente Convenção com vistas ao confisco do produto de delito, os bens, equipamentos ou outros instrumentos mencionados no parágrafo 1 do Artigo 31 da presente Convenção que se encontrem em seu território deverão, no maior grau que lhe permita seu ordenamento jurídico interno:

a) Enviar a solicitação a suas autoridades competentes para obter uma ordem de confisco ao qual, em caso de concessão, darão cumprimento; ou

b) Apresentar a suas autoridades competentes, a fim de que se dê cumprimento ao solicitado, a ordem de confisco expedida por um tribunal situado no território do Estado Parte requerente em conformidade com o disposto no parágrafo 1 do Artigo 31 e na parte "a)" do parágrafo 1 do Artigo 54 da presente Convenção na medida em que guarde relação com o produto do delito, os bens, os equipamentos ou outros instrumentos mencionados no parágrafo 1 do Artigo 31 que se encontrem no território do Estado Parte requerido.

2. Com base na solicitação apresentada por outro Estado Parte que tenha jurisdição para conhecer um dos delitos qualificados de acordo com a presente Convenção, o Estado Parte requerido adotará as medidas encaminhadas para a identificação, localização e embargo preventivo ou apreensão do produto de delito, os bens, os equipamentos ou outros instrumentos mencionados no parágrafo e do Artigo 31 da presente Convenção com vistas ao seu eventual confisco, que haverá de ordenar o Estado Parte requerente ou, em caso de que envolva uma solicitação apresentada de acordo com o parágrafo 1 do presente Artigo, o Estado Parte requerido.

3. As disposições do Artigo 46 da presente Convenção serão aplicáveis, *mutatis mutandis*, ao presente Artigo. Ademais da informação indicada no parágrafo 15 do Artigo 46, as solicitações apresentadas em conformidade com o presente Artigo conterão o seguinte:

a) Quando se trate de uma solicitação relativa à parte "a)" do parágrafo 1 do presente Artigo, uma descrição dos bens suscetíveis de confisco, assim como, na medida do possível, a situação e, quando proceder, o valor estimado dos bens e uma exposição dos fatos em que se baseia a solicitação do Estado Parte requerente que sejam suficientemente explícitas para que o Estado Parte requerido possa tramitar a ordem de acordo com sua legislação interna;

b) Quando se trate de uma solicitação relativa à parte "b)" do parágrafo 1 do presente Artigo, uma cópia admissível pela legislação da ordem de confisco expedida pelo Estado Parte requerente na qual se baseia a solicitação, uma exposição dos feitos e da informação que proceder sobre o grau de execução que se solicita dar à ordem, uma declaração na qual se indiquem as medidas adotadas pelo Estado Parte requerente para dar notificação adequada a terceiros de boa-fé e para garantir o devido processo e um certificado de que a ordem de confisco é definitiva;

c) Quando se trate de uma solicitação relativa ao parágrafo 2 do presente Artigo, uma exposição dos feitos nos quais se baseia o Estado Parte requerente e uma descrição das medidas solicitadas, assim como, quando dispor-se dela, uma cópia admissível pela legislação da ordem de confisco na qual se baseia a solicitação.

4. O Estado Parte requerido adotará as decisões ou medidas previstas nos parágrafos 1 e 2 do presente Artigo conforme e com sujeição ao disposto em sua legislação interna e em suas regras de procedimento ou nos acordos ou tratados bilaterais ou multilaterais pelos quais poderia estar vinculado ao Estado Parte requerente.

5. Cada Estado Parte proporcionará ao Secretário Geral das Nações Unidas uma cópia de suas leis e regulamentos destinados a dar aplicação ao presente Artigo e de quaisquer emendas ulteriores que se tenham de tais leis e regulamentos ou uma descrição destas.

6. Se um Estado Parte opta por submeter a adoção das medidas mencionadas nos parágrafos 1 e 2 do presente Artigo à existência de um tratado pertinente, esse Estado Parte considerará a presente Convenção como a base legal necessária e suficiente para cumprir esse requisito.

7. A cooperação prevista no presente Artigo também se poderá negar, ou poder-se-ão levantar as medidas cautelares, se o Estado Parte requerido não receber provas suficientes ou oportunas ou se os bens são de valor escasso.

8. Antes de levantar toda medida cautelar adotada em conformidade com o presente Artigo, o Estado Parte requerido deverá, sempre que possível, dar ao Estado Parte requerente a oportunidade de apresentar suas razões a favor de manter em vigor a medida.

9. As disposições do presente Artigo não se interpretarão em prejuízo dos direitos de terceiros de boa-fé.

Artigo 56. Cooperação especial

Sem prejuízo ao disposto em sua legislação interna, cada Estado Parte procurará adotar as medidas que lhe facultem para remeter a outro Estado Parte que não tenha solicitado, sem prejuízo de suas próprias investigações ou ações judiciais, informação sobre o produto dos delitos qualificados de acordo com a presente Convenção se considerar que a divulgação dessa informação pode ajudar o Estado Parte destinatário a pôr em marcha ou levar a cabo suas investigações ou ações judiciais, ou que a informação assim facilitada poderia dar lugar a que esse Estado Parte apresentará uma solicitação de acordo com o presente Capítulo da presente Convenção.

Artigo 57. Restituição e disposição de ativos

1. Cada Estado Parte disporá dos bens que tenham sido confiscados conforme o disposto nos Artigos 31 ou 55 da presente convenção, incluída a restituição a seus legítimos proprietários anteriores, de acordo com o parágrafo 3 do presente Artigo, em conformidade com as disposições da presente Convenção e com sua legislação interna.

2. Cada Estado Parte adotará, em conformidade com os princípios fundamentais de seu direito interno, as medidas legislativas e de outras índoles que sejam necessárias para permitir que suas autoridades competentes procedam à restituição dos bens confiscados, ao dar curso a uma solicitação apresentada por outro Estado Parte, em conformidade com a presente Convenção, tendo em conta os direitos de terceiros de boa-fé.

3. Em conformidade com os Artigos 46 e 55 da presente Convenção e com os parágrafos 1 e 2 do presente Artigo, o Estado Parte requerido:

a) Em caso de malversação ou peculato de fundos públicos ou de lavagem de fundos públicos malversados aos quais se faz referência nos Artigos 17 e 23 da presente Convenção, restituirá ao Estado Parte requerente os bens confiscados quando se tenha procedido ao confisco de acordo com o disposto no Artigo 55 da presente Convenção e sobre a base da sentença firme ditada no Estado Parte requerente, requisito ao qual poderá renunciar o Estado Parte requerido;

b) Caso se trate do produto de qualquer outro delito compreendido na presente Convenção, restituirá ao Estado Parte requerente os bens confiscados quando se tenha procedido ao confisco de acordo com o disposto no Artigo 55 da presente Convenção e sobre a base de uma sentença firme ditada no Estado Parte requerente, requisito ao qual poderá renunciar o Estado Parte requerido, e quando o Estado Parte requerente acredite razoavelmente ante o Estado Parte requerido sua propriedade anterior dos bens confiscados ou o Estado Parte requerido reconheça os danos causados ao Estado Parte requerente como base para a restituição dos bens confiscados;

c) Em todos os demais casos, dará consideração prioritária à restituição ao Estado Parte requerente dos bens confiscados, à restituição desses bens a seus proprietários legítimos anteriores ou à indenização das vítimas do delito.

4. Quando proceder, a menos que os Estados Partes decidam diferentemente, o Estado Parte requerido poderá deduzir os gastos razoáveis que tenham sido feitos no curso das investigações ou ações judiciais que tenham possibilitado a restituição ou disposição dos bens confiscados conforme o disposto no presente Artigo.

5. Quando proceder, os Estados Partes poderão também dar consideração especial à possibilidade de celebrar acordos ou tratados mutuamente aceitáveis, baseados em cada caso particular, com vistas à disposição definitiva dos bens confiscados.

Artigo 58. Departamento de inteligência financeira

Os Estados Partes cooperarão entre si a fim de impedir e combater a transferência do produto de quaisquer dos delitos qualificados de acordo com a presente Convenção e promover meios para recuperar o mencionado produto e, para tal fim, considerarão a possibilidade de estabelecer um departamento de inteligência financeira que se encarregará de receber, analisar e dar a conhecer às autoridades competentes toda informação relacionada com as transações financeiras suspeitas.

Artigo 59. Acordos e tratados bilaterais e multilaterais

Os Estados Partes considerarão a possibilidade de celebrar acordos ou tratados bilaterais ou multilaterais com vistas a aumentar a eficácia da cooperação internacional prestada em conformidade com o presente Capítulo da presente Convenção.

Capítulo VI – **Assistência Técnica e Intercâmbio de Informações**

Artigo 60. Capacitação e assistência técnica

1. Cada Estado Parte, na medida do necessário, formulará, desenvolverá ou aperfeiçoará programas de capacitação especificamente concebidos para o pessoal de seus serviços encarregados de prevenir e combater a corrupção. Esses programas de capacitação poderão versar, entre outras coisas, sobre:

a) Medidas eficazes para prevenir, detectar, investigar, sancionar e combater a corrupção, inclusive o uso de métodos de reunião de provas e investigação;

b) Fomento da capacidade de formulação e planificação de uma política estratégica contra a corrupção;

c) Capacitação das autoridades competentes na preparação de solicitações de assistência judicial recíproca que satisfaçam os requisitos da presente Convenção;

d) Avaliação e fortalecimento das instituições, da gestão da função pública e a gestão das finanças públicas, incluída a contratação pública, assim como do setor privado;

e) Prevenção e luta contra as transferências de produtos de quaisquer dos delitos qualificados de acordo com a presente Convenção e recuperação do mencionado produto;

f) Detecção e embargo preventivo das transferências do produto de quaisquer dos delitos qualificados de acordo com a presente Convenção;

g) Vigilância da movimentação de produto de quaisquer dos delitos qualificados de acordo com a presente Convenção, assim como dos métodos empregados para a transferência, ocultação ou dissimulação de tal produto;

h) Mecanismos e métodos legais e administrativos apropriados e eficientes para facilitar a restituição do produto de quaisquer dos delitos qualificados de acordo com a presente Convenção;

i) Métodos utilizados para proteger as vítimas e as testemunhas que cooperem com as autoridades judiciais; e

j) Capacitação em matéria de regulamentos nacionais e internacionais e em idiomas.

2. Na medida de suas possibilidades, os Estados Partes considerarão a possibilidade de prestar-se a mais ampla assistência técnica, especialmente em favor dos países em desenvolvimento, em seus respectivos planos e programas para combater a corrupção, incluindo apoio material e capacitação nas esferas mencionadas no parágrafo 1 do presente Artigo, assim como a capacitação e assistência e intercâmbio mútuo de experiências e conhecimentos especializados, o que facilitará a cooperação internacional entre os Estados Partes nas esferas da extradição e da assistência judicial recíproca.

3. Os Estados Partes intensificarão, na medida do necessário, os esforços para otimizar as atividades operacionais e de capacitação nas organizações internacionais e regionais e no âmbito de acordos ou tratados bilaterais ou multilaterais pertinentes.

4. Os Estados Partes considerarão, ante solicitação, a possibilidade de ajudarem-se entre si na realização de avaliações, estudos e investigações sobre os tipos, causas, efeitos e custos da corrupção em seus respectivos países com vistas a elaborar, com a participação das autoridades competentes e da sociedade, estratégias e planos de ação contra a corrupção.

5. A fim de facilitar a recuperação de produto de quaisquer dos delitos qualificados de acordo com a presente Convenção, os Estados Partes poderão cooperar facilitando-se os nomes dos peritos que possam ser úteis para lograr esse objetivo.

6. Os Estados Partes considerarão a possibilidade de recorrer à organização de conferências e seminários sub-regionais, regionais e internacionais para promover a cooperação e a assistência técnica, e para fomentar os debates sobre problemas de interesse mútuo, incluídos os problemas e necessidades especiais dos países em desenvolvimento e dos países com economias em transição.

7. Os Estados Partes considerarão a possibilidade de estabelecer mecanismos voluntários com vistas a contribuir financeiramente com os esforços dos países em desenvolvimento e dos países com economias em transição para aplicar a presente Convenção mediante programas e projetos de assistência técnica.

8. Cada Estado Parte considerará a possibilidade de fazer contribuições voluntárias ao Escritório das Nações Unidas contra as Drogas e o Crime com o propósito de impulsionar, através do mencionado Escritório, programas e projetos nos países em desenvolvimento com vistas a aplicar a presente Convenção.

Artigo 61. Recompilação, intercâmbio e análise de informações sobre a corrupção

1. Cada Estado Parte considerará a possibilidade de analisar, em consulta com especialistas, as tendências da corrupção em seu território, assim como as circunstâncias em que se cometem os delitos de corrupção.

2. Os Estados Partes considerarão a possibilidade de desenvolver e compartilhar, entre si e por ação de organizações internacionais e regionais, estatísticas, experiência analítica acerca da corrupção e informações com vistas a estabelecer, na medida do possível, definições, normas e metodologias comuns, assim como informações sobre práticas aceitáveis para prevenir e combater a corrupção.

3. Cada Estado Parte considerará a possibilidade de velar por suas políticas e medidas em vigor encaminhadas a combater a corrupção e de avaliar sua eficácia e eficiência.

Artigo 62. Outras medidas: aplicação da presente Convenção mediante o desenvolvimento econômico e a assistência técnica

1. Os Estados Partes adotarão disposições condizentes com a aplicação aceitável da presente Convenção na medida do possível, mediante a cooperação internacional, tendo em conta os efeitos adversos da corrupção na sociedade em geral e no desenvolvimento sustentável, em particular.

2. Os Estados Partes farão esforços concretos, na medida do possível e na forma coordenada entre si, assim como com organizações internacionais e regionais, para:

a) Intensificar sua cooperação nos diversos planos com os países em desenvolvimento com vistas a fortalecer a capacidade desses países para prevenir e combater a corrupção;

b) Aumentar a assistência financeira e material a fim de apoiar os esforços dos países em desenvolvimento para prevenir e combater a corrupção com eficácia e ajudá-los a aplicar satisfatoriamente a presente Convenção;

c) Prestar assistência técnica aos países em desenvolvimento e aos países com economias em transição para ajudá-los a satisfazer suas necessidades relacionadas com a aplicação da presente Convenção. Para tal fim, os Estados Partes procurarão fazer contribuições voluntárias adequadas e periódicas a uma conta especificamente designada para esses efeitos em um mecanismo de financiamento das Nações Unidas. De acordo com sua legislação interna e com as disposições da presente Convenção, os Estados Partes poderão também dar consideração especial à possibilidade de ingressar nessa conta uma porcentagem do dinheiro confiscado ou da soma equivalente aos bens ou ao produto de delito confiscados conforme o disposto na presente Convenção;

d) Apoiar e persuadir outros Estados Partes e instituições financeiras, segundo proceder, para que se somem os esforços empregados de acordo com o presente Artigo, em particular proporcionando um maior número de programas de capacitação e equipamentos modernos aos países em desenvolvimento e com a finalidade de ajudá-los a lograr os objetivos da presente Convenção.

3. Na medida do possível, estas medidas não menosprezarão os compromissos existentes em matéria de assistência externa nem outros acordos de cooperação financeira nos âmbitos bilateral, regional ou internacional.

4. Os Estados Partes poderão celebrar acordos ou tratados bilaterais ou multilaterais sobre assistência material e logística, tendo em conta os acordos financeiros necessários para fazer efetiva a cooperação internacional prevista na presente Convenção e para prevenir, detectar e combater a corrupção.

Capítulo VII – Mecanismos de Aplicação

Artigo 63. Conferência dos Estados Partes da presente Convenção

1. Estabelecer-se-á uma Conferência dos estados Parte da presente Convenção a fim de melhorar a capacidade dos Estados Partes e a cooperação entre eles para alcançar os objetivos enunciados na presente Convenção e promover e examinar sua aplicação.

2. O Secretário Geral das Nações Unidas convocará a Conferência dos estados Parte da presente Convenção no mais tardar um ano depois da entrada em vigor da presente Convenção. Posteriormente celebrar-se-ão reuniões periódicas da Conferência dos Estados Partes em conformidade com o disposto nas regras de procedimento aprovadas pela Conferência.

3. A Conferência dos Estados Partes aprovará o regulamento e as normas que rejam a execução das atividades enunciadas no presente Artigo, incluídas as normas relativas à admissão e à participação de observadores e o pagamento dos gastos que ocasione a realização dessas atividades.

4. A Conferência dos Estados Partes realizará atividades, procedimentos e métodos de trabalho com vistas a lograr os objetivos enunciados no parágrafo 1 do presente Artigo, e, em particular:

a) Facilitará as atividades que realizem os Estados Partes de acordo com os Artigos 60 e 62 e com os Capítulos II a V da presente Convenção, inclusive promovendo o incentivo de contribuições voluntárias;

b) Facilitará o intercâmbio de informações entre os Estados Partes sobre as modalidades e tendências da corrupção e sobre práticas eficazes para preveni-la e combatê-la, assim como para a restituição do produto de delito, mediante, entre outras coisas, a publicação das informações pertinentes mencionadas no presente Artigo;

c) Cooperação com organizações e mecanismos internacionais e regionais e organizações não-governamentais pertinentes;

d) Aproveitará adequadamente a informação pertinente elaborada por outros mecanismos internacionais e regionais encarregados de combater e prevenir a corrupção a fim de evitar a duplicação desnecessária de atividades;

e) Examinará periodicamente a aplicação da presente Convenção por seus Estados Partes;

f) Formulará recomendações para melhorar a presente Convenção e sua aplicação;

g) Tomará nota das necessidades de assistência técnica dos Estados Partes com relação à aplicação da presente Convenção e recomendará as medidas que considere necessária a esse respeito.

5. Aos efeitos do parágrafo 4 do presente Artigo, a Conferência dos Estados Partes obterá o conhecimento necessário das medidas adotadas e das dificuldades encontradas pelos Estados Partes na aplicação da presente Convenção por via da informação que eles facilitem e dos demais mecanismos de exame que estabeleça a Conferência dos Estados Partes.

6. Cada Estado Parte proporcionará à Conferência dos Estados Partes informação sobre seus programas, planos e práticas, assim como sobre as medidas legislativas e administrativas adotadas para aplicar a presente Convenção, segundo requeira a Conferência dos Estados Partes. A Conferência dos Estados Partes procurará determinar a maneira mais eficaz de receber e processar as informações, inclusive aquelas recebidas dos Estados Partes e de organizações internacionais competentes. Também poder-se-ão considerar as aprovações recebidas de organizações não-governamentais pertinentes devidamente acreditadas conforme os procedimentos acordados pela Conferência dos Estados Partes.

7. Em cumprimento aos parágrafos 4 a 6 do presente Artigo, a Conferência dos Estados Partes estabelecerá, se considerar necessário, um mecanismo ou órgão apropriado para apoiar a aplicação efetiva da presente Convenção.

Artigo 64. Secretaria

1. O Secretário Geral das Nações Unidas prestará os serviços de secretaria necessários à Conferência dos Estados Partes da presente Convenção.

2. A secretaria:

a) Prestará assistência à Conferência dos Estados Partes na realização das atividades enunciadas no Artigo 63 da presente Convenção e organizará os períodos de seções da Conferência dos Estados Partes e proporcionar-lhes-á os serviços necessários;

b) Prestará assistência aos Estados Partes que a solicitem na subministração de informação da Conferência dos Estados Partes segundo o previsto nos parágrafos 5 e 6 do Artigo 63 da presente Convenção; e

c) Velará pela coordenação necessária com as secretarias de outras organizações internacionais e regionais pertinentes.

Capítulo VIII – **Disposições Finais**

Artigo 65. Aplicação da Convenção

1. Cada Estado Parte adotará, em conformidade com os princípios fundamentais de sua legislação interna, as medidas que sejam necessárias, incluída medidas legislativas e administrativas, para garantir o cumprimento de sua obrigações de acordo com a presente Convenção.

2. Cada Estado Parte poderá adotar medidas mais estritas ou severas que a previstas na presente Convenção a fim de prevenir e combater a corrupção.

Artigo 66. Solução de controvérsias

1. Os Estados Partes procurarão solucionar toda controvérsia relacionada com a interpretação ou aplicação da presente Convenção mediante a negociação.

2. Toda controvérsia entre dois ou mais Estados Partes acerca da interpretação ou da aplicação da presente Convenção que não possa ser resolvida mediante a negociação dentro de um prazo razoável deverá, por solicitação de um desses Estados Partes, submeter-se à arbitragem. Se, seis meses depois da data de solicitação da arbitragem, esses Estados Partes não se puseram de acordo sobre a organização da arbitragem, quaisquer dos Estados Partes poderá remeter a controvérsia à Corte Internacional de Justiça mediante solicitação conforme o Estatuto da Corte.

3. Cada Estado Parte poderá, no momento da firma, ratificação aceitação ou aprovação da presente Convenção ou de adesão a ela, declarar que não se considera vinculado pelo parágrafo do presente Artigo. Os demais Estados Partes não ficarão vinculados pelo parágrafo 2 do presente Artigo a respeito de todo Estado Parte que tenha feito essa reserva.

4. O Estado Parte que tenha feito uma reserva de conformidade com o parágrafo 3 do presente Artigo poderá em qualquer momento retirar essa reserva notificando o fato ao Secretário Geral das Nações Unidas.

Artigo 67. Firma, ratificação, aceitação, aprovação e adesão

1. A presente Convenção estará aberta à assinatura de todos os Estados de 9 a 11 de dezembro de 2003 em Mérida, México, e depois desse evento na Sede das Nações Unidas em Nova York até o dia 9 de dezembro de 2005.

2. A presente Convenção também estará aberta à firma das organizações regionais de integração econômica que tenham, ao menos, algum de seus Estados Membros como Partes da presente Convenção em conformidade com o disposto no parágrafo 1 do presente Artigo.

3. A presente Convenção estará sujeita a ratificação, aceitação ou aprovação. Os instrumentos de ratificação, aceitação ou aprovação depositar-se-ão em poder do Secretário Geral das Nações Unidas. As organizações regionais de integração econômica poderão depositar seus instrumentos de ratificação, aceitação ou aprovação se pelo menos um de seus Estados Membros houver procedido de igual maneira. Nesse instrumento de ratificação, aceitação ou aprovação, essas organizações declararão o alcance de sua competência com respeito às questões regidas pela presente Convenção. As mencionadas organizações comunicarão também ao depositário qualquer modificação pertinente ao alcance de sua competência.

4. A presente Convenção estará aberta à adesão de todos os Estados ou organizações regionais de integração econômica que contem com pelo menos um Estado Membro que seja Parte da presente Convenção. Os instrumentos de adesão depositar-se-ão em poder do Secretário Geral das Nações Unidas. No momento de sua adesão, as organizações regionais de integração econômica

declararão o alcance de sua competência com respeito às questões regidas pela presente Convenção. As mencionadas organizações comunicarão também ao depositário qualquer modificação pertinente ao alcance de sua competência.

Artigo 68. Entrada em vigor

1. A presente Convenção entrará em vigor no nonagésimo dia após a inclusão do trigésimo instrumento de ratificação, aceitação, aprovação ou adesão. Aos efeitos do presente parágrafo, os instrumentos depositados por uma organização regional de integração econômica não serão considerados adicionais aos depositados por seus Estados Membros.

2. Para cada Estado ou organização regional de integração econômica que ratifique, aceite ou aprove a presente Convenção ou a ela adira depois de haver-se depositado o trigésimo instrumento de ratificação, aceitação, aprovação ou adesão, a presente Convenção entrará em vigor após o trigésimo dia depois que esse Estado ou organização tenha depositado o instrumento pertinente ou no momento de sua entrada em vigor de acordo com o parágrafo 1 do presente Artigo, se esta for posterior.

11. DECRETO N. 5.687/2006 (Ratificou Convenção de Mérida)

O Presidente da República, no uso da atribuição que lhe confere o art. 84, inciso IV, da Constituição, e

Considerando que o Congresso Nacional aprovou o texto da Convenção das Nações Unidas contra a Corrupção, por meio do Decreto Legislativo n. 348, de 18 de maio de 2005;

Considerando que o Governo brasileiro ratificou a citada Convenção em 15 de junho de 2005;

Considerando que a Convenção entrou em vigor internacional, bem como para o Brasil, em 14 de dezembro de 2005;

Decreta:

Art. 1º. A Convenção das Nações Unidas contra a Corrupção, adotada pela Assembléia-Geral das Nações Unidas em 31 de outubro de 2003 e assinada pelo Brasil em 9 de dezembro de 2003, apensa por cópia ao presente Decreto, será executada e cumprida tão inteiramente como nela se contém.

Art. 2º. São sujeitos à aprovação do Congresso Nacional quaisquer atos que possam resultar em revisão da referida Convenção ou que acarretem encargos ou compromissos gravosos ao patrimônio nacional, nos termos do art. 49, inciso I, da Constituição.

Art. 3º. Este Decreto entra em vigor na data de sua publicação.

Brasília, 31 de janeiro de 2006; 185º da Independência e 118º da República.

* * *